URBS ET REGIO

69/1998

Bürgerbeteiligung in der Hessischen Dorferneuerung

- Beteiligungsstandards zur Sicherung des partizipativen Programmansatzes in einer zivilgesellschaftlich begründeten Planungs- und Handlungsperspektive

Annegret Boos-Krüger

Gesamthochschulbibliothek Kassel 1998 ISBN: 3-88122-913-2

GhK

KASSELER SCHRIFTEN ZUR GEOGRAPHIE UND PLANUNG

Herausgeber: P. Jüngst, K. Pfromm, H.-J. Schulze - Göbel

Zielsetzungen von Urbs et Regio

Diese Schriftenreihe beschäftigt sich mit den räumlichen Bedingungen und Ausformungen gesellschaftlicher Entwicklung.

Sie ist entstanden aus der interdisziplinären Zusammenarbeit von Geographen und Planern an der Gesamthochschule Kassel (GhK) und dem Bemühen um die Entwicklung praxis- und planungsbezogener Theoriekonzepte. Als räumlicher Bezugsbasis gilt dabei dem nordhessischen Raum und vergleichbaren Regionen ein besonderes Interesse. Die behandelten Problembereiche der Schriftenreihe ergeben sich aus dem Lehrbetrieb und den Forschungsinteressen an der GhK. Mit der Schriftenreihe "Urbs et Regio" ist ein Forum intendiert, das getrennt fachspezifische Ansätze an der GhK nach übergreifenden Problembereichen zusammenführt. In diesem Kontext können auch wichtige Ergebnisse von Wissenschaftlern und Praktikern anderer Institutionen Beachtung finden. Gedacht ist dabei ebenfalls an themen- bzw. problemorientierte Sammelbände, die jeweils unter der Verantwortlichkeit eines oder mehrerer Herausgeber stehen. Neben den Herausgebern wirkt an der Schriftenreihe ein Gutachtergremium mit, aus dem jeweils Fachvertreter zu spezifischen Beiträgen Stellung nehmen.[1)]

Die Schriftenreihe hat sich die Behandlung folgender Schwerpunkte zum Ziel gesetzt:

1. Darstellung und Analyse räumlicher Organisationsformen von Lebens- und Arbeitsbedingungen in ihrem jeweiligen historisch-gesellschaftlichen Kontext.

2. Theorie und Praxis gesellschaftlicher Raumplanung auf verschiedenen Maßstabsebenen.

3. Förderung und Entwicklung von politischer Handlungskompetenz im Bereich von Kommunal- und Regionalplanung.

4. Entwicklungsbedingungen und -möglichkeiten von Ländern der Dritten Welt.

Die Schriftenreihe will sich nicht auf die interne Kommunikation verschiedener Fachwissenschaftler beschränken, sondern bemüht sich in geeigneten Fällen auch, die didaktische Aufbereitung und die Vermittlung der genannten Problembereiche in Schule und gegebenenfalls in anderen Bereichen mit aufzunehmen.

Die Herausgeber

---

1) Günther Beck (Göttingen), Gerhard Hard (Osnabrück), Hans Immler (Kassel), Hans-Joachim Wenzel (Osnabrück)

Annegret Boos-Krüger

Bürgerbeteiligung in der Hessischen Dorferneuerung - Beteiligungsstandards zur Sicherung des partizipativen Programmansatzes in einer zivilgesellschaftlich begründeten Planungs- und Handlungsperspektive

Dissertation, vorgelegt von Annegret Boos-Krüger aus Kassel, zum Zwecke der Erlangung eines Doktors der Wirtschafts- und Sozialwissenschaften (Dr. rer. pol.) am Fachbereich Stadt- und Landschaftsplanung der Universität Gesamthochschule Kassel.

Gutachter und Gutachterin:

1. **Prof. Klaus Pfromm**
2. **Prof. Dr. Clarita Müller-Plantenberg**

Gliederung

Bürgerbeteiligung in der Hessischen Dorferneuerung - Beteiligungsstandards zur Sicherung des partizipativen Programmansatzes in einer zivilgesellschaftlich begründeten Planungs- und Handlungsperspektive

Dank

In der Erstellung der hier vorliegenden Dissertation bin ich von zahlreichen Menschen in meinem beruflichen sowie privaten Umfeld hilfreich und dankenswerter Weise unterstützt worden, so von der Betreuerin und dem Betreuer der Arbeit, Frau Prof. Dr. Clarita Müller-Plantenberg und Herrn Prof. Klaus Pfromm durch ihre kritische und anregende Gesprächsbereitschaft, von Herrn Ministerialrat Klaus Schüttler im Ministerium für Wirtschaft, Verkehr und Landesentwicklung durch die Freigabe des empirischen Materials aus der unveröffentlichten Studie "Verfahren und Verlauf von sozioökonomischen Projekten im Rahmen der Hessischen Dorf- und Regionalentwicklung. Chancen und Hemmnisse" und von Frau Dr. Erika Haindl, Frau Dr. Christine Mussel und Herrn Dr. Theo Kinstle durch zahlreiche Gespräche zu Tag- und zu Nachtzeiten.

Ganz besonders danke ich Petra Schütz-Iller für die umsichtige und zuverlässige Textverarbeitung der Arbeit, Ulrike Drosse für die PC-gestützte Umsetzung der hier entwickelten graphischen Abbildungen und Judith Sechtling für das Korrekturlesen des Manuskriptes.

Meine Kinder, Jessica und Boris, mögen es mir nachsehen, daß ich über ein Jahr zumindestens mental häufig abwesend war zu Hause und ihnen nur mit einem Ohr zuhörte.

1 Einführung in das Thema

1.1 Problemstellung

Gegenstand dieser Dissertation ist die Praxis der Bürgerbeteiligung im Hessischen Dorfentwicklungsverfahren und hier explizit die Beteiligungsstrukturen, die primär geprägt werden durch die Arbeit der beruflich involvierten Experten in Verwaltung und freien Büros sowie in ihrer Interaktion mit den Bürgerinnen und Bürgern im jeweiligen Dorferneuerungs-Förderschwerpunkt.

Der Begriff der Bürgerbeteiligung in Zusammenhang mit dem Planungsinstrument der Dorferneuerung steht seit Ende der 70er Jahre zur Debatte, nachdem die zunächst auf Großstadtquartiere konzentrierten Sanierungsbestrebungen auch auf den ländlichen Raum ausgedehnt wurden. Die damals entwickelten Beteiligungsmodelle sind ursächlich auf Protestbewegungen aus der Bewohnerschaft in Großstadtquartieren zurückzuführen, die von Sanierungsmaßnahmen betroffen waren, z. B. durch Verdrängung günstiger Mietwohnungsangebote, Zerstörung von Altbausubstanz statt Erhaltung oder Verkehrsplanung zum einseitigen Nutzen des fließenden PKW-Verkehrs.

Der erste Ansatz zur Partizipationsdiskussion in der Planung kann auf das von Davidoff[1] Mitte der 60er Jahre in Amerika entwickelte Modell der Anwaltsplanung zurückgeführt werden; es bildet die Grundlage für die Anfang der 70er Jahre in der Bundesrepublik Deutschland entstehende wissenschaftstheoretische und politische Auseinandersetzung zur Bürgerbeteiligung an Planungsprozessen. Insbesondere kann hierzu auf Ansätze von H. Faßbinder[2] (marxistisch), C. Offe[3] (kritische Theorie), P. Dienel[4] (technokratisch), S. D. Alinsky[5] (pragmatisch konfliktorientiert) oder F. Vilmar[6] (radikal demokratisch)[7] verwiesen werden.

---

[1] Paul Davidoff: Anwaltplanungsprinzip und Pluralismus in der Planung. In: Lauritz Lauritzen (Hg.): Mehr Demokratie im Städtebau. Hannover 1973; S. 149-173; (Originalfassung 1965).

[2] vgl. hierzu: Helga Faßbinder: Bürgerinitiativen und Planungsbeteiligung im Kontext kapitalistischer Regionalpolitik. In: Kursbuch 27. 1972.

[3] vgl. hierzu: Claus Offe: Spätkapitalismus - Versuche der Begriffsbestimmung. Strukturprobleme des kapitalistischen Staates. Frankfurt a.M. 1973.

[4] vgl. hierzu: Peter Dienel: Partizipation an Planungsprozessen als Aufgabe der Verwaltung. In: Die Verwaltung (Hg.); 1971; S. 175.

Rund 25 Jahre später, 1994, stellt Claus Selle in seinem Werkbuch "Was ist bloß mit der Planung los?" im Hinblick auf die aktuelle Diskussion von Beteiligungsverfahren an Planungen fest: "(...) in vielen anderen Handlungsfeldern verändern sich Aktions- und Organisationsformen in vergleichbarer Weise. Planung insgesamt ist in Bewegung."[8] Im weiteren konstatiert Selle: "Die wesentlichen Merkmale der neuen Planungskultur sind offensichtlich vor allem prozeduraler Art"[9] und umschreibt die Veränderungen der Arbeitsweisen in der Planung mit den folgenden Stichworten: "Die Entwicklung von Problemlösungen vom Ort aus", (...) "Die Ressortgrenzen überschreitende Planung", (...) "Kooperationen fördern", (...) "Projekte entwickeln."[10]

Diese Entwicklungstendenzen beruhen nicht nur auf Einsichten von Politik und Verwaltung für eine notwendige Demokratisierung von Planungsprozessen; sie sind auch einzuorten in die Phänomene des "entzauberten Patrons", wie Selle das Verhältnis zwischen Staat und Gesellschaft im Planungskontext kritisch tituliert:

> "Unter der Patronage eines Staates, der sich weitreichende Lenkungs- und Steuerungsfunktionen zuzutrauen schien, konnten auch die umfassenden Gestaltungsansprüche der Planung in den 70er Jahren, ihre Allmachtsvorstellungen (...) im Rahmen einer umfassenden und langfristigen Steuerung räumlicher und gesellschaftlicher Entwicklungen entstehen. In dem Maße, wie nun der Staat entzaubert wird, wie er seine Steuerungsansprüche selbst zurücknimmt (Deregulierung) oder ihm die Adressaten seines Handelns die Legitimation für steuernde Eingriffe entziehen (was man dann als Vollzugs- oder Akzeptanzproblem bezeichnet), gerät auch die Planung in eine Identitäts- und Funktionskrise.

---

5 vgl. hierzu: P. Nimmersmann: Stadtplanung und Gemeinwesenarbeit. München 1971.

6 vgl. hierzu: Fritz Vilmar: Strategien der Demokratisierung; 2 Bde. Darmstadt und Neuwied 1973.

7 vgl. hierzu: Walter Seeler, Rolf Spille: Bürgerbeteiligung in der Stadtentwicklungsplanung und im Wohnbereich bei Vorhaben im Hamburger Raum. In: Bundesminister für Raumordnung, Bauwesen und Städtebau (Hg.); Band 03.056/1977 in der Schriftenreihe "Städtebauliche Forschung. Bonn 1977; S. 19.

8 Claus Selle: Was ist bloß mit der Planung los? Institut für Raumplanung, Fachbereich Raumplanung, Universität Dortmund (Hg.); Band 69. Dortmunder Beiträge zur Raumplanung. Dortmund 1994; S. VI.

9 Claus Selle: (a.a.O.); S. 25.

10 Claus Selle: (a.a.O.); S. 26.

Wer vom Wandel im Planungsverständnis spricht, kann also vom Wandel im Bild vom Staat nicht schweigen."[11]

Dieser Wandel findet seinen Niederschlag auch im Selbstverständnis der Verwaltung als Exekutive des Staates; in diesem Prozeß findet u.a. der Begriff des "integrativen Verwaltungshandelns" seine Begründung:

"Herausforderungen und Problemdruck, etwa durch ökologische und soziale Entwicklungen sind gewachsen, und die beteiligten Akteure (Staat, Bürger, gesellschaftliche Institutionen) haben sich gewandelt. Ging es in den siebziger Jahren noch um Kanalisierung teilweise überbordender Demokratisierungs- und Reformeuphorien, stand die Emanzipationsfunktion (von der Fremdbestimmung zur Selbstbestimmung) im Vordergrund, so sind Staats-, Demokratie- und Politikverdrossenheit die meistzitierten Begriffe zu Beginn der neunziger Jahre, geht es jetzt gerade in anderer Richtung um eine Wiedergewinnung von Bürgerengagement und Reintegration in den Staat. (...) Aus der Sicht des Rechtsstaates kommen dem integrativen Verwaltungshandeln vor allem Rationalitäts-, Effektuierungs-, Garantie-, Entlastungs- und Kontrollfunktionen zu."[12]

Hier ist die Hypothese aufzustellen, daß die Öffnung der staatlich -administrativen Handlungsträger gegenüber neuen und vermeintlich demokratisch anmutenden Verhandlungsmodalitäten in der Interaktion mit der Bürgerschaft nicht per factum bereits ein positiver Prozeß ist. Zumindest ist jeweils immer wieder neu zu überprüfen, ob der Staat mit vordergründig demokratisch erscheinenden Verfahren hintergründig, z.B. zum Zwecke der Kostenersparnis oder der Legitimation, den Rückzug aus der Verantwortung für das Gemeinwohl sucht und statt dessen das Delegieren der Verantwortung "nach unten" vorzieht.

So mag für den einzelnen Bürger die Entdeckung der Kompetenz seiner Gesellschaftsgruppe durch den Staat u.a. für Planungsprozesse durchaus auch paradoxe Züge aufweisen, denn:

---

11 Claus Selle: (a.a.O.); S. 29.

12 Hermann Hill: Integratives Verwaltungshandeln - Neue Formen von Kommunikation und Bürgermitwirkung. In: Deutsches Verwaltungsblatt. 108 Jg. des Reichsverwaltungsblattes, Heft 18; 15. September 1993; S. 976.

> " 'Selbstverwirklichung', 'Selbstbestimmung' sind ja keineswegs nur individuelle Ziele, sondern oft auch öffentliche Lückenbüßer, nämlich die Kehrseite der Folgeprobleme, die alle Teilsysteme auf die dann plötzlich 'mündigen Bürgerinnen und Bürger' abwälzen."[13]

Für die beruflich involvierten Experten, seien sie als Verwaltungsmitarbeiter oder freiberuflich tätige Personen in Planungsverfahren eingebunden, wird angesichts der sich wandelnden Handlungs- und Entscheidungsrahmen eine Reflexion des eigenen Berufsverständnisses zur Klärung der eigenen Position und Rolle im Verfahren unabdingbar. Eine unvollständige Aufzählung der Berufsbezeichnungen für ein Berufsfeld wie Planer/-in, Anwaltsplaner/-in, Moderator/-in, Mediator/-in oder gar Animateur/-in kann nur ein Spiegel für die politikgerechte Adaption von Begrifflichkeiten[14] sein; gleichfalls beschreiben die unterschiedlichen Berufsbezeichnungen den komplizierten Wandel im Selbstverständnis oder in der Rollenzuweisung der Akteure.

Ebenso verändern sich die Lebens- und Arbeitsverhältnisse sowie die Wertorientierungen derer, die überhaupt an Planungsprozessen zu beteiligen sind: der Bevölkerung.

Dieser Veränderungsprozeß hat zu einer ausgesprochen vielschichtigen, heterogenen Sozialstruktur der ländlichen Gesellschaft und der entsprechenden Ausprägung des ländlichen Siedlungsgefüges geführt. Die agrarwirtschaftliche Entwicklung verringert dramatisch die Gruppe der Landwirte und drängt sie in die "Rolle einer neuen Randgruppe im Dorf."[15] Für die wenigsten Menschen im ländlichen Raum stellt heute noch die Landwirtschaft den originären Lebens- und Arbeitszusammenhang dar.

---

[13] Ulrich Beck, Wilhelm Vossenkühl, Ulf Erdmann-Ziegler: Eigenes Leben - Ausflüge in die unbekannte Gesellschaft, in der wir leben. München 1995; S. 14.

[14] vgl. hierzu: Uwe Pörksen: Plastikwörter - Die Sprache einer internationalen Diktatur. Stuttgart 1992.

[15] Thomas Tschöke: Bauern - eine neue Randgruppe im Dorf. In: Pro Regio. Eigenständige Regionalentwicklung Baden-Württemberg e.V. (Hg.); Nr. 7; Boxberg-Wölchingen 1990; S. 22.

Als die "Inszenierung des Ländlichen"[16] umschreibt Kühn die restaurierenden Effekte einer vermeintlichen Ausgleichspolitik durch staatliche Programme und Handlungsperspektiven der 80er und 90er Jahre: "Dorferneuerung, Landschaftspflege, Renaturierung und Naturschutz. Anstelle der Vernichtung von 'Natur' und 'Tradition' tritt ihre 'Pflege'."[17]
Nach Ipsen ist die Nachkriegspolitik im ländlichen Raum "am ehesten als Modernisierungsprozeß zu verstehen, der sich räumlich als Integration in den nationalen Raum ausdrückt."[18]
Mit den Zwiespälten des Einst und Jetzt leben heute Bürgerinnen und Bürger im ländlichen Raum und sehen sich deshalb umsoweniger in tradierten Rollenschemata der vermeintlichen Dorfbewohner. Ihre Lebens- und Arbeitsbezüge sind vielschichtig vernetzt zwischen städtischer Arbeitswelt und ländlicher Umwelt. Das Konzept und die Sprache, mit ihnen einen Dialog zu suchen, z.B. in einem Planungsprozeß, bedarf deshalb der Beachtung der konfligierenden Bezüge im Lebenszusammenhang der Einzelnen und im Zusammenleben der Dorfgemeinschaft.
In dem Wechsel der inhaltlichen Programmausrichtung der Landesprogramme zur Dorferneuerung schlagen sich sowohl die kommunalpolitischen Dauerbrenner ländlicher Siedlungsräume nieder als auch der Anpassungsdruck der Programme an die wachsende Komplexität der Problematik in diesem Raum:

> "Schulträgerschaft, Kulturpflege, Wirtschaftsförderung - diese und andere Bereiche der kommunalen "Policies" finden einen Niederschlag in der Dorfentwicklung, die im übrigen auch alle Ebenen der kommunalen Selbstverwaltung erfaßt: Dorf, Gemeinde und Landkreis. Dorfentwicklung ist zwar nicht das beherrschende Thema der Kommunalpolitik auf dem Lande, doch enthält sie all deren Bedingungen (u.a. bauliche und soziale Defizite, Abhängigkeit von Finanzzuweisungen), Probleme (Verhältnis Gemeinde - Teilort) und Spannungen (Besitzdenken - Gemeinsinn). Dabei hatte sie sich unter dem Namen 'Sanierung' erst einmal ganz bescheidene Ziele gesetzt. Diese gingen von der Problemlage aus, daß aufgrund des Rückgangs der Landwirtschaft viele Gebäude im Dorf nicht mehr gebraucht werden, funk-

---

16 Mandfred Kühn: Die Inszenierung des Ländlichen. In: Arbeitsbericht des Fachbereichs Stadtplanung und Landschaftsplanung; Gesamthochschule Kassel (Hg.); Heft Nr. 87; Kassel 1990; S. 5.

17 Mandfred Kühn: (a.a.O.); S. 5.

18 Detlev Ipsen: Räumliche Vergesellschaftung. In: PROKLA 68 (Hg.); 17. Jg.; September 1987; S. 115.

tionslos geworden sind. Die Baugestalt des Dorfes stimmte daher nicht mehr mit den Bedürfnissen seiner Bewohner überein. Weder traditionelle Verhaltensmuster noch Marktlösungen erwiesen sich als ausreichend, um die sich daraus ergebenden Probleme wie Verfall der Ortskerne und Zersiedlung der Ortsränder zu lösen. So kam es zu einer politischen Lösung, deren zeitliche vier Etappen mit Begriffen wie Dorfsanierung, Dorferneuerung, Dorfentwicklung oder gar ganzheitlicher Dorfentwicklung gekennzeichnet werden."[19]

Parallel zum Verlauf dieser Etappen war die Frage der Bürgerbeteiligung zu diesem Programm immer verbunden mit einer zunehmenden Erkenntnis der politisch verantwortlichen Kräfte, daß soziale, kulturelle und ökonomische Impulse für den ländlichen Raum nur von und mit den Bürgerinnen und Bürgern Umsetzung finden können.

Im Verlauf von mehr als zwei Jahrzehnten Dorferneuerungspraxis in der Bundesrepublik Deutschland haben sich inzwischen diverse Beteiligungsformen herausgebildet. Vorgehensweisen und Arbeitsweisen finden in den Spezifika des Siedlungsraumes Dorf ihre Begründung. Begriffe wie "Bürgerbeteiligung als Kommunikations- und Lernprozeß"[20], "Dorfwerkstätten"[21], "Spurensicherung"[22] und Dorferneuerung als "Ortsidee"[23] fassen beispielhaft die Bemühungen zusammen, Bürger/-innen an der Planung aktiv mitwirken zu lassen, statt sie lediglich in Abstimmungs- und Beschlußphasen des Verfahrens zu beteiligen.
Dennoch, bei der Umsetzung in eine Beteiligungsform ist ein Element diesen zuvor genannten Modellen gemein, die Bildung eines Dorferneuerungsbeirates oder,

---

[19] Herbert Schneider: Kommunalpolitik auf dem Lande. München 1991; S. 207.

[20] vgl. Engelbert Rolli: Bürgerbeteiligung als Kommunikations- und Lernprozeß. Deutsches Institut für Fernstudien an der Universität Tübingen (DiFF) (Hg.). In: Dorfentwicklung als Lernprozeß. Studieneinheit 7. Tübingen 1989; S. 97.

[21] vgl. Elmar Zepf: Das Modell "Dorfwerkstatt". Deutsches Institut für Fernstudien an der Universität Tübingen (DiFF) (Hg.). In: Dorfentwicklung als Lernprozeß; Studieneinheit 7. Tübingen 1989; S. 50.

[22] Detlef Lecke (Hg.): Lebensorte als Lernorte: Handbuch Spurensicherung. Frankfurt a.M. 1983.

[23] Dieter Schoeller: Ortserneuerung mit der "Aktion Ortsidee". Deutsches Institut für Fernstudien an der Universität Tübingen (DiFF) (Hg.). In: Dorfentwicklung als Lernprozeß; Studieneinheit 7. Tübingen 1989; S. 122.

wie er in Hessen genannt wird, eines "Arbeitskreises Dorferneuerung."[24] In der tradierten Verfahrenspraxis ist dies in aller Regel ein an örtlich, politisch etablierten Interessengruppierungen angelehntes Gremium, das die Verhandlungsprozesse der Dorfentwicklungsplanung zwischen Fachverwaltung, Planungsbüro, Kommunalverwaltung und Bürger/-innen auf der örtlichen Ebene verankern sollen. Der Arbeitskreis ist bereits durch die selektive Auswahl seiner Mitglieder ein kommunalpolitisch abgesichertes Forum. Diese Form der Beteiligung und Mitwirkung der Bürger/-innen am Dorfentwicklungsverfahren unterscheidet sich zwar hinsichtlich der rechtlich verpflichtenden Anhörung von den "Anregungen und Bedenken" in rechtsverbindlichen Planungsverfahren, bleibt aber hinsichtlich der Entscheidungsfindung und Abwägung in tradierten orts- und kommunalpolitischen Bahnen bezüglich der Behandlung von Anregungen und Bedenken. Dazu das Hessische Dorferneuerungsprogramm: "Die kommunalen Gremien haben immer das letzte Wort, wenn es um Planungsalternativen geht."[25] Dem 'Arbeitskreis Dorfentwicklung' obliegt dabei eine beratende Funktion in der Rolle der Experten vor Ort: "Die Einrichtung eines Arbeitskreises soll zunächst dem Planer helfen, in der Dorfentwicklung zu ortsgerechten Konzepten zu finden. Diese sollen aus tiefer örtlicher Kenntnis heraus und mit Verständnis für die sozialen Strukturen des jeweiligen Dorfes entstehen. Es dürfte für die Mitglieder der kommunalen Gremien in der Regel kaum zu bewerkstelligen sein, sich mit jedem Dorf in einer so ausführlichen, bis ins Detail gehenden Problemanalyse und Entwicklungskonzeption auseinanderzusetzen."[26]

Die Praxis der Beteiligung von Bürgerinnen und Bürgern an städtebaulichen Rahmenplanungen, wie sie die Dorferneuerung analog zur Stadterneuerung planungsrechtlich darstellt, ist in den einzelnen Bundesländern der Bundesrepublik Deutschland sehr unterschiedlich gestaltet. Festzustellen ist:

---

[24] Günter Konieczny: Organisationsmodell für die Zusammenarbeit mit dem Bürger-Modell "Arbeitskreis Dorfentwicklung". In: Workshop-Planung für Dörfer und Scheindörfer. Vereinigung der Stadt- Regional- und Landesplaner e.V. (Hg.); Bochum 1985; S. 79.
vgl. hierzu auch: Hessisches Ministerium für Landesentwicklung, Wohnen, Landwirtschaft, Forsten und Naturschutz: Dorferneuerung in Hessen. Wiesbaden 1991; S. 56-57.

[25] Hessisches Ministerium für Landesentwicklung, Wohnen, Landwirtschaft, Forsten und Naturschutz: Dorferneuerung in Hessen. Wiesbaden 1991; S. 57.

[26] Hessisches Ministerium für Landesentwicklung, Wohnen, Landwirtschaft, Forsten und Naturschutz: Dorferneuerung in Hessen. Wiesbaden 1991; S. 57.

"Es gibt (für das Planungsinstrument Dorfentwicklung[27]) keine institutionalisierte und rechtlich verfestigte Form der Bürgerbeteiligung. In der Praxis haben sich insoweit verschiedene Formen herausgebildet, die teilweise isoliert, zuweilen auch in Kombination mit der rechtlich in den Gemeindeordnungen der Bundesländer verankerten Bürgerversammlung verwandt werden."[28]

In Hessen wurden Mitte der 80er Jahre die Verfahrensstruktur und die Inhalte der Dorfentwicklung durch das "Leistungsbild und Ablaufschema Dorferneuerung" (LAD)[29] geregelt. Es handelte sich hierbei um einen linear strukturierten Planungsprozeß mit einer verbindlich festgelegten Leistungsbeschreibung für architektonische, städtebauliche und freiraumplanerische Aufgabenstellungen. Die Bürgerbeteiligung wurde mit zwei bis drei vorgeschriebenen Bürgerversammlungen geregelt, die zu Beginn und am Ende der ca. einjährigen Planungsphase einberufen wurden und durch die Bildung eines 'Dorferneuerungsbeirates', der das Verfahren über den Zeitraum der Planung hinaus während des gesamten Förderzeitraumes von ca. neun Jahren, begleiten sollte.
Die Richtlinien zur Hessischen Dorferneuerung wurden seit 1982 sechsmal fortgeschrieben.[30] Bereits 1983 wurde in das Hessische Dorferneuerungsprogramm die Förderziffer 2.1.14[31] aufgenommen, die eine Förderung von baulichen Maßnahmen für die Sicherstellung der Versorgung mit Waren und Dienstleistungen

---

[27] Anmerkung der Verfasserin.

[28] Andreas Müller: Konzeptbezogenes Verwaltungshandeln. Baden-Baden 1992; S. 91.

[29] Der Hessische Minister für Landwirtschaft, Forsten und Naturschutz. Landesprogramm und Richtlinien zur Erneuerung der hessischen Dörfer - Dorferneuerungsprogramm. Staatsanzeiger für das Land Hessen, Nr. 30; 26. Juni 1984.

[30] vgl. hierzu: **1.)** der Hessische Minister für Landesentwicklung, Umwelt, Landwirtschaft und Forsten: Landesprogramm und Richtlinien zur Erneuerung der hessischen Dörfer - Dorferneuerungsprogramm. In: Staatsanzeiger für das Land Hessen, Nr. 9; 5. Februar 1982.
2.) (a.a.O.): Nr. 15; 14. März 1983. **3.)** Der Hessische Minister für Landwirtschaft, Forsten und Naturschutz: Landesprogramm und Richtlinien zur Erneuerung der hessischen Dörfer - Dorferneuerungsprogramm. In: Staatsanzeiger für das Land Hessen, Nr. 30; 26. Juni 1984.
4.) (a.a.O.): Nr. 21; 20. April 1989. **5.)** (a.a.O.): Nr. 32; 27. April 1990. **6.)** Hessisches Ministerium für Landesentwicklung, Wohnen, Landwirtschaft, Forsten und Naturschutz: Landesprogramm und Richtlinien zur Erneuerung der hessischen Dörfer - Dorferneuerungsprogramm. In: Staatsanzeiger für das Land Hessen, Nr. 30; 6. Juli 1992: Eine Übersicht zur Förderkulisse und Zuwendungsempfänger des Programms in seiner letzten Fassung gibt Abbildung 1 im Anhang.

[31] vgl. hierzu: Fußnote 30, Pkt. 2.

für Selbstvermarktungs- und soziale Selbsthilfeeinrichtungen vorsah. 1984[32] wurde diese Förderziffer durch einen Passus zur Förderung baulicher Bedingungen von handwerklichen Betriebsgebäuden ergänzt; indirekt beinhaltete diese Förderziffer bereits den Versuch, verstärkt wirtschaftsfördernde Aspekte im Programm zu verankern. Explizit zum Ausdruck kommt diese Programmintention erst in der Programmfortschreibung von 1989[33], in dem in der Förderziffer 2.1.12 als förderfähig Kultur- und Gemeinwesenarbeit ausgewiesen wird und in der Förderziffer 2.1.14 der Passus zur Förderung von Handwerks- und Gewerbebetrieben präzisiert wird, in dem "Investitionen zur Erhaltung oder Neueinrichtung von wohnstättennahen Arbeitsplätzen in Kleinunternehmen des Handwerks, des Handels sowie des Dienstleistungs- und Kleingewerbes" als Fördertatbestand Berücksichtigung finden. 1992, in der letzten Fortschreibung des Dorferneuerungsprogramms[34], wird in der Förderziffer 2.1.13 zusätzlich zur 1989 eingeführten Kultur- und Gemeinwesenarbeit die Förderung von Informations-, Bildungs- und Beratungsarbeit im Rahmen öffentlicher Gemeinwesenarbeit eingeführt.

Die Hessische Dorferneuerung erweitert damit ihren Themenradius weit über die bisher tradiert städtebauliche Ausrichtung hinaus, um die Benennung von sozialen, ökonomischen und kulturellen Aufgabenstellungen:

> "Dorferneuerung bedeutet heute umfassende Strukturförderung in den Bereichen Grundversorgung, Altenpflege, Kinderbetreuung, Wohnraumversorgung, neue Einkommensquellen und Existenzgründungen sowie Kommunikations- und Wissenstransfer. Die Erneuerung und Entwicklung der Dörfer fördert ebenfalls die Gesamtentwicklung der Wirtschaftskraft der ländlichen Regionen. Somit versteht sich das Dorferneuerungsprogramm auch als wirtschaftspolitischer Stabilisierungsfaktor für die ländlichen Regionen."[35]

Und weiter: "Die Dorferneuerung will Perspektiven zur Lösung ökonomischer, sozialer und ökologischer Probleme für einzelne Dörfer aufzeigen und die räumlich-kulturelle Vielfalt der Regionen stärken."[36]

---

[32] vgl. hierzu: Fußnote 30, Pkt. 3.

[33] vgl. hierzu: Fußnote 30, Pkt. 4.

[34] vgl. hierzu: Fußnote 30, Pkt. 6

[35] Lothar Klemm, Hessischer Minister für Wirtschaft, Verkehr und Landesentwicklung, zitiert in: Hessisches Ministerium für Wirtschaft, Verkehr und Landesentwicklung: Vorwort zum 'Leitfaden Dorferneuerung'. Wiesbaden 1995; S. 1.

[36] Hessisches Ministerium für Wirtschaft, Verkehr und Landesentwicklung: Leitfaden Dorferneuerung. Wiesbaden 1995; S. 2.

Mit diesem ganzheitlich orientierten Programmansatz steht die Hessische Landesregierung im Vergleich zur bundesweiten Dorferneuerungspraxis vorläufig allein da.

Ein effizientes Ausschöpfen der möglichen Themenbreite und damit verbunden die Umsetzung der Programmziele der fortgeschriebenen Hessischen Dorferneuerung setzen inzwischen eine Bürgerbeteiligung voraus, die weit über das Maß der bisher im Zuge städtebaulicher Rahmenplanung praktizierten Informationspolitik und Mitwirkungspraxis hinausgeht: "Dorferneuerung ist ein Prozeß, der von Bürgern und Bürgerinnen eines Dorfes getragen wird. Sie ist keine von außen und von Fachleuten allein erarbeitete übergestülpte Planung."[37]

Es ist davon auszugehen, daß mit einer optimierten Beteiligung der Bürgerinnen und Bürger im ländlichen Raum Probleme behandelt werden sollen, die in der Vergangenheit im Zuge von tradiertem Verwaltungshandeln und analog gelenkten Planungsabläufen nicht befriedigend und nicht nachhaltig gelöst werden konnten.

Dies verlangte nach Übergangsregelungen und 1994 schließlich nach einer Neuregelung der Verfahrensstruktur. Sie liegt seit August 1994, das alte 'Leistungsbild und Ablaufschema[38] ersetzend, in Form eines 'Leitfadens Dorferneuerung'[39] vor und gliedert das Dorferneuerungsverfahren zukünftig in vier wesentliche Verfahrensabschnitte:

1. Vorfeld/Startphase
2. Klärungsphase
3. Umsetzungsphase (1. Abschnitt)
4. Umsetzungsphasen (weitere Abschnitte).

---

[37] Hessisches Ministerium für Wirtschaft, Verkehr und Landesentwicklung: (a.a.O.); S. 3.

[38] Der Hessische Minister für Landwirtschaft, Forsten und Naturschutz: Landesprogramm und Richtlinien zur Erneuerung der hessischen Dörfer - Dorferneuerungsprogramm. In: Staatsanzeiger für das Land Hessen, Nr. 30; 26. Juni 1984.

[39] vgl. hierzu: Hessisches Landesamt für Regionalentwicklung und Landwirtschaft: Leitfaden Dorferneuerung: Sammelverfügung Nr. 58/1994; Wiesbaden August 1994: Diese Sammelverfügung erscheint ab Dezember 1995 in einer überarbeiteten Broschüre nach Umbildung der Hessischen Landesregierung im April 1995, herausgegeben vom: Hessischen Ministerium für Wirtschaft, Verkehr und Landesentwicklung: Leitfaden Dorferneuerung. Wiesbaden 1995: Eine Übersicht zum Verfahrensablauf und zu den Verfahrensschritten gibt Abbildung 2 im Anhang.

Arbeitsergebnis der Vorfeld/Startphase ist die Anerkennung oder Ablehnung eines Ortsteils als Förderschwerpunkt im Hessischen Dorferneuerungsprogramm. Ergebnis der Klärungsphase ist ein sogenanntes "Örtliches Handlungskonzept", und Ergebnis der Umsetzungsphase, 1. Abschnitt, ist der Dorfentwicklungsplan und -bericht. Im weiteren Verfahrenszeitraum von ca. neun Jahren erfolgt die schrittweise Umsetzung der gesetzten Planungs- und Projektziele im Ort.[40]

Die Umstellung des Verfahrens von einer linear strukturierten, städtebaulich geprägten Dorferneuerung hin zu einer Dorferneuerung mit einem flexiblen Handlungsrahmen mit möglichen sozialen, ökonomischen und kulturellen Aufgabenstellungen parallel zu den obligatorisch städtebaulichen ist hinsichtlich der methodischen und verfahrenstechnischen Anforderungen an die Bürgerbeteiligung in dem Gesamtverfahren bisher nicht wissenschaftlich aufgearbeitet worden.
Im Rahmen der Erstellung einer Studie zum Thema: "Verfahren und Verlauf von sozioökonomischen Projekten in der hessischen Dorf- und Regionalentwicklung. Chancen und Hemnisse"[41] konnten eine Reihe fördernder wie auch hemmender Faktoren festgestellt werden, was das Erreichen, teilweise Erreichen oder Scheitern gesetzter Projekt- und Planungsziele im Dorferneuerungs- und Regionalentwicklungsverfahren[42] angeht. Die negativen Ursachen waren im wesentlichen in Umstellungs- und Umsetzungsschwierigkeiten der oben dargestellten Verfahrensfortschreibung zu erkennen sowie in einer parallel durchgeführten Strukturreform in der zuständigen Fachverwaltung. In dieser Studie wurden insbesondere methodische sowie verfahrenstechnische Irritationen festgestellt, deren Ursachen vor allem innerhalb der beteiligten Handlungsebenen - Landes- und Kommunalbehörden, Institutionen, Expertenbüros, Bürger/-innen - und in deren Interdependenzen sowie Interaktionen zu suchen sind.

---

[40] vgl. hierzu: Hessisches Ministerium für Wirtschaft, Verkehr und Landesentwicklung: Leitfaden Dorferneuerung. Wiesbaden 1995; S. 10-15.

[41] Annegret Boos-Krüger, Erika Haindl, Ulrike Drosse: Verfahren und Verlauf von sozioökonomischen Projekten in der hessischen Dorf- und Regionalentwicklung. Chancen und Hemmnisse. Diese Studie wurde erstellt am Fachbereich Stadt- und Landschaftsplanung, Arbeitsgruppe Dialogische Planung, Gesamthochschule Kassel, im Auftrag des Hessischen Ministeriums für Landesentwicklung, Wohnen, Landwirtschaft, Forsten und Naturschutz; Kassel Febr. 1995; (unveröffentlicht).

[42] vgl. hierzu: Hessisches Ministerium für Landesentwicklung, Wohnen, Landwirtschaft, Forsten und Naturschutz: Programm zur ländlichen Regionalentwicklung in Hessen. In: Staatsanzeiger Nr. 23/1993; S. 1310.

Als unbefriedigend erweist sich in der aktuellen hessischen Dorferneuerungspraxis die Umsetzung der Partizipation in ihrer Qualität und Quantität über den gesamten Verfahrensverlauf, weil weder die Kontinuität der Beteiligungsstrukturen im Verfahren noch die Übernahme der Ergebnisse aus dem Dialog mit der Bürgerschaft in die Planungs- und Umsetzungsphase gesichert ist. Die Gründe hierfür werden in der Tatsache vermutet, daß bisher keine Analyse der Effizienz des gemeinwesenorientierten Theorie- und Arbeitsansatzes zur Umsetzung der Bürgerbeteiligung stattgefunden hat; dieser Ansatz wurde zunächst ab der Verfahrensumstellung 1989 von der landespolitischen Programmplanung als die vorrangig praktikable Methode favorisiert. Zudem hat während und nach der Verfahrensumstellung bisher keine ausreichend fortgeschriebene Analyse der fachspezifischen Belange und Erkenntnisse der verschiedenen im Verfahren involvierten Professionen aus den Gesellschafts-, Rechts- und Verwaltungs- sowie Planungswissenschaften stattgefunden. Die Erkenntnisse hieraus würden erst eine Analyse der Maßstäblichkeit der Bürgermitwirkung in bezug auf die einzelnen relevanten Verfahrensphasen ermöglichen, die Verfahrensdauer insgesamt, die möglichen thematischen Schwerpunktsetzungen in den Verfahren und die Mitwirkungsbereitschaft der Bürger und Bürgerinnen an der Dorfentwicklung überhaupt. Dadurch mangelt es zur Zeit für die Weiterentwicklung der Verfahrenspraxis trotz innovativer Programminhalte und Förderkulisse an Maßgaben für eine problemorientierte statt verfahrensbezogene Beteiligung.

In der Folge kommt es bisher zu keiner ausreichenden Beschreibung und zu keiner Eingrenzung der Anforderungen und Bedingungen, die an die Interaktionsstrukturen und -prozesse der beteiligten Akteure im Dorfentwicklungsverfahren zu stellen wären und die eine Richtschnur für die Arbeits- und Vorgehensweisen der professionell involvierten Experten in freien Berufen und in der Verwaltung bieten würden.

Der Mangel definierter Anforderungen und Bedingungen an die notwendigerweise zu differenzierenden Beteiligungsstrukturen gefährdet nach Ansicht der Verfasserin den partizipativen Programmanspruch des hessischen Dorferneuerungsverfahrens und damit seine Effizienz für die Entwicklung von Lösungsansätzen sozialer, ökonomischer und kultureller Strukturprobleme ländlich geprägter Siedlungsräume. Es gelingt nicht oder nur unzureichend, einem endogenen Entwicklungsprozeß im Dorf zur Kontinuität bzw. zur Langfristigkeit zu verhelfen.

Zwei negativ verlaufende Entwicklungen in der Verfahrenslenkung und -durchführung sind dadurch für die Zukunft nicht auszuschließen:

1. Die Reduzierung der Bürgermitwirkung auf die ehemaligen tradierten Beteiligungsstrukturen und damit einhergehend auch wieder eine Eingrenzung der möglichen Themenbreite auf städtebauliche und bauliche Standardthemen

und

2. die Überstrapazierung der Erwartungen an die Bürgermitwirkungsmöglichkeiten von seiten der verschiedenen beteiligten Akteure, die dann vor allem im Dorf in Demotivation umschlagen, wenn geweckte Hoffnungen an örtliche Veränderungen durch das Dorferneuerungsverfahren unerfüllt bleiben.

Damit kann eine erste These formuliert werden: Die sozialen, ökonomischen und kulturellen Zielsetzungen der Hessischen Dorferneuerung können zukünftig nur erfolgreich umgesetzt werden, wenn der partizipative Programmansatz gesichert ist. Hierfür müssen die Vorgehens- und Arbeitsweisen der beruflich involvierten Akteure in freien Berufen und in der Verwaltung in einen methodologischen und verfahrensstrukturellen Bezug zueinander gesetzt werden.

Während einerseits durch die fortgeschriebene Förderkulisse und Verfahrensstruktur ein flexibler Handlungsrahmen besteht, in dem sich im Diskurs[43] Planungs- und Projektaufgabenstellungen entwickeln könnten, mangelt es andererseits für diese offene Prozeßstruktur an adäquaten Beteiligungsstandards[44]; diese zu erarbeiten ist Vorhaben der vorliegenden Dissertation.

Anhand von Fallanalysen, aufbauend auf ausgewerteten Dorfentwicklungsverfahren aus zuvor genannter Studie[45], sollen Beteiligungsstandards abgeleitet werden, die anwendbar sind auf die obligatorischen Verfahrensphasen: Klärungsphase,

---

43 Anmerkung der Verfasserin: In Anlehnung an Habermas (vgl. hierzu: Jürgen Habermas: Theorie des kommunikativen Handelns; 2 Bd.. Frankfurt 1981) wird in der Literatur der traditionelle Diskursbegriff um einen problemspezifischen erweitert. Während sich der traditionelle Diskursbegriff auf die argumentative Erarbeitung gemeinsamer Normen bezieht, ist die Intention problemspezifischer Diskurse die Erarbeitung pragmatischer Lösungen, z.B. in Planungsprozessen. Vgl. hierzu u.a.: Christine Mussel: Durchsetzen oder Verhandeln - Diskursive Verfahren in der Umwelt und Stadtplanung. In: Arbeitsergebnisse. Schriftenreihe der Arbeitsgemeinschaft Ländliche Entwicklung am Fachbereich Stadtplanung/Landschaftsplanung der Gesamthochschule Kassel; Heft 31. Kassel September 1995.

44 vgl. hierzu: Kap. 3.5 definiert diesen Begriff ausführlich.

45 vgl. hierzu: Annegret Boos-Krüger, Erika Haindl, Ulrike Drosse: (a.a.O.).

Umsetzungsphase(n) (1. Abschnitt und weitere) und vor allem für die sozialen, ökonomischen und kulturellen Aufgabenstellungen des Programms.

In Form von Beteiligungsstandards sollen für diese Verfahrensschritte und Inhalte, die in der Praxis eine starke inhaltliche und zeitliche Vernetzung aufweisen, jene Anforderungen und Bedingungen an den Interaktionsprozeß der beteiligten Akteure definiert werden, die zur Sicherung des partizipativen Programmansatzes beitragen.

1.2 Forschungsleitende Fragen

In der vorliegenden Arbeit werden nachfolgende Fragestellungen bearbeitet werden:

- Inwieweit beeinträchtigt die bis zum Zeitpunkt der Fortschreibung 1989 tradierte Verfahrenspraxis und Programmprägung der hessischen Dorfentwicklung die Durchsetzung der erweiterten partizipativen Programmziele in der gegenwärtigen Dorferneuerungspraxis?

- Welche Bedingungen und Anforderungen sind an den Interaktionsprozeß der beteiligten Akteure zu stellen zur Sicherung des partizipativen Programmansatzes in der Hessischen Dorferneuerung
  a) im Hinblick auf das Gesamtverfahren
  und
  b) im Hinblick auf mögliche soziale, ökonomische und kulturelle Aufgabenstellungen?

- Welche Maßgaben ergeben sich aus den entwickelten Beteiligungsstandards für die Arbeits- und Vorgehensweisen der professionell involvierten Experten in freien Berufen und in der Verwaltung?

- Wie können die komplexen Aufgabenstellungen in diesem Programm in einer partizipativ und offen gestalteten Verfahrensstruktur zu einem ganzheitlich orientierten Dorfentwicklungskonzept und zu einer gemeinsam getragenen Handlungslinie der beteiligten Akteure vernetzt werden?

- Wie kann eine Schematisierung des Verfahrens vermieden werden zugunsten der Qualitäten eines diskursiv entwickelbaren Planungsprozesses, der einen Zugewinn an demokratischer Kompetenzzuschreibung auf der Handlungsebene der Bürgerschaft garantiert, ohne gleichzeitig einen Rückzug des Staates aus der Verantwortung zu implizieren?

Mit Hilfe dieser Fragestellungen soll geklärt werden: Welche Bedingungen und Anforderungen für die Beteiligungsstrukturen sind definierbar für das Gesamtverfahren und die spezifischen Aufgabenstellungen der Hessischen Dorferneuerung; welche Konsequenzen haben politische und staatliche Handlungsträger, hier insbesondere die Verwaltung und die freiberuflich involvierten Planungs- und Projektbüros, für ihre Arbeits- und Vorgehensweise daraus zu ziehen und wie kann der Planungsprozeß offen und dennoch hinsichtlich der Beteiligung nicht willkürlich inhaltlich und verfahrenstechnisch strukturiert werden?

1.3 Vorgehensweise

Diese Arbeit leistet eine weiterführende Auswertung des empirischen Materials, das im Rahmen der Studie: "Verfahren und Verlauf von sozioökonomischen Projekten in der hessischen Dorf- und Regionalentwicklung. Chancen und Hemmnisse"[46] im Auftrag des Hessischen Ministeriums für Landesentwicklung, Wohnen, Landwirtschaft, Forsten und Naturschutz erhoben wurde. Sie baut auf den dabei gewonnenen Erkenntnisstand auf und fokussiert auf das spezifische Problem der Sicherung und Optimierung des partizipativen Programmansatzes des Dorfentwicklungsverfahrens.

Die Studie wurde in dem Zeitraum von Oktober 1993 bis Februar 1995 erstellt. Ziel der Untersuchung war festzustellen, aus welchen Zusammenhängen in der Vorklärungsphase soziokulturelle, sozioökonomische und/oder ökonomische Projektansätze entstehen, wie diese im weiteren Verfahrensverlauf entwickelt werden, ob sie zu einer entsprechenden Umsetzung in die dörfliche Realität gelangen oder ob und aus welchen Gründen die Projektansätze teilweise oder ganz scheitern.

---

[46] vgl. hierzu: Annegret Boos-Krüger, Erika Haindl, Ulrike Drosse: (a.a.O.).

Zur Untersuchung von relevanten sozial, ökonomisch und/oder kulturell wirksamen Dorfentwicklungsprojekten wurden in drei Förderschwerpunkten Fallanalysen durchgeführt, in denen eine Projektrealisierung während der Erstellung der Studie möglich erschien. Alle Verfahren hatten die Vorklärungsphase abgeschlossen und befanden sich in der Umsetzungs- bzw. Planungsphase.

Erstes Kriterium zur Auswahl der Untersuchungsorte war ihre differierende Lage im Raum zur Berücksichtigung dieser unterschiedlichen Voraussetzungen für Dorfentwicklungsverfahren: Zwei Orte liegen in Nordhesssen, davon zählt einer ca. 400 Einwohner, der andere ca. 950; der dritte Ort liegt in Südhessen, damit im Einzugsgebiet des Rhein-Main-Ballungsraumes und hat eine Einwohnergröße von 2790.

Zweites Kriterium zur Auswahl der Untersuchungsorte war die mögliche Zuordnung der Projektansätze zu der in der Studie entwickelten Charakteristik von Projekttypen, definiert als
- soziokulturell wirksames Projekt,
- sozioökonomisch wirksames Projekt,
- ökonomisch wirksames Projekt.[47]

Im Rahmen der Studie wurden 13 Einzelinterviews und zwei Gruppengespräche auf Tonband aufgezeichnet und wörtlich transkribiert. In den Interviews wurde die Dynamik der Gesprächsverläufe zugelassen und lediglich durch die Frageleitfäden begrenzt. Die Frageleitfäden für diese offen geführten Interviews basierten auf einer umfassenden Dokumentenanalyse und berücksichtigten die Phänomene der unterschiedlichen raumpolitischen Voraussetzungen zwischen Nord- und Südhessen; die Befragten wurden als "Spezialisten in bestimmten Konstellationen"[48], d.h. hier als Experten der Dorf- und Regionalentwicklung, befragt.
Es wurden, soweit möglich, mit allen involvierten Experten auf sämtlichen Handlungsebenen des jeweiligen Verfahrens qualitative Einzelinterviews geführt, in zwei Fällen Gruppengespräche, um die Sichtweisen und Deutungen der Beteiligten in Bezug zu den real feststellbaren Verläufen von sogenannten sozioökonomischen Projekten setzen zu können, die anhand von Behördenvermerken, Projekt- und Planungsberichten dokumentiert und nachvollziehbar waren.

---

47 vgl. hierzu: Kap. 3.3.1 - 3.3.1.3 im folgenden.

48 Christel Hopf, Elmar Weingarten : Qualitative Sozialforschung. Stuttgart 1984; S. 15.

Das Erkenntnisinteresse der qualitativ geführten Interviews bezog sich vorrangig auf:

1. Erfahrungen der Bürger/-innen mit den Beteiligungsstrukturen;

2. das Rollenverständnis der Befragten in der Klärungsphase bzw. in der Umsetzungsphase von Planung und Projekten;

3. die von den Experten analog gewählten Vorgehensweisen und Arbeitsmethoden hinsichtlich der Umsetzung der Bürgerbeteiligung;

4. das Auftragsverständnis der Experten;

5. die Rollenerwartung der Befragten an die verschiedenen beteiligten Handlungsebenen in der Beteiligtenachse[49];

6. die Einschätzung der Befragten hinsichtlich der Chancen und Hemmnisse in der Umsetzung von Projektansätzen in Dorfentwicklungsverfahren.

Die Frageleitfäden implizierten generell ein Interesse an der Einschätzung und Bewertung der Experten hinsichtlich ihrer eigenen Mitwirkung und Teilnahme am Verfahren als auch hinsichtlich der Kommunikations-, Kooperations- und Interaktionsstrukturen im jeweiligen Dorfentwicklungsverfahren. Das Interviewmaterial erhält deshalb Relevanz für die spezifischen Fragestellungen, denen in dieser Dissertation nachgegangen werden soll.

Weiteres Untersuchungsmaterial zur Bearbeitung der oben genannten Studie wurde mit den Methoden einer Stichprobenbefragung im Rahmen einer Bürgerversammlung, teilnehmenden Beobachtungen, Wahrnehmungsspaziergängen, einer umfassenden Dokumentenanalyse und einer quantitativen Bürgerbefragung[50] gewonnen.

---

[49] vgl. hierzu: Kap. 3.5 im folgenden.

[50] Annegret Boos-Krüger: Praetest zum Dissertationsvorhaben: Bürgerbeteiligung in der Hessischen Dorferneuerung. Verfahrensmodelle zur Sicherung des partizipativen Programmansatzes. Unveröffentlicht, 1991/92: Im Rahmen dieses Praetests wurde in sechs nordhessischen Dorferneuerungsschwerpunkten eine Bürgerbefragung mit offenen und geschlossenen Fragen zur Effizienz der Bürgerbeteiligung durchgeführt. Die Befragung erfolgte im Straßenraum be-

1.3.1 Zur wechselseitigen Beziehung von Partizipation und Verfahren/Verlauf von sozioökonomischen Projekten in der Hessischen Dorferneuerung

Aufgrund der zur Disposition stehenden Fördergelder für private und kommunale Baumaßnahmen zeigen die Adressaten des Dorferneuerungsprogramms, Bürger/-innen, die im Förderschwerpunkt wohnen sowie die antragstellende Kommune in aller Regel ein großes Interesse an den planerischen Themenkomplexen: Altbausanierung (Denkmalpflege), Straßenplanung, Platzgestaltungen, Grünordnung. Dieser Themenkanon des Programms ist im ländlichen Raum geläufig und wird mit dem Programm allgemein assoziiert.

Der inzwischen erweiterte Aufgabenkomplex des Programms mit beabsichtigten Fördereffekten in sozialen, kulturellen und ökonomischen Bereichen ist den Adressaten zunächst unbekannt; seine erfolgreiche Umsetzung ist deshalb direkt von der partizipativen Programmstruktur abhängig.
Bei der Bearbeitung der städtebaulichen Rahmenplanung kann auf den professionellen Handlungsebenen des Verfahrens inzwischen auf mehr als zwei Jahrzehnte Erfahrungen zurückgegriffen werden. Diese sind Gegenstand einer ebenfalls seit langem geführten, theoriegeleiteten Diskussion in sozial- und/oder planungswissenschaftlich orientierten Professionen; sie werden in Kapitel 2 ausführlicher dargestellt. Für die erweiterten Fördertatbestände gemäß der Förderziffern 2.1.12, 2.1.13 und 2.1.14[51] liegen hingegen lediglich ca. fünf Jahre Verfahrenspraxis zur Sammlung von Erfahrungen vor; sie sind entsprechend weniger evaluiert.

---

troffener Dörfer und wurde quantitativ ausgewertet. Drei der Orte waren Förderschwerpunkte, deren Dorfentwicklungsverfahren mit einer Vorklärungsphase durchgeführt worden waren, drei waren vor Einführung dieser Verfahrensphase ohne Vorklärung durchgeführt worden. Einer dieser Untersuchungsorte wurde als Fallbeispiel der vorgenannten Studie ausgewählt und aufgrund der vorliegenden Erkenntnisse aus der quantativen Erhebung unter weiterführenden Fragestellungen mit den qualitativen Methoden zur Studie untersucht. Die Ergebnisse des quantitativ durchgeführten Praetests flossen insofern nur sekundär in die Studie und diese vorliegende Arbeit ein; sie dienten im wesentlichen zur Eingrenzung der Fragestellungen beider Arbeiten.

51 vgl. hierzu: Hessisches Ministerium für Landesentwicklung, Wohnen, Landwirtschaft, Forsten und Naturschutz. Landesprogramm und Richtlinien zur Erneuerung der hessischen Dörfer - Dorferneuerungsprogramm. Staatsanzeiger für das Land Hessen, Nr. 30; 27 Juli 1992. vgl. hierzu auch: Abbildung 1, Kap. 1.1 .

Der programmatische Anspruch zur Optimierung der Bürgerbeteiligung im Rahmen der Hessischen Dorfentwicklung ist deshalb mit der Entwicklung, der Umsetzung, dem Scheitern oder teilweisen Scheitern von sozioökonomischen Projektansätzen interdependent zu betrachten und letztlich in seiner Effizienz an positiven oder negativen Verfahrensverläufen bewertbar.

Dabei ist bei der Bearbeitung der beiden förderfähigen Themenblöcke im Verfahren:

- Architektur, Städtebau, Freiraumplanung

  und

- Soziales, Kultur, Ökonomie

eine Vernetzung, aber auch eine Einzelaufgabenstellung von Planungs- und Projektbearbeitungen möglich. Im Hinblick auf die Fragestellung dieser Arbeit sind hier mögliche Interdependenzen zu beachten.

1.3.2 Aufbau der vorliegenden Arbeit

Nach Kapitel I, der Problemstellung und Darlegung der Vorgehensweise in dieser Dissertation, folgt in Kapitel II ein Überblick zur Diskussion über Partizipation in Planungsprozessen, im besonderen Dorfentwicklungsplanung und eine Reflexion der Rahmenbedingungen des hessischen Verfahrens, unter besonderer Beachtung der Bedingungen im Verfahren, die die Beteiligungsstrukturen prägen. In diesem Kapitel werden jene Professionen rezipiert, die aus ihrer jeweiligen Fachrichtung heraus Grundlagen zur Weiterentwicklung der Partizipation in Dorfentwicklungsplanungen leisten. Kapitel II endet mit einer Zu- und Einordnung der Partizipationsdiskussion in der Hessischen Dorferneuerung in die aktuelle Theoriedebatte einer sich verändernden Planungskultur[52] im Kontext gegenwärtiger gesellschaftspolitischer Phänomene.[53] Als Basis der weiteren Überlegungen zur Ent-

---

[52] vgl. hierzu u.a.: Gerd Albers: Über den Wandel im Planungsverständnis. In: RaumPlanung. Heft 61; 1993.
oder auch Karl Ganser, Walter Siebel, Thomas Sieverts: Die Planungsstrategie der IBA Emscher Park. In: RaumPlanung. Heft 61; 1993.

[53] vgl. hierzu u.a.: Susanne von Oetzen: Planung im entzauberten Staat - Zur neueren Staatsdebatte in den Politikwissenschaften. In: RaumPlanung. Heft 61; 1993.
oder auch: Ulrich Beck: Risikogesellschaft - Auf dem Weg in eine andere Moderne. Frankfurt a.M. 1986.

wicklung von Beteiligungsstandards werden hier abschließend Bezüge hergestellt zwischen dem Partizipationsanspruch des Programms, seinen Inhalten, den wesentlichen Merkmalen seiner neuen prozeß- und reflexionsorientierten Verfahrensstruktur im Sinne eines Entwicklungskonzeptes[54] und den in jüngster Zeit erneut aufgegriffenen demokratietheoretischen Überlegungen zu einer 'Civil Society' oder 'Zivilgesellschaft'.[55]

In Kapitel III werden die für diese Arbeit gewählten Forschungsansätze: Symbolischer Interaktionismus[56], Ethnomethodologie[57], das methodische Vorgehen in der Bearbeitung der Fallanalysen sowie die Untersuchungsmatrix dargelegt und begründet. Die hierfür verwendeten Begriffe:
- Charakteristika von Projekttypen
- Beteiligtenachse und
- Beteiligungsstandards werden definiert.

Kapitel III schließt mit den gebildeten Arbeitshypothesen ab.

In Kapitel IV werden anhand der drei Fallanalysen in vorgenannter Studie Dorfentwicklungsverfahren beschrieben, unter Abstrahierung des Ortes, der involvierten Verwaltungen, Institutionen und der beteiligten Personen. Der jeweiligen Fallanalyse folgend werden Beteiligungsstandards entwickelt; sie beziehen sich auf drei definierte Projekttypen sowie das Gesamtverfahren und werden begründet durch eine theoriegeleitete, hermeneutisch strukturierte Auswertung[58] der

---

oder auch: Jürgen Habermas: Theorie des kommunikativen Handelns; Band 1 und 2. Frankfurt a.M. 1981.

54 vgl. hierzu: Andreas Müller: Konzeptbezogenes Verwaltungshandeln - Eine Untersuchung planerischer Handlungsformen der Exekutive im Bereich sich wandelnder Querschnittsaufgaben. Baden-Baden 1992. vgl. hierzu folgend: Kap. 2.6.1 und 2.6.1.1.

55 vgl. hierzu u.a.: Peter Alheit: Zur Soziologie der 'Zivilgesellschaft'. In: Dialektik - Enzyklopädische Zeitschrift für Philosophie und Wissenschaft. Bremen 3/1995.

56 vgl. hierzu: Arbeitsgruppe Bielefelder Soziologen (Hg.): Alltsgswissen, Interaktion und gesellschaftliche Wirklichkeit; Bd. 1 und Bd. 2. Opladen 1980; (1. Auflage: Reinbek bei Hamburg 1973); S. 81-146.

57 vgl. hierzu: Arbeitsgruppe Bielefelder Soziologen (Hg.): (a.a.O.); S. 270-284.

58 vgl. Christel Hopf, Elmar Weingarten: Qualitative Sozialforschung. Stuttgart 1984; S. 22. Hopf und Weingarten hierzu: "Im Vordergrund (...) steht weniger die Rekonstruktion je spezifischer, individueller Deutungen, Begriffsdefinitionen und Wahrnehmungsweisen, sondern vielmehr die Rekonstruktion verbindlicherer oder allgemeinerer Deutungen beziehungsweise die Rekonstruktion sozialer Regelmäßigkeiten auf der Ebene von Deutungen und Interpretationen."

Verfahrensverläufe, in dem hierzu die textlichen Grundlagen und die qualitativen Interviewmaterialien in Bezug gesetzt und interpretiert werden.

Kapitel V reflektiert in der Schlußbemerkung die hier entwickelte zivilgesellschaftliche Planungs- und Handlungsperspektive in der Hessischen Dorfentwicklung für eine partizipative Programmumsetzung; die aktuelle Programmentwicklung im Jahr 1996 berücksichtigend.

2 Theoretische Grundlagen

2.1 Ein Überblick zur Diskussion über Partizipation im Kontext von Planung mit besonderer Berücksichtigung der Dorfentwicklung

Das folgende Kapitel verortet eingangs den Diskussionsstand zur Bürgerbeteiligung bezüglich der Dorferneuerung in die planungshistorische und gesellschaftliche Entstehung der Debatte um Partizipation an Planungsprozessen nach 1945.

Zur Thematik der Bürgerbeteiligung an Planungsprozessen liegen im großen Umfang Arbeiten vor. Dies macht es erforderlich, die sehr breite und grundsätzlich geführte Diskussion zur Beteiligung von Bürgerinnen und Bürgern an gesellschaftspolitischem Geschehen im allgemeinen[1] bis hin zu spezifischen Themengebieten[2] hier komprimiert zusammenzufassen, eingrenzend auf die Fragestellung zur Partizipation in Dorfentwicklungsverfahren[3] und hier wiederum fokussiert auf das hessische Programm.

Die Hessische Dorferneuerung leistet eine offensive Vorreiterrolle in der bundesdeutschen Dorferneuerungspraxis, was die programmatisch verankerte Forderung an eine partizipative Verfahrensstruktur betrifft:

> "Der Grundsatz der Dorferneuerung ist also nicht eine intensive und breitangelegte Bürgerbeteiligung, die lediglich als Instrument für die Herstellung von konfliktfreien Entscheidungen und zum Verstehenlernen von Expertenplanungen dient. Als Bürgermitwirkung ist sie vielmehr ein eigenes Ziel und wird als Weg zur eigenständigen Problemdarstellung und -lösung gesehen."[4]

---

[1] vgl. hierzu u.a.: Hans-Eckehard Bahr: Politisierung des Alltags. Darmstadt/Neuwied 1972. oder auch: Frank Hollihn: Partizipation und Demokratie. Baden-Baden 1978.

[2] vgl. hierzu u.a.: Walter Bückmann, Hans-Ulrich Oel: Bürgerbeteiligung bei kommunalen Planungen. München 1981.

[3] vgl. hierzu u.a.: Helga Jäger: Ländliche Gemeinwesenarbeit in England. Wiesbaden 1990. oder auch: Agrarsoziale Gesellschaft e.V. (Hg.): Ökologie und Bürgerbeteiligung in der Dorferneuerung. Göttingen 1991.

[4] Hessisches Ministerium für Wirtschaft, Verkehr und Landesentwicklung: Leitfaden Dorferneuerung. Wiesbaden 1995; S. 3.

Hinsichtlich der anfänglich gewählten methodischen und theoretischen Verankerung des Beteiligungsmodells in der Gemeinwesenarbeit konnten im Arbeitsgebiet Dorferneuerung auf keine vergleichbaren Erfahrungen in der Bundesrepublik zurückgegriffen werden.[5] Gerade deshalb bedarf die seit 1989 erprobte Beteiligungsform einer Reflexion und eines zwischenzeitlichen Resümees, inwieweit sie sich inhaltlich - methodisch wie verfahrenstechnisch durchsetzen konnte. Hierzu wird in diesem Kapitel anhand von Literatur und Dokumenten die Problematik zusammengefaßt und die aktuellen hessischen Rahmenbedingungen und Richtlinien des Programms erläutert; später in Kapitel IV schließt sich an Fallbeispielen orientiert eine phänomenologisch präzisierte Reflexion an.

Auf diesen Erkenntnissen aufbauend, will diese Arbeit die Grundlagen und Voraussetzungen zur Entwicklung von Beteiligungsstandards klären, um eine theoriegeleitete Debatte über mögliche weitere, alternativ oder ergänzend zur Gemeinwesenarbeit geeignete Partizipationskonzepte für die Hessische Dorfentwicklung eröffnen zu können. Zur Grundlagenbildung werden hierzu im Verlauf dieses Kapitels Positionen aus den Fachgebieten der Planungs-[6], Rechts-[7], Verwaltungs-[8] und Gesellschaftswissenschaften[9] sowie Sozialpädagogik[10] rezipiert, die für die Weiterentwicklung der Partizipation im Rahmen der Dorfer-neuerungen Erkenntnisse und Anregungen leisten.
Hier kann auch auf Arbeiten aus den Fachgebieten der Stadt- und Quartiersplanung verwiesen werden, insbesondere in den Bereichen der Sanierungs- und

---

[5] vgl. hierzu: Helene Rettenbach, Erik Schaab: Dörfliche Gemeinwesenarbeit - Inhalte - Verfahren - Organisation. Beiträge zur konzeptionellen Weiterentwicklung. Wiesbaden 1992.

[6] vgl. hierzu u.a.: Dirk Schubert: Städte für Morgen. Kassel 1995.
vgl. hierzu auch: M. Guther, M. Teschner, W. Siebel: Entwicklungstendenzen kommunaler Planung. Forschungsauftrag des Bundesministers für Raumordnung, Bauwesen und Städtebau (Hg.); Bonn 1974.

[7] vgl. hierzu u.a.: Reinhard Hendler: Die Bürgerschaftliche Mitwirkung an der Städtebaulichen Planung. Göttingen 1977.
oder auch: Andreas Müller: Konzeptbezogenes Verwaltungshandeln. Baden-Baden 1992.

[8] vgl. hierzu: Wolfgang Hoffmann-Riem, Eberhard Schmidt-Aßmann: Konfliktbewältigung durch Verhandeln; Bd. 1 und 2. Baden-Baden 1990.

[9] vgl. hierzu u.a.: Gerhard Wehland: Stadtplanung, Partizipation und kommunale Öffentlichkeit. Berlin 1984.

[10] vgl. hierzu u.a.: Maria Bitzan, Tilo Klöck: Jahrbuch Gemeinwesenarbeit 5. München 1994.
oder auch: Marion Mohrlock, Michaela Neubauer, Rainer Neubauer, Walter Schönfelder: Let's organize! Gemeinwesenarbeit und Community Organization im Vergleich. München 1993.

Stadterneuerungsplanung.[11] Zudem ergab die Sichtung der neueren Literatur, die sich aus der Fachrichtung der Planung mit Fragen des Verhältnisses: Verwaltung - als Exekutive des Staates - und Bürgerschaft sowie deren Interaktion befaßt, daß diese Arbeiten überproportional häufig in umwelt- und sozialpolitischen Themenkulissen[12] angesiedelt sind.

Es ist unschwer zu erkennen, daß gerade in konfliktreichen Arbeitsgebieten, wie z.B. Altlastensanierungen, Deponieanlagen, Eingriffe in den Landschaftsraum durch Großbauprojekte, aber auch in großstädtischen Bauprojekten neue Verhandlungs- und Verfahrenskonzepte gefordert sind. In derartigen Vorhaben sind die Belange und Betroffenheit der Bürgerschaft in einem Maße berührt, daß sich konventionelles Verwaltungshandeln und planerisches Arbeiten ohne intensive Kooperation mit den Bürgerinnen und Bürgern als unzureichend erweisen. Demzufolge liegen aus Arbeitsfeldern sogenannter 'diskursiver Aushandlungsverfahren'[13] Erkenntnisse vor, die als Grundlagenwissen partizipativ angelegter Planungsverfahren gelten können und deshalb für diese Dissertation von Bedeutung sind.

Nicht zuletzt liegen speziell aus dem Fachgebiet der Dorfentwicklung umfassende Arbeiten[14] vor, die sich u.a. ausführlich der Beteiligung der Bürgerschaft am Verfahren widmen.[15] Die Dorferneuerung ist im Verlauf ihrer 25jährigen Existenz als Planungsinstrument der Landesentwicklungsverwaltungen in der Bun-

---

11 vgl. hierzu u.a.: Joachim Brech, Rainer Greiff: Anwaltsplanung in der kommunalen Planungspraxis; Bd. 1 und 2. Frankfurt a.M. 1981.
oder auch: Peter C. Dienel: Die Planungszelle. Opladen 1992; (Erstauflage 1978).

12 vgl. hierzu u.a.: Loccumer Protokolle: Mediation als politischer und sozialer Prozeß. Evang. Akademie Loccum (Hg.); Rehburg-Loccum 1994.
oder auch: Lars Holtkamp, Birgit Stach: Friede, Freude, Eierkuchen? Marsberg, Berlin, Schüren 1995.

13 vgl. hierzu: Helga Fassbinder: Stadtforen und Planungsstrategien - Das Stadtforum Berlin als Lehrstück. In: Dirk Schubert (Hg.): Städte für Morgen. Universität Gesamthochschule Kassel, Schriftenreihe des Fachbereichs Stadtplanung und Landschaftsplanung, Gesamthochschule Kassel; Band 22. Kassel 1994.

14 vgl. hierzu u.a.: Deutsches Institut für Fernstudien an der Universität Tübingen (Hg.): Dorfentwicklung; Bd. 1-7. Tübingen 1989: hier insbesondere Bd. 7: Lernprozeß.

15 oder auch: Eckart Frahm, Holger Magel, Klaus Schüttler: Kultur - ein Entwicklungsfaktor für den ländlichen Raum. München 1994.

desrepublik, aber auch im Ausland, z.B. Österreich[16], von Kritik, Anregungen und Erkenntnissen zahlreicher involvierter Professionen geprägt. Es besteht inzwischen ein interdisziplinärer, formeller oder informeller vorwissenschaftlicher Dialog zwischen den beteiligten Akteuren in der Arbeitspraxis der Verfahren durch Fachtagungen, Veröffentlichungen und Medien, auf den hier zurückgegriffen werden kann.

2.2 Aspekte bei der Rezeption und Auswertung der theoretischen Beiträge: Zur Konstellation der Akteure in partizipativen Planungsverfahren

Die Auswertung der Literatur und Materialien geschieht im Hinblick auf die theoretischen Grundlagen der in dieser Dissertation gewählten Forschungsansätze[17]: dem symbolischen Interaktionismus und der Ethnomethodologie. Das Erkenntnisinteresse des symbolischen Interaktionismus konzentriert sich auf jene Bilder, die die Akteure zunächst von sich selbst, von den weiter involvierten Akteuren und von der Situation, in der sie handeln, durch ihre eigenen Deutungen entwickeln. Die individuellen Interpretationen sind geprägt von Gruppenzugehörigkeit, Erfahrungen und Interessen. Diese können sich in einem Prozeß beziehungsweise Verfahren ändern. Das Erkenntnisinteresse der Ethnomethodologie ist insbesondere auf die Interaktionsbedingungen und den Interaktionsprozeß der handelnden Akteure ausgerichtet. Zusammengefaßt kann festgestellt werden, daß in diesen beiden Ansätzen die unterschiedlichen Sichtweisen und Interpretationen der am Prozeß beteiligten Akteure eine zentrale Rolle spielen:

> "Ein Netzwerk oder eine Institution funktioniert nicht automatisch aufgrund irgendeiner inneren Dynamik oder aufgrund von Systemerfordernissen; sie funktionieren, weil Personen in verschiedenen Positionen etwas tun - und zwar ist das, was sie tun, ein Ergebnis der Art und Weise, in der sie die Situation definieren, in der sie handeln müssen. (...) Es ist notwendig zu erkennen, daß die Sets von Bedeutungen, die die Teilnehmer dazu bringen, in den von ihnen eingenommenen Positionen im Netzwerk so zu handeln, wie sie tatsächlich handeln, ihre eigene Einbettung in einen ganz bestimmten Prozeß sozialer Interaktion haben - und daß diese Bedeutungen in einem so-

[16] Dieter Schoeller: Dorferneuerung - Anregung zum Mitmachen. Innsbruck-Wien 1992.

[17] vgl. hierzu folgend: Kapitel 3 - 3.1.2.

zialen Definitionsprozeß in Abhängigkeit von der augenblicklichen Lage gebildet, aufrecht erhalten, abgeschwächt, verstärkt oder umgeformt werden. Sowohl das Funktionieren wie die weitere Entwicklung von Institutionen werden durch diesen Interpretationsprozeß bestimmt, wie er zwischen den verschiedenen Gruppen von Teilnehmern stattfindet."[18]

Unter diesem Aspekt sind von besonderem Interesse die Deutungen und Interpretationen der beteiligten Berufs- und Personengruppen an partizipativen Planungsprozessen. Von Bedeutung sind im Kontext dieser Arbeit ihre gesellschafts- und planungspolitischen Einschätzungen zu den Verfahren selbst, den Kooperationsbedingungen zwischen den Akteuren sowie die Bewertung der eigenen Rolle und die der anderen im Verfahren. Aus diesen Einschätzungen der involvierten Personen und Gruppen, in diesem Kapitel anhand der Grundlagen und Materialien theoriegleitet vorbereitet für die weiterführende Auswertung in den Fallanalysen in Kapitel 4, können Phänomene in der Konstellation der Akteure untereinander abgeleitet werden. Der Begriff 'Akteurskonstellation' umfaßt in dieser Arbeit die spezifischen Verflechtungen der Akteure untereinander sowie Voraussetzungen und Bedingungen, die ihr Handeln und ihre Interaktionen in dem speziellen Planungsverfahren bestimmen. Dieser Aspekt ist später in der Darstellung der Fallanalysen[19] zentral und wird deshalb im weiteren Verlauf der Arbeit zunehmend fokussiert auf den Arbeitsgegenstand der Bürgerbeteiligung in der Hessischen Dorferneuerung betrachtet. Die Analyse von Akteurskonstellationen ist für die Entwicklung der Beteiligtenstandards Grundvoraussetzung.

2.2.1 Und noch eine Vorbemerkung zum Verständigungsproblem: Demokratisierung impliziert nicht per se die Verständigung gesellschaftlicher Teilsysteme untereinander

Zur Partizipation kann weit über den Themenkomplex der Dorfentwicklung hinaus beobachtet werden, daß gegenwärtig ein zunehmendes Interesse von Teilsystemen unserer Gesellschaft, wie z.B. Verwaltung, Wirtschaftsunternehmen, Ver-

---

18 Herbert Blumer: Die Grundsätze des symbolischen Interaktionismus. In: Arbeitsgruppe Bielefelder Soziologen (Hg.): Alltagswissen, Interaktion und gesellschaftliche Wirklichkeit; Bd. 1. Opladen 1980; (1. Auflage: Reinbek bei Hamburg 1973); S. 100.

19 vgl. hierzu auch: Kap. 3.2 folgend.

bänden und Organisationen, vorhanden ist, Bürgerinnen und Bürger bzw. Betroffene an Entscheidungsprozessen zu beteiligen. Festzustellen ist dies auf zwei Ebenen:

1. Demokratisierungsbemühungen in den spezifischen Teilsystemen selbst

und

2. Demokratisierungsbemühungen von Teilsystemen nach außen.

Demokratisierungstendenzen können für gesellschaftliche Teilsysteme und einzelne Akteure sehr unterschiedliche, nicht immer emanzipatorische Funktionen haben.[20]

Die in verschiedenen Teilbereichen festzustellenden Demokratisierungstrends führen nicht per se, anders als vielleicht erwartet, zu einer gleichzeitig verbesserten Verständigung der Akteure untereinander:

> "Die fortschreitende Ausdifferenzierung von gesellschaftlichen Teilsystemen geht nämlich nicht nur deshalb zu Lasten der Verständlichkeit des je spezifischen Codes, weil die verwendeten Begriffe immer spezifischer und für Außenstehende unzugänglicher werden, sondern auch weil jedes System sein eigenes Wertmuster entwickelt, das nicht aus sich selbst heraus verständlich ist. Was z.B. ökonomisch 'nützlich' ist, kann ökologisch genau das Gegenteil sein."[21]

Auch Hendler macht bereits 1977 in seiner Dissertation 'Die bürgerschaftliche Mitwirkung an der städtebaulichen Planung' darauf aufmerksam, daß mit der For-

---

20 Reinhard Hendler: Die bürgerschaftliche Mitwirkung an der städtebaulichen Planung. Göttingen 1977; S. 21-61. Hendler beschreibt z.B. als wichtigste Funktionen der Bürgermitwirkung an Planungsprozessen die Emanzipations-, Legitimations-, Integrations-, Rationalisierungs-, Effektisierungs-, Rechtsschutz- und Kontrollfunktion.

21 Horst Zilleßen, Thomas W.J. Barbian: Einleitung. In: Horst Zilleßen, Peter C. Dienel, Wendelin Strubelt (Hg.): Die Modernisierung der Demokratie. Opladen 1993; S. 20: Zilleßen und Barbian beziehen sich in ihrer Ausführung auf die systemtheoretische Betrachtung von Niklas Luhmann in: Die Wirtschaft der Gesellschaft. Frankfurt 1988. Luhmann vertritt die Ansicht, daß die Politik eine Summierung von Teilsystemen darstellt und nicht mehr zentrales Steuerungssystem der Gesellschaft ist. Luhmann unterstellt eine Isolation der Teilsysteme insofern, als trotz Interdependenzen der Teilsysteme Kommunikationsbarrieren bestehen, aufgrund der weit fortgeschrittenen Entwicklung systemeigener Sprachen auch als 'Code' bezeichnet.

derung nach Demokratisierung und Partizipation "sehr disparate Sachverhalte angesprochen sein können."[22] Hendler:

> "Unbeschadet der mannigfachen, zum Teil recht schwer-wiegenden Differenzen in der Sache darf angenommen werden, daß die Zahl derjenigen Kontroversen, die lediglich auf eine unklare Begrifflichkeit zurückzuführen sind, in der öffentlichen Debatte um die Teilnahme-Problematik besonders hoch liegt."[23]

Bezogen auf die Praxis kann davon ausgegangen werden, daß die interdependenten Begriffe 'Partizipation und Demokratie' von den Akteuren eines Verfahrens sehr unterschiedlich gedeutet und interpretiert werden, nämlich entsprechend der Akteurskonstellation.

Hendler definiert den Begriff 'Partizipation' im Kontext der städtebaulichen Planung primär als die "Mitwirkung der Betroffenen oder der Öffentlichkeit an den Entscheidungen der öffentlichen Verwaltung."[24]
Dieser Definition wird als Basis der weiteren Überlegungen und Ausführungen im Kontext dieser Arbeit gefolgt werden.

2.3 Planungshistorische und gesellschaftspolitische Verortung der Debatte um Partizipation an Planungsprozessen

Die ersten zwei Jahrzehnte nach Ende des zweiten Weltkrieges waren vom Wiederaufbau der Großstädte geprägt; sie werden in der Stadtbaugeschichte als Phase der 'engeren Rekonstruktion'[25] beschrieben. Das Arbeitsfeld der Planung konzentrierte sich zur Behebung baulicher Mängel auf Maßnahmen im baulichen

---

[22] Reinhard Hendler: Die bürgerschaftliche Mitwirkung an der städtebaulichen Planung. Göttingen 1977; S. 6.

[23] Reinhard Hendler: (a.a.O.); S. 7.

[24] Reinhard Hendler: (a.a.O.); S. 6.

[25] Klaus Selle: Stadterneuerung und Quartiersentwicklung in der Bundesrepublik Deutschland - Entwicklungslinien und heutiger Stand. In: Rolf Foessler, Klaus Selle u.a. (Hg.): Auf dem Weg zur sozial und ökologisch orientierten Erneuerung? Der Beitrag intermediärer Quartiere in der Bundesrepublik. Dortmund 1991; S. 19.

Bestand, begründet noch auf Planungsansätzen, die zur Zeit der Nationalsozialisten erarbeitet worden waren.[26]

In diesen Nachkriegsjahren nach 1945 existierte in der Bundesrepublik bis 1960 kein einheitliches Baurecht. Geltung hatten die Aufbaugesetze der einzelnen Länder, die weitestgehend im Reichsstädtegesetz von 1931 begründet waren. Eine Mitwirkung von Bürgerinnen und Bürgern an Planungsprozessen wurde erst mit der Verabschiedung des Bundesbaugesetzes 1960[27] vorgesehen; diese Form der Mitwirkung bestand in der Möglichkeit, "Anregungen und Bedenken" zu einem Plan äußern zu können.

Mit Forcierung und Steuerung des Wirtschaftswachstums zu Beginn der sechziger Jahre entsteht ein neues Leitbild in der Stadtplanung, die "gegliederte und aufgelockerte Stadt."[28] Die Realisierung wird sowohl in der Stadterweiterung durch "flächig expansive Erweiterung"[29] nach außen als auch in massiven Sanierungs- und Neubauvorhaben innerstädtischer Quartiere gesehen. Diese Phase zwischen 1965 bis 1975 benennt Zlonicky als die Phase der "harten Stadterneuerung"[30], und Mitscherlich kritisiert 1965 die sozialen, ökonomischen und visuellen Folgen in seinem Buch "Die Unwirtlichkeit unserer Städte - Anstiftung zum Unfrie-

---

26 vgl. hierzu: Jost Dülffer: NS-Herrschaftssystem und Stadtgestaltung. Das Gesetz zur Neugestaltung deutscher Städte vom 04. Oktober 1937. In: Christian Kopetzki, Vera Lasch, Folcker Lüken-Isberner, Jutta Schlier: Stadterneuerung in der Weimarer Republik und im Nationalsozialismus. Beiträge zur stadtbaugeschichtlichen Forschung. Arbeitsberichte des Fachbereichs Stadt- und Landschaftsplanung Gesamthochschule Kassel (Hg.); Heft 73; Kassel 1987; S. 192 - 221; hier S. 193.

27 vgl. hierzu: Willy Zinkhahn, Wilhelm Söfker: Einführung zum Baugesetzbuch. In: Baugesetzbuch; 22. Auflage. München; S. VIII: Dieses Gesetz basiert auf Referentenentwürfen zum Reichstädtebaugesetz (1931), zu einem Deutschen Baugesetzbuch (1942), zu einem Baugesetz für die Bundesrepublik Deutschland (1956) und zu Regierungsentwürfen der zweiten Wahlperiode (Drucksache 336). Der Weg zur Verabschiedung des Baugesetzes umfaßt somit 3 Jahrzehnte Geschichte, ausgehend von Anfängen in der Weimarer Republik, der Zeit des Nationalsozialismus bis in die Ära bundesdeutscher Nachkriegspolitik.

28 J. Göderritz, R. Rainer, H. Hoffmann: Die gegliederte und aufgelockerte Stadt. Tübingen 1957.

29 Peter Zlonicky: Phasen der Stadterneuerung nach 1945. In: Klaus Selle u.a. (Hg.): Stadt Erneuerung - Eine Ringvorlesung. Dortmunder Beiträge zur Raumplanung; Band 47. Dortmund 1988; S. 47.

30 Peter Zlonicky: (a.a.O.); S. 47.

den."[31] In dieser Zeit vollzieht sich ein gesellschaftspolitischer Umbruch: die sozialen Folgen eines stetigen Wirtschaftswachstums, überlagert von einer sich ankündigenden Wirtschaftskrise, führen auf makrosoziologischer Ebene zu einer spürbaren kritischen Politisierung, die in öffentlichen wie privaten Bereichen ausgetragen wird:

> "Zuspitzung der spätkapitalistischen Gesellschaftsordnung wie die Bodenspekulation und das Ansteigen der Mieten, die Krise im Ruhrbergbau, die Rezession von 1966/1967, die 'wilden Streiks' von 1969 sowie die Strukturkrise des gesamten Sektors der sekundären Sozialisation und die mit ihr verbundene Studenten- und Schülerrebellion haben die unpolitischen Vorstellungen von der 'nivellierten Mittelstandsgesellschaft' und vom 'pluralistisch-harmonischen Ausgleich der Gruppeninteressen' in der 'formierten Gesellschaft' in's Wanken geraten lassen. Die selbstbeschwichtigende Erwartung des Bundesbürgers der fünziger und frühen sechziger Jahre, daß schon andere, nämlich 'berufene Leute', für ihn die Politik, und zwar orientiert am 'Interesse des Gemeinwohls', machen würden, trifft nicht mehr zu: gerade die immer deutlicher werdenden inhumanen Tendenzen einer spätkapitalistischen Industriegesellschaft spitzen das Bedürfnis nach der Absicherung und dem Ausbau sozialer Grundrechte zu, deren Realisierung man nicht mehr allein den früher als so 'berufen' angesehenen Politikern überlassen kann und will."[32]

In exakt diese Phase des politischen Auf- und Umbruchs fallen, vorbereitet durch erste Erfahrungen mit dem Anwaltsplanungsmodell in den USA, die Anfänge der Debatte um partizipative Strukturen in Planungsprozessen. Dazu Joachim Brech und Rainer Greiff:

> "Zuvor wird der Begriff Anwaltsplanung im Zusammenhang mit der aufkommenden Euphorie um und gegen Planungstheorie in einigen Fachzeitschriften diskutiert. (...) Diese Diskussion ist im wesentlichen bestimmt durch den im Zuge der Studentenbewegung an den Architektur-Abteilungen

---

31 Alexander Mitscherlich: Die Unwirtlichkeit unserer Städte. Anstiftung zum Unfrieden. Frankfurt a.M. 1965.

32 Joachim Mathes, Fritz Schütze: Zur Einführung: Alltagswissen, Interaktion und gesellschaftliche Wirklichkeit. In: Arbeitsgruppe Bielefelder Soziologen (Hg.): Alltagswissen, Interaktion und gesellschaftliche Wirklichkeit; Bd. 1 und 2. Opladen 1980; (1. Auflage: Reinbek bei Hamburg 1973); S. 12.

der Hochschulen aufkommenden Unmut über die Bestimmung der Arbeitsinhalte von Planern und Architekten durch die Auftraggeber."[33]

Die Anwaltsplanung kann planungsgeschichtlich als ein Pilotmodell partizipativer Verfahrensstrukturen eingeordnet werden, das sich in der Planungspraxis der BRD zwar nicht weiter durchgesetzt hat, auf dessen Erfahrungen aufbauend sich aber ab den siebziger Jahren weitere Beteiligungsansätze entwickelt haben, so das von Peter C. Dienel entwickelte und bis dato praktizierte Beteiligungsmodell der "Planungszelle".[34]

2.4 Beteiligungsmodell Anwaltsplanung

Paul Davidoff hat das Modell der Anwaltsplanung Mitte der sechziger Jahre in den USA entwickelt und maßgeblich geprägt:

> "Davidoff geht bei seiner Darstellung des Modells davon aus, daß '*idealtypisch gesehen*' der politische Prozeß, welcher auch die städtebauliche Planung umfaßt, unter demokratischen Verhältnissen in gleicher Weise der '*Suche nach Wahrheit*', nach einer '*gerechten Entscheidung*' dient wie ein reguläres Gerichtsverfahren. Dementsprechend unternimmt er es, den Planungsprozeß organisatorisch nach dem Muster eines forensischen Verfahrens auszugestalten."[35]

---

33 Joachim Brech, Rainer Greiff: Anwaltsplanung in der kommunalen Planungspraxis; Band 1. Frankfurt a.M. 1981; S. 151.

34 vgl. hierzu u.a.: Peter C. Dienel: Die Planungszelle. Opladen 1978 (3. erweiterte Auflage 1992): Entwickelt wurde dieses Laienplanungssystem zur Begleitung von Planungsverfahren: "Die Planungszelle ist eine Gruppe von 25 in Zufallsverfahren ausgewählten, auf drei Wochen freigestellten und von der öffentlichen Hand vergüteten Laienplanern, die gemeinsam mit zwei Angehörigen der betreffenden Fachressorts und angeleitet von Prozeßbegleitern Lösungen vorgegebener, in der zur Verfügung stehenden Zeit bewältigbarer Bewertungs-, Kontroll- oder Planungsprobleme erarbeiten."(a.a.O); S. 74.
vgl. hierzu auch: Werner Dähnhardt: Das gute Volksempfinden. In: Der Spiegel; Nr. 20 / 15.05.1995.

35 Reinhard Hendler: Die bürgerschaftliche Mitwirkung an der städtebaulichen Planung. Göttingen 1977; S. 124. Hendler zitiert, hier kursiv gekennzeichnet, Paul Davidoff in der deutschen Übersetzung seines Aufsatzes: Advocacy und Pluralism in Planning. In: Journal of the American Institute of Planners. Maryland 1965; Vol. 31; Heft 4; S. 331-338: Anwaltsplanungsprinzip und Pluralismus in der Planung. In: Lauritz Lauritzen (Hg.): Mehr Demokratie im Städtebau. Hannover 1973; S. 152.

Ziel des Beteiligungsmodells von Davidoff war primär die Wahrnehmung der Interessen von sozial und finanziell Unterprivilegierten, von "people at the buttom of the system" wie Lisa R. Peattie sie benennt und weiter dazu ausführt:

> "Such groups tend to be disadvantaged in the traditional political framework, and still more so when it comes to dealing with those who speak the language of maps, diagrams, and statistical tables. Advocacy planning has its origins initally in the perception that such groups need planners to make their case, to express their interests. Therefore, it represents a search by planners for new kinds of clientele."[36]

Kritiker des Anwaltsplanungsmodells verweisen darauf, daß durch eine "Interessenvertretung von außen"[37] eine selbständige Interessenvertretung durch die Betroffenen selbst geradezu verhindert wird, daß die Betroffenen von der Loyalität, dem Wissensstand und der Arbeitsweise des Anwaltplaners abhängig sind und daß Betroffene heterogene Interessenlagen haben, die von einer Person nicht gegenüber der Verwaltung ausgewogen vertreten werden können.

In der Praxis erweist sich die Abhängigkeit des Anwaltplaners von der Auftraggeberin als besonders problematisch; ist dies die Verwaltung, kann es zu korrelierenden Interessen kommen. Klaus Pfromm hat zur Vermeidung dieses Konfliktes die direkte Abhängigkeit der Stadtplaner - als Auftragnehmer - von den Planungsbetroffenen - als Auftraggeber - vorgeschlagen, durch "ein über öffentliche Finanzen verfügendes Bürgerkomitee, das mit dem Recht zum Auftragsentzug ausgestattet ist."[38]

Frank Hollihn gibt zu dieser Auftragsvergabepraxis die Gefahr des bleibenden "Informationsvorsprungs der planenden Verwaltung"[39] zu bedenken und erkennt als grundlegendes Problem: "Insgesamt schwierig ist die Stellung des Anwaltpla-

---

[36] Lisa R. Peattie: Reflections on Advocacy Planning. In: Journal of the America Institute of Planners. Maryland 1968; Vol. 34; Heft 2; S. 81.

[37] U. Herlyn: Innenstadterneuerung und Beteiligung der Betroffenen: Ein Versuch in Göttingen. In: Lauritz Lauritzen (Hg.): Mehr Demokratie im Städtebau. Hannover 1972; S. 237.

[38] Klaus Pfromm: Advozierende Planung - Versuch zur Stadtplanungstheorie. In: Arch + 2 (Hg.); Heft 8; 1969; S. 32.

[39] Frank Hollihn: Partizipation und Demokratie. Baden-Baden 1978; S. 139.

ners, da derartige Vermittlerpositionen immer starken Rollenkonflikten ausgesetzt sind."[40]

In der Bundesrepublik Deutschland wurde die Anwaltsplanung im Städtebaubericht 1970 als eine der "denkbaren Formen der bürgerschaftlichen Mitwirkung"[41] an Planungsprozessen gewürdigt, um die unterschiedlich betroffenen Gruppen an den "immer pluralistischer"[42] werdenden politischen Entscheidungsprozessen zu beteiligen. Ausführlich publizierte Fallbeispiele sind das Stadterweiterungsvorhaben Darmstadt-Neukranichstein, das Sanierungsvorhaben im Altbaubestand Darmstadt-Martinsviertel, das Sanierungsgebiet Hannover-Linden-Süd und die Obdachlosensiedlung Wiesbaden-Mühltal im Zeitraum 1972-1978.[43]

2.4.1 Akteurskonstellation im Anwaltsplanungsmodell

Das Modell geht in seinem Theorie- und Arbeitsansatz von einer notwendigen Interessenvertretung von unterprivilegierten Bevölkerungsgruppen gegenüber staatlichen Interessen aus, hier gegenüber der planenden Verwaltung; die Interessenvertretung übernimmt ein Experte/eine Expertin, in diesem Fall ein Planer/eine Planerin.

Ist sozial und gesellschaftlich schwächeres Bewohnerklientel von Planungen betroffen, berücksichtigt gerade dieses Beteiligungsmodell die ungleichen und nachteiligen Verhandlungspositionen von Bürgerschaft und Staat.

Diese Konstellation der Akteure eröffnet allerdings weniger die Möglichkeit zur Entwicklung einer gemeinsamen Handlungslinie in einer kooperativen Form.

Das Modell geht von disparaten Positionen der am Planungsverfahren Beteiligten aus; es besteht die Gefahr, durch diese Festlegung die Akteure per se zu Kontra-

---

40 Frank Hollihn: (a.a.O.); S. 139.

41 Deutscher Bundestag (Hg.): Städtebaubericht der Deutschen Bundesregierung von 1970. Abschnitt IV: Stärkere Mitwirkung der Bürger und der Öffentlichkeit am Planungsprozeß. Drucksache des Deutschen Bundestages, IV/1497; 6. Wahlperiode; Bonn 1970; S. 51.

42 Deutscher Bundestag: (a.a.O.); S. 51.

43 Joachim Brech, Rainer Greiff: Anwaltsplanung in der kommunalen Planungspraxis; Band 1. Frankfurt a.M. 1981; S. XV.

henten zu stigmatisieren und progressive Verhandlungsverläufe zu erschweren oder zu verhindern.

Die Rolle des Planers/der Planerin als 'Verteidiger' der Interessen Unterprivilegierter setzt eine politische Motivation und hohe Identifikation mit der betroffenen Bewohnerschaft voraus. Anwaltsplanung impliziert von seiten des Planers/der Planerin ein sozialpolitisches Engagement, das eine ausschließliche berufliche Bindung an das Arbeitsgebiet der Anwaltsplanung häufig verläßt und in diesem Fall einer ehrenamtlichen, politisch motivierten Tätigkeit näherkommt.

2.4.2 Beteiligungsmodell Gemeinwesenarbeit

Zeitparallel zur Anwaltsplanung und inhaltlich verknüpft mit der Kritik an dieser entstand das Modell der Gemeinwesenarbeit im Kontext von Planungsverfahren.

Die Gemeinwesenarbeit wurde in aller Regel begleitend zur Anwaltsplanung[44] angewandt, so daß ihr "in bezug auf das Ziel der Ausweitung von Partizipationsmöglichkeiten nur eine unterstützende Rolle zugeschrieben werden kann."[45]

Gemeinwesenarbeit ist eine in den USA entstandene Form der Sozialarbeit und läßt sich unter dem Begriff 'Community Organization' in seinen ersten Anwendungsgebieten auf karitative Fürsorgetätigkeiten, begründet in der christlichen Tradition, bereits auf das Ende des 19. Jahrhunderts zurückführen.

Cox, Erlich, Rothmann und Tropmann definieren Arbeitsgebiete der 'Community Organization' in der Gegenwart als:

> "Intervention at the community level oriented towards influencing community institutions and solving community welfare problems. This activity is performed by professionals from a number of disciplines - social work, public health, adult education, public administration, city planning, community

---

44 vgl. hierzu: Joachim Brech, Rainer Greiff: Anwaltsplanung in der kommunalen Planungspraxis; Band 1. Frankfurt a.M. 1981; S. 432.

45 Frank Hollihn: Partizipation und Demokratie. Baden-Baden 1978; S. 155.

mental health - as well as by citizen volunteers in civic associations and political action groups."[46]

Diese Definition umfaßt gleichfalls die Interdisziplinarität der möglichen Fachgebiete, in denen Methoden der Gemeinwesenarbeit Anwendung finden können.

Vorrangig betrachtet hat Gemeinwesenarbeit - und hier unterscheidet sie sich in der Zielsetzung der Interessenvertretung Unterprivilegierter durch Anwaltsplanung - eine emanzipatorische Funktion; Klientel sind auch hier weniger organisierte und artikulationsunfähige, zumeist einkommensschwache und weniger mobile Bevölkerungsgruppen.

Dabei können in der Rezeption der Gemeinwesenarbeit zwei sehr konträre Positionen des Arbeitsansatzes festgestellt werden:

> "Die konventionelle Methode der GWA (Anmerkung der Verfasserin: Gemeinwesenarbeit) beruht auf Konsensus und Kooperation und ist stark vom Grundsatz Hilfe zur Selbsthilfe geprägt. Diesem Ansatz wird vorgeworfen, er ginge eher auf Sozialtechnik hinaus und versuche, den Benachteiligten gesellschaftlich anerkannte Formen stabilen Verhaltens zu vermitteln. Die kritische Methode beruht dagegen auf der Anwendung von Konflikten anstelle von Kooperation in Entscheidungsprozessen. In der BRD überwiegt ein Ansatz, der seinen Standort *zwischen den extremen Polen von Anpassung und Widerstand* findet, d.h. es geht weniger um eine Hilfe zur Selbsthilfe für die Unterprivilegierten, sondern um *ihre Emanzipation, ihre Befreiung von Abhängigkeiten, die gesellschaftlich begründet sind.*"[47]

Mohrlock u.a. fassen die Theorieentwicklung der Gemeinwesenarbeit in der Bundesrepublik zusammen:

> "In einer sehr oberflächlichen, selektiven Rezeption vor allem amerikanischer Konzepte von CO (Anmerkung der Verfasserin: Community Organization) als Social Work wurde zu Beginn der 60er Jahre eine wohlfahrtsstaatlich integrative Vorstellung als Gemeinwesenarbeit in die BRD einge-

---

[46] F. Cox, J. Erlich, J. Rothmann, J. Tropmann: Strategies of Community Organization. Itasca 1974; S. 3.

[47] Gerhard G. Dittrich: Demokratisierung der Planung. Nürnberg 1975; S. 40, 41. Dittrich zitiert, hier kursiv gekennzeichnet, Joachim Dirkan: Politik - ein pädagogisches Thema auch in der sozialkulturellen Arbeit. In: Rundbrief; 8. Jg. 1972; Heft 3; S. 6.

führt. Als dritte, die Einzelhilfe und Gruppenarbeit ergänzende Methode, wurde sie explizit als Sozialarbeit rezipiert. Sie stieß zwar anfänglich auf Unverständnis, wurde aber bald als die modernste und fortschrittlichste Methode gefeiert. Sie rückte den Selbsthilfegedanken und die Integration zur Wiederherstellung eines harmonischen Gemeinwesens in den Mittelpunkt und versprach eine Effektivierung der Sozialarbeit.

Unter den gesellschaftlichen Bedingungen, die durch die wirtschaftliche Krise der späten 60er Jahre sowie durch die massiven Reformbewegungen und Proteste verursacht waren, wurde, in erster Linie auf der Grundlage einer materialistischen Gesellschaftskritik sowie in Anlehnung an radikalere, konfliktorientierte, auch außerhalb von Sozialarbeit stehende ausländische Ansätze eine aggressive GWA (Anmerkung der Verfasserin: Gemeinwesenarbeit) in Theorie und Praxis zu etablieren versucht, die einen starken gesellschaftspolitischen Anspruch formulierte. Dieser Versuch scheiterte an der offensichtlichen Undurchführbarkeit solcher Strategien im Rahmen institutionalisierter Sozialarbeit, nicht zuletzt aber auch wegen einer einsetzenden restriktiven Politik."[48]

Diese Feststellungen finden ihre Entsprechung in der Gemeinwesenarbeit in Arbeitsfeldern der Stadtplanung, insbesondere im Kontext der gesetzlich vorgesehenen Beteiligung von Betroffenen im Zuge städtebaulicher Sanierungsmaßnahmen durch das Städtebauförderungsgesetz von 1971. In diesem Rahmen wurde von seiten der Verwaltung zunächst die Notwendigkeit der Einbeziehung der Betroffenen bei der „Sozialplanung“ betont; insbesondere zu Beginn städtebaulicher Entwicklungspolitik in den siebziger Jahren schlug sich dieser Anspruch in einer Vielzahl von Partizipationsverfahren und -modellen nieder.[49] Mohrlok u.a. ziehen ein vorläufiges Resümee zu diesen Demokratisierungsabsichten und beziehen sich unter Rezeption weiterer Autoren auf den Zeitraum Ende der siebziger Jahre:

"Doch bereits 1978 stellt Oelschlägel fest, daß die große Hoffnung, in der Sozialplanung mittels § 4 des Städtebauförderungsgesetzes einzusteigen, nicht zuletzt durch die einschränkende Realisierung des Gesetzes, sich als

---

48 Marion Mohrlok, Michaela Neubauer, Rainer Neubauer, Walter Schönfelder: Let's Organize! Gemeinwesenarbeit und Community Organization im Vergleich. München 1993; S. 61, 62.

49 vgl. hierzu: Deutscher Verein für private und öffentliche Fürsorge (Hg.): Handbuch der örtlichen Sozialplanung. Frankfurt 1986; S. 1133 ff.

unrealistisch erwies[50], und Wendt meint: *Dieser politischen Technokratie gegenüber backt Gemeinwesenarbeit naturgemäß kleine Brötchen. Entsprechend gering ist die Bedeutung, die ihr von der Administration zugemessen wird (...).*[51]
Daraus ließe sich nun folgern, daß der Zusammenhang zwischen GWA (Anmerkung der Verfasserin: Gemeinwesenarbeit) und Sozialplanung an Bedeutung verliert, was sicherlich auch zutrifft für die Diskussion um GWA als spezielle Methode der Gemeinwesenarbeit. Auch die Ausdünnung der Partizipationsmöglichkeiten Betroffener im neuen Baugesetzbuch könnten in diese Richtung deuten."[52]

Brech und Greiff gehen in ihren Fallanalysen ausführlich auf die Kooperationsformen von Gemeinwesenarbeit in Planungsprozessen ein und hinterfragen dabei die mögliche Integration dieses Arbeitsgebietes; sie konstatieren vor allem inhaltliche und organisatorische Probleme, die beiden Professionen - Planer/-in und Gemeinwesenarbeiter/in - im Planungsverfahren miteinander effizient zu vernetzen.

Die beiden Autoren benennen vor allem das Problem der Distanz zwischen Gemeinwesenarbeiter/-in und Bewohnerschaft durch eine hohe Identifikation mit deren, zumeist schwierigen, Lebenslagen und kritisieren eine nicht vorhandene Kompetenz in Sachen 'Planung' selbst, auf die sich beispielsweise der Anwaltsplaner als Experte in diesen Sachfragen eher zurückziehen kann und ausschließlich in diesen Sachfragen für die Bewohner tätig wird:

> "Darin scheint sich das allgemeine Dilemma von Gemeinwesenarbeit widerzuspiegeln, daß sie die Funktion, auf Konflikte Einfluß zu nehmen, nicht erfüllen kann, ohne in diese Konflikte einbezogen zu sein. Zudem fehlt der Gemeinwesenarbeit anders als der Anwaltsplanung eine Ebene der sachlich vermittelten Auseinandersetzung, auf der sie mit eigener Kompetenz agieren könnte. Gegenüber der Verwaltung tritt die Gemeinwesenarbeit vielmehr unmittelbar als Vertreterin partikularer Interessen auf, eine Aufgabe, die sie

---

[50] Mohrlok u.a.: (a.a.O.); S. 60 zitieren, hier kursiv gekennzeichnet, D. Oelschlägel: Gemeinwesenarbeit als Prinzip sozialer Arbeit. In: Rundbrief 2/1978, Sektionsteil; S. 2.

[51] Mohrlok u.a.: (a.a.O.); S. 60 zitieren, hier kursiv gekennzeichnet, W.R. Wendt: Gemeinwesenarbeit. In: K. Ebbe, P. Friese (Hg.): Milieuarbeit. Stuttgart 1989; S. 17.

[52] Marion Mohrlok, Michaela Neubauer, Rainer Neubauer, Walter Schönfelder: (a.a.O.); S. 60: Die Autoren beziehen sich hier auf § 3, § 137 und § 141 Baugesetzbuch.

> zudem viel weniger als Anwaltsplanung mit einem expliziten Auftrag ihrer Klientel legitimieren kann."[53]

Die Ausführungen in der Literatur sowohl aus dem Fachgebiet Gemeinwesenarbeit als auch aus dem Fachgebiet Planung lassen erkennen, daß der Kooperation beider Professionen in der Planungspraxis gegenseitig wenig Perspektive beigemessen wird.

2.4.3 Vergleichende Betrachtung der Akteurskonstellation in den Modellen Gemeinwesenarbeit und Anwaltsplanung im Arbeitsfeld der Stadtplanung

Beide Modelle gehen aus der Kritik an gesellschaftspolitischen Rahmenbedingungen hervor, brechen sich an denselben in der praktischen Umsetzung und korrigieren sich in Anspruch, Zielsetzung und Arbeitsansätzen im weiteren Verlauf der Praxis.

Zunächst korrespondiert das Modell 'Gemeinwesenarbeit im Planungskontext' in den Bedingungen der Umsetzung sehr stark mit dem Modell der Anwaltsplanung. Es unterscheidet sich jedoch von der Anwaltsplanung in dem Anspruch, nicht nur eine Interessenvertretung der Planungsbetroffenen organisatorisch und fachlich sicherzustellen, sondern durch die emanzipatorische Intention des Modells, die Betroffenen selbst zur Wahrnehmung ihrer Interessen zu motivieren und zu befähigen. Hier liegen starke Affinitäten der Gemeinwesenarbeit zur Erwachsenenbildung.

Brech und Greiff hingegen ziehen zum Arbeitsgebiet Gemeinwesenarbeit hin deutliche Grenzen bezüglich der Zuständigkeit von Anwaltsplanern, politischen Einfluß auf die Situation gesamtgesellschaftlicher Zusammenhänge zu nehmen:

> "Bei den beteiligten Anwaltsplanern bestand keinerlei Neigung, den gegebenen politischen Rahmen der Anwaltsplanung in Richtung einer 'revolutionären' oder gar nur explizit 'sozialkritischen' Berufspraxis auszudehnen. Die Tätigkeit als Anwaltsplaner wurde vielmehr als eine anderen Planungstätigkeiten adäquate angesehen und entsprechend ausgeübt. Eher bestanden Ten-

---

[53] Joachim Brech, Rainer Greiff: (a.a.O.); S. 435.

> denzen bei den Anwaltsplanern, den fachlichen - und professionellen - Charakter der Planung durch eine stärkere Formalisierung der Kontakte zur Verwaltung zu unterstreichen."[54]

Aus diesen jeweils in der Profession begründeten Sichtweisen, wie oben auch ausführlicher dargestellt, sind korrelierende Gemengelagen beruflich bedingter Interessen unvermeidbar. Die Abgrenzungen der Professionen untereinander hinsichtlich inhaltlicher Interpretation und Vorgehensweise in einem Planungskontext ziehen Kooperationshemmnisse nach sich; diese sind in konträren Auffassungen zu inhaltlichen Fragen, Kompetenzen und Zuständigkeiten begründet. Greiff und Brech fassen aus der Perspektive der Profession Planung die begrenzten Handlungs- und Einflußmöglichkeiten der Gemeinwesenarbeit im Kontext planerischer Aufgabenstellungen zusammen:

> "Im Unterschied zu einem Planer oder Sozialwissenschaftler bestehen bei Sozialarbeitern aber gerade aufgrund ihrer Berufspraxis und -perspektive Hindernisse, sich auf ein vages Unternehmen, wie es die Anwaltsplanung ist, einzulassen bzw. sie nach den im Zusammenhang mit GWA formulierten Ansprüchen durchzuführen. Es sind dies erstens die traditionelle Beziehung der Sozialarbeit zu ihrer Klientel, zweitens so gut wie nicht mögliche freiberufliche Tätigkeit und drittens Status-Probleme, wenn ein graduierter Sozialarbeiter in einer Anwaltsgruppe aus akademisch ausgebildeten Fachleuten arbeiten soll."[55]

Die isolierte, von Sachfragen getrennte und statt dessen politisch motivierte Mobilisierung der Betroffenen wird von den Autoren besonders als Negativum hervorgehoben:

> "Noch wichtiger erscheint uns aber die Revidierung des an die Tätigkeit von Sozialarbeitern geknüpften GWA-Anspruchs, nämlich der Mobilisierung der Betroffenen als explizite Aufgabe. Die Mobilisierung der Betroffenen wird, wie das auch aus der Tätigkeit der Planer als Anwaltsplaner der Fall war, sich aus der konkreten Zusammenarbeit mit den Bewohnern ergeben, aber nicht als politischer Anspruch, sondern als schlichte Notwendigkeit, um zu größerer Macht zu gelangen. Diese Mobilisierung stellt sich aber für die

---

[54] Joachim Brech, Rainer Greiff: (a.a.O.); S. 426.

[55] Joachim Brech, Rainer Greiff: (a.a.O.); Band 2; S. 665.

Betroffenen über konkrete Arbeitsinhalte her, und nicht über allgemeine Postulate."[56]

2.5 Gemeinwesenarbeit als Beteiligungsmodell in der Hessischen Dorferneuerung

Mit einer Zeitverzögerung von 10 - 15 Jahren wiederholen sich die bereits im Kontext großstädtischer Planungsverfahren festgestellten Phänomene bei dem Versuch, 'Gemeinwesenarbeit' als "das Beteiligungsmodell" in die Praxis der Hessischen Dorferneuerung einzuführen. Die Arbeit in Klärungsphasen sollte demnach in bezug auf den programmatischen Anspruch von folgenden Prinzipien geleitet sein:

> "Gemeinsames Erkennen, von- und miteinander Lernen, gemeinschaftlich Denken, Entscheiden und Handeln.
> Diese offene und räumliche pädagogische Arbeit knüpft an die Gemeinwesenarbeit in Theorie und Praxis an, insbesondere in Deutschland ab den 60iger Jahren. Gleich wie wir Gemeinwesenarbeit definieren (als dritte Methode der Sozialarbeit oder als Arbeitsprinzip) gibt es eine Reihe von gemeinsamen Merkmalen zwischen der Gemeinwesenarbeit als Strategie pädagogisch und politischen Handelns und der Beratungs- und Bildungsarbeit als Strategie zur Selbstorganisation im Rahmen der Dorferneuerung. Aus diesem Grunde sprechen wir von dörflicher Gemeinwesenarbeit."[57]

Dabei erweist sich in der Praxis, daß es eben 'nicht gleich ist' ob Gemeinwesenarbeit als dritte Methode der Sozialarbeit in Dorferneuerungsverfahren Einzug findet oder als Arbeitsprinzip. Aus dieser Unschärfe resultieren zahlreiche Mißverständnisse um Arbeitsinhalte, Vorgehensweisen, Arbeitsziele und Verfahrensstrukturen des Programms.[58]

---

[56] Joachim Brech, Rainer Greiff: (a.a.O.); Band 2; S. 668.

[57] Roswitha Rüschendorf: Dorfentwicklung und Bürgermitwirkung. In: Ökologie und Bürgerbeteiligung in der Dorferneuerung. Agrarsoziale Gesellschaft e.V. (Hg.); Kleine Reihe Nr. 48; Göttingen 1991; S. 46.

[58] vgl. hierzu: Annegret Boos-Krüger, Theo Kinstle: Tagungskommentar. In: Regional Impuls, Hessische Arbeitsgemeinschaft für Bildungs-, Kultur- und Gemeinwesenarbeit auf dem Land e.V. (Hg.): Tagungsreader - Tagung zur hessischen Dorfentwicklung 12./13. November 1992.

Zahlreiche Berufsgruppen arbeiten inzwischen handlungsorientiert und organisieren ihr Berufsfeld kommunikativ in dem Sinne, daß mit Techniken der Erwachsenenbildung, Moderation, Mediation komplexe Themen in Kooperation mit Betroffenen - im Falle der Dorfentwicklung: mit Ortsbewohner/-innen - bearbeitet werden.[59] Die Intentionen für diese Arbeitsweisen innerhalb eines Arbeitsgebietes unterscheiden sich jedoch grundsätzlich von Inhalten und Arbeitstechniken der Gemeinwesenarbeit im Sinne einer Sozialarbeit.

Während Kinstle und Rüschendorf sich noch uneinig sind, ob die Klärungsphase "als Folge von Bürgerkritik an gängiger Planungspraxis"[60] in das hessische Landesprogramm aufgenommen wurde oder aber "ohne 'äußeren Zwang' aus landespolitischen Überlegungen entwickelt wurde"[61], hat Herbert Schneider eine eigene kritische Theorie für die Ursachen partizipativer Handlungs- und Planungsansätze in diesem Kontext:

> "Bürgerbeteiligung als Instrument der Dorfentwicklung übt auf manche Sozialwissenschaftler eine besondere Anziehungskraft aus. Erweckt sie bei ihnen die Hoffnung, die an anderen Orten enttäuschten Partizipationsvorstellungen wenigstens im rousseaunahen Dorf verwirklicht zu sehen?"[62]

Dabei könnte er den Nerv getroffen haben für die Ursache mancher "Soll-Prognose", wie sie etwa von Roswitha Rüschendorf aufgestellt wird für ein Dorf, das in der "Status-quo-Prognose" die typischen Merkmale eines stagnierenden Dorfes mit real rückläufigen sozialstrukturellen und ökonomischen Entwicklungsdaten aufweist. Mit der Gemeinwesenarbeit werden hier folgende Zielvorstellungen verbunden, die im Kontext der Dorfentwicklung erreicht werden könnten:

> "(...) Lebensmittelladen mit Frischprodukten und integriertem kleinen Café sowie einem weiteren Geschäft mit Poststelle, Buch- und Zeitungsangeboten

---

[59] vgl. hierzu: Ursula Stein: Prozeßgestaltung, Moderation, Beratung - Neue Formen der Zusammenarbeit zwischen privaten Planungsbüros, Verwaltung, Investoren und Nutzern. In: Dokumente und Informationen zur Schweizerischen Orts-, Regional- und Landesplanung; Institut für Orts-, Regional- und Landesplanung (Hg.); ETH Zürich, Nr. 116; Januar 1994; S. 38-43.

[60] Theo Kinstle: Dorfkultur - Neuentdeckte Kraft für die Dorferneuerung? In: Evangelische Landjugendakademie Altenkirchen (Hg.); Evangelischer Informationsdienst für Jugend- und Erwachsenenbildung auf dem Lande; Nr. 1. Altenkirchen 1992.

[61] Roswitha Rüschendorf: Dörfliche Gemeinwesenarbeit verläßt das Feld der Sozialarbeit. In: Maria Bitzau, Tilo Klöck (Hg.): Jahrbuch - Gemeinwesenarbeit 5. München 1994; S. 195.

[62] Herbert Schneider: Kommunalpolitik auf dem Lande. München 1991; S. 210.

und Reinigungs- und Toto-Lotto-Annahme; eine Gaststätte, ein Schreiner, ein Restaurator, eine Bank, ein Friseurgeschäft stellen örtliche Arbeitsplätze zur Verfügung; eine Kinderbetreuungsstätte zur Entlastung der städtischen Kindergärten unter Trägerschaft eines Elternvereins, (...) der Entwicklungsbeirat ist ein loser Zusammenschluß mehrerer und wechselnder Bewohnergruppen, die den Ortsbeirat in seiner Programmtätigkeit unterstützen und das Programm der Kreisvolkshochschule für G mitgestalten; Sicherung von acht Familieneinkommen durch Erwerbskombinationen in Landwirtschaft, Fremdenverkehr und Landschaftspflege; sechs Vereine/Initiative 'Jung bleiben in G - Senioren helfen Senioren' und der Heimat und Fremdenverkehrsverein, Aufbau einer Laientheatergruppe unter Trägerschaft der Kirche (...) ."[63]

Sollen, wie hier idealtypisch von der Autorin überzeichnet, komplexe Arbeitsgebiete und Politikfelder wie: Kulturarbeit, Sozialpolitik, Wirtschaftsförderung und planerische Aufgabenstellungen im Rahmen eines einzigen Planungsinstrumentes, nämlich der Dorfentwicklung, behandelt werden, so würde dies neben einer flexiblen Verfahrensstruktur einen kontinuierlich verfügbaren Stamm von Generalisten/-innen und Spezialisten/-innen zur Bearbeitung des Aufgabenspektrums erfordern. Eine Vernetzung und Koordinierung aller beteiligten Handlungsebenen, bis hin zur interministeriellen auf Landesebene, wäre sicherzustellen. Hier wird die idealtypische "Soll-Prognose" eines Dorfszenarios und der Handlungsansatz, wie diese erreicht werden soll, siehe oben, von der Praxisrealität eingeholt:

"Die Achillesferse freilich liegt in den Werkvertragsbedingungen selber: Maximal ein dreiviertel Jahr erstreckt sich diese (eben doch nur) Vorlaufphase (quantifizierbar in ca. 200 bezahlte Arbeitsstunden). Danach beginnt, äußerst wohlwollend formuliert, das 'Wagnis' der Demokratie; negativer ausgedrückt: der Apell an das Ehrenamt als kostensparender Faktor! In fachlichen Termini: Hier fehlt als entscheidenes Versatzstück institutionalisierte Anwaltsschaft, auf daß der oft umfassend erhobene und dokumentierte BürgerInnenwille im Geflecht des folgenden neunjährigen Planungspro-

---

63 Roswitha Rüschendorf: Dörfliche Gemeinwesenarbeit verläßt das Feld der Sozialarbeit. In: Maria Bitzau, Tilo Klöck (Hg.): Jahrbuch - Gemeinwesenarbeit 5. München 1994; S. 187.

zesses und seiner widerstreitenden Interessen nicht 'auf der Strecke' eben dieser neun Jahre bleibe."[64]

Im Dorferneuerungsverfahren kann von heterogenen, bisweilen stark differierenden Interessenlagen der beteiligten gesellschaftlichen Teilsysteme ausgegangen werden: Bürger/-innen im Dorf, verschiedene Bürgergruppen, Experten/innen unterschiedlicher Professionen, Kommunalverwaltungen und diverse Fachverwaltungen. Die Gemeinwesenarbeit wendet sich jedoch vorwiegend der örtlichen Handlungsebene zu. Krahulec geht in seinen Überlegungen ebenfalls von einer Anwaltsschaft für die Bürger aus und vernachlässigt Aspekte notwendiger Koordinierung und Vermittlung mit dem Ziel konkreter sozial, ökonomisch oder kulturell umsetzbarer Projekte. Gemeinwesenarbeit so als Anwaltsschaft verstanden, kann durch die zeitlich limitierten Klärungsphasen schnell zum Selbstzweck degradieren und gerät somit zu einem isolierten Verfahrenssegment mit zu geringer Effizienz zur Erreichung innovativer Programmziele, die über den tradierten städtebaulichen Kanon hinausgehen.

2.5.1 Gemeinwesenarbeit als Arbeitsprinzip in der Hessischen Dorferneuerung gerät in der Praxis zum Widerspruch des programmatischen Rahmens

Verbunden mit der Einführung des Begriffs Gemeinwesenarbeit in die Hessische Dorfentwicklung war die Vorstellung einer optimierten Bürgermitwirkung mit dem programmatischen Ziel, daß die Ortsbewohner/-innen selbstbestimmt Planungsinhalte und Schwerpunkte festlegen. Hierzu 1991 das Programm:

> "Bürgerbeteiligung in der Dorferneuerung soll zur Mitwirkung an einem Handlungskonzept führen, nicht zur Duldung von übergestülpten Auftragsplanungen.
>
> Sie soll zum einen
>
> - den Bürgern einen komplexen Planungsvorgang mit Konfliktentscheidungen durchsichtig und nachvollziehbar machen und zum anderen

---

64 Peter Krahulec: Psychotope, runde Kneipentische und Querschnittsaufgabe - Warum ich vom "Lernort Dorf" so begeistert bin. In: Maria Bitzau, Tilo Klöck (Hg.): Jahrbuch - Gemeinwesenarbeit 5. München 1994; S. 202.

- durch praktische Mitwirkung Eigeninitiative erwecken, die unterste Demokratieebene stärken und zur Wiederherstellung ortsweiser Selbstbestimmung ermutigen."[65]

An die Arbeitsform Gemeinwesenarbeit in den Vorklärungsphasen war die Erwartung geknüpft, ganzheitliche Problemanalysen und entsprechende Handlungsansätze aus diesem Arbeitsansatz zu erhalten:

"Aufgabe dieses Auftrages soll es sein,

- Gespräche mit den Bürgern zu führen,
- örtliche Initiativen kultureller und wirtschaftlicher Art zu ergründen,
- Informationsveranstaltungen durchzuführen,
- Arbeitskreise verschiedenster Art zu initiieren,
- die Diskussion um die Probleme und Chancen des eigenen Lebensraumes anzuregen und durch Erarbeitung einer "Ortsidee" eine spätere Dorfentwicklungsplanung geistig - kulturell vorzubereiten.

Diese Aufgabenbeschreibung zeigt, daß die Initiatoren der Vorlaufphase mehr Gemeinwesenarbeiter als Architekten und Städteplaner sein müssen. Hauptforderung ist nicht Expertenwissen, sondern es sind pädagogisch didaktische Erfahrungen im Umgang mit den Bürgern sowie die Kenntnis um den dörflichen Lebenszusammenhang. Als Ergebnis dieser Phase der Information, Motivation und Ideensuche soll vor allem erkannt werden, wo es im Dorf wirklich fehlt, welche Handlungsansätze und Initiativen jeglicher Art bereits vorhanden oder möglich sind."[66]

Begründet in dieser Interpretation und Auslegung des gemeinwesenorientierten Beteiligungsansatzes durch die Fachverwaltung wurde von 1989 bis 1995 eine zeitliche und inhaltliche Trennung von Klärungs- und Planungsphase seitens der landespolitischen Verfahrenslenkung intendiert. Der/Die Projektbeauftragte der Klärungsphase sollte zunächst ohne Mitwirkung der weiteren involvierten Akteure in Zusammenarbeit mit den Bürgern die örtlich vorhandenen Interessen eruieren, nach Möglichkeit zu Bürgeraktivitäten motivieren:

---

65 Hessisches Ministerium für Landesentwicklung, Wohnen, Landwirtschaft, Forsten und Naturschutz: Dorferneuerung in Hessen. Wiesbaden 1991; S. 54.

66 Klaus Schüttler: Region im Dorf - Über regionale Entwicklungspotentiale der Dörfer. In: Pro Regio. Eigenständige Regionalentwicklung Baden-Württemberg e.V. (Hg.); Nr. 5 + 6; Boxberg-Wölchingen 1990; S. 8. (Hervorhebung im Original).

"**Planer**, **Behörden und Experten** sollen **erst dann in Erscheinung treten, wenn verhandelbare Konzepte und Projekte formuliert sind**. Der Leistungsumfang der nachfolgenden Planung zur siedlungs- und baustrukturellen Entwicklung wird schärfer faßbar, der Planungsinhalt konkreter. **Es sind dann weniger die Ideen des angereisten Planers gefragt**, sondern mehr die Umsetzung der bereits vorliegenden "Ortsidee" in realisierbare und finanzierbare Projekte im Zusammenhang einer ganzheitlichen Rahmenplanung."[67]

Eine Projektbeauftragte schilderte 1993 exemplarisch ihre Erfahrungen mit der gewählten Vorgehensweise in der kommunalpolitischen Alltagspraxis; sie konstatiert Widersprüche zwischen ihrem gemeinwesenorientierten Arbeitsverständnis und den geknüpften Erwartungen der Fachverwaltung an die Arbeitsergebnisse der Klärungsphasen:

"Wirklich deprimiert aber sind die beteiligten Bürger/-innen spätestens, wenn die Vorlage meines Zwischenstandberichts zur Vorphase in der Gemeindevertretung zu einem mittleren Eklat geführt hat. (...) Deutlich wird mir dabei in meinem Arbeitsfeld die Kommunikationsebenen zwischen Bürgern oder Ortsbeiräten und den Gemeindeorganen: Die eine Seite ist die wünschend-fordernd argumentierende, die andere die gewährende oder verweigernde Seite, die auf Anfragen bzw. Anforderungen zunächst fast automatisch abbremsend/ablehnend reagiert u.a. mit dem Hinweis, das Wohl aller Orteile 'im Auge' haben zu müssen. Und klar ist auch die Hierarchie: Die BürgerInnen sind 'unten', die Gemeindevertretung und -verwaltung 'oben'."[68]

Und enttäuscht über die Ineffizienz ihrer geleisteten Arbeit konstatiert die Moderatorin:

"Dennoch, die Einführung der Gemeinwesenarbeit in die Dorferneuerung war ein "Genie-Streich". Ich sehe das unbedingt so, auch wenn die große Bewegung schon im Anfang stecken geblieben ist. Es ist hier immerhin gelungen, Bürgerinnen und Bürgern, zumindest zeitweise ein Mitspracherecht und ein Forum für ihre ureigensten Belange und Bedürfnisse im Dorf zu schaffen, was nicht hoch genug einzuschätzen ist."[69]

---

67 Klaus Schüttler: (a.a.O.); S. 8. (Hervorhebung im Original).

68 Astrid von Berlepsch: "Die spinnen, die ... ". In: Sozial Extra (Hg.); Nr. 6/1993; S. 9.

69 Astrid von Berlepsch: (a.a.O.); S. 8.

Das Prinzip der Parteilichkeit der Gemeinwesenarbeiterin ihrem "Klientel" gegenüber gerät hier deutlich an der planungsrechtlichen[70] und planungspolitischen[71] Realität ländlich strukturierter Kommunalpolitik zu einem konfliktträchtigen Konstrukt.

2.5.1.1 Reflexion der Akteurskonstellation im Kontext des gemeinwesenorientierten Beteiligungsmodells

Begründet im Arbeitsprinzip Gemeinwesenarbeit wurde für die Klärungsphasen eine enge Kooperation der/des Projektbeauftragten mit den Bürgerinnen und Bürgern vorgeschlagen, personell, zeitlich und in der inhaltlichen Schwerpunktsetzung getrennt durchgeführt zur dann folgenden Planungsphase. Nachgeordnet diesem Entscheidungsprozeß auf der örtlichen Ebene mit der Bürgerschaft folgte dann erst der Abstimmungsprozeß über die vor Ort gewonnenen Erkenntnisse mit den Vorstellungen und Meinungsbildern zur Dorfentwicklung auf der kommunalpolitischen Handlungsebene: Ortsbeirat, Magistrat bzw. Gemeinde und der landespolitischen Handlungsebene, vertreten durch die Fachverwaltung.

Ein konsensorientierter Handlungsrahmen zur frühzeitigen Koordinierung der im Dorfentwicklungsverfahren beteiligten Handlungsebenen fehlte und belastete die Entwicklung einer erforderlichen gemeinsamen Handlungslinie der Akteure. Diese mangelnden Voraussetzungen, die unterschiedlichen Interpretationen miteinander auszutragen und "auf gemeinsame Nenner zu bringen", bedingten eine widersprüchliche Akteurskonstellation. Dieses Defizit gefährdete nicht nur den partizipativen Programmansatz, sondern konterkarierte ihn im System des Gemeinwesenansatzes.
Die hohe innovative Differenziertheit des hessischen Landesprogramms zur Dorferneuerung mit einer breit gefächerten Förderkulisse fand in diesem Partizipationskonzept keine ausreichende Entsprechung: das gemeinwesenorientierte Beteiligungsmodell sprengte im Regelfall hinsichtlich seines spezifischen sozialpolitischen Anspruchs den real verfügbaren zeitlichen, monetären und thematischen Programmrahmen, stellte damit eine Überforderung der involvierten Akteure dar

---

[70] vgl. hierzu: Kap. 2.6.1.

[71] vgl. hierzu: Kap. 2.8.4 - 2.8.5.1.

und erschloß nicht befriedigend die potentiell verfügbaren Ressourcen des Programms.

Zusammenfassend ist festzustellen, daß der Theorie- und Arbeitsansatz der Gemeinwesenarbeit, der, wie zuvor dargelegt, in seiner Entstehungsgeschichte und Anwendungspraxis primär der urbanen Sozialarbeit mit unterprivilegierten Bewohnergruppen zuzuordnen ist, in der bisherigen Umsetzung in der Hessischen Dorfentwicklung Widersprüche zum Programmrahmen aufweist.

2.6 Veränderungen in den Rahmenbedingungen der hessischen Dorferneuerungspraxis durch aktuelle Maßgaben in der Verwaltung

1994/95 trägt die Fachverwaltung den Kritiken an der Umsetzung der Klärungsphase und der weiteren Verfahrenspraxis während der "Pilotphase" zwischen 1989 und 1994 Rechnung mit der Erarbeitung eines neuen "Leitfadens Dorferneuerung".[72]
Es wird damit möglich, in begründeten Fällen zeitgleich noch in der Klärungsphase Planungs- und/oder Projektaufträge zu bearbeiten; üblich in der Handhabung des Programms durch die Ämter für Regionalentwicklung, Landwirtschaft und Landschaftspflege ist jedoch zur Zeit nach wie vor, das Ergebnis der Klärungsphase abzuwarten und auf der Grundlage des "Örtlichen Handlungskonzeptes"[73] die Planungs- und Projektaufträge direkt im Anschluß an die Klärungsphase auszuschreiben und zu vergeben. In der Vergangenheit lagen zwischen Klärungs- und Planungsphase sechs bis neun Monate "Wartezeit", die jetzt entfällt.
Die Praxis hatte gezeigt,

> "(...) daß Überlappungen sinnvoll und wünschenswert erschei-nen (von Planern und Moderatoren gleichermaßen gefordert) und daß das lineare 'Hintereinanderschalten' von zwei Phasen der Vorüberlegung und Planung die Realisierung von Projekten in unvertretbare Ferne rücken ließ. Es be-

---

[72] vgl. hierzu: Hessisches Ministerium für Wirtschaft, Verkehr und Landesentwicklung: Leitfaden Dorferneuerung. Wiesbaden 1995: eine auszugsweise Fassung des "Leitfadens Dorferneuerung" enthält Anhang 3.

[73] Hessisches Ministerium für Wirtschaft, Verkehr und Landesentwicklung: (a.a.O.); S. 13. vgl. hierzu auch: Abbildung 2, Kap. 1.1 .

> durfte also eines Verfahrensablaufes, welcher die verschiedensten Dienstleistungen miteinander integriert und Parallelitäten zuläßt. Es bedurfte aber auch eines Verfahrensablaufes, welcher je nach Bedarf variable Kombinationen von Dienstleistungen zuläßt."[74]

Zusätzlich zu der nun verbesserten zeitlichen Dichte des Verfahrens zeichnet sich durch den 'Leitfaden Dorferneuerung' eine veränderte, fachliche Interpretation dessen ab, was diese Phase zukünftig leisten soll: sie stellt nunmehr einen Dialog zwischen den Akteuren aller Handlungsebenen im Verfahren in den Vordergrund im Gegensatz zu der bisherigen Betonung des Dialogs zwischen Moderator/-in und Ortsteilbewohnern, und sie soll zukünftig eine Ziel- bzw. projektorientierte Struktur aufweisen im Gegensatz zu dem zuvor propagierten offenen Prozeßcharakter. Die Prozeßhaftigkeit soll von ihrer bisherigen Konzentration auf die Informations-, Beratungs-, Motivationsphase (IBM-Phase) nun auf die gesamte Dauer des Verfahrens ausgedehnt und stabilisiert werden durch den nunmehr neu eingeführten "Konzeptcharakter"[75] des Verfahrens, der eine regelmäßige Bilanzierung, Fortschreibung und mögliche Veränderung des entwickelten Leitbildes vorsieht:

> "Die Klärungsphase ist inhaltlich und funktional vergleichbar mit der vorher so benannten 'IBM-Phase'. Jedoch drückt die neue Wortwahl bereits aus, daß in dieser Verfahrensphase verstärkt Wert gelegt wird auf "Klärung" der örtlichen Situation und Entwicklung, und zwar sowohl von 'innen nach außen', d.h. als **Artikulation der Ortsbevölkerung** in die Gemeinde und Öffentlichkeit hinein als auch 'von außen nach innen', nämlich als **Informationsfluß von Verwaltung, Moderatoren und Experten in den Ort hinein**. Wie bisher soll die Klärungsphase einen Zeitraum von ca. sechs Monaten umfassen.
>
> Zwei wesentliche Schwerpunkte zeichnen diese Phase aus:
>
> 1. Eine **breit angelegte Bürgerarbeit**, die dem Ansatz der bisherigen IBM-Phase entspricht und den Prinzipien der Ganzheitlichkeit und dem ortsspezifischen Vorgehen gerecht wird sowie

---

74 Klaus Schüttler: Dorferneuerung in Hessen. In: Kommunal- und Schulverlag (Hg.): Praxis der Gemeindeverwaltung. Wiesbaden, Februar 1996; S. 41.

75 vgl. hierzu: Kap. 2.6.1 im folgenden.

2. eine gleichzeitige **Konzentration auf konkrete Aufgaben und Projekte**, die für diesen Verfahrensabschnitt neu und an Ergebnissen orientiert ist."[76]

Mit dem 'neuen Leitfaden' wird gleichzeitig eine neue Vergabepraxis der Klärungsphasen eingeführt, die unter anderem auf Kritik des Hessischen Rechnungshofes an der bisher gängigen, freihändigen Vergabe dieser Aufträge an Freiberufler/-innen zurückzuführen ist[77]: Die Neuregelung schreibt eine beschränkte Ausschreibung mit öffentlichem Teilnahmewettbewerb nach § 3 Nr. 1 Abs. 4 VOL vor.[78] Den Zuschlag erhält danach der/die günstigste Anbieter/-in. Unter diesen Wettbewerbsbedingungen für Auftragnehmer/-innen von Klärungsphasen reduzierten sich im Jahr 1995 die zuvor angesetzten ca. 200 Arbeitsstunden für diese Aufträge auf ca. 120 - 150 Stunden. Vorgeschrieben ist für diese Form der Vergabe für die Auftraggeberin, hier die Fachverwaltung, eine exakte Leistungsbeschreibung der Klärungsphasen, um vergleichbare Bedingungen für die Anbieter/-innen vorgeben zu können und diese wiederum auch überprüfen zu können.

Damit werden in das bisher sehr frei gestaltete Arbeitsfeld der Informations-, Beratungs- und Motivationsphase neue Kriterien eingeführt, die Maßstäbe setzen sollen für ein verbessertes Preis-Leistungsverhältnis verbunden mit einer Ziel- und Ergebnisorientierung dieser Aufträge.

Die 1994 und 1995 neu eingeführten Verwaltungsmaßgaben in Form des 'Leitfadens Dorferneuerung' und der VOL Ausschreibungsmodalitäten lassen einen Korrekturkurs vermuten für die bisher favorisierte inhaltliche und methodische Ausrichtung der Umsetzung der Bürgerbeteiligung auf Gemeinwesenarbeit.

Die Maßgaben reduzieren das anzusetzende Zeitvolumen der Klärungsphase insgesamt, aber gleichzeitig auch die in diesem Zeitrahmen ursprünglich zur Verfügung gestellte Arbeitszeit. Das bedeutet: Die Maßgabe 'Leitfaden Dorfer-

---

76 Renate Buchenauer: Der neue Verfahrensleitfaden Dorferneuerung. In: Hessische Akademie der Forschung und Planung im ländlichen Raum (Hg.): Zeitgemäße Leitbilder für die Dorfentwicklung. Bad Karlshafen 1995; S. 32. (Hervorhebung im Original).

77 vgl. hierzu: Sammelverfügung Nr. 4/1995 des Hessischen Landesamtes für Regionalentwicklung und Landwirtschaft, Abteilung 3, Aktenzeichen 33-LK 30.3.2.

78 vgl. hierzu: Regional-Impuls e.V., Arbeitsgemeinschaft für Bildungs-, Kultur- und Gemeinwesenarbeit auf dem Land: Ausschreibung und Vergabe der Klärungsphasen in der Dorferneuerung nach VOL. In: Vorstandsinfo des Regional Impuls e.V. (Hg.); Info Nr. 2; April 1995.

neuerung' würdigt die festgestellten hemmenden Faktoren des zuvor stark verzögerten Verfahrensablaufes mit folgerichtiger Verkürzung der Dauer der Klärungsphase, die Maßgabe VOL bedeutet durch das wettbewerbsbedingte Ausschreibungs- und Vergabeverfahren eine automatische Reduzierung der zur Verfügung gestellten Arbeitszeit der anbietenden Projektbeauftragten.[79]

Die Verfasserin dieser Arbeit vertritt die Ansicht, daß die neue Verfahrensstruktur in Form des 'Leitfadens Dorferneuerung' und die neue vergabetechnische Regelung von Klärungsphasen und Projektaufträgen nach VOL das bis dato programmpolitisch vertretene Beteiligungskonzept nicht durch formale Verwaltungsmaßnahmen ersetzen kann, sondern die bisher feststellbaren Mängel und Widersprüche aufgearbeitet werden sollten.

Zur Entwicklung von Alternativen in der Beteiligungsfrage ist deshalb die Reflexion der allgemeinen, bis dato relevanten Rahmenbedingungen des Hessischen Dorferneuerungsprogramms erforderlich.

In der nachfolgenden Beschreibung und Analyse dieser Rahmenbedingungen sind für den Kontext dieser Arbeit von besonderem Interesse ihre Auswirkungen auf die Konstellation der Akteure[80] im Verfahren: das heißt, warum und wie handeln die Akteure unter den Bedingungen und welche Verflechtungen der Akteure untereinander resultieren hieraus? Diese Fragestellung betrifft die Konstellation der fachlich involvierten Berufsgruppen in der zuständigen Landesverwaltung[81] und in freien Berufen, die Bewohnerinnen und Bewohner in Dorferneuerungsförderschwerpunkten und die kommunalpolitisch involvierten Personengruppen.

---

79 vgl. hierzu: Klaus Schüttler: Dorferneuerung in Hessen: (a.a.O.); S. 42: Die Fachverwaltung erkennt diese Schwierigkeiten: "Dieses Verfahren ist nicht unproblematisch, da die VOL (Verdingungsordnung für Leistungen) prinzipiell für Beschaffungsaufträge (Kauf von Gegenständen) konzipiert ist. Die Arbeit der Projektbeauftragten ist aber in ihrem Sinne nach eine freischaffende Tätigkeit. Eine VOF (Verdingungsordnung für Freischaffende) existiert bislang jedoch lediglich im Entwurf. In der Vergabepraxis kommt es stark darauf an, die wirkliche Leistungsfähigkeit des Anbieters präzise abzuschätzen, um Dumping-Angebote als Einstieg für Folgeaufträge zu erkennen."

80 vgl. hierzu: Kap. 2.2.

81 Anmerkung der Verfasserin: dies betrifft die Ämter für Regionalentwicklung, Landschaftspflege und Landwirtschaft sowie das Hessische Landesamt für Regionalentwicklung und Landwirtschaft.

2.6.1 Zur planungsrechtlichen Disposition der Dorferneuerung in der vergangenen und gegenwärtigen Planungspraxis

In der Fortschreibung des ehemals linear strukturierten 'Leistungsbildes und Ablaufschemas Dorferneuerung' in einen offenen, prozeßhaft strukturierten 'Leitfaden Dorferneuerung' kündigt sich eine Veränderung in der bisher planungsrechtlichen Interpretation dieses Instrumentariums durch die Fachverwaltung an.

Zunächst ist die Dorfentwicklung, anders als Flächennutzungspläne und Bebauungspläne, kein zwingend erforderliches Instrumentarium in der gemeindlichen Bauleitplanung.

Dies bedeutet, die in Kommunalparlamenten getroffene Entscheidung, für Ortsteile ihrer Gemeinde Dorfentwicklungspläne erstellen zu lassen, ist freiwillig; sie fällt unter die in Artikel 28 Abs. 2 GG verfassungsmäßige Garantie des kommunalen Selbstverwaltungsrechts und umfaßt damit auch die gemeindliche Planungshoheit.[82]
In der Vergangenheit wurde in der städtebaulich geprägten Verfahrenspraxis, in allen Bundesländern gleich, so auch in Hessen, von der Fachverwaltung ein Schwerpunkt auf die Verankerung der Dorfentwicklungsplanung in die gemeindliche Bauleitplanung gelegt; diese Festlegung unterlag einer gewissen Auslegungsbreite:

> "Dorfentwicklung ist (...) als Planschicht zu konzipieren, die in der Lage ist, die Defizite eingefahrener Planungsmechanismen auszugleichen. Dafür ist eine flexible Planungskategorie erforderlich, die nicht durch weitgehende Rechtsqualitäten belastet ist, die vielmehr als Selbstbindungsplan einer Gemeinde wirken soll."[83]

Im Sinne dieses "Selbstbindungscharakters" wurde insbesondere in Ortsteilen mit einem hohen Anteil denkmalgeschützter Bausubstanz den Gemeinden empfohlen,

---

82 vgl. hierzu: Reinhard Hendler: Die bürgerschaftliche Mitwirkung an der städtebaulichen Planung. Göttinger rechtswissenschaftliche Studien (Hg.); Band 99. Göttingen 1977; S. 143 f. oder auch: Andreas Müller: Konzeptbezogenes Verwaltungshandeln. Baden-Baden 1992; S. 85 f.

83 Institut für Kommunalwissenschaften der Konrad-Adenauer-Stiftung e.V. (Hg.): Für das Dorf - Gestaltung des ländlichen Lebensraumes durch Dorfentwicklung. Stellungnahme des Fachbeirats "Dorfentwicklung". Köln 1983; S. 73.

die städtebaulichen und gestalterischen Entwicklungsaussagen des Dorfentwicklungsplans durch Beschlußfassung der kommunalen Gremien in der Fortschreibung der rechtsverbindlichen Flächennutzungs- und Bebauungspläne zu übernehmen.[84]
Diese vergleichsweise starre, reglementierende Auffassung zur baurechtlichen Umsetzung des Dorferneuerungsinstrumentariums befindet sich zur Zeit in einem Umbruch in der Auslegung seines intendierten Rechtscharakters. Die Entwicklung ist zum einen im Zusammenhang der Ausweitung der Themenkulisse der Dorfentwicklung weit über den städtebaulichen Kanon hinaus zu sehen, zum anderen in einem sich wandelnden Selbstverständnis der Verwaltung in der Gegenwartsgesellschaft.[85]

---

84 vgl. hierzu: Harry Herrmann: Rechtsinstrumentarium zur Umsetzung von Dorfentwicklungsplänen. Wiesbaden 14. September 1987. (Unveröffentlichtes Vortragsmanuskript): Herrmann, damals Dezernent für Dorferneuerung im Hessischen Landesamt für Landwirtschaft und Landentwicklung, verweist hier zur baurechtlichen Umsetzung der Dorfentwicklung insbesondere auf § 9 (Bebauungsplan), § 5 (Flächennutzungsplan), § 14 (Veränderungssperre), § 15 (Zurückstellung von Baugesuchen), § 172 (Erhaltungssatzung), § 176 ff, städtebauliche Gebote und Satzung nach § 34 (4) BauBG und auf § 118 (1) Nr. 1 (Gestaltungssatzung), § 118 (1) Nr. 2 (Gestaltungssatzung-Neuordnungssatzung), § 118 (1) Nr. 2 (Schutzbereichssatzung-Freiflächensatzung), § 118 (1) Nr. 6 (Abstandsflächensatzung), § 118 (2) Nr. 1 (Baumschutzsatzung) HBO.

85 vgl. hierzu: Hermann Hill: Integratives Verwaltungshandeln - Neue Formen von Kommunikation und Bürgermitwirkung. In: Deutsches Verwaltungsblatt. 108 Jg. des Reichsverwaltungsblattes; Heft 18; 15. September 1993.
oder auch: Wolfgang Hoffmann-Riem, Eberhard Schmidt-Aßmann: Konfliktbewältigung durch Verhandlungen - Konfliktmittlung in Verwaltungsverfahren; Bd. I und II. Baden-Baden 1990.
oder auch: Joachim Jens Hesse: Verhandlungslösungen und kooperativer Staat - Plädoyer für einen erweiterten Blick in die Praxis. In: Wolfgang Hoffmann-Riem, Eberhard Schmidt-Aßmann: (a.a.O.); Bd. 1; S. 99 ff.: Hesse begründet ausführlich den Anlaß des sich ändernden Selbstverständnisses in der Verwaltung: "Entscheidend sind dabei jene Veränderungen der Rahmenbedingungen, die sich (...) im Bereich der demographischen, der wirtschaftlich-technischen, der ökologisch sowie schließlich auch der soziokulturellen Entwicklung stellen. So wird die Bevölkerungsentwicklung in den westlichen Industriestaaten durch beträchtliche altersstrukturelle wie regionale Verschiebungen gekennzeichnet sein (die eine Neudiskussion etwa infrastruktureller Versorgungssysteme, bestehender Entwicklungskonzeptionen und öffentlicher Personalplanungen nahelegen), führt der weltweit ablaufende ökonomische Strukturwandel zu einer Neudefinition von Handlungsmustern und Standortforderungen (mit ungleichen Wirkungen für Wirtschaftsräume, Sektoren, Branchen und Einzelunternehmen), hat es das wachsende ökologische Bewußtsein mit sich gebracht, daß mit Blick auf den angestrebten 'Ausgleich von Ökonomie und Ökologie' ökologische Sicherungs- und Ausgleichsziele konstitutiver Gegenstand des staatlichen Handelns werden und führen schließlich soziokulturelle Entwicklungen zu einer wachsenden Abwehr einstmals akzeptierter Formen der Fremdbestimmung. Angesichts dieser Veränderung (...) erscheint eine Umorientierung des staatli-

Analog findet aktuell in rechtswissenschaftlichen Arbeiten[86] eine Auseinandersetzung mit einem im Entstehen begriffenen Handlungsformentypus statt, bezeichnet als "Konzept(e)". Er ist

> "(...) eine Reaktion der Verwaltungspraxis auf veränderte Bedingungen in der Verwaltungswelt, für deren Bewältigung der Parlamentsgesetzgeber keine Handlungsform zur Verfügung gestellt hat - und wohl auch nicht zur Verfügung stellen kann - entziehen sich doch diese ständigen Veränderungen unterworfenen Bereiche einer detaillierten bis 'ins Letzte' gehende gesetzlichen Systemsteuerung."[87]

Dieser Handlungsformentypus ist offensichtlich in der neuen Verfahrensstruktur zur Hessischen Dorferneuerung im 'Leitfaden Dorferneuerung' aufgegriffen worden und manifestiert sich in den Termini "Örtliches Handlungskonzept"[88] für die Ergebnisse der Klärungsphase und des "Dorfentwicklungsplans im Sinne eines örtlichen Entwicklungskonzeptes."[89] Weiter wird präzisiert: "Bei dem Dorfentwicklungsplan der Zukunft handelt es sich um ein 'integriertes Konzept' anstelle einer 'integralen Planung'."[90]

---

chen Handelns nahezu als unausweichlich, zumal der Staat ja kaum mehr als alleiniger Problemlöser auftritt, er in einer zunehmend arbeitsteilig vernetzten Umwelt vielmehr auf die Kooperation anderer Handlungsträger im öffentlichen wie privaten Bereich angewiesen ist. Diese Kooperation kann meist nicht mehr erzwungen, sondern nur noch eingeworben werden, so daß andere, neue Handlungsformen und Handlungsmodi zu entwickeln sind."
oder auch: Wolfgang Hoffmann-Riem, Eberhard Schmidt-Aßmann: Konfliktbewältigung durch Verhandlungen - Konfliktmittlung in Verwaltungsverfahren; Bd. I und II. Baden-Baden 1990.

86 vgl. hierzu: Andreas Müller: Konzeptbezogenes Verwaltungshandeln - Eine Untersuchung planerischer Handlungsformen der Exekutive im Bereich sich wandelnder Querschnittsaufgaben. Baden-Baden 1992.

87 Andreas Müller: (a.a.O.); S. 15.

88 vgl. hierzu: Hessisches Ministerium für Wirtschaft, Verkehr und Landesentwicklung. Leitfaden Dorferneuerung. Wiesbaden 1995; S. 6 f.

89 Hessisches Ministerium für Wirtschaft, Verkehr und Landesentwicklung: (a.a.O.); S. 8: Die Autoren bemerken in Ergänzung dieser Termini, in Klammern gesetzt: (Die nächste Änderung der Richtlinie wird diesem Bedeutungswandel Rechnung tragen). Anmerkung der Verfasserin dieser Arbeit: Diese Richtlinie lag zur Zeit der Bearbeitung dieser Dissertation noch nicht vor.

90 Hessisches Ministerium für Wirtschaft, Verkehr und Landesentwicklung: (a.a.O.); S. 8.

2.6.1.1 Der zukünftige Konzeptcharakter der Hessischen Dorfentwicklung

Mit der Anwendung eines konzeptorientierten Verfahrensmodells auf die Hessische Dorferneuerung verbindet die Fachverwaltung zukünftig eine Weiterentwicklung der Programmeffizienz gegenüber der ehemals linearen Verfahrensstruktur. Dieses "neue" Verfahrensverständnis ist zurückzuführen auf die Arbeit von Müller[91], der die Bedeutung konzeptioneller Verfahren vorrangig beschreibt in der Ganzheits- und Vernetzungsfunktion, der Prozeß- und Entwicklungsfunktion, der Regelkreis- oder Kybernetikfunktion, der Informations- und Kommunikationsfunktion, der Kooperations- und Koordinierungsfunktion, der Partizipations- und Motivationsfunktion und der Rationalitäts- und Kontrollfunktion.[92] Die nachfolgende, ausführlich zitierte Textpassage belegt die Übertragung des von Müller entwickelten Konzeptmodells auf das Hessische Dorfentwicklungsverfahren durch die Fachverwaltung[93]:

"Die hessische Form der Dorfentwicklungsplanung war schon immer Konzept und Planung zugleich. Es geht jetzt darum, die Vorteile der Konzepte zu nutzen und die Dorfentwicklungsplanung konsequent zu einem "offenen Konzept" umzubauen.

Funktionen und Vorteile der Konzepte

Ganzheitlichkeit und Vernetzung

Ganzheitlich ist nicht gleichbedeutend mit "integral"! Nicht gemeint ist, alles mit allem koordinieren, sondern:

Querverbindungen und Auswirkungen erkennen lassen, Verflechtungen ergründen, nutzen, herbeiführen, Einbeziehung privater Vorhaben und Maßnahmen, zeitliche Dimension einbauen, Vermischung formeller und informeller Elemente, Optionen und Handlungsalternativen (wenn ..., dann ...), Teilaussagen zu Konzepten aus anderen Bereichen.

Ergebnisorientierung

---

91 vgl. hierzu: Andreas Müller: (a.a.O.).

92 Andreas Müller: (a.a.O.); S. 178 - 196.

93 Anmerkung der Verfasserin: In der nachstehend zitierten Veröffentlichung wird auf die Arbeit von Andreas Müller nicht verwiesen. Die Verfasserin kann aber durch die Gleichheit der Wortwahl und des Kontextes davon ausgehen, daß hier die Arbeit von Müller die Grundlage der weiteren Überlegungen der Fachverwaltung darstellt.

Allgemeine Aussagen mit der Benennung von Maßnahmen verknüpfen, Vorgaben setzen, den konkreten Handlungsbezug haben, Zeitrahmen für Maßnahmen einbeziehen.

Prozeßhaft und weiterentwicklungsfähig
Offener Charakter, stetiger Vorgang des Lernens und der Weiterentwicklung, prinzipielles "Niemals-fertig-sein".

Regelkreisfunktion (kybernetisch!)
Verschmelzung von Planung und Vollzug durch Zielkontrolle, enge Rückkopplung, paralleles Planen und Umsetzen, Abkehr vom linearen Planungsverlauf!

Informativ und kommunikativ
Hohe Informationsdichte zu optimalen Handlungsanleitungen mit Folgenabschätzungen, informative Darstellungsmethoden (nicht nur Grundrißdarstellungen z.B.) für Bürger und andere Behörden, Kommunikationsanreiz durch Informationsgehalt und informative Darstellung.

Kooperativ und koordinierend
Zusammenwirken von Staat und Bürgern ist wesentliche Grundlage, Aktionsbündnisse zwischen Verwaltung und Bürgern in Planung und Umsetzung, Koordinationswirkung durch institutionalisierte Ausschüsse, Arbeitskreise etc.

Partizipativ, motivierend und aktivierend
Mitwirkung an Stelle Beteiligung in der Ausgestaltung des Verfahrens, Personenkreis der Mitwirkenden ist völlig offen, eingebaute Motivations- und Aktivierungsstrategien.

Rational nachvollziehbar und gerichtsfest
Konzepte dieser Art (z.B. Dorfentwicklungspläne) gewinnen zunehmend an Akzeptanz für richterliche Kontrolle von Verwaltungsentscheidungen."[94]

---

94 Klaus Schüttler: Dorfentwicklung als innovatives Instrument. In: Hessische Akademie der Forschung und Planung im ländlichen Raum (Hg.): Zeitgemäße Leitbilder für die Dorfentwicklung. Bad Karlshafen 1995; S. 24-26.

Zur Einordnung dieses Verfahrensmodells im Sinne eines Konzeptes in die Partizipationsdebatte zur Hessischen Dorfentwicklung sind die Überlegungen Müllers grundlegend: Sie gründen sich auf ein neues, reflexives Verwaltungs(rechts)verständnis[95], basierend auf der Idee, daß Entscheidungen für bestimmte gesellschaftspolitische Problemlagen optimierter im Sinne einer Regelkreisfunktion oder auch Kybernetikfunktion entwickelt und getroffen werden[96]; diese Verfahren - als Konzepte bezeichnet - weisen keine strikte Trennung zwischen z.B. einer vorbereitenden Planung und Vollzug, d.h. Umsetzung auf, sondern verfügen, um der Komplexität entsprechen zu können, so Müller: "(...) über Rückkoppelungsmechanismen, die die Maßnahmen und Handlungsanleitungen je nach den beim Vollzug gewonnenen Erfahrungen verändern."[97]
Müller faßt die kybernetische Systemtheorie wie folgt zusammen:

> "Die Kybernetik denkt bezüglich der Lenkung eines Systems in sog. Regelkreisen. Der kybernetische Regelkreis beschreibt die möglichen Interaktionen zwischen mehreren Elementen eines Systems. Er kann dazu herangezogen werden, Probleme der Lenkung von Systemen offenzulegen und zu ihrer Verbesserung beizutragen. Ausgangspunkt für die Erforschung der verschiedenen Arten von Lenkung im kybernetischen Sinn ist die Komplexität des jeweils untersuchten Systems. Komplexität läßt sich als die Fähigkeit eines Systems definieren, innerhalb eines festen Zeitraums eine große Zahl diverse Zustände annehmen zu können. Die Vielzahl der Verhaltensmöglichkeiten zwischen den Elementen (Variablen), die innerhalb einer Zeitspanne zu un-

---

95 vgl. hierzu: Andreas Müller: (a.a.O.); S. 66: Unter Berufung auf Günther Teubner: Reflexives Recht. In: ARSP 68; 1982; S. 13, werden nach diesem reflexiven Rechtsverständnis die Steuerungsaufgaben der Staatsorgane in Abkehr zum tradierten hoheitlichen Verwaltungshandeln wie folgt beschrieben: "Die Kategorie reflexiven Rechts ist auf Organisation, Verfahren und Kompetenzen ausgerichtet, d.h. statt einer inhaltlichen Entscheidung in der Sache selbst liefert das Recht vermehrt Verfahrens-, Organisations- und Kompetenznormen für die inhaltliche Entscheidung. (...) Es stellt mithin den einzelnen Subsystemen seiner Umwelt Mechanismen zur Verfügung, die diese befähigen sollen, autonom selbstregulierend ihre Probleme zu bewältigen."
Zum Ende dieses Kapitels verortet die Verfasserin dieser Arbeit die Partizipationsdebatte zur Hessischen Dorferneuerung im Kontext zivilgesellschaftlicher Theorieüberlegungen; in diesem Rahmen wird der Begriff des "reflexiven Verwaltungs-Rechtsverständnisses" als eine zentrale Bedingung für die veränderten Steuermodi aufzugreifen sein für Handlungs- und Kooperationsformen zwischen Staat und Gesellschaft, im Praxisfeld: Zwischen Verwaltung und Bürgerschaft.

96 vgl. hierzu: Andreas Müller: (a.a.O.); S. 189.

97 Andreas Müller: (a.a.O.); S. 189.

> terschiedlichen Beziehungsgefügen derselben führen kann, beruht auf der Kommunikation der Elemente untereinander. Der Kommunikation kommt also eine entscheidende Rolle für das 'Warum' der Systemveränderung zu, da sie deren Dynamik erklärbar macht."[98]

Ausführungen zur Rechtsformenlehre[99] reflektierend, schlägt Müller in einem verfassungsmäßigen Kooperationsmodell eine Gleichordnung von Staat und Bürger vor. Der rechtsstaatliche Charakter der Staatsorgane bleibt dabei unangetastet:

> "Das Kooperationsmodell des Verhältnisses zwischen Exekutive und Bürger ist ein Abgehen vom 'Vollzugsmodell', das nicht dazu führt, die Rechtsunterworfenheit des Bürgers überhaupt zu leugnen. Rechtsunterworfenheit und Gleichordnung stehen folglich keineswegs in einem antipodischen Verhältnis zueinander: Der Bürger kann an das Recht gebunden sein, ohne daß eine gemeinsame Ausgestaltung des jeweiligen Rechtsverhältnisses im Bereich der Exekutive ausgeschlossen ist."[100]

Wesentlich erscheint der Verfasserin dieser Arbeit, daß Müller der Verwaltung eine aktive Rolle im Verfahren zuweist, denn er titelt seine Arbeit "Konzeptbezogenes Verwaltungs**handeln**"[101]. Gleichzeitig - und hier liegt die Innovation dieses Modells - sieht Müller eine Perspektive in den Möglichkeiten eines veränderten, nämlich gleichberechtigten Zusammenwirkens von Staat und Gesellschaft im Sinne der in Aussicht gestellten Partizipations- und Motivationsfunktion der "Konzepte"; letztere differenziert Müller in "externe" und "interne" Motivation:

> "Die Partizipation ist gleichzeitig dazu geeignet, bei den Beteiligten eine "Motivationserhöhung" zu bewirken. (...) Diese Motivationsfunktion mag noch nicht quantifizierbar sein, kommt jedoch bereits in Stellungnahmen aus

---

98 Andreas Müller: (a.a.O.); S. 45-46. Müller bezieht sich in seinen Ausführungen u.a. auf: Hans Ullrich und Gilbert J.B. Probst: Anleitungen zum ganzheitlichen Denken und Handeln. Bonn, Stuttgart 1988.

99 Müller bezieht sich u.a. auf: Eberhard Schmidt-Aßmann: Die Lehre von den Rechtsformen des Verwaltungshandeln - Ihre Bedeutung im System des Verwaltungsrechts und für das verwaltungsrechtliche Denken der Gegenwart. In: DVBl 1989; S. 533 f. und Hermann Hill: Staatliches Handeln bei veränderten Bedingungen. In: Thomas Ellwein, Joachim Jens Hesse (Hg.): Staatswissenschaft - Vergessene Disziplin oder neue Herausforderung ? Baden-Baden 1990.

100 Andreas Müller: (a.a.O.); S. 62.

101 Hervorhebung durch die Verfasserin dieser Arbeit.

der Praxis der Dorf- und Stadterneuerung, die das Mitgestalten-Können und den 'Teilhabeeffekt' der Bürger als zentral und wesentlich betonen, zum Ausdruck ('externe Motivation').

Die Darreichungsform des Rechts in Gestalt konzeptbezogenen Verwaltungshandeln könnte damit ein erster Ansatzpunkt in Richtung auf eine zunehmend kooperativer und motivierender für alle Beteiligten angelegte Verwaltungsstruktur sein, da auch das Selbstverständnis des Verwaltungspersonals zunehmend vom traditionellen Bild des hoheitlichen Handelns abrückt[102], es mithin ein Eigeninteresse an dementsprechenden Handlungsformen und Verfahren haben kann ('interne Motivation')."[103]

2.6.1.2 Balanceakt zwischen der programmatischen Forderung nach mehr Bürgermitwirkung in der Dorferneuerung und Planungshoheit der Kommune

Müller charakterisiert die Umsetzung von Dorferneuerungskonzepten als zeitlich offene und dadurch dynamische Entwicklungsprozesse: "Das Sanierungskonzept ist von seiner Anlage her niemals 'fertig' und abgeschlossen, sondern wird bei entsprechendem Bedarf fortgeschrieben."[104]

Die Planungshoheit sieht Müller durch den offenen Rechtscharakter dieser konzeptionalen Planung nicht in Frage gestellt:

> "Die Zuständigkeit des Gemeinderates als kommunalverfassungsrechtlich institutionalisierte Vertretungskörperschaft der Gemeindebürger (Art. 22 Abs. 1 S. 2 GG) wird durch diese offene Organisationsstruktur nicht berührt. Er wird in der Praxis durch einen Aufstellungs- und Billigungsbeschluß in den Prozeß der Konzepterstellung einbezogen."[105]

---

102 Müller bezieht sich hier auf: Hermann Hill: Das hoheitliche Moment im Vewaltungsrecht der Gegenwart. In: DVBl 1989; S. 321.

103 Andreas Müller: (a.a.O.); S. 195.

104 Andreas Müller: (a.a.O.); S. 114.

105 Andreas Müller: (a.a.O.); S. 114.

Auch im neuen hessischen 'Leitfaden Dorferneuerung' bleibt die Planungshoheit der Kommune selbstverständlich Fakt: "Für Maßnahmen mit kommunaler Bindungswirkung ist die Beschlußfassung durch die Gemeinde erforderlich."[106] Zu diesen Maßnahmen zählen neben der städtebaulichen Rahmenplanung kommunalwirksame Projekte in den Bereichen der Sozioökonomie, Soziokultur, Infrastruktur und Versorgung.
Dies bedeutet, die vor Ort mit den Bürger/-innen diskutierten Maßnahmen müssen von den kommunalen Gremien durch Beschlußlage gebilligt und im weiteren Verlauf unterstützt werden, anderenfalls scheitern sie.

Hier ist angesichts des sensiblen Konstrukts aus parlamentarisch gesicherter Gemeindedemokratie, Bürgermitwirkung und Konzeptcharakter der Dorferneuerung zukünftig ein hoher Aushandlungs- und Abstimmungsbedarf zwischen den beteiligten Akteuren zu erwarten, denn das Dorfentwicklungskonzept soll in der Umsetzung einen flexiblen, partizipativ strukturierten Handlungsrahmen mit sogenannter "eingebauter Rückkopplung aufweisen"[107]:

> "Der jährliche Bilanzierungstermin ermöglicht eine flexible Verfahrensweise. Es ist aufgrund aktueller lokaler Entwicklungen möglich, Konzeptaussagen zu ändern, Prioritäten der Maßnahmen neu festzulegen und entsprechend den bedarfsorientierten Gesamtinvestitionsrahmen fortzuschreiben."[108]

Und weiter:

> "Auch in den Umsetzungszeiträumen spielt die Bürgermitwirkung u.a. über den AK DE (Anmerkung der Verfasserin: Arbeitskreis Dorferneuerung) eine maßgebliche Rolle: die Notwendigkeit, die einmal verbindlich formulierten Ziele und Aufgaben immer wieder auf Aktualität hin zu überprüfen, bedeutet auch, Meinungen und Einschätzungen der Bevölkerung zu berücksichtigen und Entscheidungen mit ihr abzuklären."[109]

Ein zentrales Merkmal der so fortgeschriebenen Dorfentwicklung ist die prozeßorientierte und reflexive Verfahrensstruktur.

---

[106] Hessisches Ministerium für Wirtschaft, Verkehr und Landesentwicklung: (a.a.O.); S. 9.
[107] Hessisches Ministerium für Wirtschaft, Verkehr und Landesentwicklung: (a.a.O.); S. 8.
[108] Hessisches Ministerium für Wirtschaft, Verkehr und Landesentwicklung: (a.a.O.); S. 9.
[109] Hessisches Ministerium für Wirtschaft, Verkehr und Landesentwicklung: (a.a.O.); S. 9.

Die Fachverwaltung setzt hier auf Kooperations- und Konsensbereitschaft der Akteure, insbesondere in der Interaktion zwischen Landesfachverwaltung, Kommune und Bürger/-innen, ohne im weiteren hierfür die Bedingungen und Anforderungen zu benennen, die diese Grundsätze gemeinsamen Handelns im hessischen Dorferneuerungsverfahren sichern könnten.

2.6.2 Verwaltungspolitische Aspekte zur Partizipationsforderung projiziert auf das hessische Dorferneuerungsverfahren

Die Bedingungen und Anforderungen an einen partizipativen Handlungsstil können in einem Dorferneuerungsverfahren nur dann gewährleistet werden, wenn die Fachverwaltung in der Verfahrenslenkung entsprechende Rahmenbedingungen setzt. Auf der Grundlage der geltenden Verwaltungs- und Rechtsvorschriften kann der politische Beurteilungsspielraum hierfür nur aus der Interpretation der involvierten Akteure in der Verwaltung hervorgehen und im Aushandlungsprozeß mit Kommune, Bürgern und den beauftragten, freiberuflich tätigen Experten in der näheren Ausgestaltung festgelegt werden.

In diesem Kontext ist die Kommentierung von Wehland[110] zu den 1972 von Verfassungsrecht-Experten aufgestellten "essentials" zur Bürgerbeteiligung interessant. Zunächst die "essentials":

"(1) Partizipation verlangt Dezentralisation der Verwaltung.

(2) Das Partizipationsverfahren muß auf den personellen Einzugsbereich des jeweiligen Problems ausgerichtet sein (Betroffenheit, Interesse, intellektuelles Niveau, Erfahrung, Sachverstand).

(3) Die verschiedenen Verwaltungsbereiche und die verschiedenen Entscheidungstypen sind unterschiedlich partizipationsgeeignet.

(4) Partizipation muß grundsätzlich zu einem möglichst frühen Zeitpunkt des Entscheidungsprozesses einsetzen.

---

110 Gerhard Wehland: Stadtplanung, Partizipation und kommunale Öffentlichkeit. In: Arbeitshefte des Instituts für Stadt- und Regionalentwicklung der Technischen Universität Berlin (Hg.); Berlin 1984; S. 7 ff.

(5) Die Aufgabe des Gesetzgebers zu partizipativer Strukturbildung muß ergänzt werden durch aktive Partizipationshilfe der öffentlichen Verwaltung selbst, um wirkliche Partizipationsgleichheit zu erreichen."[111]

Wehland kommentiert hierzu:

"Obwohl diese 'essentials' auf das Erfordernis einer Frühzeitigkeit der Beteiligung, einer Dezentralisation der Verwaltung und einer aktiven Partizipationshilfe durch die Verwaltung hinweisen, ist in ihrer Gesamtheit die Stoßrichtung dieser Grundsätze doch nicht eindeutig formuliert. So führt nämlich die Beachtung der Frage des personellen Einzugsbereichs bzw. der unterschiedlichen Partizipationseignung dann gerade zu einer restriktiven Handhabung der Bürgerbeteiligung, wenn der Aspekt einer aktiven Partizipationshilfe nicht konkretisiert wird."[112]

In der Essentialsnennung, hier zitiert und kommentiert von Wehland im Kontext der Umsetzung partizipativer Verfahren im Rahmen der kommunalen Bauleitplanung, sieht die Verfasserin dieser Arbeit wesentliche Parallelitäten zur partizipativ orientierten Verfahrensumstellung in der aktuellen Dorferneuerungspraxis: Während die Frühzeitigkeit der Bürgerbeteiligung durch die erste Phase des Verfahrens: der Klärungsphase, zeitlich betrachtet, durchaus gewährleistet ist und die Dezentralisierung der zuständigen Fachverwaltung seit 1993 sich im Zuge der Strukturreform[113] in der Realisierung befindet, ist die Frage des personellen Einzugsbereichs, sie sei hier näher definiert als: personelle Zuständigkeit, zur Sicher-

---

[111] Bericht über die Staatsrechtlehrertagung 1972. In: Die öffentliche Verwaltung, Bd. 25 (1972); S. 785 f.

[112] Gerhard Wehland: (a.a.O.); S. 9. (Hervorhebung durch die Verfasserin dieser Arbeit).

[113] vgl. hierzu: Jörg Jordan (Minister des Ministeriums für Landesentwicklung, Wohnen, Landwirtschaft, Forsten und Naturschutz): von der Agrarverwaltung zur Regionalverwaltung für den ländlichen Raum. Unveröffentlichtes Redemanuskript zur Agrarstrukturreform am 03.12.1993, gehalten in Rauischolzhausen vor den Amtsleitern der Ämter für Regionalentwicklung, Landschaftspflege und Landwirtschaft; hier S. 1: "Die Strukturreform der hessischen Agrarverwaltung - wie sie vom Landtag gebilligt wurde - war der Versuch, in einer sich ankündigenden schwierigen Lage 'durchzustarten', die 'Rolle vorwärts zu machen', um eine leistungsfähige dezentrale Verwaltung für die ländlichen Regionen in Hessen zu erhalten und zukunftsorientiert umzugestalten."

stellung aktiver Partizipationshilfe im hessischen Dorferneuerungsverfahren eine vorläufig unbefriedigende, weil ungelöste, Problemstellung.[114]

Dieser in der Verwaltung zu leistende Interpretationsprozeß in Fragen der Rahmensetzung zur Gewährleistung aktiver Partizipationshilfen ist vor dem Hintergrund der Historie der Agrarverwaltung, deren aktueller Umstrukturierung und der dort eingebundenen Professionen näher zu betrachten.

2.6.3 Interdependenzen von Verwaltungsstrukturreform und Fortschreibung/Neustrukturierung der Dorfentwicklung: ein Arbeitsgebiet verändert sich

Die Strukturreform in der Agrarverwaltung in Hessen vollzieht sich in der Konsequenz eines seit drei Jahrzehnten anhaltenden Strukturwandels in der Landwirtschaft, verbunden mit dem fortschreitenden Rückgang der Zahl landwirtschaftlicher Betriebe. Dem steht in der Agrarverwaltung im Sachgebiet "Landwirtschaft" nach wie vor eine hohe Zahl von Mitarbeiter/-innen gegenüber.

Zu dieser Entwicklung bezieht der zuständige Minister 1993 wie folgt Stellung:

> "Eine Verwaltung, die sich nicht neuen Aufgaben öffnet, in einem an wirtschaftlicher Bedeutung und betroffener Personenzahl schrumpfenden Bereich verharrt und lediglich Besitzstände verteidigt, wird in einer Situation dramatisch verknappter Mittel irgendwann nicht mehr überleben können. 1970 gab es in Hessen ungefähr 90.000 landwirtschaftliche Betriebe, das Personal der Landwirtschaftsverwaltung lag bei 2500 Stellen. 1992 waren von den Betrieben knapp die Hälfte - 44.000 - übriggeblieben, die Landwirtschaftsverwaltung umfaßte gut 2100 Stellen. Sicher ist zwar - insbesondere durch EG-Vorschriften - die Verwaltung komplizierter geworden, dennoch handelt es sich beim Rückgang der landwirtschaftlichen Betriebszahlen um aufsehenerregende und Rechnungshof, Finanzministerium und Parlament alarmierende Zahlen. Auch die wirtschaftliche Bedeutung der Landwirtschaft ist in Hessen begrenzt: Nach den Angaben des Statistischen Landesamtes erwirtschaftete die Land-, Forst- und Fischereiwirtschaft 1992 0,7 % des Bruttoinlandproduktes.

---

114 Anmerkung: Hervorhebung in diesem Absatz durch die Verfasserin dieser Arbeit.

Der Bauernverband selbst rechnet (...) für 2010 noch mit 4000 landwirtschaftlichen Haupterwerbsbetrieben in Hessen. Heute sind es noch ca. 14.000."[115]

Auf der Basis dieser Situation beschreibt der Minister weiter die Strategien zur Erhaltung der ehemaligen Agrarverwaltung als Regionalverwaltung[116]:

"Die Grundlage der Reform von der Agrarverwaltung zur Regionalverwaltung mit einer derzeitigen Sollausstattung von immer noch 1980 Stellen war die Überlegung, sich diesen hessischen Gestaltungsspielraum rasch zunutze zu machen, bevor andere ihn mit ihren Projekten verbrauchen. (...) Statt also die Verwaltung zum Steinbruch von Einsparzwängen werden zu lassen, galt es, ihr ein neues Profil zu verschaffen und sie über neue Aufgaben zu behaupten. Moderates personelles Abschmelzen, Beschränkung der Tätigkeiten in einigen Bereichen, Aufgreifen neuer Herausforderungen sind die Stichworte. Statt sie in ein Siechtum mit jährlich hohen personellen Abbauraten und dem absehbaren Rückzug aus der Fläche zu stürzen, galt es, die in den Ballungszentren befindlichen Verwaltungsteile in die strukturschwachen Gebiete Hessens zu verlagern und dort positive Impulse auszulösen."[117]

Im Zuge der hessischen Verwaltungsreform wurden die "Ämter für Landwirtschaft und Landentwicklung" 1991 umstrukturiert in "Ämter für Regionalentwicklung, Landschaftspflege und Landwirtschaft", parallel wurde eine Auflösung der ehemals elf Fachgruppen in vier Fachabteilungen durchgeführt. Aus der Fachgruppe "Dorfentwicklung/ Siedlungsentwicklung" entstand die Fachabteilung "Dorf- und Regionalentwicklung".

In dieser Abteilung werden nun zusätzlich Mitarbeiter/-innen der ehe-maligen Gruppe "Hauswirtschaft" und "Landwirtschaftliche Beratung" neu in das Arbeitsgebiet "Dorf- und Regionalentwicklung" integriert.

Dazu Jordan: "Mit dem Dorferneuerungsprogramm sind viele Elemente in einen beispielhaften integrierten Politikansatz unter ein Dach gebracht worden."[118]

---

115 Jörg Jordan: (a.a.O.); S. 1.

116 Jörg Jordan: (a.a.O.); S. 1.

117 Jörg Jordan: (a.a.O.); S. 2.

118 Jörg Jordan: (a.a.O.); S. 9.

Der positive Effekt integrierter Fachgebiete in einer Abteilung hat auch eine Schattenseite: Kooperieren müssen/sollen nun Kolleginnen und Kollegen in einem ganzheitlich orientierten Programm, die zuvor in additiv angeordneten Fach- bzw. Berufsgruppen[119] arbeiteten, selten fachübergreifend; das Verhältnis der Gruppen "Hauswirtschaft", "Landwirtschaftliche Beratung" und "Dorfentwicklung/Siedlungs-entwicklung" war untereinander von differierender Wertschätzung geprägt und zudem personell geschlechtsspezifisch besetzt. War die "Hauswirtschaft" eine typische "Frauendomäne" in der Verwaltung, kann die sonstige Agrarverwaltung bis weit in die Mitte der 80er Jahre als "Männerdomäne" bezeichnet werden.

Im Frühjahr 1995 kommt es nach den hessischen Landtagswahlen im Zuge der Um- und Neubildung der Ministerien nochmals zu einem Einschnitt in den Strukturen der Agrarverwaltung:
Das ehemalige Ministerium für Landesentwicklung, Wohnen, Landwirtschaft, Forsten und Naturschutz wird aufgelöst. Die Fachabteilung "Regionalförderung" in den Ämtern für Regionalentwicklung, Landwirtschaft und Landschaftspflege untersteht zukünftig zwei Ministerien:
Das Sachgebiet "Dorf- und Regionalentwicklung" dem Ministerium für Wirtschaft, Verkehr und Landesentwicklung; das Sachgebiet "Landwirtschaftliche Förderung" dem Ministerium für Inneres und für Landwirtschaft, Forsten und Naturschutz.

2.6.3.1 Die Aufgaben in der Agrarverwaltung verändern sich, in dessen Folge traditionelle Berufsfelder: Verunsicherung bisheriger Kompetenzen von Verwaltungsmitarbeiter/-innen, Konsequenzen im Arbeitsklima

Die oben skizzierte Strukturreform in der Agrarverwaltung vollzieht sich im wesentlichen zwischen 1992 und 1993. In dichter Folge drängen sich für das Verwaltungspersonal der neu gebildeten Fachabteilungen Veränderungen an Bedingungen und Anforderungen in ihren ursprünglichen Arbeitsgebieten. Zwar be-

---

119 Anmerkung der Verfasserin: dies sei durch eine unvollständige Aufzählung konkretisiert: Oecothrophologen/-innen, Hauswirtschaftsmeisterinnen, Agraringenieure/-innen, Georgraphen/-innen, Stadt- und Landschaftsplaner/-innen und Architekten/-innen.

deuten diese durch die verbriefte Arbeitsplatzsicherheit im öffentlichen Dienst keine Gefährdung der materiellen Existenz, in jedem Fall aber eine Verunsicherung bisheriger Zuständigkeiten und Kompetenzen. Auswirkungen auf das innerbetriebliche Arbeitsklima der Verwaltung durch aktives Konkurrenzverhalten bis hin zu passiver Verweigerungshaltung gefährden in dieser Phase die Handlungsfähigkeit und Außendarstellung der Verwaltung. Dies belegen nochmals die Äußerungen des Ministers in einer Rede vor den zuständigen Amtsleitern:

> "Doch nur eine Reform, die auch gewollt ist und aktiv umgesetzt wird, überzeugt. Ich warne deshalb ausdrücklich vor jedem Anflug der Haltung, daß sich zwar einige Namen und Strukturen geändert hätten, sonst aber alles beim alten bliebe. Wer einen solchen Kurs fährt - und manchmal habe ich den Eindruck, einige Teile der Verwaltung scheinen damit zu liebäugeln - gefährdet die Erfolge, macht die Reform unglaubwürdig und gefährdet diese Fachverwaltung insgesamt. Ich erwarte von Ihnen als Amtsleiter engagierte Überzeugungsarbeit."[120]

Und auf mangelnde Unterstützung im Hause weiter anspielend:

> "Manchmal erreichen mich - sowohl auf Briefköpfen der Verwaltung in Äußerungen gegenüber Dritten oder anderen Behörden als auch in Äußerungen gegenüber der Presse - Stellungnahmen, in denen Bedienstete die Grundsätze der Reform ablehnen. Das kann und werde ich nicht hinnehmen. Mir war die breite - auch kontroverse - öffentliche Diskussion in der Beratungs- und Entscheidungsphase wichtig, aber jetzt gilt: der Landtag hat entschieden, die Landesregierung hat entschieden, die Beschäftigten haben diese Entscheidung umzusetzen und mit Leben zu erfüllen. Die Arbeitsplatzsicherheit des öffentlichen Dienstes lebt von der Grundannahme der Loyalität gegenüber den Entscheidungen der dazu berufenen Staatsorgane. Dazu gehört auch, daß die beschlossenen Veränderungen der Aufgaben, die neue Schwerpunktsetzung klar nach außen vertreten wird."[121]

Die hier an Schärfe sich steigernden Aussagen des Ministers lassen zumindest auf partiell mangelnde Unterstützung zur Umsetzung der Reformansätze schließen und weisen auf bisweilen kontraproduktives Arbeitsklima im eigenen Haus hin. Daraus ist zu schließen, daß eine Verwaltung, die in ihrer Binnenstruktur Instabi-

---

[120] Jörg Jordan: (a.a.O.); S. 2.

[121] Jörg Jordan: (a.a.O.); S. 5.

litäten in Kooperation und Konsens zunächst zu überwinden hat, diese nur schwer in einer Verfahrenslenkung, wie in der Dorfentwicklung notwendig, nach außen sicherstellen kann.

Die dargelegten rahmenstrukturellen Eingriffe in die Verwaltung allgemein und in die Dorfentwicklung im besonderen haben selbstverständlich auch umfassende Konsequenzen für die Entwicklung und Bedingungen der Arbeits- und Berufsfelder freiberuflich tätiger Experten.[122]

2.6.3.2 Konsequenzen für die bisherige Konstellation der Akteure

Die Strukturreform in der hessischen Agrarverwaltung und die neuen Maßgaben rechtlicher, vergabetechnischer und verfahrensstruktureller Art in der Hessischen Dorferneuerung führen zu grundlegenden Neukonstellationen aller Akteure im Verfahren. Die Dorferneuerung ist über zwei Jahrzehnte von Gesellschaftsgruppen und Personen, die mit diesem Instrumentarium umgegangen sind und in Interaktion standen, in bestimmter Weise interpretiert, verändert und weiterentwickelt worden; dieser Interpretationsprozeß hat die Handlungen der Personen und Gruppen in diesem speziellen Kontext bestimmt.[123]

Die stark veränderten Rahmenbedingungen erfordern eine Überarbeitung und Neuformulierung der bisher geleisteten Interpretationen. Dieser Prozeß der Redefinition sprengt im Ausmaß der ausgelösten Dynamik seit 1989 weit das zuvor erforderliche Aushandlungsprozedere der Akteure untereinander im Zuge der sukzessiv vollzogenen Fortschreibung und Veränderung des Dorferneuerungsinstrumentariums über 20 Jahre.

Von dieser Entwicklung sind besonders beruflich involvierte Personengruppen in der Verwaltung, wie zuvor dargelegt und freiberuflich Tätige betroffen; ihnen stellen sich neue Anforderungen und Bedingungen im Arbeits- und Berufsfeld Dorfentwicklung.

---

122 vgl. hierzu: Kap. 2.7 ff.

123 vgl. hierzu: Thomas P. Wilson: Das interpretative Paradigma. In: Arbeitsgruppe Bielefelder Soziologen (Hg.): Alltagswissen, Interaktion und gesellschaftliche Wirklichkeit; Bd. 1. Reinbek bei Hamburg 1973; S. 59-62.

2.7 Freiberuflich involvierte Experten im Berufsfeld Dorfentwicklung: Berufssituation und Berufsperspektive

Der Frage der Berufssituation und Berufsperspektive der Auftragnehmer/-innen von Klärungsphasen, Projektaufträgen und Planungen wird im folgendem nachgegangen, weil davon auszugehen ist, daß sie wesentlich die qualitative und quantitative Arbeitsleistung der Anbieter/-innen bestimmt und damit die Qualität der Beteiligungsstrukturen in der Dorfentwicklung insgesamt.

Die bis 1989 dominierende fachliche Ausrichtung der Dorferneuerung auf architektonische, denkmalpflegerische, städtebauliche und freiraumplanerische Aufgabenstellungen begründet die Bearbeitung dieser Fachplanung durch Planungsprofessionen.

Anfangs liegt die Bearbeitung von Dorferneuerungsplanungen in der Zuständigkeit von Architekten und Architektinnen, verbunden mit dem vorrangigen Programmziel der Erhaltung und Erneuerung alter, ortsbildprägender und denkmalgeschützter Bausubstanz. Hinzu kommen mit zunehmender Erweiterung der planerischen Aufgabenstellungen im Programm die Berufsgruppen Geographen/-innen sowie Stadt- und Landschaftsplaner/-innen. Bis dato setzt sich die Gruppe der Anbieter/-innen von Dorfentwicklungsplanungen aus diesen Planungsprofessionen zusammen. Die Honorarregelung erfolgt entsprechend einer Vereinbarung zwischen Architektenkammer und Fachministerium der einzelnen Bundesländer.[124]

Bedingt durch die bundes- und landespolitische Tragweite der Dorferneuerungsprogramme für den ländlichen Raum besteht seit Einführung dieses Instrumentariums ein kontinuierlicher, interdisziplinär geführter Dialog zwischen der Fachverwaltung, den Planungsprofessionen und weiteren Fachdisziplinen, die u.a. aus den Bereichen Kulturanthropologie[125], Sozial-[126] und Erziehungswissenschaf-

---

[124] vgl. hierzu: Architektenkammer-Hessen (Hg.): Honorarregelung für Dorfentwicklungsplanungen. Wiesbaden 1990.

[125] vgl. hierzu u.a.: Ina-Maria Greverus, Gottfried Kiesow, Gottfried Reuter: Das hessische Dorf. Forschungsbericht der interdisziplinären Untersuchungen in Wald-Amorbach und Selters. Frankfurt a.M. 1982.

ten[127], in der Regel in Modell- und/oder Forschungsvorhaben eingebunden, Erkenntnisse in die Programmentwicklung einbringen. Die ganzheitliche Orientierung der Dorfentwicklung, wie sie heute beispielhaft in Hessen verfolgt wird, ist auf diesen Prozeß zurückzuführen.

Außerhalb von Modellprojekten und Forschungsvorhaben kommt es bislang zu keiner maßgeblichen Etablierung weiterer, nicht planungsverwandter Professionen im Arbeits- und Berufsfeld der Dorfentwicklung. Dies war, zumindest in Hessen, anders beabsichtigt.

2.7.1 Versuch der Etablierung gesellschafts-, sozial- oder erziehungswissenschaftlich orientierter Berufsgruppen in Aufgabengebiete der Hessischen Dorfentwicklungsverfahren

Zur fachlichen Umsetzung der Bürgermitwirkung, definiert als eigenständiges Programmziel und in dessen Folge die Förderung sozial, ökonomisch und kulturell wirksamer Projekte, verfolgte die Fachverwaltung seit Einführung der Vorklärungsphasen die Einbindung gesellschafts-, sozial- und erziehungswissenschaftlicher Berufsgruppen. Zahlreiche Klärungsphasen und in deren Folge Projektaufträge wurden seit 1989 an qualifizierte Personen u.a. aus den Fachgebieten Gemeinwesen- und Sozialarbeit, Agrarsoziologie, Erwachsenen- und Jugendarbeit, Kulturanthropologie vergeben. Anfangs war von der Fachverwaltung als Auftraggeberin dieser Aufträge beabsichtigt, möglichst keine dieser Projekte an Planungsbüros zu vergeben; dies geschah nur vereinzelt dort, wo eine besondere Qualifikation für partizipative Vorgehensweisen und eine sozialwissenschaftliche

---

oder auch: Erika Haindl: Kultur und regionale Identität. In: Bundesminister für Raumordnung, Bauwesen und Städtebau (Hg.): Stand und Perspektiven der Forschung über den ländlichen Raum; Bd. Nr. 465 in der Schriftenreihe "Forschung". Bonn 1987; S. 26-37.

126 vgl. hierzu u.a.: Eckhart Frahm: Um eine Entwicklung von innen bittend. In: Holger Magel, Alfred Winter (Hg.): Was braucht das Dorf der Zukunft: Philosophie oder Geld oder beides ? Referate der Fachtagung der Deutschen Akademie der Forschung und Planung im Ländlichen Raum, Landesgruppe Bayern in Zusammenarbeit mit der Leopold Kohr-Akademie in Neukirchen/Österreich. Salzburg 1989; S. 117-126.

127 vgl. hierzu u.a.: Burkhard Hill, Inge Meta Hülbusch, Detlef Lecke: Abhauen oder bleiben - Jugendliche in der Dorfentwicklung. In: Deutsches Institut für Fernstudien an der Universität Tübingen (Hg.): Soziokultur; Bd. 2 Dorfentwicklung. Tübingen 1989; S. 101 - 143.

Orientierung der Büros bekannt war. Die Durchführung von Klärungs- und Planungsphase durch ein Büro wurde von der Verwaltung ausdrücklich nicht gewünscht[128] und schloß sich in den Jahren 1989 bis 1994 völlig aus.

2.7.1.1 Irrungen und Wirrungen mit einem unspezifischen Berufsprofil

Trotz dieser beabsichtigten Steuerung, nicht planungsverwandte Professionen in die Bearbeitung der Dorfentwicklung einzubeziehen, konnten sich bis heute nur wenige Personen aus den oben genannten Berufsgruppen in diesem Arbeitsgebiet durchsetzen. Die Gründe und Ursachen hierfür greifen facettenartig ineinander. Dazu zunächst ein kurzer Rückblick:

Seit Beginn der Einführung von Klärungsphasen wurde das Aufgabenspektrum dieser Phase sehr breit definiert[129]; entsprechend unspezifisch blieben die Anforderungen an Arbeitsmethoden, Vorgehensweisen und Ergebnis. Der Erfolg und die Ergebnisse für das weitere Verfahren fielen sehr unterschiedlich aus und unterlagen sehr differenten Wertschätzungen bei den nachfolgend vor Ort arbeitenden Planungsbüros, ebenso auf der Ebene der Bürger/-innen, der kommunalen Verwaltungen und der Fachverwaltungen. Hierzu Buchenauer:

> "Konflikte bestehen nach wie vor zwischen dem Grundprinzip des Selbstzweckanspruchs und der Prozeßhaftigkeit der Gemeinwesenarbeit und der Ergebnisorientierung des Verwaltungsdenkens und -handelns. Hier werden verwertbare, d.h. weiterverwendbare Ergebnisse gefordert, während Sozial- und Bildungsarbeit kontinuierlicher und offener vorgeht. Diese Konflikte spiegeln sich auch in der Arbeit der Projektbeauftragten wider. (...) Bei brisanten Problemen im Ort, die einer baldigen Lösung bedürfen, wird die

---

128 vgl. hierzu auch: Kap. 2.5.1.

129 Anmerkung der Verfasserin: ein sogenannter Mustervertrag wurde 1990/91 zwischen der Fachverwaltung und Vertreter/-innen des Vereins Regional-Impuls e.V., Arbeitsgemeinschaft für Bildungs-, Kultur- und Gemeinwesenarbeit auf dem Land, entwickelt.
vgl. hierzu auch: Klaus Schüttler: Dorferneuerung in Hessen. In: Kommunal- und Schulverlag (Hg.): Praxis der Gemeindeverwaltung. Wiesbaden, Februar 1996; S. 73.

> Vorlaufphase gerne als Hemmschuh für notwendige Entscheidungen betrachtet. Auch dies wirkt hinderlich."[130]

Die Akzeptanz und Anerkennung der Arbeit jener Experten, die zunächst stärker die immateriellen Aspekte der Programmatik qua Auftrag verfolgten, fiel im Vergleich zu den im weiteren Verfahren beauftragten Planungsbüros, befaßt mit der eher materiellen Welt des Dorfes, häufig unbefriedigend aus. Dazu noch einmal Buchenauer: "Projektbeauftragte können sich nicht hinter Plänen 'verstecken'. Sie wirken nur als Person - das ist schwer und anstrengend."[131]

Für das Berufs- und Rollenverständnis von Projektbeauftragten gibt es im Arbeitsgebiet Dorfentwicklung bis heute weder Vorbilder noch Handlungsanleitungen. Es bleibt jedem/jeder Projektbeauftragten selbst überlassen, ein Arbeitsverständnis von dieser Tätigkeit zu entwickeln. Geschlecht, berufliche und persönliche Biographie bestimmen ihre Schwerpunktsetzung im Dorferneuerungsschwerpunkt, in Folge auch Parteilichkeiten. Personen, die eher ihre berufliche Heimat in der Jugend- und Erwachsenenbildung, Ortsgeschichte, Arbeit mit Kindern, Frauen oder Senioren/-innen sehen, vertiefen dort ihre Tätigkeiten. Dies kann zu durchaus korrelierenden Interessen mit den Vorstellungen der weiteren beteiligten Bürgerschaft vor Ort, den kommunalpolitischen Vertretern oder der Fachverwaltung führen.[132]

2.7.1.2 Zur materiellen Existenzsicherung und Berufsperspektive im Arbeitsgebiet Dorfentwicklung

Unbefriedigend in der Vergangenheit wie auch in der Gegenwart ist die Möglichkeit einer materiellen Existenzsicherung der Auftragnehmer/-innen durch die Auftragslage von Klärungsphasen und Projektaufträgen:

> "Kurzfristige, nebenberufliche Anbindung, ständige Wiederbewerbung um neue Projekte, Ungesichertheit des Beschäftigungsverhältnisses und isolier-

---

130 Renate Buchenauer: Die Vorlaufphasen in Hessen - Ein Modell dörflicher Informations-, Beratungs- und Aktivierungsarbeit. In: Pro Regio. Eigenständige Regionalentwicklung Baden-Württemberg e.V. (Hg.); Nr. 9; Boxberg-Wölchingen 1991; S. 28.

131 Renate Buchenauer: (a.a.O.); S. 28.

132 vgl. hierzu: Kap. 2.5.1. und 2.8.5.1 .

tes Arbeiten, fehlende institutionelle Einbindung verhindern für Einzelne die Entwicklung einer mittel- oder langfristigen Perspektive zur Mitarbeit. Die Motivation, sich über den eigentlichen Auftrag im Dorf hinaus zu engagieren, ist gering, da nicht erkannt werden kann, welche Vorteile ein solches Engagement für den Einzelnen hat (z.B. Sicherung von Folgeaufträgen oder anerkannte Weiterqualifizierung)."[133]

Parallelen können hier zu den Feststellungen von Brech und Greiff gezogen werden, die zur Einbindung von Sozial- und Gemeinwesenarbeitern in den von ihnen vertretenen Arbeitskontext 'Anwaltsplanung in der Stadterneuerung' veröffentlichen:

"Bei der Tätigkeit von Sozial-/Gemeinwesenarbeitern als Anwaltsplaner stellt sich das besondere Problem, daß ihr Beruf kaum eine freiberufliche Tätigkeit - wie bei Architekten und Planern - ermöglicht. Ihre Berufsperspektive liegt in einem festen Arbeitsverhältnis bei einem freien Träger oder bei der öffentlichen Verwaltung. Gerade bei der Letzteren richtet sich der erreichbare soziale und ökonomische Status nach der Dauer des Beschäftigungsverhältnisses und der Kontinuität der Tätigkeit."[134]

Auch können Greiff und Brech offensichtlich kein eigenständiges Berufsprofil der sozialwissenschaftlich qualifizierten Kollegen definieren; vermutlich subsumieren sie deshalb deren Tätigkeit unter einem Begriff ihres eigenen Berufsverständnisses - dem "Anwaltsplaner".

Die Autoren sprechen darüber hinaus die Statusfrage zwischen beiden Berufsgruppen an. Eine Übertragung dieser Problematik ist ebenfalls auf das Verhältnis von Projektbeauftragten und Planer/-innen in der Hessischen Dorfentwicklung möglich, bedingt durch die ausgesprochen differierenden Einkommenschancen im Arbeitsgebiet Dorfentwicklung für die Freiberufler/-innen: Klärungsphasen haben in der Regel ein Auftragsvolumen, das 70% bis 80% unter dem der Planungsaufträge im gleichen Ort liegt; während für Planungsbüros Beratungs- und Folgeaufträge im Rahmen der Dorfentwicklung die Regel sind, enden die Aufträge der sozial- oder erziehungswissenschaftlich qualifizierten Projektbeauftragten zumeist

---

133 Dorothee Lippenmeier: Supervision mit der Arbeitsgruppe Nordhessen/Verein Regionalimpuls e.V.: Auswertungsbericht. Hann-Münden/Oberode, Januar 1992; S. 5 (unveröffentlicht).

134 Joachim Brech, Rainer Greiff: (a.a.O.); Bd. 1; S. 435.

nach der Klärungsphase, nur vereinzelt kommt es in den letzten Jahren der Programmpraxis zu - dann meist niedrig dotierten - Folge-Projektaufträgen, deren Volumen sich zumeist um ca. 10.000,-- DM[135] bewegen.

Zudem liegen die Projektorte häufig weit gestreut in der Region, so daß das Verhältnis Fahrzeit - Auftragsvolumen nur eine begrenzte Zahl der Annahme von Projekten betriebswirtschaftlich sinnvoll erscheinen läßt.

Eine institutionalisierte Einbindung von Projektbeauftragten in eine Trägerschaftsform, verbunden mit längerfristiger Arbeitsplatzsicherheit, qualitativ verbesserten Arbeitsplatzbedingungen und dadurch verbesserten, kontinuierlichen Arbeitsleistungen, konnte sich trotz der Erstellung zweier entsprechender Studien[136] über das Arbeitsgebiet 'ländliche Gemeinwesenarbeit' nicht durchsetzen. Aus diesem Grund wurden die Klärungsphasen und Projektaufträge bis 1995 von den Ämtern für Regionalentwicklung, Landschaftspflege und Landwirtschaft

---

135 Anmerkung der Verfasserin: Aufträge unter 10.000,-- DM können von den Ämtern ohne weitere Ausschreibungsmodalitäten freihändig vergeben werden.

136 Helga Jäger: Ländliche Gemeinwesenarbeit in England. In: Arbeitskreis zur Landentwicklung in Hessen (Hg.). Im Auftrag des Hessischen Ministeriums für Landwirtschaft, Forsten und Naturschutz. Wiesbaden 1990; S. 164. Jäger formuliert hinsichtlich der Anforderungen an das Arbeits- und Berufsfeld: "Da es in der Bundesrepublik (Anmerkung der Verfasserin: im Vergleich zu England) keine Rural Community Councils mit entsprechend geschulten Gemeinwesenarbeitern gibt, muß eine andere Lösung gefunden werden, die den Anforderungen hinsichtlich Flexibilität und institutioneller Unabhängigkeit, Neutralität in bezug auf lokalpolitische Gruppierungen, Professionalität und Kontinuität im Engagement in möglichst gleicher Weise genügt. Flexibilität und institutionelle Unabhängigkeit sind am ehesten gewährleistet, wenn eine unabhängige, jedoch aus Mitteln der Dorferneuerung finanzierte Vereinigung zum Träger der Gemeinwesenarbeit wird."
Und: Helene Rettenbach, Erik Schaab: Dörfliche Gemeinwesenarbeit. Inhalte-Verfahren-Organisation. Beiträge zur konzeptionellen Weiterentwicklung. Im Auftrag des Hessischen Ministeriums für Landesentwicklung, Wohnen, Landwirtschaft, Forsten und Naturschutz. Wiesbaden 1992; S. 8 (unveröffentlicht): Rettenbach und Schaab schlagen zwei Varianten eines intermediären Modells vor: "In diesem Modell entwickeln sich eigenständige, verwaltungsexterne Organisationssysteme, die auf dem Gebiet der dörflichen Gemeinwesenarbeit tätig werden. Bei diesen Organisationssystemen werden zwei Strukturen gegenübergestellt:
a) Das Agenturmodell
(...)
b) Das Verbandmodell
(...)."
Ziel beider Organisationssysteme ist u.a. die beruflich gesicherte Einbindung der Projektbeauftragten und eine damit verbundene Kontinuität in der Arbeit.

weiter freihändig vergeben. Üblich war dabei eine Vergaberegelung der Ämter, nie mehr als zwei Klärungsphasen an eine/n Projektbeauftragte/n zu vergeben.

1995 kommt es im Zuge der Einführung der VOL bei der Vergabe der Aufträge[137] zu einem regelrechten Preiseinbruch. Bewegte sich das Auftragsvolumen zuvor, ein Nord-/Südhessenpreisgefälle berücksichtigend, zwischen ca. 18.000,-- DM und 30.000,-- DM, lagen die Angebote nun unter den neuen Wettbewerbsbedingungen zwischen 10.000,-- DM bis 15.000,-- DM.

Unter diesen Vergabebedingungen werden 1995 zu 90% Planungsbüros Auftragnehmer/-innen von Klärungsphasen: sie kalkulieren die Klärungsphase als Einstiegsauftrag für daraus folgend aquirierte Planungs- und Projektaufträge im Dorferneuerungskontext.

Dies bedeutet, aus dem Arbeitsgebiet Dorfentwicklung hat sich kein Arbeitsmarkt für freiberuflich eingebundene Experten und Expertinnen aus den Fachgebieten Gesellschafts-, Sozial- und Erziehungswissenschaften entwickeln können.
Festzustellen ist, daß sich die Auftrags- und Arbeitsplatzsituation in der Hessischen Dorfentwicklung zwischen 1989 und 1995 für diese sozialwissenschaftlich orientierten Berufssparten kontinuierlich verschlechterte; aktuell kommen 1995/1996 Einsparungsmaßnahmen im Landeshaushalt hinzu, die auch den Fördermittelfluß in der Dorfentwicklung beeinträchtigen und damit die Auftragslage für alle freiberuflich involvierten Experten insgesamt. Die Kommunen, als Auftraggeberinnen der Dorfentwicklungskonzepte, verlangen in dieser Situation um so mehr den konzentrierten, maßnahmenbezogenen Einsatz der Fördergelder.[138]

Diese unsicheren Berufsperspektiven haben in der Vergangenheit zu einer permanenten Fluktuation in der Mitwirkung der sozialwissenschaftlich qualifizierten Berufsgruppen geführt. Die Einführung der VOL im Jahre 1995 hat quasi die Verdrängung dieser Berufsgruppen nach sich gezogen; diese Situation führt dazu, daß der Personenkreis in der Vergangenheit wie in der Gegenwart so schnell wie möglich in andere Berufs- bzw. Arbeitsverhältnisse wechselt; die erworbenen Berufserfahrungen der Personen und ihre regionalen Kenntnisse konnten sich deshalb bisher zu keiner stabilen Ressource in der Region entwickeln. Unerwähnt

---

137 vgl. hierzu: Kap. 2.6 .

138 vgl. hierzu: Kap. 2.8.5 und 2.8.5.1 .

können auch nicht die gegenseitigen Akzeptanz-, Konkurrenz- und Statusprobleme bleiben, die sich aus dieser Gesamtsituation zwischen den sozialwissenschaftlich und planungswissenschaftlich qualifizierten Berufsgruppen im Verfahren entwickelt haben, in deren Folge notwendige Kooperationen erschwert wurden und damit notwendige Voraussetzungen für eine kontinuierliche, qualitative und quantitative Beteiligungsstruktur gefährdet wurden.[139]

Diese Prozesse im Berufsfeld manifestieren sich im März 1996 in dem Beschluß der Mitgliederversammlung des Vereins "Regional Impuls e.V. - Arbeitsgemeinschaft für Bildungs-, Kultur- und Gemeinwesenarbeit auf dem Land", diesen Verein aufzulösen. Der Verein wurde 1989 unter Mitwirkung von Mitarbeitern und Mitarbeiterinnen der Fachverwaltung gegründet. Anvisiert wurden anfangs Überlegungen, ob der Verein in Form einer intermediären Organisation langfristig und dadurch kontinuierlich und professionell als Auftragnehmer für die Bearbeitung von Projektaufträgen im Arbeitsfeld der hessischen Dorf- und Regionalentwicklung fungieren könnte. Entsprechende Bedingungen konnten jedoch weder von seitens des Vereins noch von seitens der landespolitischen Programmentwicklung hergestellt werden.

2.7.2 Rückblick zu den Entwicklungen im Arbeitsgebiet Klärungsphase alias "Informations-, Beratungs- und Motivationsphase". Oder: Eine (vorläufig) verpaßte Debatte

Die Entwicklung und Umsetzung der sozialen, kulturellen und ökonomischen Programmziele und die hierfür notwendige Voraussetzung einer motivierenden, informierenden und beratenden Bürgerbeteiligung sollten durch Berufsgruppen fachlich sichergestellt werden, denen jedoch in der Verfahrenspraxis perspektivisch keine ausreichenden Arbeitsplatz- und Arbeitsmarktbedingungen zur Verfügung gestellt werden konnten.

---

139 vgl. hierzu: Roswitha Rüschendorf: Bürgermitwirkung im Rahmen des Hessischen Dorferneuerungsprogrammes. In: Der Bundesminister für Ernährung, Landwirtschaft und Forsten (Hg.): Dorferneuerung im vereinten Deutschland. Bonn 1992; S. 73: Rüschendorf beschreibt als eine der Grenzen dörflicher Gemeinwesenarbeit, "(...) wenn Gemeinwesenarbeiterin und Planer keinen Zugang zueinander finden und sich in Konkurrenz gegenüberstehen."

Die Ursachen dieser Fehlentwicklung im Arbeits- und Berufsfeld Dorferneuerung liegen nach Einschätzung der Verfasserin dieser Arbeit in dem Umstand, daß die zuvor genannten Programmziele, insbesondere die der Partizipation, von der Fachverwaltung anfänglich sehr stark isoliert bezogen auf 'Sozialarbeit' und zudem unspezifisch definiert an den Begriff 'dörfliche Gemeinwesenarbeit' gebunden wurden. Auf die Unklarheit in der Begrifflichkeit verweisen Rettenbach und Schaab in einem folgend ausführlich rezipierten Kapitel ihrer Studie für das zuständige Fachministerium 1992:

> "Die inflationäre Bildung von Fachtermini, wie sie in den letzten Jahren von den verschiedensten Disziplinen für das hier behandelte Arbeitsgebiet zu beachten ist, läßt die Vermutung zu, daß die Fachdiskussion den konkreten Handlungszwängen in konkreten Projekten vor Ort hinterherhinkt."[140]

Und weiter:

> "Für das dörfliche Gemeinwesen muß im Zielsystem einer so verstandenen Dorfentwicklungsplanung zunächst eine Definition gefunden werden, die einerseits die spezifischen Bedingungen des Programms berücksichtig und andererseits professionellen Ansprüchen genügt."[141]

Rettenbach und Schaab verwenden zwar in ihrer Studie den Begriff "dörfliche Gemeinwesenarbeit", verbinden hiermit jedoch keine formale Festlegung auf eine Fach- oder Berufsdisziplin, sondern orientieren ihre Definition an den Tätigkeitsmerkmalen, die in der Klärungsphase als Einstiegsphase in das Dorfentwicklungsverfahren Priorität haben:

" I = Informieren und Initiieren
B = Beraten und Betreuen
M = Motivieren und Moderieren."[142]

Die Autoren verweisen im folgenden auf Fachrichtungen, die zu diesen Formen der Tätigkeitsmerkmale aufgrund ihrer Berufsprofile Zugänge haben:
Dabei können sie die Gemeinwesenarbeit in Theorie und Praxis ebenfalls nur in der großstädtischen Milieuarbeit verorten; Peter Krahulec bestätigt diese Feststellung in einem von den Autoren zitierten Interview:

---

140 Helene Rettenbach, Erik Schaab: (a.a.O.); S. 17.

141 Helene Rettenbach, Erik Schaab: (a.a.O.); S. 17.

142 Helene Rettenbach, Erik Schaab: (a.a.O.); S. 19. Die Autoren zitieren Peter Krahulec in einem Interview vom 16.12.1991.

"Es gab bei den Profis der GWA[143] einen 'blinden Fleck' ins Ländliche (...) das ist bisher nicht gefüllt in der Rezeption in Deutschland."[144]
Die Schnittfläche zwischen GWA und Dorferneuerung trifft sich laut Krahulec fokussiert in den Programmzielen "Aktivierung, Selbsttätigkeit, Hilfe zur Selbsthilfe".

Mit Hinweis auf Klaus Selle: "An die Stelle technokratischer, segmentierter und monologischer Entscheidungsverläufe treten pragmatische, auf Problemzusammenhänge gerichtete, dialogische Prozesse"[145] verweisen Rettenbach und Schaab auf einen sukzessiv entwickelten Veränderungsprozeß im Selbstverständnis kommunaler Entwicklungsplanung:

> "(...) in der entsprechenden Fachdiskussion der PlanerInnen zeichnen sich neue Konzepte ab, die in den letzten 20 Jahren sowohl methodisch (Einbeziehung der Betroffenen) als auch inhaltlich (Integration sozialer, ökologischer und kultureller Themen) entwickelt worden sind. (...) Kann auch das Konzept des advocacy planning (vgl. DAVIDOFF, PEATTIE U.A.) - zumindest in den radikalen Formen - als gescheitert betrachtet werden, so haben sich Merkmale der Anwaltsplanung (Parteilichkeit für die Betroffenen, Professionalität, interdisziplinärer Ansatz, Unabhängigkeit von der Administration) inzwischen als erfolgreich erwiesen und wurden weiterentwickelt. Planung wird zur 'Projektentwicklung', zum 'community Organizing', zum 'urban management', zur 'intermediären Aufgabe' zwischen privaten Haushalten, Markt und Staat."[146]

Interessant ist nun die von Rettenbach und Schaab gezogene Vergleichbarkeit dieser beschriebenen Entwicklungen zu denen in der Hessischen Dorfentwicklung, verbunden mit einer von den Autoren vorläufig unterstellten negativen Politikfähigkeit des Planungsbegriffes:

> "Gerade auch im Planungsverständnis des Hessischen Dorferneuerungsprogramms ist dieser Prozeß deutlich abzulesen. Der Begriff Planung scheint

---

143 Anmerkung der Verfasserin: Gemeinwesenarbeit.

144 Helene Rettenbach, Erik Schaab: (a.a.O.); S. 19. Die Autoren zitieren Peter Krahulec in einem Interview vom 16.12.1991.

145 Klaus Selle: Planung im Wandel - Vermittlungsaufgaben und kooperative Problemlösungen. In: Wohnbund (Hg.): Wohnpolitische Innovation '91 - Wohnbund Jahrbuch. Darmstadt 1990; S. 60.

146 Helene Rettenbach, Erik Schaab: (a.a.O.); S. 19-20.

> uns jedoch wenig geeignet, weil er im Sinne der geänderten Ziele (noch) negativ besetzt ist."[147]

Die Verfasserin unterstellt anhand dieser Textpassage, daß die Autoren bei dem Versuch, den Begriff 'dörfliche Gemeinwesenarbeit' einzugrenzen, vor dem Hintergrund ihrer Kenntnis handeln, daß der Planungsbegriff seitens der Fachverwaltung (Auftraggeberin dieser Studie) im Kontext der Partizipation und Projektentwicklung negativ besetzt ist.

Offensichtlich wollte die Fachverwaltung die neuen Programmziele und -inhalte deutlich außerhalb des Planungsbegriffs verankert wissen, ohne dabei zur Kenntnis zu nehmen, daß in der Planungsprofession eine weit fortgeschriebene Diskussion zum Planungsverständnis besteht[148], die im Sinne der fortgeschriebenen Dorfentwicklung nur hätte aufgegriffen und weiterentwickelt werden müssen. Der Weg über die Kreierung des Begriffs 'dörfliche Gemeinwesenarbeit' erscheint hier gerade rückblickend eher als Umweg.

Bei ihrem Definitionsversuch stützen sich die vorgenannten Autoren letztlich auf einen Terminus des Planungsfaches, nochmals unter Berufung auf Selle:

> "Unabhängig von Begriffsüberschneidungen oder -abgrenzungen kann für die Dorfentwicklung in Hessen zusammenfassend übertragen werden, was Selle für den Bereich der Stadterneuerung prognostiziert: *(...) 'kristallisieren sich für die Zukunft als eine notwendige Arbeitsform Projekte (Hervorhebung d.V.) heraus, die die traditionellen Grenzen der jeweiligen Fachdisziplin sprengen und zu umfassenden Handlungsansätzen kommen'.*
> Dörfliche Gemeinwesenarbeit kann in diesem Handlungsfeld als Teil 'intermediärer Aufgaben' definiert werden."[149]

---

147 Helene Rettenbach, Erik Schaab: (a.a.O.); S. 20.

148 vgl. hierzu u.a.: Brigitte Adam: Mehr als Interessenmanagement - Zur Rolle alternativer Entscheidungsverfahren in der räumlichen Planung. In: RaumPlanung. Heft 71; 1995.
oder auch: Rolf Brandel: Verwaltung und kooperative Planungsprozesse - Die Interessen der Verwaltung. In: RaumPlanung. Heft 71; 1995.
oder auch: Klaus-Dieter Schnell, Manfred Walser: Räumliche Leitbilder - Hilfestellung zur Kommunikation und Kooperation. In: RaumPlanung. Heft 71; 1995.

149 Helene Rettenbach, Erik Schaab: (a.a.O.); S. 20: Rettenbach und Schaab zitierten hier kursiv gekennzeichnet Klaus Selle: Der Beitrag intermediärer Organisation zur Entwicklung städtischer Quartiere - Ergebnisse eines Forschungsprojektes. Wohnbund - Verlag für wissenschaftliche Publikationen (Hg.); Dortmund, Darmstadt 1991; Bd. 2; S. 104.

2.7.2.1 Zur Definition des Arbeitsgebietes Klärungsphase: Kritik und Ausblick im Kontext der Beteiligungsfrage im Hessischen Dorfentwicklungsverfahren

Der Weiterentwicklung der Hessischen Dorferneuerung von einem linearen Planungsverfahren zu einem Entwicklungskonzept mit einem erweiterten Themen- und Aufgabenkomplex und der parallel durchgeführten Strukturreform in der zuständigen Fachverwaltung folgt die grundlegende Neudefinition eines gesamten Arbeitsgebietes.

Die bisher unspezifische Definition des Verfahrensabschnitts Klärungsphase in einem eher fiktiven Konstrukt von 'ländlicher Gemeinwesenarbeit' hat Irritationen in diesem Arbeits- und Berufsfeld hervorgerufen. Unter diesen Bedingungen konnten bisher gerade die freiberuflich eingebundenen Akteure nicht immer befriedigend auf neue Anforderungen reagieren und nur schwer ihre Positionen und Aufgaben im Verfahren neu definieren. Für die zukünftigen Konstellationen der Akteure in der Hessischen Dorfentwicklung ist nach der sicherlich notwendigen Auflösung der zuvor bestehenden Strukturen inhaltlicher, verfahrenstechnischer und arbeitsmethodischer Art bisher noch keine ausreichende, den neuen Anforderungen gerecht werdende Handlungslinie entwickelt worden, um dem hohen programmatischen Anspruch an Partizipation gerecht zu werden.

Wie in den Kapiteln zuvor dargelegt, haben neu eingeführte Modalitäten in der Vergabe von Dorferneuerungsaufträgen über Fakten der Arbeitsfeldbedingungen, insbesondere über die der Berufsökonomie, zu einer Verdrängung der sozial- und erziehungswissenschaftlichen Berufsgruppen geführt. Dies wirft die inhaltliche Diskussion über die Sicherung der sozialen, ökonomischen und kulturellen Programmziele zunächst zurück, weil die Diskussion offenkundig keinesfalls außerhalb, sondern in enger Kooperation mit den Planungsprofessionen hätte geführt werden müssen. Es zeigt sich derzeit, daß diese Berufsgruppen als einzige unter den Arbeitsmarktbedingungen in der Dorferneuerung zukünftig einen Teil ihrer beruflichen Existenz bestreiten werden können: Sie bearbeiten die obligatorisch städtebaulichen Aufgabenstellungen, die aufgrund der Handhabung des Programms durch die Fach- und Kommunalverwaltung nach wie vor die Basis der Dorfentwicklungskonzepte darstellen, und sie können auf die interdisziplinären Aufgabenstellungen fachlich reagieren. Angeknüpft werden kann hierbei an eine seit über zwei Jahrzehnten bestehende Fachdiskussion in der Planungsprofession, die soziale, kulturelle und ökonomische Aspekte einbeziehend, sich mit eben diesen intermediär zu handhabenden Aufgabenstellungen befaßt.[150] Dieses erweiterte Planungsverständnis impliziert die Fachdebatte um Formen, Methoden und Ausgestaltung partizipativer Planungsverfahren.[151]

Die an Komplexität zunehmenden Aufgabenstellungen innerhalb von Planungsverfahren setzen interdisziplinäre Kooperation voraus; dies erfordert allerdings zukünftig adäquate berufsökonomische Bedingungen für die Kooperationspartner. Diese wiederum hat die Fachverwaltung durch Ausschreibungs- und Vergabebedingungen zu gewährleisten, letztlich um qualitativ befriedigende Arbeitsleistungen zu erhalten.

Die nachfolgende Tätigkeitsbeschreibung für Klärungsphasen in der Hessischen Dorfentwicklung in einer jüngsten Veröffentlichung von 1996 belegt eine nach wie vor unspezifische und widersprüchliche Konzeption der Fachverwaltung für dieses Arbeitsgebiet:

> "In diesem Verfahrensabschnitt kommt den Projektbeauftragten für die Durchführung der Klärungsphase eine Schlüsselrolle zu. **Ihre Tätigkeit ist nicht die der Experten, die zu bestimmten Fachfragen Lösungen entwickeln** (wie Architekten, Planer etc.), **sondern mehr moderierender Art, zum Teil nach Methoden der Gemeinwesenarbeit**. Aus diesem Grunde werden sie landläufig auch "Dorfmoderatoren" oder "Dorfmoderatorinnen" genannt. Moderation bedeutet nicht, daß man nichts zu können und nichts zu wissen braucht (...). Um die Aufgabenstellungen zu bewältigen, sind Kenntnisse über den gesamten Verfahrensablauf und die Programm- und Förderungsgrundsätze der Dorferneuerung, über Methoden der Gemeinwesenarbeit, über medienbezogene Informations- und Öffentlichkeitsarbeit und vor allem über die Methoden des Projektmanagements erforderlich."[152]

---

[150] vgl. hierzu u.a.: Klaus Selle: Phasen oder Stufen? Fortgesetzte Anmerkung zum Wandel des Planungsverständnisses. In: RaumPlanung. Heft 71; 1995.

[151] vgl. hierzu: Ortwin Renn und Bettina Oppermann: "Buttom up" statt "Top down" - Die Forderung nach Bürgermitwirkung als (altes und neues) Mittel zur Lösung von Konflikten in der räumlichen Planung. In: Zeitschrift für angewandte Umweltforschung (ZAV). Sonderheft: Stadtökologie; 1995; S. 257-276.

[152] Klaus Schüttler: Dorferneuerung in Hessen. (a.a.O.); S. 43. (Hervorhebung durch die Verfasserin dieser Arbeit).

Auffällig an dieser Beschreibung der Qualifikationsanforderung für Auftragnehmer/-innen von Klärungsphasen ist die Trennung von "Experten", die zu bestimmten Fachfragen Lösungen entwickeln können, hier bezugnehmend auf Planungsprofessionen und in diesem Kontext als 'Experten' hervorgehoben; diesem folgt dann eine Aufzählung von Qualifikationsanforderungen, wie Moderationstechniken, Methoden der Gemeinwesenarbeit, fachspezifische Kenntnisse über das Dorferneuerungsprogramm, dessen Förderkulisse und, betonend, Projektmanagementkenntnisse, ohne eine entsprechende Benennung der möglichen Berufsgruppen, die dieses Spektrum an Methoden und Fachwissen aufweisen könnten.[153]

Die Beschreibung des Aufgabengebietes weist darauf hin, daß hier Beteiligungsmethoden getrennt von dem notwendigen Fachwissen für Planungs- und Projektaufträge als eigenständiges Arbeitsgebiet gesehen werden. Dies ist eine Fehlerquelle in der gesamten Partizipationsdiskussion in der Hessischen Dorferneuerung: es wird Expertenwissen einerseits und methodisches Handwerkszeug zur Sicherung der Bürgermitwirkung andererseits als nahezu Gegensätzlichkeit, statt als integrativer Bestandteil von Dorfentwicklungsarbeit, definiert. Partizipation wird so durch die oben zitierte Interpretation der Fachverwaltung von den eigentlichen Dorfentwicklungsaufgabenstellungen in der Planung und Projektentwicklung auf ein Verfahrenssegment, nämlich die Klärungsphase, zeitlich, methodisch und inhaltlich isoliert.

Die Verfasserin geht von der These aus, daß Bürgerbeteiligung nur dann ein gesicherter Verfahrensbestandteil in der Hessischen Dorferneuerung sein kann, wenn die je nach Aufgabenschwerpunkten eingesetzten Expertinnen und Experten ein partizipatives Arbeitsverständnis haben und ein differenziertes Spektrum an partizipativen Arbeitsmethoden zur Durchführung ihres Auftrages mit Expertenwissen verbinden.[154] Für die Entscheidung, welche Methoden und Vorgehensweisen sinnvoll und effizient sind, werden immer die Verfahrensphasen, die Aufgabenstellungen und die spezifische Arbeitssituation im Dorf und in der Kommune eine ausschlaggebende Rolle spielen. Bürgermitwirkung als eigenständiges Programmziel kann sich in der Umsetzung nicht segmentiert auf die Klärungsphase

---

153 vgl. hierzu auch: Kap. 2.5.1 .

154 vgl. hierzu: Ariane Bischoff, Klaus Selle, Heidi Sinning: Informieren, Beteiligen, Kooperieren - Kommunikation in Planungsprozessen. Eine Übersicht zu Formen, Verfahren, Methoden und Techniken. Dortmund 1995.

beschränken; es muß während des gesamten Verfahrens das Arbeitsprinzip aller beruflich involvierten Experten prägen, ob in der Fachverwaltung oder in der freiberuflich organisierten Planungs- und Projektbearbeitung. Diese Notwendigkeit stellt sich gerade im Kontext des neu entwickelten Konzeptcharakters des Hessischen Dorfentwicklungsverfahrens, das auf neue Qualitäten wie Flexibilität, Kontinuität des Entwicklungsprozesses und auf Reflexivität - "Rückkopplungsmöglichkeiten" - setzt.

2.8 Sozial- und kommunalpolitische Aspekte der Partizipation in der Dorfentwicklung

Vorausgesetzt ein Dorfentwicklungsverfahren verfügt über ein qualitatives Partizipationsangebot, so können die zur Verfügung gestellten Mitwirkungs- und Teilhabemöglichkeiten von den Ortsteilbewohnern und -bewohnerinnen sehr unterschiedlich angenommen und genutzt werden.

Historische, soziale, kulturelle, ökonomische und politische Bedingungen in der Gemeinde und Region, ebenso wie rationale und irrationale Faktoren bestimmen das Handeln der Akteure, ihre Interaktionen und Verflechtungen und infolgedessen die Beteiligungsbereitschaft. Dabei spielt das kommunalpolitische Klima im Ortsteil selbst und in der Gemeinde eine entscheidende Rolle.

Partizipation ist immer verbunden mit Engagementbereitschaft von Personen; hier muß im folgenden in der Betrachtung differenziert werden zwischen Engagement für die Ortsgemeinschaft, Engagement für spezifische Gruppeninteressen oder auch Engagement für Einzelinteressen.

2.8.1 Bürgerinnen und Bürger im Dorf sind (k)eine Gemeinschaft

Die Lebens- und Arbeitsbedingungen der ländlichen Bevölkerung gestalten sich längst unabhängig von dem ehemals verwobenen Sozialsystem einer sich gegenseitig kontrollierenden Not-, Arbeits- und Lebensgemeinschaft im Dorf[155], verflochten durch enge Familien-, Verwandtschafts- und Nachbarschaftsbezüge.[156]

Gerade bei der versuchten Etablierung sogenannter 'Selbsthilfeprojekte' im Dorfentwicklungsprogramm sind die in diesem Kontext als konfliktfrei erscheinenden Begriffe 'Gemeinschaft' und 'gemeinschaftliches Handeln' zu überprüfen.[157]
Mit zunehmender Unabhängigkeit von ehemals lebensnotwendigen Gegenseitigkeiten und Gemeinschaftlichkeiten verklären sich diese Begriffe von ehemals schlichten Notwendigkeiten schnell zu Idealen. Und je mehr eine Verstädterung unserer Gesellschaft zunimmt, je mehr gewinnt das "Dorf" an idealtypischer Bedeutung für die Synonyme Harmonie, menschliche Nähe, Hilfsbereitschaft und Gemeinschaft.[158] Doch das System gegenseitiger Abhängigkeiten im Dorf hat sich im Zuge der Umstrukturierung der Landwirtschaft aufgelöst, verbunden mit gewonnener Mobilität, veränderten Arbeitsstrukturen, privaten Alltagsorganisationen und Freizeitverhalten.[159]

Mit der Funktion von Dörfern als bevorzugte Wohnstandorte für Städter ist durch die große Gruppe der Neubürger heute eine heterogene Dorfbevölkerung entstanden, deren einzelne Gruppierungen sich durch sehr unterschiedliche Lebensan-

---

155 vgl. hierzu: Utz Jeggle: Kiebingen - Eine Heimatgeschichte - Zum Prozeß der Zivilisation in einem schwäbischen Dorf. Untersuchungen des Ludwig Uhland-Instituts (Hg.); Tübingen 1977.

156 vgl. hierzu: Ingeborg Meyer-Palmedo: Das dörfliche Verwandtschaftssystem. Struktur und Bedeutung - Eine Figurations-Analyse. Frankfurt a.M./New York 1985.

157 vgl. hierzu: Hessisches Ministerium für Landesentwicklung, Wohnen, Landwirtschaft, Forsten und Naturschutz: Dorferneuerung in Hessen. Wiesbaden 1991; S. 30, 31: Unter der Kapitelüberschrift 'Private Selbsthilfe' wird im Programm näher ausgeführt: "Jugend- und Altenpflege, Kleinkinderbetreuung und Sozialpflege können nicht mehr selbstverständlicherweise durch Großfamilien und Familienverwandtschaft ausgeführt werden. Sie sind als staatliche Organisationen in Gebieten mit geringer Bevölkerungsdichte kostspielig, da sie mit hohen Personal- und Sachkosten verbunden sind. Eigenarbeit auf kooperativer Basis und in kleinen Netzen hingegen ist auch bei gezielter Förderung insgesamt kostengünstiger, erhöht die Verantwortung und stärkt die sozialen Gefüge der Dörfer."

158 vgl. hierzu: Eduard Führ: Worin noch niemand war: Heimat - Eine Auseinandersetzung mit einem strapazierten Begriff. Historisch - philosophisch - architektonisch. Wiesbaden/Berlin 1985.

159 vgl. hierzu: Landwirtschaft 1993 - Der kritische Agrarbericht. Daten, Berichte, Hintergründe. Positionen zur Agrardebatte. Bonn 1993.

schauungen, Lebensstile und damit Wertorientierungen unterscheiden.[160] Im Verlauf der Generationenwechsel kann zwischen diesen Gruppen nicht mehr von Segregationsprozessen gesprochen werden, vielmehr kann ein gegenseitiger Austausch städtischer und ländlich geprägter Lebensformen beobachtet werden.

Das bedeutet, daß dörfliche Gemeinschaften im originären Sinne nur noch segmentiert existieren. Zumeist verfügt nur noch die traditionell seit Generationen ortsansässige Dorfbevölkerung über ausgeprägte soziale und kulturelle Vernetzungen im Heimatort selbst.[161] Diese Gruppe reduziert sich zahlenmäßig immer mehr.

Stellte sich früher gemeinschaftliches Handeln über die originären Lebens- und Arbeitszusammenhänge im Alltag bäuerlichen Wirtschaftens her, so entsteht heute eher eine Bereitschaft zum gemeinsamen Handeln aufgrund zivilisatorischer Problemlagen: soziale Infrastrukturausstattung, Versorgung und Dienstleistungen des täglichen und mittelfristigen Bedarfs, Verkehrsanbindung, Natur- und Umweltschutz, Umweltbelastungen, z.B. durch Straßenverkehr.

Festzustellen ist: Gemeinsamkeiten, die eine Bündelung von Interessen auf Lösungsmodelle für örtliche Problemfelder nach sich ziehen würden, können in der Dorfentwicklung aufgrund der soziokulturellen, politischen und ökonomischen Heterogenität in der heutigen Bevölkerung nur in besonderen Fällen erwartet werden und können ebenfalls nur schwer herbeigeführt werden.

2.8.2 Erwartungen der Bürger und Bürgerinnen an das Dorferneuerungsprogramm

Welche Erwartungen und damit einhergehende Deutungen und Interpretationen verbindet die Bevölkerung in ländlich strukturierten Siedlungsräumen mit dem Begriff Dorferneuerung?

---

160 vgl. hierzu: Erika Haindl: Der Mensch braucht ein Dach über dem Kopf. In: Neustadt am Main - Biographie eines Dorfes. Würzburg 1994; S. 41-50.

161 vgl. hierzu: Ina-Maria Greverus: Gemeindeforschung als Alltagsweltanalyse. In: Kultur und Alltagswelt (Hg.); München 1978; S. 112.

Renate Buchenauer erhielt 1988 im Rahmen einer Haushaltsbefragung in einem Untersuchungsort auf die Frage nach Begründung und Zweck der Dorferneuerung eine zu 48,5 % nahezu gleichlautende Antwort, "'(...) um das Fachwerk, das Alte, zu erhalten.'."[162] Von der Verfasserin dieser Dissertation konnte 1994 dieses Ergebnis auf einer gutbesuchten Bürgerversammlung (ca. 120 Teilnehmende von ca. 470 Einwohnern) im Zuge einer Stichprobenbefragung überprüft und nochmals bestätigt werden. Obwohl seit 1989 eine Themenerweiterung im Dorferneuerungsprogramm um soziale, kulturelle und ökonomische Komponenten stattgefunden hat, wurden auf die erste Frage: "Woran denken Sie, wenn Sie den Begriff Dorferneuerung hören?" folgende Begriffe in der wiedergegebenen Reihenfolge auf Zuruf notiert:

1. Geld
2. Häuser renovieren
3. Neue Straßen
4. Schaffung von Wohnungen
5. Tennisplatz
6. Verkehrsberuhigung
7. Dorfplatz
8. Umnutzung leerer Gebäude
9. Spielplatz
10. Ensembleschutz.

Demgegenüber wurde auf die zweite Frage: "Was ist Ihnen wichtig, wenn Sie hier im Dorf leben?" folgende Anworten notiert:

1. Gemeinschaft
2. Gasthaus
3. Lebensmittelladen
4. Kindergarten
5. Vereinsleben
6. Arbeitsplätze
7. ÖPNV.

Diese Stichprobenbefragung belegt die tradierten Programminterpretationen, die Bürgerinnen und Bürger mit der Dorferneuerung - vermutlich bundesweit - ver-

---

162 Renate Buchenauer: Sozialraum Dorf - Forschungsstudie im Auftrag des Hessischen Ministeriums für Landwirtschaft, Forsten und Naturschutz (Hg.); Wiesbaden 1988; S. 87.

binden. Gerade aus den Antworten auf die erste Frage geht hervor, daß mit dem Begriff Dorfentwicklung zum einen die Befriedigung materieller Bedürfnisse im Bereich Haus- und Grundbesitz verbunden ist, zum anderen typische kommunale Tief- und Hochbaumaßnahmen, die der Ortsverschönerung (Dorfplätze, Lampen, Straßenraumgestaltungen) oder Funktionsverbesserungen (Sanierung oder Erweiterung von Dorfgemeinschaftshäusern, Mehrzweckhallen u.a.) dienen.

Die Antworten auf die zweite Frage wurden bei Bürgerversammlungen genutzt, um deutlich zu machen, daß diesem Themenbereich in der Hessischen Dorferneuerung in der Förderkulisse mit den Förderziffern 2.1.12, 2.1.13 und 2.1.14[163] entsprochen wird. Sie umfassen eine mögliche Bearbeitung von sozial, ökonomisch und kulturell relevanten Komplexen, die den unmittelbaren Lebensalltag im ländlichen Raum bestimmen und deren fehlende oder existente Qualität den Ausschlag für die Lebensqualität im Ort geben. Diese förderfähige Themenkulisse ist, wie auch die Stichprobenbefragung zeigt, in der Bürgerschaft zu Beginn eines Dorfentwicklungsverfahrens nicht publik und bedarf zur Durchsetzung als Programmziel entsprechender Informations- und Beratungsleistungen. Über deren Kontinuität, Qualität und Quantität wird im weiteren Verlauf der Arbeit noch zu reflektieren sein.

2.8.2.1 Materielle Aspekte der Bürgermitwirkung und wirtschaftspolitische Komponenten des Programms

Bürgerbeteiligung ist im Ausmaß des Engagements der Bürgerseite abhängig von den Erwartungen an erzielbare Ergebnisse.
Finanziell können in der Dorfentwicklung öffentliche und private Träger profitieren.[164] Private und kommunale Vorhaben sind häufig bereits im Vorfeld der Anerkennung des Ortes als Förderschwerpunkt in den Privathaushalten, beziehungsweise in den kommunalen Gremien gedanklich - konzeptionell vorbereitet und politisch motivierender Anlaß für die Antragstellung der Kommune für eine Aufnahme eines Ortsteils im Landesprogramm:

---

[163] vgl. hierzu auch: Kap. 1.3.1.

[164] vgl. hierzu: Kap. 1; Abbildung 1 gibt einen Überblick zur Förderkulisse und zum Empfängerkreis des Hessischen Dorferneuerungsprogramms.

"Die politische Gestaltungsaufgabe Dorfentwicklung bietet ein Musterbeispiel für die staatliche Anreiz- und Steuerpolitik der zweckgebundenen Zuschüsse. Mit ihrer Hilfe versucht der Staat, die Kommunen zu einem von ihm erwünschten Handeln zu veranlassen. Das gelingt ihm bei vielen Kommunen auf dem Lande um so eher, weil diese aufgrund ihrer Einkommensschwäche Zuweisungen aller Art als willkommene Ergänzung ihres Haushalts und als Hilfe für den Ausbau ihrer Infrastruktur betrachten. (...)
Um die Wirksamkeit der für die Dorfentwicklung eingestellten Haushaltsmittel einigermaßen zutreffend einzuschätzen, sollte man in Rechnung stellen, daß sie erfahrungsgemäß das Drei- bis Vierfache an Investitionen im öffentlichen und privaten Bereich nach sich ziehen."[165]

Borchard, Kötter und Schäfer präzisieren diese Einschätzung und legen in ihrer wissenschaftlichen Untersuchung für das Bundesministerium für Ernährung, Landwirtschaft und Forsten zur Bewertung der Kosten- und Nutzeneffizienz der Dorferneuerung ebenfalls den Investitionseffekt des Programms als Maßstab zugrunde:

"Aussagen über die Effizienz der Dorferneuerungsförderung lassen sich zunächst anhand der Höhe der damit ausgelösten Gesamtinvestitionen privater und öffentlicher Maßnahmenträger treffen. Der Fördermitteleinsatz kann als um so effizienter angesehen werden, je höher die dadurch direkt und indirekt ausgelösten Gesamtinvestitionen ausfallen."[166]

Und folgend kommen Borchard, Kötter und Schäfer zu dem Ergebnis:

"Die Multiplikationseffekte schwanken in den Fallbeispielen zwischen Werten von 1:1,3 (...) bis 1:1,47 (...), wobei das Verhältnis von Zuschüssen zu Eigenmitteln bei öffentlichen Maßnahmen 1:1,2 bis 1:2,8 beträgt, während die Eigenanteile im privaten Bereich zum Teil sogar das achtfache der Fördermittel ausmachen."[167]

---

[165] Herbert Schneider: Kommunalpolitik auf dem Lande. München 1991; S. 208, 209.

[166] Klaus Borchard, Theo Kötter, Gabriele Schäfer: Effizienz der Dorferneuerung - Anwendungsfälle. Die wissenschaftliche Untersuchung wurde erstellt im Institut für Städtebau, Bodenordnung und Kulturtechnik der Rheinischen Friedrich-Wilhelms-Universität Bonn im Auftrag des Bundesministers für Ernährung, Landwirtschaft und Forsten (Hg.); Münster-Hiltrup 1990; S. 174.

[167] Klaus Borchard, Theo Kötter, Gabriele Schäfer: (a.a.O.); S. 175.

Die Fragestellungen, denen hier im Auftrag des Bundesministeriums in der vorwiegend quantitativ durchgeführten Studie nachgegangen wird, belegen die bundespolitisch beabsichtigte Intention der Dorferneuerungsprogramme; in der Ergebnisdarstellung werden die investitionsfördernden und damit wirtschaftspolitisch relevanten Komponenten entsprechend betont.

Buchenauer grenzt in einer auf Hessen bezogenen Untersuchung die konjunktur- und arbeitsmarktpolitische Programmauswirkung insofern ein, als sie den wirtschaftsfördernden Effekt als überwiegend räumlich, bzw. lokal beschränkt beschreibt:

> "Danach hat sich das Programm vor allem auf kleine und mittlere Handwerksbetriebe und Firmen im ländlichen Raum positiv ausgewirkt, und es ist eine gewisse Wirkungsstreuung in benachbarte Gemeinden oder Gebiete registriert worden. Durch die breite Verteilung der Mittel auf Ortsteile, Maßnahmenträger und Einzelmaßnahmen sind konzentrierte, auffallendere Konjunktur- und Arbeitsmarkteffekte jedoch von vornherein ausgeschlossen gewesen."[168]

Der Erfolg des Programms wird in der Vergangenheit wie in der Gegenwart sowohl bundes- als auch landespolitisch an der ausgelösten kommunalen und privaten Investitionsbereitschaft im Bausektor, insbesondere in der Sanierungsplanung, gemessen.[169] Dieses Kriterium gilt als Synonym einer ebenfalls erfolgreichen Bürgermitwirkung, sprich: Investitionsfreudigkeit. Diese politische Interpretation charakterisiert die traditionelle Prägung und Praktizierung des Dorferneuerungsprogramms und zieht in der Konsequenz nach sich, daß auch die Bevölkerung kollektiv demgemäß aktive, erfolgreiche Bürgermitwirkung - vor allem über materiell erreichbare Zielvorstellungen - definiert. Motivation und Bereitschaft zur Mitwirkung sind auch in der Bürgerschaft an dieser Programminter-

---

168 Renate Buchenauer: Dorferneuerung in Hessen - Methoden, Auswirkungen und Konsequenzen eines konjunkturpolitischen Programms. Marburg 1983; S. 104-105.

169 vgl. hierzu: Hartmut Bock: Dorfentwicklung und dörfliche Strukturpolitik in Hessen. In: Forum für den ländlichen Raum e.V. (Hg.): Belebung der dörflichen Ökonomie. Beiträge zur Tagung am 30./31. Oktober 1995 in der Evangelischen Akademie Hofgeismar; Kassel 1996; Vortragsmanuskript S. 10: "In Hessen wurden im Zeitraum von 1982 bis 1994 insgesamt rund 600 Mio. DM Fördermittel eingesetzt. Die wiederum Investitionen in der 3-5 fachen Höhe, also rund 2,5 Milliarden DM, ausgelöst hat." Bock betont in diesem Kontext den "(...) Arbeits-markteffekt, der mit keinem anderen Förderprogramm erreicht wird."

pretation orientiert und bilden zunächst primär den gemeinsamen Nenner für gemeinschaftliches Handeln der Eigentümer im Ort.

2.8.2.2 Immaterielle Aspekte der Bürgermitwirkung sowie sozial- und kulturpolitische Komponenten des Programms

Bürgerbeteiligung ist eine freiwillig erbrachte, gesellschaftliche Leistung einzelner Bürger und Bürgerinnen sowie Bürgergruppen. Die Motivation der Bürger, Engagement aufzubringen, ist über die zuvor dargelegten materiellen, objektiven Aspekte hinaus ebenfalls in immateriellen, subjektiven Aspekten begründet.

Mead[170] und Krappmann[171] haben in ihren Arbeiten einen interaktionistischen Ansatz entwickelt, der Formen und Rahmenbedingungen beschreibt, sich über eine aktive Wahrnehmung von Möglichkeiten auf der Handlungsebene eine individuelle und kollektive Identität[172] zu schaffen. Dies erweist sich unter ganzheitlichen Aspekten auch real im Kontext der Partizipation in Dorfentwicklungsverfahren als ein zentraler und wesentlicher Zusammenhang[173], denn die Bürgerbeteiligung hat nicht nur Auswirkungen auf die ausgelöste Investitionsbereitschaft, sondern auch auf die Identifikation der Bürgerinnen und Bürger mit ihrem Ort; eine Grundvoraussetzung für Entwicklung oder Festigung von Eigenverantwortung, Eigeninitiative und Selbstwertgefühl.[174]

Greverus geht in ihren Arbeiten davon aus, daß eine lokale Identität im konkreten Raum dort entsteht, wo soziale und kulturelle Vernetzungen von den Bewoh-

---

170 vgl. hierzu: George Herbert Mead: Geist, Identität und Gesellschaft aus der Sicht des Sozialbehaviorismus. Frankfurt a.M. 1968.

171 vgl. hierzu: Lothar Krappmann: Soziologische Dimensionen der Identität. Stuttgart 1971 (3. Auflage).

172 vgl. hierzu: Ina-Maria Greverus: Gemeindeforschung als Alltagsweltanalyse. In: Kultur und Alltagswelt. München 1978.

173 vgl. hierzu: Henning Dunckelmann: Lokale Öffentlichkeit - Eine gemeindesoziologische Untersuchung. In: Schriftenreihe des Deutschen Instituts für Urbanistik (Hg.); Band 51. Stuttgart, Berlin, Köln, Mainz 1975.

174 vgl. hierzu: Hessisches Ministerium für Landesentwicklung, Wohnen, Landwirtschaft, Forsten und Naturschutz: Dorferneuerung in Hessen. Wiesbaden 1991; S. 30: "Überschaubarkeit und Betroffenheit fördern die Bereitschaft der Menschen zur Übernahme von Verantwortung im Gemeinwesen und zur Entfaltung von gemeinschaftlichem Denken."

nern/-innen geknüpft werden können: "Die soziokulturelle Raumorientierung erwächst aus der für die Entfaltung der Persönlichkeit wichtigen sozialen und kulturellen Aktivitäts- und Regenerationsvalenz des Raumes."[175]

Dörflich strukturierte Siedlungsräume bieten nach wie vor trotz veränderter Sozialstruktur[176], allein durch die Überschaubarkeit des Raumes, bessere Möglichkeiten der gegenseitigen Wahrnehmung: ehrenamtliche Mitarbeit in Gruppen oder Gremien wird von den Mitbürgern und Mitbürgerinnen eher wahrgenommen; die Kommunikations- und Kooperationsbereitschaft Einzelner erfährt in der Regel soziale Anerkennung.

Erikson hat Identität als "ein definiertes Ich innerhalb einer sozialen Realität"[177] beschrieben. Die Bürgermitwirkung in der Dorfentwicklung bietet für die (den) Einzelne(n) und für Gruppen Möglichkeiten der Auseinandersetzung mit den räumlichen, ökonomischen, sozialen und kulturellen Bedingungen des eigenen Lebensraumes.[178]

Unter Betroffenheit: Erkennen und Vertreten der eigenen Interessen, Gemeinwohl: soziales Engagement für andere und individual psychologischem Eigennutz: Anerkennung der eigenen Person durch die Gemeinschaft lassen sich die immateriellen Aspekte für die Mitwirkungsbereitschaft der Bürger/-innen subsumieren; sie bilden die Grundvoraussetzungen sozialer und kultureller Interaktionsformen im Dorf, sowohl tradierter Art und Weise als auch neuerer Ausgestaltungsformen.

---

175 Ina-Maria Greverus: Kulturökologische Aufgaben im Analyse- und Planungsbereich. In: Günther Wiegelmann (Hg.): Gemeinde im Wandel - Volkskundliche Gemeindestudien in Europa. Münster 1979; S. 92.

176 vgl. hierzu: Kap. 2.8.1.

177 Erik H. Erikson: Identität und Lebenszyklus. Frankfurt a.M. 1971; S. 17.

178 vgl. hierzu: Ina-Maria Greverus: Auf der Suche nach Heimat. München 1979; S. 212 ff: Greverus definiert die von der Bevölkerung an einen Lebensraum gerichteten Lebensbedürfnisse in vier Kategorien von "Raumorientierung"; diese bestimmen den "Identitätsgehalt" eines Ortes: 1. <u>die instrumentale Raumorientierung</u> bezieht sich auf die räumlichen Ressourcen und ihren ökonomischen Nutzen zur Existenzsicherung, 2. <u>die strategisch-politische oder kontrollierende Raumorientierung</u> bezieht sich auf formelle Kontrolle im Sinne von Besitz, politischer Machtausübung und informelle Kontrollmöglichkeiten, 3. <u>die soziokulturelle Raumorientierung</u> bezieht sich auf soziale und kulturelle Aktivitäten und Interaktionen sowie den Prestigewert, die Räume ermöglichen und 4. <u>die symbolische Raumorientierung</u>, in der sich ästhetische Präferenzen, moralisch-rechtliche Bedeutungen, Selbstdarstellungsmerkmale, Traditions- und Erinnerungswerte ausdrücken (Hervorhebung durch die Verfasserin dieser Arbeit).

2.8.3 Auswirkungen basisdemokratischer Beteiligungsstrukturen auf Prozesse der örtlichen Gruppenbildung

In der Hessischen Dorfentwicklung wird eine außerparlamentarische, basisdemokratische Beteiligungsstruktur duch die Klärungsphasen explizit gefordert und gestützt, so daß neue soziale und kulturelle Qualitäten entstehen können:

> "Die Form der intensiven direkten Ansprache der OrtsbewohnerInnen durch den/die Ortsmoderator/-in führt dazu, daß sich mehr Bewohner mit der örtlichen Situation und mit Fragen der örtlichen Entwicklung befassen als bisher. Dabei konnten auch die bislang 'zurückhaltenden' Bewohnergruppen, Jugendliche, Alte, Frauen einbezogen werden."[179]

Eine Veränderung der örtlich relevanten Themenkulissen ist die Folge, beispielsweise:

> "Eine höhere Mitwirkung von Frauen an der Dorfentwicklung und/oder die Bildung von Frauengruppen verändert die Themenschwerpunkte dieser Planung - sie gewinnen an Alltagsnähe. Die bloße Tatsache, daß mangelnde Kindergartenplätze im Dorf oder der Gemeinde zum Gesprächsthema werden, der überfüllte Schulbus, die mangelnde öffentliche Nahverkehrsverbindung zur Zentralgemeinde oder z.B. der fehlende Laden, korrigieren die Hierarchie der wirklichen Ortsprobleme (...)."[180]

Gerade die Bedingungen der Zielgruppenarbeit, die als methodische Vorgehensweise in Klärungsphasen zumindest ansatzweise immer praktiziert werden, fördern in der Dorfentwicklung neue Formen gemeinschaftlichen Handelns. In kleineren Arbeitsgruppen bieten sich vor allem für die sogenannten 'stilleren Bevölkerungsgruppen': ältere Menschen, Kinder, Jugendliche oder Frauen günstigere Entfaltungsmöglichkeiten zur Artikulation als in den etablierten sozialen und politischen Machthierarchien einer ländlich strukturierten Gemeinde, wie sie die Vereine und Ortsbeiräte auf der örtlichen Ebene und das Gemeinde- oder Stadtparlament auf der kommunalen Ebene darstellen. In diesem Sinne fördert Dorf-

---

179 Roswitha Rüschendorf: Dorfentwicklung und Bürgermitwirkung. In: Ökologie und Bürgerbeteiligung in der Dorferneuerung; Agrarsoziale Gesellschaft e.V. (Hg.); Kleine Reihe 48; Göttingen 1991; S. 49.

180 Annegret Boos-Krüger: Mitwirkung von Frauen an Dorfentwicklungsplanung. In: Transitfrauen durch Planung, Verwaltung, Forschung, Lehre. Gesamthochschule Kassel; Fachbereich Stadt-/Landschaftplanung (Hg.); Arbeitsberichte Heft 108; Kassel 1993; S. 63-64.

entwicklung Interaktionsprozesse auf der Ortsteilebene, die sich durch politische, aber eben auch durch entpolitisierte, informelle Kommunikationsprozesse auszeichnen. Der positive Umgang auf kommunal- und landespolitischer Ebene mit dem so entstandenen kollektiven Selbstbewußtsein von Bewohnern und Bewohnerinnen ist noch nicht selbstverständlich.

2.8.4 Bürgermitwirkung und politische Kultur in der Kommunalpolitik stehen in einem wechselseitigen Bezug

Durch Bürgermitwirkung über das parlamentarische Demokratieprinzip hinaus können zusätzlich zu den etablierten Gruppen gerade jene Personenkreise erreicht werden, die häufig nicht oder nur wenig organisiert sind; sie sind in der Regel kommunalpolitisch entsprechend unerfahren. Durch Neugruppierungen in einem Beteiligungsverfahren entsteht eine Auffächerung, auch Differenzierung der örtlichen Interessen. Dabei gelangen über diese Ausweitung von Artikulationsmöglichkeiten Informationen und Interessen in einen Prozeß, die sich möglicherweise "quer zum Diskurs stellen"[181], möglicherweise auch quer zur örtlichen und/oder gemeindlichen Kommunalpolitik, und in dieser Konsequenz ist es "(...) offensichtlich, daß das, was sich letztendlich als öffentliches Leitbild aus dem erarbeiteten Material herausfiltern läßt, **nicht frei sein kann von Interessenkonflikten, Widersprüchen und anderem Widerborstigen**."[182]

Demokratisierungsprozesse bewegen sich in aller Regel nicht linear auf ein von allen Beteiligten gleichermaßen akzeptiertes Ziel zu. Im Gegenteil: auf und in allen Ebenen von involvierten Gesellschaftsgruppen existieren konträre Vorstellungen und Interessen, prozeßprägend sind zudem unterschiedliche Machtkonstellationen.[183] So ist Planung immer "ein politisch motiviertes Instrument, um einen Entscheidungsprozeß über konkurrierende Interessen an Räumen, Regionen, Flächen, Bauobjekten oder Entwicklungsprojekten herbeizuführen."[184]

---

181 Theo Kinstle: Vorlaufphasen in der Dorferneuerung bringen Bürger rein und Leerformeln raus. In: Pro Regio. Eigenständige Regionalentwicklung Baden-Württemberg e.V. (Hg.); Nr. 10; Boxberg-Wölchingen 1992.

182 Theo Kinstle: (a.a.O.); S. 26. (Hervorhebung im Original).

183 vgl. hierzu: Ulrich Beck: Politik in der Risikogesellschaft. Frankfurt a.M. 1991.

184 Annegret Boos-Krüger: Versorgung älterer und hilfsbedürftiger Menschen im Dorf: Beispiel einer Projektentwicklung im Rahmen der Hessischen Dorferneuerung. In: Hessische Aka-

Projiziert auf die örtliche Ebene faßt Frahm die Eigenheit dörflicher Strukturen zusammen: "Jedes Dorf ist ein fein ausbalanciertes Psychotop (...) "[185] und beschreibt damit die unterschiedlichste Eigenart, die Dörfer aufzuweisen haben. Ausschlaggebender Faktor ist hierbei z.B. der Umsetzungsstil in der Kommunalpolitik: die politische Kultur in Gemeinden und Städten wirkt sich elementar positiv oder negativ auf die Ergebnisqualität von partizipativ organisierten Verfahren aus.

> "Eine intentionale Bürgerbeteiligung hängt nicht nur von der gesetzlichen Regelung, der Organisation, den Planungsverfahren und der Bereitschaft der Mitarbeiter der Verwaltung ab. Zu den tiefer liegenden und ganz entscheidenden Einflußfaktoren gehören die Phänomene, die dem Bereich der 'politischen Kultur' zuzurechnen sind.
> Der Begriff der politischen Kultur umfaßt die politischen Ziele, Werte und Normen eines Systems sowie die glaubens- und gefühlsmäßige Orientierung der Bevölkerung daran (...)."[186]

2.8.4.1 Arbeitsklima in partizipativen Verfahren

Eine Kompetenzstärkung der örtlichen Ebenen stellt höhere Anforderungen an die "notwendige **Dialogfähigkeit** im Interessenabgleich zwischen allen Beteiligten."[187] Buchenauer führt dazu aus:

> "Von den verschiedenen Beteiligten im Gesamtprozeß wird mit der Einführung der Vorlaufphasen ein höheres Maß an Toleranz und Sensibilität im Umgang miteinander verlangt. So haben es die Planer mit einer aktiveren und selbstbewußter auftretenden Ortsbevölkerung zu tun und müssen sich mitunter völlig neuen Themenstellungen zuwenden. (...) Die Gemeinden

---

demie der Forschung und Planung im ländlichen Raum (Hg.): Zeitgemäße Leitbilder für die Dorfentwicklung. Bad Karlshafen 1995; S. 65.

185 Eckart Frahm: Dorfentwicklung als Lernprozeß. In: Leben und Lernen in der Region. Volkshochschule des Landkreises Kassel (Hg.); Kassel 1992; S. 22.

186 Walter Brückmann, Hans Ulrich Oel: Bürgerbeteiligung bei kommunalen Planungen. München 1981; S. 146.

187 Theo Kinstle: (a.a.O.); S. 26. (Hervorhebung im Original).

> wiederum müssen sich mit neuen und konkreter formulierten Forderungen der Bewohner auseinandersetzen - (...)."[188]

Partizipativ organisierte Aushandlungsprozesse setzen ein Arbeitsklima voraus, das ein gegenseitiges Ernstnehmen der Verhandelnden garantiert. Gegenläufige Prozesse schaffen kontraproduktive Verfahrensergebnisse und beenden Bereitschaft zur Mitwirkung an einem progressiven Entwicklungsprozeß, wie sie die Dorfentwicklung anstrebt.

> "Ein wichtiger Gesichtspunkt ist (...), daß die individuelle und gruppenspezifische Selbsteinschätzung politischer Mitwirkungsmöglichkeiten eine entscheidende Rolle für die Entwicklung von politischen Interessen oder Apathie spielt. Politische Beteiligungsprozesse setzen individuelles und gruppenspezifisches politisches Selbstvertrauen voraus, das durch das generelle politische Klima verstärkt oder zerstört werden kann. Das gilt erst recht für die intentionale Bürgerbeteiligung. Sie ist - und hier schließt sich der Kreis - von der jeweiligen spezifischen kommunalen politischen Kultur abhängig."[189]

2.8.5 Bedingungen politischer Beteiligungsprozesse im Kontext ländlicher Kommunalpolitik

Die Gebietsreform Anfang der 70er Jahre hat im ländlichen Raum zu einer politischen Zentralisierung auf die Kerngemeinde bzw. Stadt innerhalb der neu gebildeten Flächengemeinden geführt. Dabei haben die Ortsteile ihre kommunale Selbständigkeit aufgeben müssen. Das politische Selbstverständnis der gewählten Vertreter/-innen aus den Ortsteilen im Kommunalparlament ist seither "gesplittet". Normativ sind sie Gemeindevertreter/-innen, in der Praxis jedoch vertreten sie "ihren Ortsteil"; die Durchsetzungsfähigkeit örtlicher Interessen hängt wesentlich von ihren politischen Erfahrungen und Fähigkeiten ab.

> "Dieses in der Bevölkerung und im Gemeinderat vorherrschende lokalistische Politikverständnis bringt Widersprüchliches hervor. Einerseits kann es Energien im Dorf - etwa bei der Durchführung der Dorfentwicklung - frei-

---

188 Renate Buchenauer: Die Vorlaufphase in Hessen - Ein Modell dörflicher Informations-, Beratungs- und Aktivierungsarbeit. In: Pro Regio. Eigenständige Regionalentwicklung Baden-Württemberg e.V. (Hg.); Nr. 9; Boxberg-Wölchingen 1991. (Hervorhebung im Original).

189 Walter Brückmann, Hans-Ulrich Oel: Bürgerbeteiligung bei kommunalen Planungen. München 1981; S. 149.

> setzen und es den Dorfbewohnern erleichtern, sich mit dem Verlust der kommunalen Selbständigkeit abzufinden, wenn sie den berechtigten Eindruck erhalten, daß ihre sozialräumlichen Interessen im Gemeinderat berücksichtigt werden; andererseits kann es jedoch die Teilorte einer Flächengemeinde in einen anarchischen Verteilungskampf um Investitionsprioritäten, Standorte und Zuschüsse stürzen. Es stellt sich daher die Frage, wie dieser teilörtliche Lokalismus und die Gemeindeintegration miteinander in Einklang zu bringen sind."[190]

Schneider greift hier insbesondere das Konkurrenzverhältnis der Ortsteile untereinander und zur Kerngemeinde bzw. Stadt auf. Ebenfalls stellt sich diese Frage zum Verhältnis der tradierten und neu konstituierten Gruppen auf der Dorfebene, die sich im Zuge partizipativ angelegter Dorferneuerungsverfahren bilden.

In diesem Kontext sind Thesen des Politologen Lowi[191] interessant, hier in einer Zusammenfassung von Windhoff-Herriter zitiert.

> Lowi "geht von der These aus, daß Politikinhalte, die zur Entscheidung anstehen, Erwartungen bei den Bürgern hervorrufen, die sich insbesondere auf die Natur der Beziehungen der Bürger untereinander und die Verteilung von Gütern zwischen gesellschaftlichen Gruppen erstrecken. Diese Erwartungen strukturieren das Entscheidungsfeld, prägen die Beteiligungsbereitschaft und die Art der eingegangenen Koalitionen."[192]

Er unterscheidet drei Entscheidungstypen: den verteilenden (distributiven), regulierenden und umverteilenden (redistributiven). Während distributive Politik im konstruierten Idealfall keine Rücksicht auf Mittelknappheit nehmen muß und so "die politische Arena der Verteilungspolitik durch wechselseitige Nichteinmischung der pluralistischen Interessen charakterisiert ist"[193], "verursacht die regulierende Politik direkte Kosten und kann mit einer Einengung des Handlungs-

---

[190] Herbert Schneider: Kommunalpolitik auf dem Lande. München 1991; S. 220.

[191] vgl. hierzu: Theodore J. Lowi: At the Pleasure of the Mayor, Patronage and Power in New York City - 1898 - 1958. New York 1964.

[192] Adrienne Windhoff-Herriter: Partizipation und Politikinhalte -Voraussetzungen und Folgen direktdemokratischer Bürgerbeteiligung im kommunalen Entscheidungsprozeß. In: Oscar W. Gabriel (Hg.): Bürgerbeteiligung und kommunale Demokratie. München 1983; S. 309.

[193] Adrienne Windhoff-Herriter: (a.a.O.); S. 309: Windhoff-Herriter bezieht sich auf Theodore J. Lowi: (a.a.O.); S. 694.

spielraums von Personen und Gruppen einhergehen."[194] "Diese Politik bringt eine punktuelle Kosten-Nutzen-Umschichtung und direkte Konfrontation zwischen einzelnen Begünstigten und Benachteiligten. Es bilden sich kleine, wechselnde Koalitionen zwischen sich berührenden Interessen."[195] Im Falle einer umverteilenden Politik ist "die Entscheidungsarena (...) durch deutliche, konstante, ideologisch untermauerte Konfliktlinien zwischen (...) Gruppen geprägt."[196] Windhoff-Herriter schlußfolgert unter Berufung auf den theoretischen Ansatz von Lowi, "daß die unterschiedlichen Entscheidungstypen spezifische Konfliktmuster und damit eine wechselnde Beteiligungsbereitschaft auslösen."[197]

Der "regulierende" Entscheidungstyp ist in der hier getroffenen Definition übertragbar auf die Interaktions- und Verhandlungsbedingungen in der Dorferneuerung zwischen den Akteuren, Landesverwaltung, Zentralgemeinde bzw. Stadt, Ortsteil und zwischen diversen örtlichen Gruppen.

2.8.5.1 Entscheidungsprägende Positionen der Verhandelnden: Landesverwaltung, Kommunalverwaltung, Bürger/-innen in der Dorferneuerung

Mit zunehmend knapper bemessenen öffentlichen Haushaltskassen bei Bund, Land und Kommunen gewinnt der Aushandlungsprozeß um Fördermittel an Schärfe. Die Hessische Landesentwicklungsverwaltung interpretiert aktuell den Mittelansatz in der Dorferneuerung wie folgt:

> "Durch das Fehlen staatlicher Gelder ist es dringend geboten, die Effizienz des Fördermitteleinsatzes in Dorferneuerungsverfahren noch zu steigern. Eine Konzentration auf die drängenden Problemlagen der Zukunft ist notwendig.
> **Aufwendige Gestaltungsmaßnahmen müssen häufig zugunsten notwendiger strukturverbessernder Investitionen zurückgestellt werden.**

---

194 Adrienne Windhoff-Herriter: (a.a.O.); S. 310: Windhoff-Herriter bezieht sich auf Theodore J. Lowi: (a.a.O.); S. 695.

195 Adrienne Windhoff-Herriter: (a.a.O.); S. 310: Windhoff-Herriter bezieht sich auf Theodore J. Lowi: (a.a.O.); S. 711. (Hervorhebung durch die Verfasserin dieser Arbeit).

196 Adrienne Windhoff-Herriter: (a.a.O.); S. 310: Windhoff-Herriter bezieht sich auf Theodore J. Lowi: (a.a.O.); S. 711.

197 Adrienne Windhoff-Herriter: (a.a.O.); S. 310.

Dies betrifft und begünstigt vor allem strukturverbessernde Investitionen im Bereich der Grundversorgung, der Altenpflege, der Kinderbetreuung, der Wohnraumversorgung und Existenzgründungen sowie die Zukunftsfelder Kommunikation- und Wissenstransfer."[198]

Die hier genannten und angestrebten Aufgabenfelder verlangen weit über die erste Stufe intensiver Bürgermitwirkung in der Klärungsphase hinaus nach weiterführenden professionellen Projektkonzeptionen und -realisierungen; hierfür müssen Experten/innen beauftragt werden. Die Planungshoheit der Kommune garantiert ihr die Entscheidungskompetenz über die Verwendung des zur Verfügung gestellten Fördermittels im Kommunalparlament.[199] Dort wird letztlich die Entscheidung getroffen über die Vergabe der weiteren Planungs- und Projektaufträge im Rahmen der Dorfentwicklung; formal politisch verankert wird im Stadt- bzw. Gemeindeparlament der Beschluß gefaßt, welche Schwerpunkte das Dorfentwicklungsverfahren haben soll, für welche Projekte die Komplementärmittel aus dem kommunalen Haushalt aufgewendet werden sollen.

Während die städtebaulichen Programminhalte der Dorferneuerung für die Kommunen anerkannte Programmziele darstellen und die Mittel zur Minimierung örtlicher Engpässe in der tradierten örtlichen sozialen Infrastruktur: z.B. Dorfgemeinschaftshäuser, Backhäuser oder städtebauliche Maßnahmen: z.B. Straßenrückbau, Straßen-, Platzgestaltungen akzeptierterweise eingesetzt werden, kann eine Entscheidung pro Mittelausgabe für soziale, kulturelle und/oder sozioökonomische Projekte, möglicherweise vorgetragen von bisher weniger etablierten Interessengruppen, nicht ohne weitere Aushandlungsprozedur vorausgesetzt werden, möglicherweise auch scheitern. "Bis dato ist dazu festzustellen, daß hierfür die Notwendigkeit auf allen beteiligten Ebenen, sei es auf kommunal-, kreis- oder landespolitischer Ebene, noch nicht erkannt ist. Die Kommunen, auftragvergebende Verwaltung und Planungsträgerin der Dorferneuerung, argumentieren hier mit den Kosten solcher Projektbetreuungen."[200]

---

198 Hartmut Bock: Dorfentwicklung und dörfliche Strukturpolitik in Hessen. In: Forum für den ländlichen Raum e.V. (Hg.): Belebung der dörflichen Ökonomie. Beiträge zur Tagung am 30./31. Oktober 1995 in der Evangelischen Akademie Hofgeismar; Kassel 1996; Vortragsmanuskript S. 5.

199 vgl. hierzu: Kap. 2.6.1. Zur planungsrechtlichen Disposition der Dorferneuerung.

200 Annegret Boos-Krüger: Versorgung älterer und hilfsbedürftiger Menschen im Dorf: Beispiel einer Projektentwicklung im Rahmen der Hessischen Dorferneuerung. In: Hessische Aka-

Am Beispiel einer Dorfentwicklung mit bereits hohem Projektfördervolumen kann dies untermauert werden:

> "Zur Einordnung derartiger Kosten-Nutzen-Argumentationen sei am Beispiel der Dorfentwicklung Mühlhausen eine Relation hergestellt: Bezogen auf den kommunalen Maßnahmenkatalog sind für diesen Förderschwerpunkt 4,1 % des gesamten Dorferneuerungs-Investitionsvolumen für Projektbearbeitung, einschließlich Vorklärungsphase veranschlagt, 1,7 % entfielen davon auf die Projektentwicklung 'Mobile Sozialstation Mühlhausen' und 95,9 % entfallen auf Planungskosten sowie deren bauliche Umsetzung."[201]

An diesem strategischen Punkt der Entscheidung über die Schwerpunktsetzungen im Dorferneuerungsverfahren durch die Kommune kann eine Bruchstelle zwischen den Unwägbarkeiten der kommunalpolitischen Entscheidungspraxis, der landespolitischen Interpretation der Förderziele und Betrebungen der Bürgermitwirkung vor Ort qua Programm entstehen.
Daraus folgt:
Der Effekt der Entpolitisierung im Erkenntnisprozeß um die örtlichen Problemlagen durch Bürgermitwirkung unterliegt einem unsicheren Faktor hinsichtlich der Unterstützung durch die Fachverwaltung und der kommunalen Beschlußfassungen im folgenden: er kann positiv unterstützt werden, aber ebenso verworfen oder indirekt unterlaufen werden.

> "Bürgerbeteiligung ist (...) immer nur so gut, wie sie auch Mitentscheidung ermöglicht. Andernfalls läuft sie Gefahr, die geweckte Motivation unmittelbar wieder zu enttäuschen: wozu Luftschlösser für die Zukunft bauen, wenn der Gemeinderat nachher doch macht, was er will, bzw. die

---

demie der Forschung und Planung im ländlichen Raum (Hg.): Zeitgemäße Leitbilder für die Dorfentwicklung. Bad Karlshafen 1995; S. 66.
vgl. hierzu auch: Harry Hermann, damals Dezernent für Dorfentwicklung im Hessischen Landesamt für Landwirtschaft, hier zitiert in einem Interview vom 16.01.1992 in: Helene Rettenbach, Erik Schaab: Dörfliche Gemeinwesenarbeit. Inhalte - Verfahren - Organisation. Beiträge zur konzeptionellen Weiterentwicklung. Wiesbaden 1992: "Wenn ein Projekt in der Bürgerschaft verankert ist, dann wird sich keiner scheuen, Aufträge zu vergeben. Ist es aber nicht akzeptiert - z.B. Widerstände im Gemeindevorstand oder im Planungsbeirat - dann wird es aber nicht umfassend weitergeführt werden können."

201 Annegret Boos-Krüger: (a.a.O.); S. 66.
vgl. hierzu auch: Werkstatt für Architektur und Stadtplanung: Dorferneuerungsbericht für den Ortsteil Mühlhausen. Im Auftrag der Gemeinde Twistetal; Kassel 1993.

übergeordnete Verwaltung die Dorferneuerungsgelder nach Belieben verteilt."[202]

2.8.6 Bürgermitwirkung - eine endliche Ressource

Die seit 1993 genutzten Computersimulationen zur Überprüfung der Spieltheorie sind in bezug auf die Ergebnisse im Kontext der Gruppenprozesse in Dorfentwicklungsverfahren zur Gegenüberstellung interessant. Nach dieser mathematischen Theorie des 'sozialen Dilemmas' "läßt sich durchgängig kooperatives Verhalten nicht aufrecht erhalten, sobald die Größe der Gruppe einen kritischen Wert überschreitet; er hängt davon ab, für wie lange die Mitglieder erwarten, in der Gruppe zu bleiben, sowie von der ihnen zugänglichen Informationsmenge. Der Charakter des Gruppenverhaltens kann plötzlich und unerwartet von kooperativ in egoistisch umschlagen und umgekehrt."[203]

Die Bereitschaft bürgerlichen Engagements ist labil, da sie von den verschiedensten Gesichtspunkten, wie in den Kapiteln zuvor dargelegt, ursächlich beeinflußt wird; das Engagement wird neben der beruflichen und privaten Alltagsorganisation aufgebracht. Dauer und Intensität der Mitwirkungsbereitschaft hängen ab von Abwägungen zwischen individuellem Eigennutz und Gemeinwohl, von individuellen Lebenssituationen, von individuellen Fähigkeiten, von individuellen und kollektiven Erfahrungen in den Gruppenprozessen vor Ort und von den kommunalpolitischen Gegebenheiten in der Gemeinde bzw. Stadt.

Ein qualitativ und quantitativ befriedigendes Beteiligungsangebot vorausgesetzt, ist die Annahme desselben abhängig von Informationszugang und Transparenz in der Darstellung der jeweiligen Themenschwerpunkte, von der Kalkulierbarkeit und Überschaubarkeit des zeitlichen Aufwandes für die Mitarbeit und von den

---

202 Jörg Knieling, Heidi Sinning: Agrarstrukturelle Dorferneuerung - ein Instrument zur umwelt- und sozialverträglichen Strukturpolitik? In: Kritischer Agrarbericht. Kassel, Rheda-Wiedenbrück, Bonn; Februar 1994; S. 142.

203 vgl. hierzu: Natalie S. Glance, Bernado A. Hubermann: Das Schmarotzer-Dilemma. In: Spektrum der Wissenschaft. Mai 1994; S. 37: Die Autoren beziehen sich u.a. auf Untersuchungen des Ökonoms Mancur L. Olson von der Universität Maryland/USA; Olson stützt seine Untersuchungen u.a. auf die Hypothese, daß kleinere Gruppen eher zu freiwilliger Kooperation neigen als große.

Möglichkeiten der Einflußnahme auf individuell und kollektiv gesteckte Ziele. "Wesentlich beeinflußt wird die tatsächliche Teilnahme durch die Betroffenheit und Beteiligungsmotivation, die wiederum unmittelbar beeinflußt werden von dem Beteiligungsangebot und dem für den Bürger erkennbaren Entscheidungsspielraum."[204]

2.8.6.1 Mitwirkungsangebote und Entscheidungsspielräume für die Bürgerschaft kontrovers betrachtet

Die methodische Vorgehensweise und damit analog die Mitwirkungsangebote in der Moderation der Klärungsphase und später in der Beteiligung von Planungen und Projekten differieren aufgrund der unterschiedlichsten Voraussetzungen und Spezialisierungen der Projektbeauftragten[205], bzw. der Planer/-innen; ebenso von Bedeutung für das Erreichen weniger etablierter, "stiller" Gruppen kann das Geschlecht der Experten bzw. Expertinnen sein, dies gilt besonders für die Diskussion der Interessen von Bürgerinnen im Dorf. Mit Sicherheit ist festzustellen, daß in der derzeitigen Verfahrenspraxis die Beteiligungsangebote während der sechsmonatigen Klärungsphasen, durch die von der Landesverwaltung zu 90% finanzierten Moderationsaufträge[206], am intensivsten und am konkretesten auf örtliche Gruppen bezogen sind, verglichen mit den weiteren Verfahrensphasen.[207]

Mit Ende der Klärungsphase wird aus den vielfältig gebildeten Interessen- und Arbeitsgruppen ein "Arbeitskreis Dorferneuerung" gegründet; Interessenvertreter/-innen der einzelnen örtlichen Gruppen sollen in diesem Gremium während der weiteren neun Verfahrensjahre mitarbeiten. Die Gruppengröße des Arbeitskreises beträgt in der Regel 10-15 Personen, im Laufe der neun Jahre sind Fluktuationen einzelner Personen üblich.

---

[204] Walter Bückmann: Bürgerbeteiligung bei kommunalen Planungen. München 1981; S. 161. (Hervorhebung durch die Verfasserin dieser Arbeit).

[205] vgl. hierzu: Kap. 2.7.1.1.

[206] Anmerkung der Verfasserin: 10 % der Kosten für diese Projektaufträge sind komplementär von den Kommunen aufzubringen.

[207] vgl. hierzu: Kap. 1, Abbildung 2.

Im neuen "Leitfaden Dorferneuerung"[208] will die Landesverwaltung im Rahmen der Verfahrensgestaltung an die Bürger/-innen ein hohes Maß an Verantwortung delegieren, was gleichzeitig Engagement, hohe Professionalität und Kompetenz in inhaltlichen Fragen der Planung und des Projektmanagements in der Bürgerschaft voraussetzen würde:

> "Der Arbeitskreis übernimmt über die inhaltliche Begleitung der Projekte und Planungen hinaus eine aktive Rolle im Gesamtgeschehen der Dorferneuerung. Er übernimmt Informationsaufgaben, organisiert Veranstaltungen, ist wichtiger Ansprechpartner im Ort und trägt die Entscheidungen für Planungen und Maßnahmen verantwortlich mit. Er sichert die Kontinuität der Dorferneuerung im Ort über den gesamten Zeitverlauf und darüber hinaus."[209]

Diese Formulierung suggeriert einen ausgesprochen hohen Entscheidungsspielraum für die Ortsteilbewohner/-innen. Die Verfasserin dieser Arbeit sieht für diese Aufgabenübertragung der Fachverwaltung an den Arbeitskreis Dorferneuerung jedoch keine ausreichende, im Verfahren verankerte Chance der Bürgermitwirkung; ohne Konkretisierung, wie diese Mitwirkung und Mitverantwortung der Bürgerinnen professionell inhaltlich, organisatorisch und verfahrensstrukturell gestützt werden soll im notwendigen Aushandlungsprozeß der Dorfentwicklung, ist sie zunächst kritisch zu bewerten als

- eine Fehlbewertung der inhaltlichen, fachlichen Kompetenz in der Bürgerschaft und ihrer Leistungsfähigkeit, -bereitschaft und -kontinuität im Rahmen ehrenamtlich zur Verfügung gestellter Mitarbeit,
- eine nicht politikfähige Beteiligungs-, Mitwirkungs- und Entscheidungsanforderung an die örtliche Handlungsebene, die die Eigendynamik von kommunalpolitischen Entscheidungsstrukturen und die kommunalrechtlich zugesicherte Entscheidungskompetenz der Kommunen unzureichend würdigt

und/oder

- ein Versuch der Entlastung von politischer Verantwortung der Fachverwaltung für den Erfolg und die Durchsetzung der sozialen, kulturellen und ökonomischen Handlungsziele des Hessischen Dorferneuerungsprogramms weg auf die Bürgerebene.

---

[208] Hessisches Ministerium für Wirtschaft, Verkehr und Landesentwicklung: Leitfaden Dorferneuerung. Wiesbaden 1995; S. 7.

[209] Hessisches Landesamt für Regionalentwicklung und Landwirtschaft: Leitfaden Dorferneuerung; (a.a.O.); S. 4.

Die Programminnovationen sind keinesfalls durch die Proklamation eines Entscheidungsspielraumes für die Bürger/-innen umzusetzen, sondern durch Sicherstellung von Beteiligungsstandards im Verfahren. Diese sind im Zuge der Verfahrenslenkung durch die Fachverwaltung im Dialog mit Bürger/-innen, Kommune und Experten auszuhandeln und in einer Leistungsbeschreibung bei der Vergabe von Planungs- und Projektaufträgen zu definieren. Der Verwaltung obliegt hierbei die politische Interpretation des Programms, gerade im Hinblick auf Themenschwerpunktsetzungen und Partizipationsstruktur des Verfahrens.

2.9 Die Partizipationsdebatte in der Hessischen Dorfentwicklung - eine Zu- und Einordnung in planungstheoretische Überlegungen der Gegenwart unter zivilgesellschaftlichen Aspekten

Zur Entwicklung von Beteiligungsstandards in der Hessischen Dorfentwicklung werden die hierzu noch zu präzisierenden Bedingungen und Anforderungen an die Interaktionsprozesse der Akteure im Verfahren verortet, insbesondere in der Diskussion über die demokratische Ausgestaltung gesellschaftlicher Prozesse in einer Zivilgesellschaft.[210] Dies wird wie folgt begründet:
Die Verfasserin sieht in drei Programm- bzw. Verfahrensmerkmalen der fortgeschriebenen Hessischen Dorfentwicklung eine grundlegende Intention der landespolitischen Programmplanung, die Interaktionsformen und -strukturen zwischen Ortsteilbevölkerung und den beteiligten kommunal- und landespolitischen Admi-

---

210 vgl. hierzu u.a.: Charles Taylor: Die Beschwörung der Civil Society. In: Krzysztof Michalski (Hg.): Europa und die Civil Society. Stuttgart 1991; S. 57: Tylor spezifiziert den Begriff Zivilgesellschaft in drei Stufungen: " 1. In einem sehr allgemeinen Sinn gibt es *civil society* dort, wo es freie Vereinigungen gibt, die nicht von der Staatsmacht bevormundet werden. 2. Im engeren Sinn gibt es *civil society* nur dort, wo die Gesellschaft als ganze sich durch Vereinigung, die nicht von der Staatsmacht bevormundet werden, strukturieren und ihre Handlungen koordinieren kann. 3. Alternativ und ergänzend zur zweiten Bedeutung können wir von *civil society* immer dort sprechen, wo die Gesamtheit der Vereinigungen den Gang der staatlichen Politik signifikant bestimmen oder modulieren kann."
oder auch: Ullrich Rödel, Günter Frankenberg, Helmut Dubiel: Die demokratische Frage. Frankfurt a.M. 1989; S. 83 ff.: Die Autoren stellen Zivilgesellschaft jeder Form der Herrschaft kritisch entgegen, die politische Rechte der Kommunikation einschränken möchte bzw. muß.
oder auch: Jürgen Habermas: Theorie des kommunikativen Handelns. Frankfurt a.M. 1981.

nistrationen (Kommunalverwaltung und Fachverwaltung des Landes) weiterzuentwickeln:

1. in dem programmatisch verankerten Partizipationsanspruch,
2. in der breiten, interdisziplinär gefächerten Förderkulisse im Sinne eines umfassenden Strukturförderprogramms und
3. in der prozeßorientierten und reflexiven Verfahrensstruktur im Sinne eines Dorfentwicklungskonzeptes.[211]

Ziel ist dabei eine kooperative Erarbeitung von Problemlösungen für die Bewältigung sozialer, ökonomischer, kultureller, städtebaulicher und ökologischer Aufgabenstellungen im ländlichen Raum. Dazu ist die Gründung neuer Initiativen, Gruppierungen, Institutionen und/oder die Zusammenarbeit mit bereits bestehenden programmatisch gewollt; diese Handlungsfelder können nur in einem partizipativ strukturierten Verfahren entstehen, weil eine aktive und teilnehmende Bevölkerung hierfür die Basis bedeutet. Dieser Programm- und Verfahrenscharakter korrespondiert mit wesentlichen Charakteristika eines zivilgesellschaftlich orientierten Demokratieverständnisses, das demokratisch assoziierte Handlungsfelder zwischen Staat und Gesellschaft in den Mittelpunkt aller Überlegungen stellt. Die zivilgesellschaftliche Debatte ist nicht auf eine politiktheoretische begrenzt; Alheit bemerkt, daß sich "der Zivilitätsdiskurs (...) nicht in eine Fachdisziplin pressen läßt, sondern in philosophischen, politikwissenschaftlichen und kultursoziologischen Debatten gleichzeitig präsent ist."[212] Breckner und Schmals zeigen die Relevanz für den Planungskontext und definieren "Zivilgesellschaft" als

> "(...) einen anderen, einen zurückgewonnenen Staat. Zivilgesellschaft steht in planungspolitischer, planungstheoretischer, planungsmethodischer und planungsinstrumenteller Hinsicht für ein verständigungsorientiertes Zusammenspiel von Aktivbürgern und Staat, in dessen Raum Bürger auch zusammengeschlossen zu Bürgerinitiativen, Bürgervereinen, Bürgerforen, Beiräten, Genossenschaften, Stiftungen, intermediären Organisationen oder Wohlfahrtsverbänden ihre Bedürfnisse und Interessen selbstbewußt und eigenverantwortlich organisieren."[213]

---

[211] Hervorhebung durch die Verfasserin dieser Arbeit.

[212] Peter Alheit: Zur Soziologie der 'Zivilgesellschaft'. In: Dialektik-Enzyklopädische Zeitschrift für Philosophie und Wissenschaft. Bremen 3/1995; S. 134.

[213] Ingrid Breckner, Klaus M. Schmals: (a.a.O.); S. 6-7: Breckner und Schmals stützen ihre Ausführungen hier auf das theoretische Konzept von Jürgen Habermas (Faktizität und Geltung. Frankfurt a.M. 1992; S. 429 ff; nachfolgend kursiv gekennzeichnet): "Um das komplizierte

Wie kommt es zu diesen partizipativ, demokratisch organisierten Modellen, und warum haben sie gegenwärtig Konjunktur und stehen im Blickpunkt von demokratie- und planungstheoretischen Überlegungen?

Zentral in der Diskussion gesellschaftlicher Demokratisierungsprozesse sind die Fragen der Steuerungsfähigkeit des Staates überhaupt; auf das Praxisfeld übertragen betreffen diese Fragen die Interaktionsformen zwischen Verwaltung und Bürgerschaft. Dabei kann in der Post- oder Nachmoderne eine Veränderung in der Konstellation der involvierten Akteure festgestellt werden, also zwischen Staat, Gesellschaft und in deren Folge in ihren Interaktionen: Erstritten noch in den 60er und 70er Jahren die Bürgerinnen und Bürger auf den diversesten Handlungsebenen ihre Beteiligung und Mitwirkung am gesellschaftspolitischen Geschehen, fordern nunmehr in den 80er und vor allem 90er Jahren die politisch, administrativen Kräfte die Bürgerschaft zur Mitwirkung an Entscheidungsprozessen auf[214]; gleichzeitig und durchaus in Beziehung stehend zu dieser Entwicklung, wird der Begriff der "Politikverdrossenheit" zu einem Trendbegriff der Gegenwartsgesellschaft. Die Ursachen für die vielerorts feststellbaren Beteiligungsbemühungen der Staatsorgane, appelierend an die Bürgerschaft gerichtet, liegen in der Komplexität und Vernetzung der Sachverhalte, aus denen heraus heute Entscheidungen getroffen werden müssen. Hierzu stellt Zilleßen fest:

> "Das 'entscheidende' Problem der heutigen Demokratie ist das Entscheidungsproblem: Die Quantität und die Qualität politischer Entscheidungen haben unter den Bedingungen der modernen Zivilisation eine neue Dimen-

---

Arbeitsverhältnis Staat-Staatsapparat und Bürger genauer zu bestimmen, legte J. Habermas (...) ein formalistisches Konzept vor, das die *'Kommunikations- und Entscheidungsprozesse des rechtsstaatlich verfaßten politischen Systems auf der Achse Zentrum - Peripherie' anordnet, durch ein 'System von Schleusen strukturiert' und das durch 'zwei Arten der Problemverarbeitung'* - die Entwicklung bindender Entscheidungen und die Legitimation von Entscheidungen - bestimmt ist."

214 vgl. hierzu: Dirk Schubert: Stadtentwicklungsplanung zwischen Sozialverträglichkeit und Nachhaltigkeit - Neue Planungskulturen und Herausforderungen für kommunale Planung: In: Dirk Schubert (Hg.): Städte für Morgen. Universität Gesamthochschule Kassel, Schriftenreihe des Fachbereichs Stadtplanung und Landschaftsplanung; Band 22. Kassel 1995; S. 31: "Viele Kommunen haben Defizite der gesetzlichen Beteiligungsverfahren registriert - die dann zum Teil verzögernd und verteuernd nachgeholt werden - und suchen nach effizienteren Verfahren und neuen Wegen. Derartige Ansätze planungskultureller Innovation sind sowohl von oben ('top down') initiiert worden, z.B. das Stadtforum Berlin, als auch von unten ('bottom up') eingefordert worden, wie die Planungsbeteiligung bei Wohngruppenprojekten."

> sion erreicht. (...) In den vorindustriellen Gesellschaften mit ihrer geringen Arbeitsteilung und dem langsamen Wechsel der Lebensverhältnisse (...) war die Zahl der politischen und administrativen Entscheidungen relativ klein. Die Entscheidungslast (...) war gering. Eine kleine nicht spezialisierte Elite reichte aus für die notwendigen Entscheidungen. Die zweite Welle der Entwicklung (...) brachte dann die Ausdehnung des Handelns, eine größere Arbeitsteilung und ein ganz neues Maß an gesellschaftlicher Komplexität und damit zugleich einen erhöhten Entscheidungsbedarf. Dieser enthält nun in der hochentwickelten Industriegesellschaft ein Ausmaß, das die bisherigen 'Techniken der Macht' dazu zwingt, die Last der Entscheidungen immer weiter aufzuteilen, um sie überhaupt bewältigen zu können."[215]

Die zunehmende Komplexität und der permanente Anstieg von gesellschaftlichen Problemlagen bei einer - interdependenten - steigenden Belastung der öffentlichen Haushalte zur Bewältigung der staatlichen Aufgaben ebnet Wege zu einem veränderten Kooperationsverständnis der Exekutive gegenüber der Bürgerschaft. Dazu Renn und Oppermann:

> "Je knapper die Kassen und je geringer die Handlungsspielräume des "schlanken Staates" werden, desto mehr werden die lokalen Entscheidungsträger auf eine aktive Selbstorganisation und Mitwirkung der Bürger angewiesen sein."[216]

Die Parallele zur Programmentwicklung der Dorferneuerung in Hessen ist hier aufzuzeigen: Vor dem Hintergrund der gewachsenen, komplexen und heterogenen Problemlagen im ländlichen Raum wird das Programm, wie bereits dargelegt, von einem städtebaulichen Förderprogramm zu einem umfassenden Strukturförderprogramm mit einer breit angelegten Förderkulisse fortgeschrieben. Die Fortschreibung intendiert zeitgleich den Ausbau einer partizipativen Verfahrensstruktur, verbunden mit den Zielen der Stärkung, der Selbstbestimmung und Eigenverantwortung der Bürger/-innen, zusammengefaßt unter der Begrifflichkeit

---

215 Horst Zilleßen: Alternative Dispute Resolution - Ein neuer Verfahrensansatz zur Optimierung politischer Entscheidungen. Lokale Konfliktregelung durch kooperative Verhandlung und Vermittlung (Mediation). In: Stiftung Mitarbeit (Hg.): Demokratie vor Ort - Modelle und Wege der lokalen Bürgerbeteiligung. Bonn 1991; S. 126: Zilleßen beruft sich in seinen Ausführungen auf Alvin Toffler: The Third Wave. New York 1980.

216 Bettina Oppermann, Ortwin Renn:"Bottom-up" statt "Top-down" - Die Forderung nach Bürgermitwirkung als (altes und neues) Mittel zur Lösung von Konflikten in der räumlichen Planung. In: Zeitschrift für angewandte Umweltforschung. Sonderheft: Stadtökologie; 1995; S. 259.

der "Hilfe zur Selbsthilfe". Unübersehbar ist der gleichzeitige, stetige Rückgang der für das Programm zur Verfügung gestellten Landeshaushaltsmittel, verbunden mit einer stetigen Reduzierung des Fördervolumens pro Dorfentwicklungsförderschwerpunkt; dieser liegt heute bis zu ca. 30% unter den förderfähigen Investitionsvolumen Ende der 80er Jahre:

> "Die Vereinigung Deutschland, ein stagnierender Arbeitsmarkt und wachsende soziale Lasten bringen Land und Kommunen in **Finanznöte**. **Manches ist nicht mehr bezahlbar**, was die 'öffentliche Hand' bisher selbstverständlich anbot. Einiges werden Bürgerinnen und Bürger mit oder auch ohne staatliche Hilfe selbst regeln können, wenn sie sich verständigen und zusammenschließen müssen. Dies birgt Risiken für die Versorgung mit 'öffentlichen Gütern', aber auch die Chance auf neue partnerschaftliche Beziehung zwischen Bürgern und Verwaltung, auf mehr Mitverantwortung und Solidarität, auf mehr Selbstorganisation der unteren Demokratieebene und auf neue kreative Lösung für gesellschaftliche Probleme."[217]

2.9.1 Gesellschaftspolitischer Handlungsbedarf angesichts komplexer Probleme und Krisen

Die Rolle des Staates in der Behandlung gesellschaftlicher Probleme unterliegt einem Wandel. Angesichts festgestellter Krisen in umweltpolitischen und gesellschaftspolitischen Sektoren entsteht Bedarf, neue Konsense und Legitimation mit den betroffenen und beteiligten Akteuren auszuhandeln. Beck hat aus seiner Analyse der Industriegesellschaft in der Moderne zwei neue Begriffe geprägt, die in Beziehung zueinander stehen - die "Risikogesellschaft" in einer "reflexiven Moderne". Beck unterstellt in Anbetracht konstatierter Vervielfältigungen und Unübersichtlichkeiten, "(...) daß die moderne Gesellschaft kein Steuerungszentrum hat"[218] und hält deshalb "(...) neue Zwischenformen wechselseitiger Kon-

---

217 vgl. hierzu: Klaus Schüttler: Dorfentwicklung als innovatives Instrument einer Politik für den ländlichen Raum. In: Hessische Akademie der Forschung und Planung im ländlichen Raum (Hg.): Zeitgemäße Leitbilder für die Dorfentwicklung. Bad Karlshafen 1995; S. 13. (Hervorhebung im Original).

218 Ulrich Beck: Risikogesellschaft - Auf dem Weg in eine andere Moderne. Frankfurt a.M. 1986; S. 368.

trolle, die den parlamentarischen Zentralismus meiden und doch vergleichbare Rechtfertigungszwänge schaffen"[219], für denkbar:

> "Vorbilder hierfür lassen sich durchaus in der Entwicklung der politischen Kultur in Deutschland in den vergangenen zwei Jahrzehnten finden: Medienöffentlichkeit, Bürgerinitiativen, Protestbewegungen u.s.w.. Diese verschließen ihren Sinn, solange man sie auf die Prämissen eines institutionellen Zentrums von Politik bezieht. Dann erscheinen sie als untauglich, defizitär, instabil, ja möglicherweise an der Grenze der außerparlamentarischen Legalität operierend. Wenn man jedoch den Grundsachverhalt der Entgrenzung von Politik in den Mittelpunkt stellt, erschließt sich ihr Sinn als Formen experimenteller Demokratie, die auf dem Hintergrund durchgesetzter Grundrechte und ausdifferenzierender Subpolitik neue Formen direkter Mitsprache und Mitkontrolle jenseits von zentralisierten Steuerungs- und Fortschrittsfiktionen erproben."[220]

So entstehen "neue" Institutionen als eine Art (Neu-)"Erfindung des Politischen"[221]; sie werden, die Theoriebildung von Beck aufgreifend, als "reflexive Institutionen" definiert, insoweit sie den oben beschriebenen Phänomenen der "reflexiven Moderne" entsprechen, d.h. insoweit "(...) sie Lösungen für die erzeugten Problemlagen anbieten und sich selbst in einem beständigen Prozeß im Hinblick auf ihre Legitimation befragen."[222] Ihnen zugrunde liegt die Annahme von existenten Konsensfindungsverfahren, näher als "diskursive (Aushandlungs-) Verfahren"[223] bezeichnet, die "(...) durch die Schaffung eines institutionellen Raumes und eines spezifischen Vorgehens systematisches Nachdenken und Argumentieren, kurz eine Art konsensstiftendes Gespräch über Entscheidungen über gesellschaftliche Entwicklungsmöglichkeiten erlauben (sollen)."[224]

Die Konjunktur von Beteiligungsmodellen, so im Planungskontext deutlich zu verzeichnen, hat in ihrer Doppelbödigkeit von Ursache und Wirkung durchaus

---

219 Ulrich Beck: (a.a.O.): S. 368.

220 Ulrich Beck: (a.a.O.); S. 368.

221 vgl. hierzu: Reiner Keller, Angelika Poferl: Habermas und Müll - Zur gegenwärtigen Konjunktur von Mediationsverfahren (nicht nur) in den Sozialwissenschaften. In: Wechselwirkungen Nr. 68; August 1994; S. 35.

222 Reiner Keller, Angelika Poferl: (a.a.O.); S. 35.

223 Reiner Keller, Angelika Poferl: (a.a.O.); S. 35.

224 Reiner Keller, Angelika Poferl: (a.a.O.); S. 35.

Licht- und Schattenseiten: Sie bedeuten einerseits eine Weiterentwicklung bisheriger Einwendungs- und Partizipationsmöglichkeiten für die Bürger/-innen durch Ausdehnung der Beteiligung auf die Phasen von der Problemfeststellung über die Entscheidungsfindung bis hin zur Problemlösung und bewirken kreative, konsensorientierte Interaktionsmodelle für den Diskurs zwischen Staat und Bürgerschaft. Andererseits haben sie Symbolcharakter für das Handlungsproblem des Staatsapparates (der Verwaltung), die Komplexität, die Unübersichtlichkeit und Risiken einer Industriegesellschaft zu bewältigen.

Von Oertzen kritisiert so die Debatte um die (Teil-)Delegierung von Entscheidungen nach "unten" im wechselseitigen Bezug mit Verdrängung der Zuständigkeit und Verantwortung durch "oben":

> "Unter dem Stichwort der 'Krise des Wohlfahrtsstaates' werden die Probleme der Finanzierbarkeit staatlicher Daseinsvorsorgeleistungen sowie die Kritik an Ineffizienz und bürokratischer Verregelung mit dem entsprechenden Legitimationsverlust angesprochen. Dabei mischen sich unter den Stichworten 'Subsidiarität' und 'Selbsthilfe' neoliberale beziehungsweise neokonservative Tendenzen mit libertär-emanzipatorischen."[225]

Diese nicht unwesentlichen, interpretativen Nuancen bedürfen sicher einer kritischen Würdigung gerade auch in der planungspolitischen und -theoretischen Debatte.

2.9.2 Planungs- und gesellschaftstheoretische Grundlagen

Dem gesellschaftlichen Veränderungsprozeß einer fordistischen zu einer postfordistischen Gesellschaft folgt ein Paradigmawechsel in den Planungswissenschaften, terminologisch fixiert in den Begriffen der "Regulation" und "Deregulation".

---

225 Susanne von Oertzen: Planung im entzauberten Staat - Zur neueren Staatsdebatte in den Politikwissenschaften. In: RaumPlanung. Heft 61; 1993; S. 104.
vgl. hierzu auch: Maren Witthoeft: Welcher Zukunft zugewandt? Wolfgang Schäubles Weltbild und Politikkonzept im Lichte neokonservativer Modernisierungsversuche. In: Frankfurter Rundschau Nr. 178; 3. August 1995; S. 12: "Der Neokonservatismus ist als eine Reaktion auf die Krise des kapitalistischen Wirtschaftsmodells und den Verfall des 'hochnötigen Vertrauenskitt' (Lübbe) zu interpretieren. Auf diesen Verfall wird zum ersten mit neuen Integrationsstrategien reagiert, etwa in der Bildungs-, Familien- und Geschichtspolitik. Zum zweiten wird der Krise mit einem Rückzug auf die klassischen Ordnungs- und Sicherheitsfunktionen des Staates begegnet."

Das fordistische Gesellschaftsbild in den 60er und 70er Jahren ist geprägt von Regulationsmechanismen in Form von

> "(...) konzentrierten und zentralisierten Handlungs-, Gestal-tungs- und Entscheidungsstrukturen auf der Basis von Durchkapitalisierungs-, Durchstaatlichungs- und Bürokrati-sierungsstrategien (letztere z.B. in Form von Vereinheitlichung und Systematisierung der Planung)."[226]

Die Planung reagiert mit linear strukturierten, geschlossenen, sogenannten "komprehensiven" Planungsmodellen, die Albers nach den Phasen der "Anpassungsplanung (1860-1900)" und der "Auffang-planung (1900-1960)" als "Entwicklungsplanung (1960-1980)" kenn-zeichnet.[227] Ab Mitte/Ende der 60er Jahre entwickeln sich parallel aus einer gesellschaftspolitisch begründeten Kritik an dieser Planungspraxis alternative, unter anderem partizipativ geprägte Planungsansätze.[228]

Zur Gegenwart: Krisen, die im wesentlichen auf die bis dato propagierte Wachstumspolitik zurückzuführen sind, auf "(...) der systemischen als auch auf der lebensweltlichen Ebene von Politik (schwindender Massenloyalität), Ökonomie (Anwachsen der Massenarbeitslosigkeit), Naturzerstörung (Umweltkatastrophen), Sozialpolitik (Zunahme der öffentlichen Mittel für Sozialhilfe, Wohngeld, Arbeitslosenhilfe und Arbeitslosengeld) sowie Kulturorganisation (Aufbrechen traditioneller Normen und Werte)"[229] bedingen gegenwärtig in Fragen staatlicher Steuerungsformen, so auch in Fragen der Planung, zwingend Korrekturen.

Die Rede ist nun von "Deregulierung" und "Korporatismus". Dazu Stierand:

> "Neben den traditionellen 'teilstaatlichen', 'gemeinwirtschaft-lichen' und anderen Institutionen (Kammern, denen öffentliche Aufgaben übertragen sind, Stadtwerke in privatrechtlichen Organisationsformen, kommunale Wohnungsunternehmen u.s.w.), die schon immer auf die Existenz eines intermediären Bereichs zwischen Staat und Gesellschaft hinwiesen, tritt heute eine immer größere Vielfalt von Akteuren, die 'öffentliche' Aufgaben überneh-

---

226 Ingrid Breckner, Klaus M. Schmals: (a.a.O.); S. 2.

227 vgl. hierzu: Gerd Albers: Über den Wandel im Planungsverständnis. In: RaumPlanung. Heft 61; 1993; S. 100.

228 vgl. hierzu: Kap. 2.3 und 2.4 .

229 Ingrid Breckner, Klaus M. Schmals: (a.a.O.); S. 2.

men, ohne dem klassischen oder privatwirtschaftlichen Bereich anzugehören."[230]

Unterschiedliche Strukturelemente und Organisationsformen, z.B. in Sektoren des Gesundheitswesens, des Naturschutzes, der Landschaftspflege oder der Energieversorgung zeigen, "(...), daß funktio-nale Verflechtungen der staatlichen und gesellschaftlichen Aufgaben-felder und staatliche und private Akteure nicht Sonderformen für einzelne Aufgaben, sondern charakteristisch für aktuelle Problemlösungen sind."[231]

Albers deklariert die Planungsstile der Gegenwart als "Perspektivplanung"[232] (zeitlich eingeordnet ab 1980 bis dato), und Ganser, Siebel und Sieverts haben abgrenzend zur amerikanischen Theoriedebatte über "comprehensive planning", ein geschlossenes Planungsmodell, den Begriff "perspektivischen Inkrementalismus" als offenes Modell geprägt. Sie beschreiben damit ein Planungs- und Politikziel der "kleinen Schritte".[233]

Im Vordergrund stehen induktive Entwicklungen zur Lösung von Problemen, prozeßorientierte Verfahrensstrukturen, informelle Verfahrenselemente und hohe Flexibilität hinsichtlich der Umsetzungsstrategien. Der "Konzeptcharakter"[234] dieses Planungsstils geht auf die These zurück, daß sich Problemlösungen im unmittelbaren, z.B. örtlich kleinteiligeren Kontext und unter Einbeziehung der Betroffenen effizienter und kompetenter erarbeiten lassen. Dazu Ganser u.a.:

> "Während die traditionelle Arbeitsweise der Bürokratie in einem 'Nacheinander' der Stellungnahmen liegt (die Akte wandert analog zum Produkt auf dem Fließband durch die Abteilungen), setzt die integrierte Projektarbeit das Ineinandergreifen der Gesichtspunkte und die argumentativen Auseinandersetzung am 'runden Tisch' voraus, an dem die alten Hierarchien und Zuständigkeiten den Projektzielen untergeordnet werden müssen."[235]

---

[230] Rainer Stierand: Neuorientierung in der Planungstheorie? In: RaumPlanung. Heft 61; 1993; S. 142.

[231] Rainer Stierand: (a.a.O.): S. 142.

[232] vgl. hierzu: Gerd Albers: (a.a.O.); S. 100.

[233] vgl. hierzu: Karl Ganser, Walter Siebel, Thomas Sieverts: Die Planungsstrategie der IBA Emscher Park - Eine Annäherung. In: RaumPlanung. Heft 61; 1991; S. 112-118.

[234] vgl. hierzu: Andreas Müller: Konzeptbezogenes Verwaltungshandeln. Baden-Baden 1992 und auch Kap. 2.6.1 und 2.6.1.1 und 2.9.5 dieser Arbeit.

[235] Karl Ganser, Walter Siebel, Thomas Sieverts: (a.a.O.); S. 115.

In einer Form der Gegenbewegung zur festgestellten, kaum bestreitbaren Komplexität gesellschaftsrelevanter Problem- und Risikolagen gewinnen kooperative und kommunikative Handlungs- und Planungsstile an Bedeutung, die auf einen verständigungsorientierten, d.h. rational geführten Diskurs zwischen den Akteuren setzen, um sowohl kompetente als auch konsensuale Entscheidungen herbeizuführen[236]:

> "Elemente dieser Gesellschaft sind der Staat, intermediäre Organisationen (z.B. Gewerkschaften, Interessenverbände) sowie die Bürger. Demokratie wird bei diesem Konzept ausgehandelt. Dazu bedarf es (...) vor allem der Öffentlichkeit, des Wissens und der Bildung, der Anerkennung bürgerschaftlicher Rechte sowie einer Politik des Aushandelns. 'Handeln' in diesem Sinne setzt folgende Rahmenbedingungen voraus: Rationalität und Fairneß, Gleichstellung der Rechte von Starken und Schwachen sowie Solidarität. Kooperative Planungsprozesse eignen sich zu einer Politik des Aushandelns und können im Modell der Zivilgesellschaft eine zentrale Stellung einnehmen."[237]

2.9.3 Formen von Öffentlichkeit

Partizipation als ein demokratisches Gesellschaftselement verlangt nach Öffentlichkeit; sie ist zugleich Voraussetzung und muß demnach entsprechend adäquat hergestellt werden: "'Öffentlichkeit' ist im Rahmen zivilgesellschaftlicher Überlegungen eine unverzichtbare Sphäre."[238]

---

236 vgl. hierzu: Jürgen Habermas: Theorie des kommunikativen Handelns; Bd. 1 und 2. Frankfurt 1981: Der von Habermas vertretene theoretische Ansatz einer kommunikativen Rationalität, beruhend auf dem Gebrauch der Alltagssprache, dem Verzicht strategischer Verhaltensweisen der Diskursteilnehmer und den Erfahrungen in der Lebenswelt, geht von einem idealen, weil herrschaftsfrei interdenierten Diskurs zur intersubjektiven Generierung von kollektiv verbindlichen Normen aus. Wenngleich es sich hierbei um ein kontrafaktisches Konstrukt zur Wirklichkeit handelt, dient dieser Theorieansatz zur Analyse und Entwicklung realer Diskurse in gesellschaftlichen Kontexten.

237 Klaus Schmals: Hintergründe, Struktur und Probleme einer zivilgesellschaftlichen Planungstheorie. In: Dokumentation zur 5. Theoriewerkstatt des Informationskreis für Raumplanung e.V., Dortmund, Arbeitskreis zu "kooperativen Planungsprozessen/ Vermittlungsverfahren in der Raumplanung" 8.- 10. September 1995; (ohne Seitenangabe, Hervorhebung durch die Verfasserin dieser Arbeit).

238 Klaus M. Schmals, Herbert J. Schubert: Sozialverträglichkeit der Expo 2000. In: Jahrbuch Stadterneuerung 1995. Berlin 1995; S. 31.

Neben der Existenz einer formal hergestellten Öffentlichkeit durch administrativ - politische Institutionen, so die Parlamente, politische Ausschüsse etc., treten Formen informeller Öffentlichkeit auf, so Beiräte, 'Runde Tische' etc., angesiedelt im nicht - oder weniger politischen Raum:

> "Denn die institutionalisierte Meinungs- und Willensbildung ist auf Zufuhren aus den informellen Kommunikationszusammenhängen der Öffentlichkeit, des Assoziationswesens und der Privatsphäre angewiesen. Mit anderen Worten, das politische Handlungssystem ist in lebensweltliche Kontexte eingebettet."[239]

In partizipativ gelenkten Planungs- und Entwicklungsprozessen werden informelle Formen der Öffentlichkeit durch methodische und verfahrensstrukturelle Unterstützung initiiert, und zwar ist dies ein spezifisches Phänomen vom politisch - administrativen System selbst.

Mit dieser Initiierung einer Erweiterung der formalen um informelle Öffentlichkeit wächst die Verantwortung der politisch - administrativen Handlungsebene für eine loyale Verfahrensregie; das heißt: sie steht in der Pflicht entsprechend demokratisch legitimierte Bedingungen für den Aushandlungsprozeß herzustellen, um konsensuale Entscheidungen über die Verhandlungsgegenstände zu erwirken. Im öffentlichen Raum sind heterogene Interessen vielmehr die Regel denn die Ausnahme:

> "Gerade im Öffentlichkeitskonzept läßt sich aber zeigen, daß jene zivilgesellschaftliche Zwischensphäre durchaus nicht autonom ist, sondern jederzeit an Ökonomie und Politik anschließbar bleibt.
>
> (...) Wie für die Gesamtgesellschaft selbst gilt auch für modernisierte Öffentlichkeit, daß der 'zivile Kern' von den professionell agierenden Aktionszentren zunehmend an die Peripherie gedrängt wird. Die Gefahr einer Spaltung der Öffentlichkeit in Produzenten und Rezipienten und die Verquickung der Produzenten mit ökonomischen bzw. politischen Präferenzen ist längst auf der Tagesordnung."[240]

---

239 Jürgen Habermas: Faktizität und Geltung. Frankfurt a.M. 1992; S. 427.

240 Peter Alheit: (a.a.O.); S. 137.

2.9.4 Konzeptbezogenes Verwaltungshandeln: Chancen und Grenzen eines zivilgesellschaftlich orientierten Planungsansatzes im Kontext eines reflexiven Verwaltungsrechtsverständnisses in der Hessischen Dorfentwicklung

Für die Ausgestaltung einer zivilgesellschaftlichen Planungsperspektive zur Bearbeitung komplexer Aufgaben stellt der Verfahrens- und Programmansatz der Hessischen Dorfentwicklung neue und wesentliche Rahmenbedingungen zur Verfügung. Der Verfahrenscharakter im Sinne eines Konzeptes[241] und die programmimmanente Verankerung der Partizipation stellt Möglichkeiten in Aussicht, in einer noch zu spezifizierenden Sphäre zwischen formeller und informeller Öffentlichkeit Entscheidungen und Problemlösungen vorzubereiten und auszuhandeln sowie entsprechende Organisationsformen zu entwickeln. Zur Optimierung der Chancen dieses Partizipationsmodells in der Hessischen Dorferneuerung, die, nach Ansicht der Verfasserin dieser Arbeit, in einer Weiterentwicklung zivilgesellschaftlich geprägter Interaktionsformen zwischen Staats(apparat) und Gesellschaftsmitgliedern begründet liegen, scheint es zur Beschreibung der weiteren Bedingungen für diesen Prozeß notwendig, die Handlungsgrenzen zu benennen, um weiter folgend die Perspektiven in der Erarbeitung der Beteiligungsstandards aufzuzeigen.

Müller beschreibt Handlungsformen konzeptbezogenen Verwaltungs-handelns, basierend auf einem reflexiven Verwaltungsrechtsverständnis[242] als einen "ersten Ansatz", aus dem heraus sich dann auch Rechtsformen als rechtlich durchnormierte Steuerungsmittel entwickeln können.[243]
Der Autor weist hier der Verwaltung dezidiert die Rolle zu, sich im Rahmen ihrer Steuerungsaufgaben im eigenen Kompetenzbereich innovativ neuen Handlungsformen zu öffnen und an deren Ausgestaltung zentral mitzuwirken:

> "Ein 'reflexives' Verwaltungsrechtsverständnis bietet (...) einen Ansatz, da es die Möglichkeit eröffnet, kooperative Subsysteme zu verlagern und dort einen Konsens über die anstehenden Entscheidungen auf der Ebene der Gleichordnung von Bürger und Staat zu erzielen. Für dieses 'reflexive' Verwaltungsrechtsverständnis, das die leitbildartigen, offenen Vorgaben des

---

241 vgl. hierzu bereits: Kap. 2.6.1 - 2.6.1.2.

242 vgl. hierzu auch: Kapitel 2.6.1.1.

243 vgl. hierzu: Andreas Müller: (a.a.O.); S. 69.

Parlamentsgesetzgebers kompensiert, ist ein Lernprozeß 'der Motor', der neue Rechts-, Verfahrens- und Organisationsformen generieren kann. Dem Lernprozeß kommt mithin eine zentrale Bedeutung bei der Entwicklung neuer Rechtsformen zu, weil er das Augenmerk stärker auf den Aufgaben- und Bürgerbezug der Rechtsform lenkt, als dies von der bisherigen Rechtsformenlehre getan wurde."[244]

Gleichfalls deutlich verweist Müller auf die Grenzen der in Aussicht gestellten kooperativen Handlungsformen:

"Dieses Verständnis eines 'reflexiven' Verwaltungsrechts, das den gesellschaftlichen Subsystemen im Rahmen vorgegebener Zielsetzungen größere Regelungsautonomie zukommen läßt, muß von eventuellen basisdemokratischen Ansätzen scharf getrennt werden. (...) Die Idee des reflexiven Verwaltungsrechts wird hier nicht zum Unterlaufen der parlamentarisch demokratischen Ordnung in der Weise benutzt, daß die in den jeweiligen Subsystemen entwickelten Entscheidungen losgekoppelt von parlamentarischen Grundentscheidungen erfolgen sollen. Vielmehr geben diese die Leitbilder und Muster vor, an denen sich die dezentralen Willensbildungs- und Entscheidungsprozesse orientieren müssen."[245]

Projiziert auf das Praxisfeld der Hessischen Dorfentwicklung folgt aus den obigen Ausführungen:
Die Interpretation der landespolitischen Programmziele ist Aufgabe der Fachverwaltung (Müller spricht von der Vorgabe von Leitbildern und Mustern). Diese hat sie sowohl gegenüber der Bürgerschaft als auch gegenüber den Kommunalverwaltungen darzulegen und zu vertreten.
Gleichwohl existieren ebenfalls in den kommunalen Parlamenten wie auch in der Bürgerschaft Vorstellungen über die möglichen Dorfentwicklungsziele. Diese können sich verändern, z.B. durch Ereignisse unterschiedlicher Art im Verfahrenszeitraum von neun Jahren oder durch neu vermittelte Informationen, eingebracht durch die beteiligten Experten.

Begründet in der kommunalen Planungshoheit ist für Maßnahmen mit kommunaler Bindungswirkung die Beschlußfassung der Kommune erforderlich.

---

244 Andreas Müller: (a.a.O.); S. 68.

245 Andreas Müller: (a.a.O.); S. 68-69.

Hieraus entsteht das Erfordernis, die landespolitischen Programmziele, vertreten durch die Fachverwaltung, mit den Vorstellungen der Kommune bzw. des Kommunalparlamentes und mit den Vorstellungen der Bürgerschaft zu einer Handlungslinie zusammenzuführen.

Die Absicht der Landesfachverwaltung, hierbei ein besonderes Gewicht auf die Mitwirkung der Bürgerschaft zu legen, erfordert die Einigung der beteiligten Akteure auf Verfahrensstrukturen und Regeln. Das bedeutet: in der Konstellation der Akteure sind informelle, insofern vorbereitende und formelle, insofern demokratisch legitimierte Entscheidungen abwägend miteinander in Beziehung zu setzen. Hierbei entstehen hohe Anforderungen an die Verfahrenslenkung durch die Fachverwaltung und an die Projekt- und Planungsbearbeitung durch die freiberuflich involvierten Experten.

Pointiert kann nochmals festgestellt werden, daß der partizipative Programmansatz in der Hessischen Dorfentwicklung zu einer basisdemokratischen Ummantelung des Programms degradieren würde, wenn damit eine Verlagerung der Verantwortung für die Programmumsetzung in die Bürgerschaft suggeriert wird und damit dorthin, wo nicht die politisch legitimierten, nämlich parlamentarischen Entscheidungen getroffen werden. Die Chancen von Verfahren im Sinne eines Entwicklungskonzeptes, so in Hessen für die Dorfentwicklung vorgesehen, liegen in Beteiligungsstrukturen, die 1. die Vorbereitung von formell zu legitimierenden Entscheidungen auf der Bürgerschaftsebene ermöglichen, 2. die Entwicklung von Problemlösungen in kooperativen Modellen zwischen Staats(-apparat) und Bürgerschaft fördern und/oder 3. die Entwicklung von Problemlösungen unterstützen, die von der Bürgerschaft alleine, ohne weiteren Kooperationsbedarf mit dem Staatsapparat geleistet werden wollen und geleistet werden können; in diesem Sinne wäre die Partizipation ein zivilgesellschaftlicher Beitrag, wenn sie die informellen, bürgerschaftlich organisierten Handlungsebenen mit den formellen, demokratisch legitimierten Handlungsebenen verknüpfen würde.

2.9.5 Diskurse als Verfahrenskonzept komplexer Entscheidungsprozesse

Je komplexer Verfahrensinhalte sind, je komplexer ist der zu vermittelnde Informations- und Wissenstransfer. Die Anforderungen an Kommunikationsstrukturen und an Verfahrens- und Beteiligungsstrukturen werden folglich aufwendiger. Hier ist nochmals auf die Komplexität der Förderkulisse des Hessischen Dorferneuerungsprogramms[246] zu verweisen, auf die heterogenen sozialen, kulturellen, ökonomischen und kommunalpolitischen Bedingungen in jeder Kommune[247], auf regionale Besonderheiten und insbesondere auf den offenen, prozeßorientierten und reflexiven Verfahrenscharakter in Form eines Konzeptes[248], der verschiedene Möglichkeiten hinsichtlich der Schwerpunktlegung und Änderungen dieser in der jeweiligen Dorfentwicklung zuläßt.

Renn u.a.[249] haben in Annäherung an die Konzeption des rationalen Diskurses nach Habermas ein verschiedene Beteiligungsverfahren kombinierendes Modell vorgeschlagen: den kooperativen Diskurs. Sie kommen zu dem Schluß, dem in dieser Dissertation gefolgt wird,
"(...) daß komplexe Entscheidungsprozesse auch eine komplexe Struktur der Beteiligung erfordern."[250] Renn u.a. entwickeln dieses Modell vorrangig in ihrem Forschungskontext zur Konfliktbewältigung umweltpolitisch relevanter Planungsaufgaben, leiten jedoch, übertragbar auf weitere Praxisbeispiele, hieraus Bedingungen und Anforderungen ab, die allgemeine Gültigkeiten für diskursive Verfahren in Planungsprozessen haben. Das Diskursmodell geht von einer entscheidungsvorbereitenden Bedeutung der Partizipation aus, die allerdings, und dies ist wesentlich, eine Verbindlichkeit zwischen formellen und informellen Entscheidungsträgern im Hinblick auf die Würdigung von Verhandlungsergebnissen als eine Grundvoraussetzung der Interaktion im Verfahren definiert:

> "In ähnlicher Weise, wie Verwaltungen und politische Entscheidungsträger Sachgutachten von Experten einholen, so soll die Beteiligung dazu dienen, von den betroffenen Bürgern Wertgutachten einzuholen, durch die die Urteile der legitimierten Entscheidungsträger im Hinblick auf die Wünschbarkeit der Entscheidungsfolgen verbessert werden können. Vor jeder Beteiligungsmaßnahme ist daher die Einbindung der Ergebnisse in den politischen

---

246 vgl. hierzu: Abbildung 1., Kap. 1.1.

247 vgl. hierzu: Kapitel 2.8 - 2.8.6.1.

248 vgl. hierzu: Kapitel 2.6.1 - 2.6.1.2 und 2.9.5.

249 Ortwin Renn, Thomas Webler: Konfliktbewältigung durch Kooperation in der Umweltpolitik - Theoretische Grundlagen und Handlungsvorschläge. In: OiKOS - Umweltökonomische Studieninitiative an der Hochschule St. Gallen (Hg.): Kooperation für die Umwelt - Im Dialog zum Handeln. Zürich 1994.

250 Ortwin Renn, Bettina Oppermann: (a.a.O.); S. 268.

Entscheidungsprozeß zu klären. (...) Partizipation kann nur dann funktionieren, wenn die Beteiligten das Mandat haben, Dinge zu bewerten, die ihnen von den Entschei-dungsträgern auch zugetraut werden."[251]

Mussel fokussiert den Begriff Diskurs:

"Da pluralistische Gesellschaften sich höchsten auf sehr abstrakten Ebenen auf gemeinsam geteilte Werte und Normen berufen können, bedarf es eines Verfahrens (einer Prozedur), um im Austausch der Argumente verbindliche Normen und Ziele des Handelns für einzelne Politikbereiche zu schaffen. (...) Diskurs ist damit ein Kommunikationsmodell, das auf Verständigung und Erarbeitung einer von allen Beteiligten getragenen Entscheidung ausgerichtet ist. Wesentlich ist in diesem Modell der Dialog, d.h. der wechselseitige Austausch von Argumenten. Der Dialog setzt gleichberechtigte und informierte GesprächspartnerInnen voraus und verlangt Fairneß."[252]

2.9.5.1 Interdependente Bedingungen und Anforderungen an Diskurse: Verfahrensregeln, Kommunikation, kompetente Akteure und Kooperation

Diskurse sind auf Kommunikation beruhende Ver- und Aushandlungsprozesse. Sie finden im Planungskontext vorrangig im öffentlichen Raum statt und setzen Bedingungen und Anforderungen an die Interaktionen zwischen den Akteuren voraus. Diese subsumieren sich unter Verhandlungs- und Verfahrensregeln, Kommunikation, Kompetenz in der Sache und Kooperationsbereitschaft.[253]
Diskursiv gestaltete Beteiligungsverfahren erfordern die Festlegung von Regeln zu Verfahrensbeginn, auf die sich die Akteure einigen und an die sie sich gebunden fühlen. Renn stellt an kooperative Diskurse folgende Bedingungen: 1.) Ein zur Verfügung gestelltes, angemessenes Zeitpotential, 2.) Offenheit des Verhandlungsergebnisses, 3.) gleiche Rechte und Pflichten für alle am Diskurs beteiligten Parteien, 4.) Bereitschaft zum Lernen, 5.) Übersetzung von affektiven Aus-

---

[251] Ortwin Renn, Bettina Oppermann: (a.a.O.); S. 270.

[252] Christine Mussel: Durchsetzen oder Verhandeln? Diskursive Verfahren in der Umwelt und Stadtplanung. In: Arbeitsergebnisse. Schriftenreihe der Arbeitsgemeinschaft Ländliche Entwicklung am Fachbereich Stadt- und Landschaftsplanung der Gesamthochschule Kassel; Heft 31; Kassel September 1995; S. 54.

[253] vgl. hierzu u.a.: Christine Mussel: (a.a.O.); S. 54.

sagen in kognitive oder normative Aussagen und 6.) Verzicht auf moralische Abwertung von Positionen und Parteien.[254]

Das Praxisfeld bietet inzwischen eine Vielzahl von partizipativ strukturierten Kommunikationsformen; entsprechend der gewählten Beteiligungsformen wie z.B. Anwaltsplanung[255], Planungszelle[256], Zukunftswerkstätten[257], Bürgerforen[258], gestalten sich die methodischen Zugänge[259] wie z.B. Moderationstechniken, Arbeitsgruppenbildung, 'Runde Tische', Bürgerberatung etc..

Voraussetzung für jede Kommunikationsstruktur ist ein allen Akteuren gleichermaßen ermöglichter Informations- und Wissenszugang, um über Kompetenz in den Verhandlungsgegenständen zu verfügen.
Dabei stellt sich im Zeitalter weit fortgeschrittener Kommunikationstechniken und -medien neben der Frage des Informations- und Wissenszugangs die der Informations- und Wissensverarbeitung.

> "Zunehmende Komplexität bedeutet auch wachsende Spezialisierung und zunehmende Informationsfülle. (...) Das Wissen bei allen Akteuren nimmt zu. Damit besteht kein quantitatives Informationsdefizit mehr, sondern qualitative Fragen rücken in den Vordergrund: Verfüge ich über die 'richtigen' Informationen und werden die Informationen 'richtig' gewertet und verarbeitet? Die technische Verarbeitung ist in der Regel kein Problem, entscheidend ist der Rückverweis aus dem Informationskomplex in eine politische Fragestellung nach dem Sinn, den Werten und Zielen."[260]

Eine wesentliche Anforderung an Partizipationsprozesse ist deshalb die Entwicklung von gemeinsam getragenen Präferenzstrukturen über Werte und Normen, formuliert von einer informierten Öffentlichkeit.

---

254 vgl. hierzu u.a.: Ortwin Renn u.a.: Konfliktbewältigung durch Kooperation in der Umweltpolitik: (a.a.O.); S. 40-44.

255 vgl. hierzu: Joachim Brech, Rainer Greiff: (a.a.O.).

256 vgl. hierzu: Peter C. Dienel: (a.a.O.).

257 vgl. hierzu: Robert Jungk, Norbert R. Müllert: Zukunftswerkstätten. München 1989.

258 vgl. hierzu ausführlich: Ortwin Renn, Bettina Oppermann: (a.a.O.).

259 vgl. hierzu: Ariane Bischoff, Klaus Selle, Heidi Sinning: Informieren, Beteiligen, Kooperieren. Kommunikation in Planungsprozessen. Dortmund 1995.

260 Hans Joseph Pohlmann: Kommunikationsplanung. In: RaumPlanung. Heft 61; 1993; S. 94.

Alle Beteiligungsformen bzw. - modelle, die über einen reinen Informationsaustausch hinausgehen, etwa wie bei Bürgerversammlungen und statt dessen Formen der Interaktion: des Kommunizierens und Handelns vorsehen, beruhen auf der Annahme einer Bereitschaft zur Kooperation der involvierten Akteure untereinander.

In einem partizipativen Verfahren verändern die so initiierten Interaktionen in jedem Fall die anfängliche Akteurskonstellation. Im positiven Fall führt sie zu einer progressiven Weiterentwicklung durch konsensuale Entscheidungsfindungen, im negativen Fall überwiegen Unvereinbarkeiten und Dissens.

2.10 Zusammenfassung

Anhand der theoretischen Grundlagen ist zu bilanzieren, daß die lange Zeit von der Fachverwaltung favorisierte Verortung der Partizipation in der Hessischen Dorfentwicklung im Theorie- und Praxisansatz der Gemeinwesenarbeit nur unzureichend Segmente des politisch-pragmatischen Programmrahmens ergreift und für das Anforderungsspektrum an einen umfassenden Partizipationsansatz im Kontext eines Strukturprogramms nicht ausreicht.

Gleichwohl stellt die fortgeschriebene Hessische Dorfentwicklung wesentliche Programm- und Verfahrensmerkmale zur Verfügung, die einer umfassenden Bürgerbeteiligung entgegenkommen:

1. der programmatisch verankerte Partizipationsanspruch,
2. eine breit und interdisziplinär gefächerte Förderkulisse,

und

3. eine prozeßorientierte und reflexive Verfahrensstruktur im Sinne eines Dorfentwicklungskonzeptes.

Die Verfasserin war bisher bemüht, eine umfassende Problemsicht darzustellen und die Partizipationsdebatte zur Hessischen Dorfentwicklung gesellschafts- und planungspolitisch einzuordnen.

Sie formuliert hieraus die Perspektive als zentralen Arbeitsgegenstand dieser Forschungsarbeit, Beteiligungsstandards in Form definierter Bedingungen und Anforderungen an die Interaktionsprozesse der beteiligten Akteure zu entwickeln.

Nach Darlegung des Forschungsansatzes in Kapitel 3, ist mit Kapitel 4, dem empirischen Teil dieser Arbeit, das Ziel verbunden, Beteiligungsstandards für das Hessische Dorfentwicklungsprogramm in der Form eingrenzend zu definieren, daß sie

1. die Vorbereitung von formell zu legitimierenden Entscheidungen auf der Bürgerschaftsebene ermöglichen,
2. kooperative Modelle zwischen Staat bzw. Staatsapparat und Bürgerschaft fördern zur Entwicklung von Problemlösungen und/oder
3. die Entwicklung von Problemlösungen unterstützt, die von der Bürgerschaft alleine, ohne weiteren Kooperationsbedarf mit dem Staat getragen werden können.

In diesem Handlungsrahmen sollen die entwickelten Beteiligungsstandards zur Sicherung des partizipativen Programmansatzes einen Beitrag zur Weiterentwicklung zivilgesellschaftlicher Planungsperspektiven leisten.

3 Entwicklung des Forschungsansatzes

3.1 Zur Wahl der Forschungsansätze

Anknüpfend an den "Werturteilstreit", ausgelöst und vertreten von Max Weber[1], war der sogenannte "Positivismusstreit"[2] in der Soziologie verbunden mit der Forderung nach emanzipatorischen Ansätzen auf den Gebieten der Sozialwissenschaft und der Sozialpädagogik. Sie basierte auf der Kritik einer bis dato systemangepaßten Forschung. Ihr folgte in der Bundesrepublik "die Renaissance qualitativer Verfahren, eng mit der Rezeption unterschiedlicher hermeneutischer Positionen verbunden: mit der Rezeption des symbolischen Interaktionismus und der Ethnomethodologie und Phänomenologie."[3]

Der für diese Arbeit gewählte Forschungsansatz einer "kritischen Hermeneutik" führt auf eine Forschung zurück, die sich in ihrer Methode verstehend-empirisch definiert und sich in ihrem Objektbereich im wesentlichen auf Problemfelder der Praxis bezieht. Ein Arbeitsziel dabei ist, die Vorgehens-, Arbeits- und Handlungsweisen der involvierten Akteure am Maßstab optimierter Arbeitsergebnisse zu analysieren und auf diesem Erkenntnisstand aufbauend, Empfehlungen auszuarbeiten.

Zur Reflexion und Differenzierung der hermeneutischen Erfassung eines spezifischen Aspektes, wie es in dieser Arbeit die Beteiligungsstrukturen im Hessischen Dorfentwicklungsverfahren darstellen, scheint die Berücksichtigung weiterführender innersoziologischer Theorie- und Forschungsansätze der phänomenologisch orientierten Ethnomethodologie[4] und des symbolischen Interaktionismus[5]

---

[1] vgl. hierzu: Nereu Feix: Werturteil, Politik und Wirtschaft, Werturteilstreit und Wissenschaftstransfer bei Max Weber. Göttingen 1978.

[2] vgl. hierzu: Theodor W. Adorno: Der Positivismusstreit in der deutschen Soziologie. Berlin, Neuwied 1969 und auch Jürgen Habermas: Zur Logik der Sozialwissenschaften. Philosophische Rundschau, Beiheft 5; Tübingen 1967.

[3] vgl. hierzu: Christel Hopf, Elmar Weingarten: Qualitative Sozialforschung. Stuttgart 1984.

[4] Georges Psathas: Ethnotheorie, Ethnomethodologie und Phänomenologie. In: Alltagswissen, Interaktion und gesellschaftliche Wirklichkeit; Bd. 2. Arbeitsgruppe Bielefelder Soziologen (Hg.); Opladen 1980; (1. Auflage: Reinbek bei Hamburg; 1973).

[5] vgl. hierzu: Arbeitsgruppe Bielefelder Soziologen (Hg.): Alltagswissen, Interaktion und gesellschaftliche Wirklichkeit; Bd. 1 und 2. Opladen 1980; (1. Auflage: Reinbek bei Hamburg 1973).

sinnvoll. Beide Ansätze sind auf die grundlagentheoretischen Werke von Mead[6] sowie Husserl[7] und auf deren Erkenntnissen aufbauend, von Schütz[8], zurückzuführen; sie korrespondieren sowohl in der Methode als auch in der Interpretation miteinander. Insbesondere zeichnen sich diese Forschungsansätze durch ihr Interesse an der Alltagswelt aus und durch die Bemühung,

> "bei der Beschreibung und Erklärung gesellschaftlicher Phänomene mitzuberücksichtigen, wie die Gesellschaftsmitglieder selbst die gesellschaftliche Wirklichkeit erleben. Ohne Berücksichtigung der Eigenperspektive der Gesellschaftsmitglieder kann man - so diese Ansätze - nicht zureichend erklären, warum in spezifischen sozialen Situationen spezifische Personen in bestimmter Weise und nicht anders handeln. Die (...) Ansätze verbindet also ein zentrales Interesse am Alltagswissen der Gesellschaftsmitglieder. Insofern unterscheiden sie sich von der klassischen deutschen Wissenssoziologie, die weniger am selbstverständlichen Alltagswissen der Gesellschaftsmitglieder, denn an hochtheoretischen 'sekundären' Konstruktionen sozialer Gruppen interessiert war."[9]

Die thematische Eingrenzung erfolgt am Arbeitsgegenstand der Dissertation, orientiert an den Fragestellungen von Interaktions- und Kommunikationsstrukturen in der Hessischen Dorfentwicklung, soweit sie für die Partizipation im Verfahren Relevanz aufzeigen.

Interaktion und Kommunikation zwischen beteiligten Personen, Personengruppen und Institutionen bestimmen Aushandlungsprozesse der Alltagswelt. Dorfentwicklung als ein Planungsinstrument der Landesplanung ist eine Variante unendlicher weiterer möglicher gesellschaftspolitisch wirksamer Aushandlungsprozesse. Jegliche Art und Weise in den Formen der Interaktion und Kommunikation

---

[6] vgl. hierzu: Georges Herbert Mead: Geist, Identität und Gesellschaft. Frankfurt a.M. 1968; (1. Auflage: Chicago 1934).

[7] vgl. hierzu: Elisabeth Ströker: Lebenswelt und Wissenschaft in der Philosophie Edmund Husserl. Frankfurt a.M. 1979.

[8] vgl. hierzu: Alfred Schütz: Collected papers I. The problem of social reality. The Hague 1971.

[9] Arbeitsgruppe Bielefelder Soziologen (Hg.): Alltagswissen, Interaktion und gesellschaftliche Wirklichkeit; Bd. 1. Opladen 1980; S. 9; (1. Auflage: Reinbek bei Hamburg 1973).

- sie werden im folgenden anhand der Fallbeispiele zu analysieren sein - bestimmen die Beteiligungsstrukturen des Gesamtverfahrens.

Arbeits- und Forschungsansätze zur Erfassung und Deutung interaktiver Prozesse liegen u.a. von Thomas P. Wilson[10], Herbert Blumer[11] und Aaron Cicourel[12] vor und finden für die Vorgehensweise in dieser Arbeit Berücksichtigung.

3.1.1 Zu den Spezifika der gewählten Forschungsansätze: Symbolischer Interaktionismus und Ethnomethodologie

Beide Forschungsansätze, symbolischer Interaktionismus und Ethnomethodologie, können als 'interpretative Soziologie' bezeichnet werden:

> "Grundannahme ist, daß es keine vorgegebenen Handlungs- und Deutungsmuster der Gesellschaftsmitglieder gibt, sondern daß diese stets von Neuem durch Handeln und Deuten reproduziert und modifiziert werden müssen. Ziel einer interpretativen Soziologie ist die Dokumentation und Rekonstruktion sowie das verstehende Nachvollziehen des Konstitutionsprozesses der sozialen Wirklichkeit."[13]

Die gewählten Forschungsansätze zeichnen sich in ihrer Theorie wie Methodik dadurch aus, dynamische Prozeßverläufe und Wirkungszusammenhänge erfassen und interpretieren zu können; sie liefern damit eine Arbeitsbasis zur Weiterentwicklung politischer Problemlösungsverfahren.

---

[10] Thomas P. Wilson: Theorien der Interaktion und Modelle soziologischer Erklärung. In: Arbeitsgruppe Bielefelder Soziologen (Hg.): Alltagswissen, Interaktion und gesellschaftliche Wirklichkeit; Bd. 1. Reinbek bei Hamburg 1973; S. 54-80.

[11] Herbert Blumer: Der methodologische Standort des symbolischen Interaktionismus. In: Arbeitsgruppe Bielefelder Soziologen (Hg.): Alltagswissen, Interaktion und gesellschaftliche Wirklichkeit; Bd. 1. Reinbek bei Hamburg 1973; S. 80-147.

[12] Aaron Cicourel: Basisregeln und normative Regeln im Prozeß des Aushandelns von Status und Rolle. In: Arbeitsgruppe Bielefelder Soziologen (Hg.): Alltagswissen, Interaktion und gesellschaftliche Wirklichkeit; Bd. 1. Reinbek bei Hamburg 1973; S. 147-183.

[13] Siegfried Lamnek: Qualitative Sozialforschung; Bd. 2. München 1989; S. 382.

3.1.1.1 Symbolischer Interaktionismus

Die Grundlagen des symbolischen Interaktionismus werden im folgenden auf der Grundlage eines Aufsatzes von Herbert Blumer[14] kurz zusammengefaßt und in Bezug zur vorliegenden Arbeit gesetzt:

> "Der symbolische Interaktionismus beruht letztlich auf drei einfachen Prämissen. Die erste Prämisse besagt, daß Menschen 'Dingen' gegenüber auf der Grundlage der Bedeutungen handeln, die diese Dinge für sie besitzen. Unter 'Dingen' wird hier alles gefaßt, was der Mensch in seiner Welt wahrzunehmen vermag - physische Gegenstände, wie Bäume oder Stühle; andere Menschen, wie eine Mutter oder einen Verkäufer; Kategorien von Menschen, wie Freunde oder Feinde; Institutionen, wie eine Schule oder eine Regierung; Leitideale, wie individuelle Unabhängigkeit oder Ehrlichkeit; Handlungen, wie ihre Befehle oder Wünsche; und solche Situationen, wie sie dem Individuum in seinem täglichen Leben begegnen. Die zweite Prämisse besagt, daß die Bedeutung solcher Dinge aus der sozialen Interaktion, die man mit seinen Mitmenschen eingeht, abgeleitet ist oder aus ihr entsteht. Die dritte Prämisse besagt, daß diese Bedeutungen in einem interpretativen Prozeß, den die Person in ihrer Auseinandersetzung mit den ihr begegnenden Dingen benutzt, gehandhabt und abgeändert werden."[15]

In quasi jedem Planungsverfahren sind zumeist eine Vielzahl von Personen oder Personengruppen in eine soziale Interaktion eingebunden; sie treten als Privatperson, Personengruppen, z.B. Interessengruppen, Arbeitsgruppen, Beiräte, politisch formelle oder informelle Gruppen oder als Vertreter beruflich involvierter Personengruppen, z.B. Planungs- oder Projektbüros, Institutionen, Verwaltungen auf. Sie sind in unterschiedlicher Weise von den Planungsverfahren betroffen, sie messen jeder individuell diesen eine eigene (Be-)deutung zu. Dabei ist davon auszugehen, daß die Beteiligten mit sehr heterogenen Voraussetzungen von Be-

---

14 vgl. hierzu: Herbert Blumer: Der Methodologische Standort des symbolischen Interaktionismus. In: Arbeitsgruppe Bielefelder Soziologen (Hg.). Alltagswissen, Interaktion und gesellschaftliche Wirklichkeit; Bd. 1 und 2. Opladen 1980; (1. Auflage: Reinbek bei Hamburg 1973).

15 vgl. hierzu: Herbert Blumer: Der Methodologische Standort des symbolischen Interaktionismus. In: Arbeitsgruppe Bielefelder Soziologen (Hg.): Alltagswissen, Interaktion und gesellschaftliche Wirklichkeit; Bd. 1 und 2. Opladen 1980; S. 81. (1. Auflage: Reinbek bei Hamburg 1973).

troffenheit, Informationen, Einflußmöglichkeiten, Entscheidungskompetenzen, Interesse etc. in ein und dasselbe Verfahren involviert sind, dieses entsprechend unterschiedlich deuten und demgemäß handeln.

Im symbolischen Interaktionismus werden drei Kategorien von Objekten, auf die sich Individuen in ihrem Handeln beziehen, unterschieden:

a) physische Objekte, z.B. Häuser, Stühle, Fahrräder etc.,
b) soziale Objeke, z.B. eine Mutter, ein Nachbar, ein Kollege etc.,
c) abstrakte Objekte, z.B. politische Prinzipien, eine Wertvorstellung, ein Ideal, eine Lehrmeinung.[16]

Alle drei Kategorien von Objekten spielen in der Dorfentwicklung eine Rolle. Verkürzt und exemplarisch abstrahiert geht es im Verfahren um physische Objekte, die die materielle, baulich-räumliche Umwelt ausmachen, z.B.: Häuser, Straßen, Vegetation, um soziale Objekte, die primär die örtliche Gemeinschaft prägen: Vereine, soziale Gruppierungen, Nachbarschaften und abstrakte Objekte, wie die politische Kultur in der Kommune, Tradition, Religion u.s.w. .

Entscheidend ist: Ein Objekt kann eine unterschiedliche Bedeutung für verschiedene Individuen haben, entsprechend der Bedeutung, die dem Objekt vom Individuum zugemessen wird. Erst "aus einem Prozeß gegenseitigen Anzeigens gehen gemeinsame Objekte hervor - Objekte, die dieselbe Bedeutung für eine gegebene Gruppe haben und die in derselben Art und Weise von ihnen gesehen werden."[17] Im Kontext eines Planungsverfahrens ist davon auszugehen, daß die Beteiligten, gleich auf welcher Handlungsebene sie involviert sind, sehr unterschiedliche Deutungen hinsichtlich der "Objekte des Verfahrens" aus den Interaktions- und Kommunikationsstrukturen ableiten; diese Tatsache bezieht sich auch auf das Objekt: "Beteiligungsstruktur" eines Verfahrens, so auch in der Hessischen Dorfentwicklung. Es ist dabei eine Frage des geleisteten individuellen und kollektiven Interpretationsprozesses der beteiligten Akteure, inwieweit die Partizipation für sie Kategorien sozialer oder abstrakter Objekte annehmen und welche interdependenten Vernetzungen diese aufweisen.

---

[16] vgl. hierzu: Herbert Blumer: (a.a.O.); S. 90.

[17] vgl. hierzu: Herbert Blumer: (a.a.O.); S. 90.

"Vom Standpunkt des symbolischen Interaktionismus aus, ist - kurz gesagt -, das menschliche Zusammenleben ein Prozeß, in dem Objekte geschaffen, bestätigt, umgeformt und verworfen werden."[18] Dieses vollzieht sich vor dem Hintergrund der Summe von Erfahrungen, die die Beteiligten bereits mitbringen.

> "Die Teilnehmer, die in die Ausbildung der neuen gemeinsamen Handlung einbezogen sind, bringen zu jenem Prozeß immer die Welt von Objekten, die Sets von Bedeutungen und die Interpretationsentwürfe mit, die sie schon besitzen. So geht die neue Form gemeinsamen Handelns immer aus dem Zusammenhang früherer gemeinsamer Handlungen hervor und ist mit diesen verbunden."[19]

Befindet sich ein Dorfentwicklungsprogramm und, wie in Hessen der Fall, zudem die zuständige Fachverwaltung in einem Umstrukturierungsprozeß[20], ist hieraus zu schließen, daß Neuorientierungen, d.h. fortgeführte Interpretationen und Deutungen des Handlungsfeldes Dorferneuerung durch die involvierten Personen auf allen Handlungsebenen des Verfahrens folgen müssen. Im Praxisfall bedeutet dies für die Beteiligten, eine ehemals stabile Ausgangssituation aufzugeben, Umorientierungen und damit Destabilisierungen zu durchlaufen und wiederum neue, stabilisierende Handlungslinien aufzubauen, respektive auszuhandeln.

> "Innerhalb des Bereichs menschlichen Zusammenlebens entstehen ständig neue Situationen, die problematisch sind und für die bestehende Regeln sich als unzureichend erweisen. Ich habe noch nie von einer Gesellschaft gehört, die frei von Problemen war, noch von einer Gesellschaft, deren Mitglieder nicht in Diskussionen eintreten mußten, um Handlungsmöglichkeiten auszuarbeiten."[21]

Unterstellt man, daß das Ziel der beteiligten Gesellschaftsmitglieder an einem Interaktionsprozeß eine progressive Entwicklung ist, so können diese Prozesse niemals endlich sein: "Wiederkehrendes und stabiles gemeinsames Handeln ist in einem ebensolchen Ausmaß das Ergebnis eines Interpretationsprozesses wie eine neue Form gemeinsamen Handelns, die zum ersten Mal entwickelt wird."[22]

---

[18] vgl. hierzu: Herbert Blumer: (a.a.O.); S. 91.

[19] vgl. hierzu: Herbert Blumer: (a.a.O.); S. 100.

[20] vgl. hierzu: Kap. 2.6 - 2.7.2.1 .

[21] vgl. hierzu: Herbert Blumer: (a.a.O.); S. 98.

[22] vgl. hierzu: Herbert Blumer: (a.a.O.); S. 98.

In diesem Sinne ist die Sicherung der Bürgerbeteiligung im Hessischen Dorfentwicklungsverfahren ein dynamischer, immer wiederkehrender Aushandlungsprozeß der einbezogenen Gesellschaftsmitglieder, solange das Landesprogramm existent ist.

3.1.1.2 Ethnomethodologie

Die Ethnomethodologie, ein in jüngerer Zeit in den USA entstandener Forschungsansatz der phänomenologisch orientierten Soziologie[23], übernimmt die von Alfred Schütz pragmatisch-interaktionistisch geprägten Begriffe der Alltagswelt und konzentriert sich in theoretisch-empirischer Forschung auf den "Routineaspekt des Alltagswissens und alles, was damit an Improvisationen, Faustregelorientierungen und ähnlichem zusammenhängt."[24] Damit kann die Ethnomethodologie gerade für die Beschreibung und Erklärung von Prozessen und Wirkungen, angesiedelt in der Arbeitswelt, eine komplementäre und korrespondierende Arbeitsgrundlage zum symbolischen Interaktionismus leisten.

Ein vorrangiges Arbeitsziel dieses Forschungsansatzes ist es,

> "(...) jene grundlegenden Merkmale der alltäglichen Interaktion zu ermitteln, aufgrund deren Erkenntnis das Problem angegangen werden kann, wie Bedeutungs- und Sinnzusammenhänge konstruiert werden, und wie aus den miteinander verbundenen und aufeinander bezogenen Handlungen von Menschen soziale Wirklichkeit geschaffen wird."[25]

Die Ethnomethodologie erweitert ihr Forschungsinteresse über die Interpretation und Deutung eines "Objektes" durch die einzelne Person hinaus und beschäftigt

---

[23] vgl. hierzu: Peter L. Berger, Thomas Luckmann: Die gesellschaftliche Konstruktion der Wirklichkeit. Frankfurt a.M. 1969.

[24] Joachim Mathes, Fritz Schütze: Zur Einführung: Alltagswissen, Interaktion und gesellschaftliche Wirklichkeit - Zum Begriff des Alltagswissens. In: Arbeitsgruppe Bielefelder Soziologen (Hg.): Alltagswissen, Interaktion und gesellschaftliche Wirklichkeit; Bd. 1. Opladen 1980; (1.Auflage: Reinbek bei Hamburg 1973); S. 17.

[25] Georges Psathas: Ethnotheorie, Ethnomethodologie und Phänomenologie. In: Arbeitsgruppe Bielefelder Soziologen (Hg.): Alltagswissen, Interaktion und gesellschaftliche Wirklichkeit; Bd. 1. Opladen 1980; (1.Auflage: Reinbek bei Hamburg 1973); S. 274.

sich mit aktiven Prozessen, "(...) durch die gesellschaftliche Dinge - vornehmlich Aktivitäten - in Interaktionen konstituiert werden."[26]

> "Sowohl der symbolische Interaktionismus als auch die Ethnomethodologie sind Forschungsansätze, die sich der praktisch - sozialkritischen Aufklärung verpflichtet haben - einer Sozialkritik, die sich gezielt auf ganz bestimmte Objektbereiche, d.h. auf deren Handlungs-, Wissens- und Kommunikationsstruktur, ausrichet."[27]

Dazu zählen u.a.

> "(...) die Anwendung von unkontrollierten Wissensbeständen im Kontext der Handlungsproblematik, welche die Instanzen sozialer Kontrolle und gesellschaftlicher Herrschaft zu bewältigen haben (Analyse von Legitimationen und routinierten Praktiken der Richter, Polizei, Sozialarbeit u.s.w.)."[28]

Zusammenfassend kann gesagt werden: Der ethnomethodologische Forschungsansatz kann den des symbolischen Interaktionismus ergänzen, insbesondere dann, wenn es, wie in dieser Arbeit, um das Erfassen, Analysieren und in der Konsequenz um das Optimieren einer Qualität in einem Prozeßverlauf der Alltagswelt geht.

3.1.2 Die Forschungsansätze im vorliegenden Arbeitskontext

Refklektiert an den hier zugrunde gelegten Forschungsansätzen ist diese Arbeit ebenfalls ein Beitrag zu einem Interpretationsprozeß; die Umsetzung aus den Erkenntnissen erfolgt in Form von Beteiligungsstandards[29]; diese werden entwickelt:

1. aus der bereits geleisteten Analyse der Grundlagen und des theoretischen Materials vor dem Hintergrund einer zivilgesellschaftlich begründeten Planungsperspektive und

---

[26] Georges Psathas: (a.a.O.); S. 275.

[27] Fritz Schütze, Werner Meinefeld u.a.: Grundlagentheoretische Voraussetzungen methodisch kontrollierten Fremdverstehens. In: Arbeitsgruppe Bielefelder Soziologen (Hg.): Alltagswissen, Interaktion und gesellschaftliche Wirklichkeit; Bd. 1. Opladen 1980; (1.Auflage: Reinbek bei Hamburg 1973); S. 489.

[28] Fritz Schütze, Werner Meinefeld u.a.: (a.a.O.); S. 489.

[29] vgl. hierzu: Kap. 3.3.3 und 3.3.3.1 folgend.

2. anhand der Analayse der Akteurskonstellationen[30], abgeleitet aus den Interpretationen und Deutungen der involvierten Personenkreise zur vergangenen und gegenwärtigen Programmpraxis, basierend auf dem Datenmaterial der folgenden Fallbeispiele.

Letzteres setzt die Wahrnehmung dieser Personenkreise als Expertinnen und Experten ihrer Alltagswelt durch die Verfasserin dieser Arbeit voraus.

3.2 Methodisches Vorgehen in der Bearbeitung der Fallanalysen - Arbeitsgrundlagen und Datenbasis

Arbeitsgrundlagen der hier vorliegenden Dissertation sind die empirischen Materialien aus der bereits in Kapitel 1 erwähnten Studie[31], die für die Fragestellung dieser Arbeit neu bearbeitet werden. Gearbeitet wurde mit folgenden Forschungsmethoden:
- Inhaltsanalyse von Dokumenten
- Gruppengespräche
- qualitative Interviews und
teilnehmende Beobachtung.

Datenbasis liefern die durchgeführten Fallanalysen von drei hessischen Dorfentwicklungsverfahren. Neben dem Kriterium der Ortsgröße und Lage im Raum[32], waren diese Verfahren ausgewählt worden, weil in ihrem Verlauf Projektansätze relevant erschienen für eine mögliche Realisierung. Auswahlkriterium war weiterhin, daß diese Projekte mindestens jeweils einem der drei Projektcharakteristika[33] zugeordnet werden konnten, welche für diese Studie analog zur Förder-

---

[30] vgl. hierzu: Kap. 3.3.2 folgend.

[31] Annegret Boos-Krüger, Erika Haindl, Ulrike Drosse: Verfahren und Verlauf von sozioökonomischen Projekten in der hessischen Dorf- und Regionalentwicklung. Chancen und Hemmnisse. Diese Studie wurde erstellt am Fachbereich Stadt- und Landschaftsplanung, Arbeitsgruppe Dialogische Planung, Gesamthochschule Kassel, im Auftrag des Hessischen Ministeriums für Landesentwicklung, Wohnen, Landwirtschaft, Forsten und Naturschutz; Kassel Febr. 1995; (unveröffentlicht). vgl. hierzu: Kap. 1.3 .

[32] Anmerkung der Verfasserin: Die Auswahl berücksichtigte das Nord - Südgefälle zwischen Nordhessen und dem Rhein-Main Gebiet.

[33] vgl. hierzu: Kap. 3.3.1 - 3.3.1.3 .

kulisse des Programms formuliert worden waren.[34] Sie werden für diese Arbeit ebenfalls angewendet. Die Verfahren wurden für die Studie dezidiert in ihrem zeitlichen, inhaltlichen und verfahrenstechnischen Verlauf mit Hilfe der folgenden Dokumente beschrieben: die Berichte zur Vorklärungsphase der Projektbeauftragten, die Dorfenwicklungsberichte der Planungsbüros sowie Terminvermerke der Fachverwaltung. Zur Strukturierung und Erleichterung der Lesbarkeit wurden den Verfahrensdeskriptionen Schlagwörter zugeordnet, die verfahrenstechnisch bedingt in allen Verfahren gleichermaßen auftauchen. Dabei fand eine textliche Fokussierung auf die untersuchten Projektansätze im jeweiligen Verfahren statt.
Auf der Grundlage der hieraus gewonnenen Kenntnisse schloß sich zu dem Verfahren eine qualitativ geführte Interviewreihe mit ausgewählten Personen aller beteiligten Handlungsebenen eines Verfahrens an.
In einem Fall wurde auf Interviews auf der örtlichen Handlungsebene mit Bürgern verzichtet, um einen innerörtlichen Konflikt in Sachen Dorfentwicklung, der sich gerade gelegt hatte, nicht neu zu entfachen, in einem zweiten Fall kam mit einem zuständigen Amt kein Interview zustande aufgrund von Umstrukturierungsmaßnahmen in demselben. In diesen Fällen wurde textliches Datenmaterial verwendet.
Insgesamt wurde für die Studie auf 13 Interviews und zwei Gruppengespräche zurückgegriffen. Bei der parallelen Bearbeitung des erhobenen Materials wurden die Frageleitfäden dieser Interviewreihen am fortgesetzten Informationsstand zum Untersuchungsort und zu generellen Fragestellungen bezüglich der hessischen Dorfentwicklungsverfahren modifiziert; dadurch konnten die Interviews mit fortgeschrittenem Arbeitsstand zunehmend theoriegeleitet ausgestaltet werden und in der Exploration auf das Erkenntnisinteresse des Forschungsgegenstandes eingegrenzt werden.

> "Exploration bedeutet die Untersuchung eines fremden Lebensbereiches im Rahmen einer flexiblen und reflexiven Vorgehensweise, in dem Ergebnisse über Einzeldaten und deren Zusammenhänge sowie die methodischen Schritte zu ihrer Gewinnung und Überprüfung ständig reflektiert und im Laufe des Untersuchungsprozesses korrigiert werden können. Der Forscher muß demnach bereit sein, seine theoretischen Vorstellungen ständig vom

---

[34] vgl. hierzu: Kap. 1.1, Abbildung 1: Besondere Bedeutung im Kontext der Studie und dieser Dissertation haben dabei die Förderziffern 2.1.12, 2.1.13 und 2.1.14; dies sind soziokulturell, sozioökonomisch und ökonomisch wirksame Projekte.

realen Untersuchungsfeld prüfen zu lassen und die methodischen Schritte den situativen Momenten entsprechend anzupassen."[35]

3.2.1 Zur Aufbereitung des empirischen Materials

Für die hier vorliegende Arbeit werden die in der Studie erstellten Fallanalysen verkürzt zusammengefaßt und hinsichtlich Ort, involvierten Personen und Institutionen maskiert dargestellt. Diese Verschlüsselung des Datenmaterials erscheint im Hinblick auf das Erkenntnisinteresse hier gerechtfertigt, da es in diesem Arbeitskontext letztlich weniger um die losgelöste, isoliert betrachtete Deutung und Interpretation der jeweils involvierten Personen geht, sondern das Arbeitsziel vielmehr darin besteht, hieraus die Phänomene im gesellschaftlichen Zusammenwirken der Akteure im hessischen Dorfentwicklungsverfahren zu erkennen und auszuwerten. Dieses Zusammenwirken wird, wie bereits im Grundlagen- und Theorieteil als zentraler Begriff eingeführt, auch im weiteren als 'Akteurskonstellation' bezeichnet.[36]
Die Zuordnung und Nachvollziehbarkeit des verschlüsselten Datenmaterials zu den Handlungsebenen des Verfahrens wird im folgenden über das Ordnungsmodell einer Beteiligtenachse[37] sichergestellt; sie wurde für die zuvor genannte Studie entwickelt und findet in einer modifizierten Form Weiterverwendung in dieser Dissertation.

Bei der Auswertung der Fälle wurde darauf geachtet, ein möglichst breites Spektrum unterschiedlicher Aspekte zusammenzutragen, in dem zunächst die subjektiven Wahrnehmungen der am Verfahren beteiligten Personen herausgearbeitet werden, aus deren Gegenüberstellung sich dann phänomenologisch die spezifischen Konstellationen der Akteure ergeben. Für dieses Vorhaben wird eine am Ordnungsmodell der Beteiligtenachse orientierte und strukturierte Wiedergabe des Interviewmaterials erarbeitet, die die Inhalte der Interviews wiedergibt, miteinander in Beziehung setzt, damit zunehmend das Objektivierbare zusammenträgt und für die Analyse der Akteurskonstellation aufbereitet.

---

[35] Siegfried Lamnek: Qualitative Sozialforschung; Bd. 1. München 1989; S. 46. vgl. hierzu auch: A. Witzel: Verfahren der qualitativen Sozialforschung. Überblick und Alternativen. Frankfurt a.M. 1982; S. 34.

[36] vgl. hierzu: Kap. 2.2 .

[37] vgl. hierzu: Kap. 3.3.2 folgend.

Dieses Vorgehen korrespondiert mit einer von Garfinkel[38] angeregten Methode, die "dokumentarische Methode der Interpretation"; sie komplementiert in dieser Arbeit die Dokumentenanalyse sowie die in der Feldarbeit angewandte Methode der teilnehmenden Beobachtung.

Die "dokumentarische Methode der Interpretation" ist eine Technik,

> "(...) mit der beim befragten Gesellschaftsmitglied die Erzeu-gung einer Erzählung, d.h. Geschichtsdarstellung seiner Ich-Identität (einer 'Lebensgeschichte'), seiner Interaktionsgeschichte in einem bestimmten Problembereich und/oder die Geschichte eines bestimmten sozial signifikanten Falls, von dem der Befragte bestimmte Kenntnisse hat, hervorgerufen werden kann. Da es ihr um eine, am alltagsweltlichen Handeln orientierte Darstellung von Geschichtsabläufen geht, ist sie die systematische Ergänzung der teilnehmenden Beobachtung. Denn durch ihre Forschungsergebnisse können der in der teilnehmenden Beobachtung entwickelten Eigenperspektiven eine Anzahl kontrollierender oder heuristisch anleitender Fremdperspektiven entgegengesetzt werden. Der Forscher gibt dem Befragten eine aus Voruntersuchungen empirisch abgeleitete allgemeine Interpretations- und Erzählfolie für die Entwicklung der Ich-Identität, der Interaktionsabfolge oder der Fallgeschichte vor, auf welcher der Befragte dann die konkrete Geschichtsdarstellung entwickeln kann. (...) Es handelt sich hier mithin um die Zentrierung eines offenen Interviews auf die historische Figur einer bestimmten Biographie, eines bestimmten Falls. Der Interviewer tritt immer dann in Funktion, wenn der Befragungsperson der rote Faden ihrer Geschichte zu entgleiten droht. (...) Analyseziel ist die Explikation der Struktur von sich entwickelnden historischen Identitäten, wie sie sich im roten Faden einer Lebens-, Interaktions- und Fallgeschichte sowie in ihnen entsprechenden Selbst- und Fremdbildern niederschlagen."[39]

---

38 vgl. hierzu: Harold Garfinkel: Common Sense Knowledge of Social Structures: The Documentary Method of Interpretation in Lay und Professional Fact Findung. In: Theories of the mind. Jordan M. Scher (Hg.); New York 1962; S. 689-712.

39 Fritz Schütze, Werner Meinefeld u.a.: Grundlagentheoretische Voraussetzungen methodisch kontrollierten Fremdverstehens. In: Arbeitsgruppe Bielefelder Soziologen (Hg.): Alltagswissen, Interaktion und gesellschaftliche Wirklichkeit; Bd. 2. Opladen 1980; S. 480; (1. Auflage: Reinbek bei Hamburg 1973).

Die mit dieser Technik gewonnenen Erkenntnisse werden für die Interviewauswertung in einem ersten Schritt jeweils einer Relativierung an der einzelnen Fallanalyse zu unterziehen sein, als auch - in einem zweiten Schritt - in den Bezügen der Fallanalysen untereinander.

3.3 Die Bildung der Untersuchungsmatrix: Begriffsdefinitionen

Das verwendete Material gestaltet sich durch die Eigendynamik der Verfahren selbst sowie durch die Individualität der involvierten Personen und Gruppen sehr heterogen. Um es für die Analyse aufbereiten zu können und insbesondere um die prägenden Interdependenzen in den Verfahren hinsichtlich ihrer Beteiligungsstrukturen in der Phänomenologie und Typisierung aufzeigen zu können, wurde für die Studie eine Untersuchungsmatrix gebildet und für diese Dissertation weiterentwickelt.

Anhand dieser Matrix sollen:

- die Systematisierung und Interpretation des Untersuchungsmaterials aller Fallanalysen vorgenommen werden,
- Ursachen und Wirkungen von verfahrensimmanenten Interaktionsprozessen auf die Beteiligungsstruktur aufgezeigt und anhand der Analyse der Akteurskonstellationen in Beziehung zueinander gesetzt werden,
- verallgemeinerbare Aussagen zur Sicherung einer qualitativen Bürgerbeteiligung, orientiert an einer zivilgesellschaftlich begründeten Planungsperspektive[40] abgeleitet werden, und
- diese Beteiligungsstandards für eine Operationalisierung im Hinblick auf ihre Anwendung in der Verfahrenspraxis geprüft werden.

Die für diese Untersuchungsmatrix gebildeten Begriffe

1. soziokultureller-, sozioökonomischer-, ökonomischer Projekttyp
2. Beteiligtenachse und
3. Beteiligungsstandards

werden nachfolgend definiert.

---

[40] vgl. hierzu: Kapitel 2.9 .

3.3.1 Charakteristik von Projekttypen

Die Herausbildung der drei Charakteristika von Projekttypen, soziokulturell, sozioökonomisch und ökonomisch, orientiert sich an den Fördermöglichkeiten[41] des Hessischen Dorfentwicklungsprogramms. Sie stellt eine an der Förderkulisse des Programms orientierte Kategorisierung von möglichen Projektansätzen dar. In der Verfahrenspraxis sind Überschneidungen der hier gebildeten Kategorien möglich; ebenso können mehrere Projekttypen parallel in einem Verfahren für eine Umsetzung in Frage kommen.

3.3.1.1 Soziokultureller Projekttyp[42]

"Dieser Projekttyp entwickelt sich im Zuge von Dorfentwicklungsverfahren aus dem Bedürfnis spezifischer Bevölkerungsgruppen an einem Themenkomplex. Aufgrund derartiger Bedürfnisse benötigt die Gruppe organisatorische und räumliche Voraussetzungen, um dem gemeinsam formulierten Anliegen nachzugehen oder auch, um das gemeinsame Anliegen der Gruppe thematisch und inhaltlich weiterzuentwickeln. Dies kann, muß aber nicht dazu führen, daß Gruppen ihr gemeinsam gewähltes Thema in Form von Schrift (z.B. Texte), bildlicher Umsetzung (z.B. Pläne, Fotos) oder Ausdruck (z.B. Musik, Theater) darstellen.

> Die hessische Dorf- und Regionalentwicklung kann temporär solche Gruppenprozesse in der Konzeptionsphase oder Trägerschaftsklärung personell durch Projektaufträge unterstützen, kann Vernetzungen zu Institutionen herstellen (z.B. zu Volkshochschulen), die eine langfristige Betreuung gewährleisten können oder kann Ausstattung und baulich-räumliche Voraussetzungen (z.B. Geräte, Möbelierung, Bau eines Heimatmuseums, eines Dorfgemeinschaftshauses) fördern."[43]

---

41 vgl. hierzu: Kap. 1.1, Abbildung 1 und hier insbesondere die Förderziffern 2.1.12, 2.1.13, 2.1.14 .

42 Anmerkung der Verfasserin: Die Förderung soziokultureller Projekte erfolgt im Hessischen Dorfentwicklungsprogramm in der Regel über die Förderziffer 2.1.13 .

43 Annegret Boos-Krüger, Erika Haindl, Ulrike Drosse: Verfahren und Verlauf von sozioökonomischen Projekten im Rahmen der hessischen Dorf- und Regionalentwicklung. Chancen und Hemmnisse. Diese Studie wurde erstellt am Fachbereich Stadt- und Landschaftsplanung, Ar-

3.3.1.2 Sozioökonomischer Projekttyp[44]

"Sozioökonomisch wirksame Projekte haben in ihrer örtlichen oder regionalen Wirkung sowohl soziale Komponenten aufzuweisen als auch einkommensichernde oder einkommenergänzende.
Sie dienen der Wiederherstellung oder Sicherung von örtlichen und regionalen Grundversorgungseinrichtungen (z.B. Läden, Telehäuser), der Einrichtung oder Optimierung sozialer Infrastruktureinrichtungen (z.B. Kindergärten, Alteneinrichtungen oder Wohnbauprojekte mit Läden-, Büro- oder Praxenkombinationen)."[45]

Die Projekte können privatwirtschaftlich oder in öffentlicher Träger-schaft organisiert sein; diese beiden Projektformen kombiniert, ist eine der häufigsten. Eigentümer können private und/oder juristische Personen sein.

3.3.1.3 Ökonomischer Projekttyp[46]

"Ökonomisch wirksame Projekte sind arbeitsplatzsichernde oder arbeitsplatzschaffende Maßnahmen im Rahmen der Dorf- und Regionalentwicklung, um Betriebsgründungen, Betriebserweiterungen oder Betriebssicherungen von klein- und mittelständischen Handwerks- und Gewerbebetrieben zu unterstützen. Die Betriebe sind privatwirtschaftlich organisiert. Antragsteller können hier ebenfalls natürliche oder juristische Personen sein. Die Förderkulisse umfaßt sowohl Gutachten (zum Beispiel Betriebs- oder Organisationsgutachten) als auch bauliche Maßnahmen zur Umsetzung."[47]

---

beitsgruppe Dialogische Planung, Gesamthochschule Kassel, im Auftrag des Hessischen Ministeriums für Landesentwicklung, Wohnen, Landwirtschaft, Forsten und Naturschutz; Februar 1995; S. 19; (unveröffentlicht).

44 Anmerkung der Verfasserin: Die Förderung sozioökonomischer Projekte erfolgt im Hessischen Dorfentwicklungsprogramm in der Regel über die Förderziffer 2.1.14 .

45 Annegret Boos-Krüger, Erika Haindl, Ulrike Drosse: (a.a.O.); S. 20.

46 Anmerkung der Verfasserin: Die Förderung ökonomischer Projekte erfolgt in der Regel über die Förderziffer 2.1.14 .

47 Annegret Boos-Krüger, Erika Haindl, Ulrike Drosse: (a.a.O.); S. 20.

3.3.2 Die Beteiligtenachse als Ordnungs- und Analysemodell der Akteurskonstellation im Dorfentwicklungsverfahren[48]

Wie Abbildung 3 (siehe Anhang) zeigt, projiziert dieses Schema die beteiligten Handlungsebenen im Hessischen Dorfentwicklungsverfahren auf einer Achse, bestehend aus den Ebenen der beteiligten Verwaltungen, Institutionen, der involvierten freiberuflichen Experten und Expertinnen und der Bewohner und Bewohnerinnen im Dorferneuerungsförderschwerpunkt. Die Beteiligtenachse ist hierarchisch geordnet, was der gesellschaftlichen Realität entspricht. Sie ermöglicht eine normierte Zuordnung der involvierten Akteure auf immer konstant im Verfahren auftretenden Handlungsebenen. Die Beteiligtenachse und der Schlüssel zur Interviewsystematik in Abbildung 4 (siehe Anhang) zeigen äquivalente Handlungsebenen. So können die jeweiligen Interviewpartner/-innen in den erstellten Fallanalysen der jeweiligen Handlungsebene im Verfahren bildlich zugeordnet werden; dies unterstützt die Nachvollziehbarkeit bei der Auswertung des Datenmaterials: Durch die Normierung von Handlungsebenen wird eine Gegenüberstellung bei der Interpretation des Materials innerhalb der Fallanalyse möglich; aus ihr ergibt sich die Konstellation der Akteure im jeweiligen konkreten Dorfentwicklungsverfahren. Ebenfalls ist die Gegenüberstellung der Fälle möglich und damit auch eine vergleichende Betrachtung der Akteurskonstellationen in den verschiedenen Verfahren.

Im Hinblick auf die Entwicklung und Operationalisierung von Beteiligungsstandards wird von Interesse sein, ob die Beteiligtenachse als methodisch unterstützendes Interpretationsinstrument zur professionellen Lenkung eines partizipativ organisierten Dorfentwicklungsverfahrens geeignet ist.

3.3.3 Beteiligungsstandards - zur Definition des Begriffs

Beteiligungsstandards definieren im Rahmen dieser Dissertation Anforderungen und Bedingungen an den Interaktionsprozeß der beteiligten Akteure zur Sicherung des partizipativen Programmansatzes in der Hessischen Dorfentwicklung; sie sollen einen Orientierungsrahmen für die professionell eingebundenen

---

48 vgl. hierzu auch: Annegret Boos-Krüger, Erika Haindl, Ulrike Drosse: (a.a.O.); S. 16.

Akteure leisten zur Aushandlung und Sicherung einer qualitativen Bürgerbeteiligung unter heterogenen Verfahrensbedingungen und -strukturen.

Für die Entwicklung der Standards findet das Spektrum der Förderkulisse Berücksichtigung, ebenso der neue prozeßorientierte und reflexiv gestaltete Verfahrensablauf, im Sinne eines Entwicklungskonzeptes. Die Beteiligungsstandards beziehen sich dementsprechend auf

1. projektbezogene Aufgabenstellungen, entsprechend der oben definierten Projekttypen, differenziert nach
   - soziokulturellem
   - sozioökonomischem und
   - ökonomischem Projekttyp

und zusammenfassend auf

2. das Gesamtverfahren, einbeziehend
   - Klärungsphase,
   - Planungs- und Projektentwicklungsphase,
   - Umsetzungsphasen.

Beteiligungsstandards im Kontext der Hessischen Dorfentwicklung werden sich hier an folgenden, vier gestuften Leitzielen orientieren: Sie sollen Bedingungen und Anforderungen an den Interaktionsprozeß der beruflich involvierten Akteure beschreiben, die

a) Mitwirkung und Teilnahme der Bürgerinnen und Bürger als informell- beratende Gremien an Entscheidungsprozessen ermöglichen über planungs- und projektbezogene Dorferneuerungsmaßnahmen, für die eine formelle, kommunalparlamentarische Beschlußfassung erforderlich ist,

b) eine Mitwirkung und Teilnahme von Bürgergruppen ermöglichen, die vorläufig auf staatlich monetäre Unterstützung zur Konstituierung, Vertretung und Umsetzung ihrer Interessen angewiesen sind in Form von sachgebundenen Mitteln (z.B. Raum, Material, Ausstattung) und/oder organisatorische Unterstützung (z.B. temporär, personell gesicherte Projektbetreuung) und

c) Mitwirkung und Teilnahme der Bürgerschaft ermöglichen an kooperativen Organisationsstrukturen zwischen Staat (z.B. Kommune und anderen öffentlichen Trägern) und Bürgerschaft (private Personen oder Gesellschaften bürgerlichen Rechts etc.) zur Bewältigung soziokulturell und/oder sozioökonomisch relevanter Problemlösungen und Aufgabenstellungen,

d) private investive Maßnahmen von Bürgerinnen und Bürgern beratend unterstützen, und zwar über die obligatorische, im Verfahren bereits sichergestellte Bauberatung hinaus für arbeitsplatzschaffende und/oder -sichernde Vorhaben im ländlichen Raum.

Die so differenzierte Ausarbeitung von Beteiligungsstandards im Hessischen Dorfentwicklungsverfahren soll ein Handlungsfeld mit potentiellen Chancen für das gemeinsame Agieren von Staat und Gesellschaft aufzeigen.
Sie sollen der Bürgerschaft in dörflich strukturierten Ortsteilen ermöglichen, in der informellen und formellen politischen Sphäre einer Kommune und somit in einem pluralistisch geprägten Interessengeflecht an der Aushandlung von Präferenzen für die Entwicklungsziele ihres Ortes im Handlungsrahmen einer Dorfentwicklungskonzeption aktiv mitzuwirken.

3.3.3.1 Kriterien zur Entwicklung von Beteiligungsstandards in der Hessischen Dorfentwicklung in einer zivilgesellschaftlichen Planungsperspektive

Alheit beschreibt zivilgesellschaftliche Fortschritte als "immer wieder neue Bargainingprozesse einer 'alltäglichen Moderne'"[49], in diesem Sinne also als Aushandlungsprozesse der lebensweltlichen Alltagspraxis. "Sie können", so Alheit, "nicht in einem theoretischen oder moralischen Konzept Zivilgesellschaft gleichsam stillgelegt werden. Vielmehr müssen wir sie - kommunitär - jeweils neu entdecken und durch Konsensbildung festhalten."[50]

Zivilgesellschaft, als ein demokratietheoretisches Konstrukt und als eine soziale Utopie debattiert, umfaßt als zentrale Fragestellung Formen der Interaktion zwischen Staat und Gesellschaft (Staatsapparat und Gesellschaftsmitgliedern), zwischen Zentrum und Peripherie:

> " Es ist jener Komplex oder jenes Geflecht aus Institutionen, Handlungen und gemeinsamen Überlegungen, das einzelne Gesellschaftsmitglieder, Gruppen, Kollektive und Institutionen mit den 'repräsentativen' Institutionen

---

49 Peter Alheit: Die Fragilität des Konzeptes "Zivilgesellschaft". In: Das Argument - Zeitschrift für Philosophie und Sozialwissenschaften. Heft 4/5, 36. Jahrg.; Hamburg 1994; S. 606.

50 Peter Alheit: (a.a.O.); S. 606.

des Zentrums und dadurch mit der Gesellschaft insgesamt und untereinander verbindet."[51]

Kriterium einer zivilgesellschaftlichen Planungsperspektive in einem gesellschaftspolitisch wirksamen Praxisfeld, wie sie die Hessische Dorfentwicklung durchaus darstellt, ist die Gewichtsverlagerung der Entscheidungs- und Gestaltungschancen sowie der Handlungsradien vom Staatsapparat auf die betroffenen Gesellschaftsmitglieder. Dies bedeutet gleichsam die Stärkung der parlamentarischen Ordnung im Sinne einer Unterstützung lebendiger Demokratie und zwar dann, wenn Staat und Gesellschaft die tradierten Formen des Dialogs erweitern.
In einer zivilgesellschaftich begründeten Planungsperspektive muß deshalb von einer öffentlich - kommunizierenden, verhandelnden und dabei von gegenseitiger Anerkennung geprägten Sphäre in der Akteurskonstellation ausgegangen werden; sie muß sich an dem Kriterium messen lassen, inwieweit zwischen formell und informell assoziierten Gesellschaftsmitgliedern in einem diskursiven Prozeß der Dorfentwicklung ein gemeinsames Interesse an konsensualen Entscheidungs- und Handlungsperspektiven aufgebaut werden kann.

3.4 Arbeitshypothesen

Für diese Dissertation wurden die folgenden Hypothesen entwickelt:

3.4.1 Erste Hypothese: Dorfentwicklungskonzepte erfordern zukünftig eine differenzierte Behandlung der Partizipation

Die offene, prozeßhafte und reflexiv gestaltete Verfahrensstruktur in der Hessischen Dorfentwicklung im Sinne eines Dorfentwicklungskonzeptes erfordert zukünftig eine differenzierte Behandlung der Partizipation.

Die Bedingungen und Anforderungen an den Interaktionsprozeß müssen zwischen den formell legitimierten Handlungs- und Entscheidungsträgern (Fach- und Kommunalverwaltung), formell beauftragten Handlungsträgern (freiberuflichen Experten) und den informell und formell assoziierten Handlungsträgern (Bürger/-

[51] Edward Shils: Was ist eine Civil Society. In: Krzysztof Michalski: Europa und die Civil Society. Stuttgart 1991; S. 15-16.

innen im Dorf) ausgehandelt werden; sie müssen sich an Verfahrensphase und thematischen Schwerpunktsetzungen für Planungs- und Projektbearbeitung orientieren und sind entsprechend des Verfahrensfortschrittes zu aktualisieren.

Die Möglichkeiten der Dorfentwicklung sind zwar nach Fortschreibung der Förderkulisse und der Verfahrensstruktur sehr offen und flexibel handhabbar, die monetären Rahmenbedingungen setzen jedoch zeitliche und personelle Beschränkungen für Betreuungs- und Bearbeitungskapazitäten; Dorferneuerungsarbeit muß deshalb zielorientiert sein.

- Je additiver und zeitlich schleppender das Verfahren hinsichtlich Klärungsphase, Planungs-, Projektbearbeitung und Umsetzungen verläuft, desto weniger ist mit einer stabilen verzahnten Bürgermitwirkung zu rechnen.

- Je umfassender Planungs- und Projektaufgabenstellungen für ein Dorferneuerungsverfahren zur Bearbeitung anvisiert werden, desto differenzierter muß die Beteiligungsstruktur hierauf abgestimmt werden, je höher sind die Anforderungen an die Verfahrenslenkung durch die Fachverwaltung.

- Je konkreter sich die beteiligten Akteure auf Regeln und Verbindlichkeiten hinsichtlich der Mitwirkungsmöglichkeiten der Bürger/-innen einigen können, desto positiver wird sich das Arbeitsklima im Interaktionsprozeß entwickeln und desto optimaler sind die Voraussetzungen für eine zielorientierte Kooperation. Eine Identifikation der Mitwirkenden mit den erreichbaren Ergebnissen ist dadurch zu erwarten.

- Je schlüssiger und nachvollziehbarer die aufgezeigten und angebotenen Wege für die Bürgermitwirkung dargelegt werden können, einschließlich eines realistischen Zeitaufwandes und Zeitrahmens, desto höher wird die Motivation und Bereitschaft in der Bevölkerung sein, Engagement für die Verbesserung der individuellen und kollektiven Lebensverhältnisse im Ort aufzubringen.

- Je konkreter die Bedingungen und Anforderungen an den Interaktionsprozeß hinsichtlich Bürgermitwirkung im speziellen Verfahren festgelegt und fortgeschrieben werden, desto gesicherter können auch Qualität und Quantität der vereinbarten Partizipationsmodalitäten bei den Akteuren der entsprechenden Handlungsebenen des Verfahrens eingefordert und auch überprüft werden.

3.4.2 Zweite Hypothese: Zur Unterstützung soziokultureller Prozesse durch Bürgermitwirkung

Die Abgrenzungs- und Annäherungsprozesse zwischen traditionellen und sich neu entwickelnden soziokulturellen Aktivitäten sind Ausdruck der sich wandelnden Normen und Wertorientierungen im ländlichen Raum; in dörflich strukturierten Ortsteilen wird diese Entwicklung in einem wesentlich engeren und von sozialer Kontrolle geprägten Netz formeller und informeller Öffentlichkeit ausgetragen, als dies im städtisch geprägten, anonymeren Räumen der Fall ist. Soziokulturelle Entwicklungen verlaufen häufig polarisierend von der Öffentlichkeit im Dorf und in der Kommune wahrgenommen zwischen Ablehnung und Anerkennung "des Neuen".

- In der Verfahrenslenkung der Dorfentwicklung muß dieser "Mehraufwand" des Ver- und Aushandelns verschieden gelagerter soziokultureller Interessen im Dorf professionell - partizipativ unterstützt werden, wenn mit dem Programm der formulierte Anspruch eingelöst werden soll, daß das Dorfentwicklungsverfahren selbst bereits als kultureller Lernprozeß zu verstehen ist.[52]

- Je deutlicher die Fachverwaltung diese innovativen soziokulturellen Leitziele der Dorfentwicklung gegenüber den formal legitimierten Handlungsebenen in der Kommune darlegt und vertritt, desto höher sind die Chancen für weniger etablierte und informell assoziierte Gruppierungen, im Dorf und in der Kommune Akzeptanz und Unterstützung für ihre Anliegen herzustellen und damit am Dorfentwicklungsprozeß mitwirken zu können.

- Je transparenter und sachlicher die beruflich involvierten Experten/-innen das Verfahren strukturieren, umso weniger irrational und emotional motivierte, dadurch das Verfahren hemmende Akteurskonstellationen dürften sich ergeben.

52 vgl. hierzu: Hessisches Ministerium für Landesentwicklung, Wohnen, Landwirtschaft, Forsten und Naturschutz: Dorferneuerung in Hessen. Wiesbaden 1991; S. 54.

3.4.3 Dritte Hypothese: Sozioökonomisch wirksame Projekte als Chance für kooperative Handlungsfelder zwischen Staat und Bürgerschaft

Sozioökonomisch wirksame Projekte sind dadurch gekennzeichnet, daß mit ihnen vor allem Problemlösungen für die Sicherung und/oder Neueinrichtung sozialer und infrastruktureller Grundversorgungseinrichtungen im ländlichen Raum entwickelt werden, und zwar durch intermediäre Organisations- und Rechtsformen zwischen öffentlichen und privaten Trägern. Derartige Kooperationsbündnisse zielen auf die Umsetzung von Projekten, die der Verbesserung der Lebensverhältnisse im Ort und in der Region dienen, weil sie sowohl Dienstleistungen sichern als auch einen Beitrag zur Schaffung oder Sicherung von Arbeitsplätzen leisten; soziale und ökonomische Effekte vereinen und bedingen sich somit gegenseitig fördernd.

Innovative und professionelle Informations-, Beratungs-, Verfahrens- und Verhandlungsbedingungen in Aussicht gestellt, bietet das Hessische Dorfentwicklungsprogramm eine Perspektive, zu einer erweiterten Basis der Partizipation zu gelangen, nämlich von der Bürgerbeteiligung zur Bürgermitwirkung. Voraussetzung für Engagement und Kooperationsbereitschaft in derartigen Bündnissen sind die ersichtlichen Vorteile, die die betroffenen und handelnden Akteure möglichst gemeinschaftlich aus dem Projekt ziehen können.

- Je deutlicher die Chancen und Vorteile für Kooperationsbündnisse zur Umsetzung sozioökonomisch wirksamer Projekte auf der kommunalen und örtlichen Handlungsebene erkennbar sind, desto höher die Bereitschaft zur Bürger/-innenmitwirkung und desto höher die Chance zur Umsetzung und Weiterentwicklung derartiger Projekttypen. Ein hohes Identifikationspotential mit solchen Projekten in der Region wird erwartet.

- Je sachkompetenter von den beruflich involvierten Experten/-innen in derartigen Projekten agiert wird, desto weniger ist mit negativen Verhandlungsverläufen zu rechnen.

- Es ist davon auszugehen, daß die sozioökonomisch wirksamen Impulse im ländlichen Raum durch das Hessische Dorferneuerungsprogramm weiter ausgebaut werden könnten, wenn für innovative Projekte durch eine erkennbar gewichtete, d.h. monetär spürbare Förderpolitik, Anreize zum Engagement der Akteure in diese Handlungsrichtungen gegeben werden würden.

3.4.4 Vierte Hypothese: Die wirtschaftsfördernde Effizienz der Hessischen Dorfentwicklung ist gleichfalls eine Frage effizienter Partizipationsangebote

Solange die Dorferneuerung weitgehend an städtebaulich, architektonischen Zielvorstellungen ausgerichtet war, war die Sicherung oder Schaffung von Arbeitsplätzen primär ein indirekter Fördereffekt. Mit der Neuorientierung des Programms wäre es hingegen möglich, offensiver sozial- und wirtschaftsfördernde Aspekte zu verfolgen. Damit könnte die raumordnungspolitische Bedeutung dieses Landesplanungsinstrumentariums als Strukturförderprogramm für den ländlichen Raum an Bedeutung gewinnen.

- Das Image der Dorferneuerung als ein Sanierungsprogramm kann erst dann überwunden werden, wenn die hinzugewonnenen Handlungsfelder von der Fachverwaltung in der Außendarstellung entsprechend als neue Dienstleistung der Programmumsetzung "vermarktet" werden.

- Die Mitwirkung der Bürger/-innen an der wirtschaftlichen Entwicklung der Region setzt Motivation und Kompetenz zur Eigeninitiative voraus. Wenn diese explizit im Zuge der Dorfentwicklung unterstützt werden soll, so erfordert dies ein kontinuierliches Informations- und Beratungsangebot, das nicht nur isoliert und segmentiert in der Klärungsphase angeboten werden darf.

3.5 Zusammenfassung

In Kapitel 3 werden die hier zugrundegelegten Forschungsansätze: Symbolischer Interaktionismus und Ethnomethodologie erläutert und ihre Auswahl für den Arbeitskontext dieser Dissertation begründet.

Das Datenmaterial zur Arbeit, drei Fallanalysen, ist in einer zuvor erstellen Studie[53] entstanden. Das methodische Vorgehen in dieser Studie beruhte im wesentlichen auf Forschungsmethoden der Dokumentenanalyse, Gruppengespräche, qualitative Interviews sowie teilnehmende Beobachtung; auf diesen Erkenntnisstand aufbauend, werden zur Bildung einer Untersuchungsmatrix Begriffsdefinitionen aus der Studie aufgegriffen und für diese Arbeit präzisiert und erweitert. Basis der Matrix sind Begriffsdefinitionen:

1. Die Charakteristik von drei Projekttypen: soziokulturell, sozioökonomisch und ökonomisch; sie kategorisieren förderfähige Projektansätze des Hessischen Dorferneuerungsprogramms.

2. Die Beteiligtenachse: sie ist ein axial und hierarchisch angeordnetes Schema der immer im Verfahren konstant beteiligten Handlungsebenen und unterstützt visuell die hier vorgesehene Analyse der Akteurskonstellationen, indem das Interviewmaterial je Fall den normierten Handlungsebenen zugeordnet werden kann.

3. Die Beteiligungsstandards: sie definieren Anforderungen und Bedingungen an den Interaktionsprozeß der beteiligten Akteure zur Sicherung des partizipativen Programmansatzes; die zu entwickelnden Standards nehmen Bezug auf das Gesamtverfahren und auf die oben gewählte Charakteristik von Projekttypen; sie orientieren sich an vier gestuften Leitzielen, die eine Differenzierung von Teilhabe und Mitwirkungsmöglichkeiten der Bürger/-innen am Dorfentwicklungsverfahren in einer zivilgesellschaftlich begründeten Planungsperspektive vorsehen. Letztere sollen der Bürgerschaft in dörflich strukturierten Ortsteilen ermöglichen, in der informellen und formellen politischen Sphäre einer Kommune und somit in einem pluralistisch geprägten Interessengeflecht an der Aushandlung von Präferenzen für die Entwicklungsziele ihres Ortes im Handlungsrahmen einer Dorfentwicklungskonzeption aktiv mitzuwirken.

Die formulierten Arbeitshypothesen zur Partizipation in der Hessischen Dorfentwicklung beziehen sich auf die Verfahrensstruktur und die Charakteristik der drei gebildeten Projekttypen und bereiten das Kapitel 4: Fallanalysen und Auswertung vor.

---

[53] Annegret Boos-Krüger, Erika Haindl, Ulrike Drosse: (a.a.O.).

4 Drei Fallanalysen von Dorfentwicklungsverfahren und Auswertung: Entwicklung von Beteiligungsstandards

In den drei Fallanalysen[1] wird neben einer Betrachtung des Gesamtverfahrens jeweils ein soziokultureller Projekttyp (Fallbeispiel A), ein sozioökonomischer (Fallbeispiel B) und ein ökonomischer (Fallbeispiel C) einer Einzelbetrachtung unterzogen. Nach der Verlaufsbeschreibung folgt eine Auswertung durch die Darstellung der Akteurskonstellation im untersuchten Fall; abschließend werden die Erkenntnisse hieraus in Beteiligungsstandards zusammengefaßt, die sich zunächst speziell auf die jeweiligen Projekttypen beziehen. Danach folgt in einer vergleichenden Betrachtung aller drei Verfahren die Entwicklung von Beteiligungsstandards, das Gesamtverfahren Dorfentwicklung betreffend.

Mit den Verfahren ist zwischen 1990 und 1992 begonnen worden; sie wurden zwischen Herbst 1993 und Februar 1995 untersucht; es handelt sich somit um laufende Dorfentwicklungsverfahren, die inzwischen ein Resümee hinsichtlich der Bürgermitwirkung und -beteiligung nach durchgeführter Klärungs- bzw. Planungsphase und noch aktuell stattfindender Umsetzungsphase erlauben.

Der 1995 eingeführte 'Leitfaden Dorferneuerung', der inzwischen ein zeitdichteres und flexibleres Vorgehen ohne größere Verzögerungen zwischen Klärungs- und Planungs- bzw. Projektbearbeitungsphase[2] ermöglicht, ist noch nicht für die hier untersuchten Fälle relevant gewesen; im Fall A wurde jedoch bereits ein flexible-

---

[1] Anmerkung der Verfasserin: Die folgenden Kapitel 4.1 - 4.1.5, 4.2 - 4.2.5 und 4.3 - 4.3.5 enthalten in den Fallbeschreibungen und den Analysen zur Akteurskonstellation zum Teil modifiziert übernommene Textpassagen oder Zusammenfassungen von Textpassagen aus der Studie: Boos-Krüger, Annegret; Haindl, Erika; Drosse, Ulrike: Verfahren und Verlauf von sozioökonomischen Projekten in der hessischen Dorf- und Regionalentwicklung. Chancen und Hemmnisse. Die Studie wurde erstellt am Fachbereich Stadt- und Landschaftsplanung, Arbeitsgruppe Dialogische Planung, Gesamthochschule Kassel, im Auftrag des Hessischen Ministeriums für Landesentwicklung, Wohnen, Landwirtschaft, Forsten und Naturschutz. Kassel, Februar 1995; (unveröffentlicht). Diese Textpassagen sind hinsichtlich Ort und involvierten Personen anonymisiert worden und wurden für den Kontext dieser Dissertation in der Interpretation neu bearbeitet. Um die Verschlüsselung des Datenmaterials durchgängig zu gewährleisten, werden verwendete Zitate aus Vermerken der Fachverwaltung und aus Berichten der Experten im Layout als Zitat gekennzeichnet, jedoch nicht mit einer Quellenangabe versehen.

[2] vgl. hierzu: Kap. 1.1 und 2.6 .

res, sich zeitlich und in der inhaltlichen Bearbeitung überschneidendes Vorgehen erprobt. Der Fall A bietet damit sehr vergleichbare Bedingungen zur jetzigen Verfahrensstruktur und ist deshalb für die Auswertung der Fälle im Arbeitskontext dieser Dissertation von besonderer Bedeutung. Die Fälle B und C bieten trotz traditionellem Verfahrensablauf eine Reihe von auswertbarem Material. Faktoren, die hinsichtlich ihrer Auswirkungen positiv oder vor allem negativ auf das alte Verfahrensschema zurückzuführen sind, können bei der Auswertung der Fälle zwar nicht vernachlässigt werden, werden jedoch in ihrer Bedeutung für diese Arbeit im Hinblick auf den inzwischen eingeführten konzeptuellen und prozeßhaften Verfahrenscharakter der Dorfentwicklung nach dem neuen Leitfaden relativiert.[3]

Folgendes Vorgehen gliedert alle Fallanalysen: In einem ersten Arbeitsschritt werden nach einer Kurzbeschreibung des Ortes die Dorfentwicklungsverfahren in ihrem Verlauf anhand vorliegender Dokumente -Behördenvermerke, -Klärungsphasen- und Dorfentwicklungsberichte der Projekt- bzw. Planungsbüros, -zeitchronologisch, zusammenfassend beschrieben; dies geschieht zunehmend fokussiert auf den jeweiligen Projektansatz.

Zur Erleichterung der Lesbarkeit werden die Verfahrensdeskriptionen Schlagwörtern (im Schriftbild hervorgehoben) zugeordnet, die sowohl verfahrenstechnisch als auch inhaltlich alle Verfahren betreffen. Sie ermöglichen eine vergleichbare Darstellung der Verfahren, Vorgehensweisen, Methoden und Interaktionen aller beteiligten Akteure in der jeweiligen Dorfentwicklung. Die Schlagwörter lauten im einzelnen:

- Beginn der Klärungsphase
- Auftragsverständnis der/des Projektbeauftragten
- Vorgehensweise/Methode der/des Projektbeauftragten in der Klärungsphase (oder in der Projektbearbeitung)
- Entwicklung von Projektansätzen (alternativ je Fall):
  - soziokulturell wirksames Projekt
  - sozioökonomisch wirksames Projekt
  - ökonomisch wirksames Projekt
- Handlungsansätze für Projekte aus der Klärungsphase

---

[3] vgl. hierzu: Kap. 2.6.1 und 2.6.1.1 .

- Handlungsansätze für Planungen aus der Klärungsphase
- Verfahrenslenkung durch die Fachverwaltung
- Beginn der Planungsphase
- Vorgehensweise des Planungsbüros
- Verlauf der Projektbearbeitung/Projektumsetzung
- Ergebnisse aus Planungen und/oder Projekten
- Bildung Arbeitskreis Dorfentwicklung

Der je Fall spezifisch näher betrachtete soziokulturell, sozioökonomisch oder ökonomisch wirksame Projektansatz wird in der textlichen Beschreibung von der Beschreibung des Gesamtverfahrens durch ein Kastenlayout graphisch hervorgehoben.

Diese Verlaufsbeschreibungen enden mit der Zusammenfassung erster Eindrücke, Besonderheiten je Verfahren und einer ersten Problemdefinition.

Im zweiten Arbeitsschritt erfolgt die Analyse der Akteurskonstellation[4] in spezifischen Dorfentwicklungsverfahren unter Hinzuziehung des qualitativen Interviewmaterials, orientiert an der Beteiligtenachse und dem analog entwickelten Schlüssel der Interviewsystematik[5]; nach Herstellung der Bezüge in den Interaktionen der beteiligten Akteure und dem Erkennen der Phänomene werden in einem dritten Arbeitsschritt die Beteiligungsstandards abgeleitet.

4.1 Fallanalyse A-Dorf - Partizipationsstrukturen im Kontext eines soziokulturellen Projekttyps

An diesem Fall sollen schwerpunktmäßig Beteiligungsstandards für soziokulturelle Projektansätze herausgearbeitet werden.

---

4 vgl. hierzu: Kap. 3.1.2 und 3.3.2 .

5 vgl. hierzu: Abbildung 3 und 4 in Kapitel 3.3.2 .

4.1.1 Kurzbeschreibung des DorferneuerungsschwerpunktesA-Dorf nach Lage des Ortes im Raum, Daten/Fakten zur örtlichen Wirtschafts- und Sozialstruktur und städtebaulichen Situation

A-Dorf liegt in Südhessen, im Rhein-Main Ballungsraum. Die Kernstadt von A-Dorf ist laut Regionalem Raumordnungsplan als Mittelzentrum im Verdichtungsraum ausgewiesen; sie fungiert ebenfalls als Kreisstadt. Es bestehen enge wirtschaftliche und infrastrukturelle Verflechtungen mit den umliegenden Oberzentren.

Dem Stadtteil A-Dorf fällt vor allem die Funktion einer Wohngemeinde zu. Der Ort ist von Vorrangflächen für die Landwirtschaft umgeben und auch siedlungsstrukturell noch stark landwirtschaftlich geprägt.

A-Dorf, im 12. Jahrhundert erstmalig erwähnt, hat heute rund 3000 Einwohner. Die Einwohnerzahl hat sich seit Ende des Zweiten Weltkrieges etwa verdoppelt und bleibt stetig wachsend.

Der Ort verfügt über eine sehr gute Infrastruktur; neben mehreren Lebensmittelgeschäften ist er auch Standort für Geschäfte des mittel- und längerfristigen Bedarfs; 1992 werden mehr als 30 Handwerks-, Gewerbe- und Dienstleistungsbetriebe gezählt. Im Ort existieren 31 landwirtschaftliche Betriebe, davon 14 im Nebenerwerb. Die soziale Infrastruktur mit Kindergarten, privat organisierter Kleinkinder-Krabbelgruppe, untergebracht im evangelischen Gemeindehaus, Grundschule, Mehrzweckhalle, Jugendtreff (im eigenen Gebäude) und diversen Sport- und Freizeitangeboten ist umfangreich.

A-Dorf ist städtebaulich duch eine hohe Baudichte in der alten, historischen Bausubstanz geprägt; im Dorfkern bestimmen Dreiseithöfe architektonisch das Ortsbild, 30 Hofreiten stehen unter Denkmalschutz, ebenso zahlreiche öffentliche Gebäude.

4.1.2 Zeitchronologische Verlaufsbeschreibung des Dorfentwicklungsverfahrens in A-Dorf

● Beginn der Klärungsphase

Im Mai 1992 wird in A-Dorf im Auftrag des zuständigen Amtes für Regionalentwicklung, Landschaftspflege und Landwirtschaft[6] mit der Klärungsphase begonnen.

● Auftragsverständnis der Projektbeauftragten

Auftragnehmerin der Klärungsphase ist eine Projektbeauftragte.

Die Projektbeauftragte definiert in ihrem Schlußbericht zur Klärungsphase ihr Auftragsverständnis folgendermaßen:

"Im Vorfeld der Dorferneuerungsplanung (Vorklärungsphase) sollten innerhalb von ca. sechs Monaten positive Merkmale des Dorfes herausgestellt, Defizite benannt und Probleme erörtert werden. Die Aufgabe der Gemeinwesenarbeit ist es, die Bürger-/innen zu einer intensiven Auseinandersetzung mit ihrem Ort anzuregen und zusammen mit ihnen möglichst konkrete Handlungsansätze im Hinblick auf die Maßnahmen im Rahmen der Dorferneuerung zu erarbeiten. Dorferneuerung wird dabei als ganzheitliches Konzept zur positiven Weiterentwicklung des Dorfes verstanden, in das die Vorstellungen der Bewohner/-innen aus ganz unterschiedlichen Blickwinkeln einfließen sollen (z.B. wirtschaftliche, kulturelle, ökologische, baulich-räumliche und soziale)."

● Vorgehensweise/Methode der Projektbeauftragten

In der ca. sechsmonatigen Laufzeit der Klärungsphase wählt die Projektbeauftragte für dieses Arbeitsziel ein sehr breites Methodenspektrum. Gezielte Öffentlichkeitsarbeit wird durch die Durchführung von zwei Bürgerversammlungen, Ortsbegehungen und sehr intensiver Pressearbeit mit ca. 20 Artikeln zur Klärungsphase in der Lokalpresse gewährleistet.

Die Projektbeauftragte führt in dieser Zeit zehn Interviews mit örtlichen Institutionen und Vertreter/-innen der Stadtverwaltung und bietet 13 Sprechstunden im alten Rathaus von A-Dorf an, die von ca. 20 Bürger/-innen in Anspruch genommen werden. Für Bürger/-innen, die sich schriftlich äußern wollen, wird im Ort ein Zettelkasten aufgehängt.

---

6 Anmerkung der Verfasserin: nachfolgend ARLL genannt; es handelt sich hierbei um eine typische alltagssprachliche Abkürzung, die auch im Interviewmaterial immer wieder auftaucht.

In drei mit Bürgerinnen und Bürgern gebildeten Arbeitsgruppen:

1. Geschichte, Architektur, Ortsbild
2. Soziales Leben, Kultur
3. Natur und Umwelt, Verkehr, Wirtschaft und Versorgung

werden örtlich relevante Themen diskutiert.

Insgesamt finden 18 Arbeitsgruppensitzungen während der Klärungsphase statt.

● Entwicklung eines soziokulturellen Projektansatzes

Im Kontext des Themenschwerpunktes 'Soziales Leben, Kultur' bietet die Projektbeauftragte ca. vier Monate nach Beginn der Klärungsphase eine Veranstaltung speziell für Frauen im A-Dorf an; sie lädt dazu in Kooperation mit dem Frauenbüro des Kreises ein. Die Projektbeauftragte begründet den gesetzten Arbeitsschwerpunkt in ihrem Schlußbericht:

Die Auszählung von Anwesenheitslisten, Beobachtungen bei Versammlungen und die Auswertung von Verwaltungs- und Vereinsinformationen bestätigt für A-Dorf die strukturelle Benachteiligung von Frauen in der Beteiligung an der öffentlichen Diskussion und an Entscheidungen zur Dorfentwicklung:
Frauen sind - besonders bei größeren abendlichen Veranstaltungen - unterrepräsentiert. Z.B. betrug der Anteil von Frauen bei der Bürgerversammlung und bei der Bürgerinformation der Arbeitsgruppen jeweils ca. 1/3.
Entscheidungsfunktionen in Verwaltung und örtlichen Institutionen sind überwiegend von Männern besetzt. Z.B. sind alle Amtsleiter der zuständigen Stadtverwaltung und 82% der Vereinsvorsitzenden Männer."

Und weiter:

Die Zuweisung sozialer Rollen und damit die Sichtweise auf das Dorf als Lebensraum ist wesentlich davon abhängig, welches Geschlecht der/die Bewohner/-in hat. Da in der Altersgruppe zwischen 25 und 60 Jahren Frauen im allgemeinen stärker auf das direkte Wohnumfeld angewiesen sind als Männer (Erwerbstätigkeit, Mobilität), diese aber üblicherweise in Planungsprozessen dominieren, wurden in der IBM-Phase die Bewohnerinnen von A-Dorf im Rahmen einer besonderen Veranstaltung am 27.10.1992 auf das Thema 'Dorfentwicklung' aufmerksam gemacht und zur Mitwirkung aufgefordert."

47 Frauen aus A-Dorf folgen der Einladung zu dieser Veranstaltung, bei der folgende Bereiche diskutiert werden:

- Frauenarbeit im Dorf
- Frauenkultur
- Frauen im öffentlichen Raum.

Auf einer weiteren Veranstaltung zur "Frauenthematik" zwei Monate später wird über mögliche Projektansätze beraten, die für die Frauen in A-Dorf von Interesse sein könnten. Erwogen wird:

- eine Ton-Dia-Schau zur Lebenssituation von Frauen in A-Dorf (z.B. Frauenräume),
- eine Untersuchung weiblicher Lebensperspektiven (z.B. Arbeiten, Wohnen und Freizeit),
- oder die Dokumentation der Dorfgeschichte aus Frauensicht (z.B. Biographien, Frauenrollen, Alltagsleben).

Ziel des Projektes soll sein, durch geeignete Beteiligungsformen das vorhandene Ungleichgewicht im Einfluß der Frauen auf den Dorfentwicklungsprozeß auszugleichen.

An dieser zweiten Veranstaltung nehmen nur noch vier Frauen teil, die Differenz der Teilnehmenden zur ersten Veranstaltung beträgt rund 90%.

● Handlungsansätze für Projekte aus der Klärungsphase

Nach diesen beiden Einführungsveranstaltungen findet sich eine Gruppe von 6 Frauen mit dem Ziel zusammen, ein gemeinsames Projekt in Form einer Ton-Dia-Schau zum Thema: "A-Dorf aus Frauensicht zu realisieren."

● Beginn der Planungsphase

Inzwischen erfolgt im Oktober 1992 die Vergabe für die Dorfentwicklungsplanung an ein Planungsbüro. Die Planungsphase beginnt damit fünf Monate versetzt nach Beginn der Klärungsphase; so überschneiden sich die beiden Verfahrensphasen für ca. zwei Monate.

Das Planungsbüro beginnt, solange die Ergebnisse aus der Klärungsphase noch nicht vorliegen, zunächst mit der städtebaulichen Bestandsaufnahme und der Bauberatung für private Bauvorhaben.

● Handlungsansätze für Planungen aus der Klärungsphase

Die Projektbeauftragte fokussiert die Erkenntnisse aus der Klärungsphase nicht auf konkrete Projekte oder planerisch zu bearbeitende Aufgabenstellungen. Unter den Gliederungspunkten:

- Natur und Umwelt
- Soziale Situation

- Wirtschaftliche Situation und Versorgung
- Verkehr
- Ortsbild und städtebauliche Entwicklung
- Kulturelles Leben und Kommunikationsformen
- Politik und Verwaltung

erfolgt eine Vielzahl von additiven Aufzählungen möglicher (Planungs-) Maßnahmen, die im Rahmen dieser Dissertation aufgrund des Umfangs nicht wiedergegeben werden können.

● Verfahrenslenkung durch die Fachverwaltung

Der Leistungsvermerk[7] für die Dorfentwicklungsplanung wird vom zuständigen ARLL im März 1993 erstellt. Er ist gegliedert nach den Themenschwerpunkten der Arbeitsgruppen in der Klärungsphase:
- AG Geschichte, Architektur und Ortsbild
- AG Soziales Leben und Kultur
- AG Natur und Umwelt, Verkehr, Wirtschaft und Versorgung

und faßt die Ergebnisse aus dem Klärungsphasenbericht der Projektbeauftragten mit einigen Ergänzungen durch den Verfasser nochmals zusammen. In diesem Vermerk sind unter den oben genannten drei Gliederungspunkten insgesamt mehr als 70 Einzelziele aufgezählt, ohne eine weitere Gewichtung und ohne erkennbare fokussierte Zielaussagen; Prioritäten sind ebenfalls nicht erkennbar.

Unter dem Gliederungspunkt: "Geschichte, Architektur, Ortsbild" werden insgesamt sechs Teilbereichsplanungen ausgewiesen, darunter zwei Plätze, zwei Ortseingänge, eine Kreuzung und der Bereich "Zehntgasse-Sanddeich"[8] für die Planung eines Bürgerzentrums. In allen Arbeitsgruppen der Vorklärungsphase ist der Mangel an öffentlich nutzbaren Räumen in A-Dorf vehement kritisiert worden; es fehlen vor allem Raumkapazitäten für eine differenzierte Nutzung durch Gruppen

---

7 Anmerkung der Verfasserin: Nach dem alten "Leistungsbild und Ablaufschema Dorferneuerung" entsprach dieser Leistungsvermerk dem sogenannten 0-Vermerk; dieser entspricht heute nach dem neuen 'Leitfaden Dorferneuerung' einem ersten Bilanztermin mit der Fachverwaltung, der nach Erstellung des 'Örtlichen Handlungskonzeptes' stattfindet. Im Handlungskonzept sind die Projektbeauftragten gehalten, nach der Klärungsphase eine konkrete, mit Bürgerinnen, Bürgern und Kommune abgestimmte Maßnahmen- und Prioritätenliste von Planungs- und Projektansätzen vorzulegen. Auf dieser Grundlage verfaßt die Fachverwaltung entsprechende Vermerke mit Leistungsbeschreibungen für das in Auftrag zu gebende Dorfentwicklungskonzept.

8 Anmerkung: Namen aller Straßen folgend durch die Verfasserin fiktiv geändert.

und Vereine. Der Wunsch nach einem Bürgerzentrum ist dadurch zu einem zentralen Anliegen der Ortsbewohner/-innen in der Dorfentwicklung geworden. Der Leistungsvermerk formuliert hierzu zwei weitere Aufgabenstellungen: Erwerb des Grundstückes "Schmiedegasse/Ecke Born und Bau eines Gemeindezentrums 'Ecke Born 15/Marktgasse'."

Unter dem Gliederungspunkt: "Soziales Leben und Kultur" wird u.a. im Vermerk die Aufgabenstellung konkret formuliert:
"Weiterentwicklung der Beteiligung von Frauen im Dorfentwicklungsprozeß und Konkretisierung von Frauenprojekten im Dorferneuerungsverfahren durch: Ton-Dia-Schau zur Lebenssituation von Frauen in A-Dorf". Gleichzeitig kann bereits festgehalten werden: **"Die Antragsunterlagen liegen dem Amt vor, eine Bewilligung wird in den nächsten Tagen erfolgen."**

● Bildung des Arbeitskreises Dorferneuerung

Ein Arbeitskreis Dorferneuerung war mit Beendigung der Klärungsphase in A-Dorf Ende 1992 noch nicht gebildet. Dazu die Projektbeauftragte in ihrem Schlußbericht:

"Zur kontinuierlichen Beteiligung der BürgerInnen wird in Kürze der Arbeitskreis Dorferneuerung gegründet. Das Gremium, in dem möglichst alle Bürgergruppen vertreten sein sollen, hat folgende Aufgaben:
- Anlaufstelle für BürgerInnen
- Ansprechpartner für ARLL und Stadtverwaltung
- Interessenvertretung gegenüber Verwaltung und Fachleuten (Diskussion der Lösungen)
- inhaltliche Weiterarbeit an Wünschen, Ideen, Forderungen zur Dorfentwicklungsplanung
- Initiative für Projekte im Rahmen der Dorferneuerung
- Öffentlichkeitsarbeit (Darstellung der Zwischenergebnisse, themenbezogene Information).

Bisher haben sich ca. 10 A-DörflerInnen bereit erklärt, im Arbeitskreis Dorferneuerung mitzuarbeiten; darüber hinaus besteht Interesse an der (themenbezogenen) Weiterarbeit in den Arbeitsgruppen."

Der Arbeitskreis Dorferneuerung gründet sich im Februar 1993 in einem Arbeitstreffen von ehemaligen Arbeitsgruppenmitgliedern, dem Planungsbüro und dem Mitarbeiter des ARLL's.

● Verlauf der Projektbearbeitung

Ebenfalls im Februar 1993, unmittelbar anschließend an die Vorklärungsphase, wird ein Projektauftrag zur weiteren Betreuung der örtlich entwickelten Initiative einer Frauengruppe vergeben; die Gruppe besteht aus sechs Teilnehmerinnen. Das beabsichtigte Werk dieses Auftrages ist die Produktion einer Ton-Dia-Schau mit dem Titel "A-Dorf aus Frauensicht". Auftragnehmerin dieses Projektes ist eine Sozialpädagogin mit Ausbildungsschwerpunkten im Bereich "Mädchen- und Frauenarbeit" sowie "Medientechnik"; das Projekt wird von ihr bis Oktober 1993 fachlich betreut. Ziel des Auftrages laut Werkvertrag ist:

"Ausgangspunkt der Ton-Dia-Schau sollen die konkreten Lebenssituationen der Bewohnerinnen von A-Dorf sein. Dabei werden ihr Alltag, ihre Wünsche und Bedürfnisse in den Mittelpunkt der inhaltlichen Ausgestaltung gestellt.
Frauen sollen darin unterstützt werden, ihre Forderungen zur Dorfpolitik zu vertreten. Im Vorfeld soll das individuelle Bewußtsein für unterschiedliche Problembereiche geschärft werden. Darüberhinaus bietet das Projekt den Frauen die Gelegenheit, sich kennenzulernen und auszutauschen. Dies kann dazu beitragen, bestehende Spannungen und Vorurteile untereinander abzubauen (z.B. zwischen Generationen, Alt- und Neubürgerinnen).

Ziel der Auseinandersetzung mit der Lebensrealität in A-Dorf ist die Formulierung konkreter Forderungen an die Dorfentwicklungsplanung und sich daraus ergebende Projekte.

Es werden zwei Themenbereiche vertiefend behandelt:

1. Mobilität von Frauen
2. Frauenräume (u.a. Treffmöglichkeiten für Frauen und deren Kinder).

Mit dem Medium der vertonten Überblend-Dia-Schau wird die Beschäftigung mit dem Thema dokumentiert und den Sichtweisen der Frauen Ausdruck verliehen. Desweiteren bietet das gewählte Medium die Möglichkeit, die Ergebnisse des Projekts sowohl einer breiten Öffentlichkeit in A-Dorf als auch überregional zu präsentieren."

● Verfahrenslenkung durch die Fachverwaltung

Die zuständige Dezernentin des Hessischen Landesamtes für Regionalentwicklung und Landwirtschaft, Mittelinstanz der Fachverwaltung, befürwortet eine 100%ige Förderung des Projektes aus Landesmitteln. Ein Beschluß zur Zustimmung des Projektes seitens der kommunalen Gremien ist aus diesem Grund nicht erforderlich und wird damit als mögliches Hemmnis zur Projektumsetzung ausgeschlossen.

● Verlauf der Projektbearbeitung/Projektumsetzung

Während das Planungsbüro die Dorfentwicklungsplanung bearbeitet, arbeitet zeitlich parallel die Gruppe von sechs Frauen, betreut von der Projektbeauftragten, an der Erstellung einer Ton-Dia-Schau. Diese Arbeit ist mit zahlreichen Wochenend- und Abendterminen verbunden, zum einen zur Erstellung des sehr umfangreichen Photomaterials, zum anderen zur technischen Bearbeitung des Materials, das eine Vernetzung von Bild-, Ton- und Schriftmaterial in Form von Photos, Musik und Texten erfordert.

● Ergebnisse aus dem Projekt

Während der Bearbeitungszeit entstehen weder Kontakte zwischen der Projektbeauftragten und dem Planungsbüro noch zu dem zuständigen Amt noch zu der Auftragsnehmerin der Vorklärungsphase, die ihren Auftrag inzwischen abgeschlossen hat. So gelangen letztlich keine Informationen aus dem laufenden Dorfentwicklungsprozeß in die Projektgruppe oder umgekehrt.

Im Oktober 1993 stellt die Projektgruppe ihr Dokumentationswerk anläßlich einer gut besuchten öffentlichen Veranstaltung vor. Die Ton-Dia-Schau mit dem Titel "A-Dorf aus Frauensicht" zeigt zu den Zwischenüberschriften:

- Dorfansichten und Menschen
- Wege aus A-Dorf und zurück?
- Der Bus ist zu teuer
- Außenbereiche
- Modell Bürgerbus
- Dorfzentrum

Stimmungs- und Meinungsbilder der Frauen bezüglich ihres örtlichen Wohn- und Lebensumfeldes. Schwerpunktmäßig thematisiert die zwanzigminütige Dokumentation Alltagsbilder der Frauen im Dorf, Mobilitätsprobleme, die für jene auftreten, die nicht über ein eigenes Auto verfügen und den Mangel an Räumen für gemeinschaftliche Gruppen- und Vereinsaktivitäten. Mit dem letzteren Thema schließt die Ton-Dia-Schau ab, in dem ein Dia einen fiktiven Stundenplan mit einer Aufzählung von Aktivitäten zeigt, denen die Frauen in Anbetracht geeigneter Räumlichkeiten gerne nachgehen würden, so z.B. verschiedene Weiterbildungen, Babymassage und Krabbeltreff, Puppenkurs, kulturelle Angebote usw. .
Die Frauengruppe hat sich damit der Forderung zahlreicher Gruppen und Vereine, vertreten im Arbeitskreis Dorfentwicklung, nach einem verbesserten Raumangebot im Dorf angeschlossen.

● Verfahrenslenkung durch die Fachverwaltung
Die vorgesehenen Bilanztermine werden im Dorfentwicklungsverfahren A-Dorf flexibel und eher nachrangig vom zuständigen Amt gehandhabt. Der Arbeitsstil des zuständigen Sachbearbeiters der Fachverwaltung ist von einer hohen Präsenz vor Ort geprägt, durch die Wahrnehmung nahezu aller Sitzungen des Arbeitskreises "Dorfentwicklung" und durch engen Arbeitskontakt zum zuständigen Planungsbüro.

● Ergebnisse aus Planungen und Projekten
Der Bericht des zuständigen Planungsbüros liegt in einer umfassenden und nahezu vollständigen Entwurfsfassung seit April 1994 vor.

Der Dorfentwicklungsplan für A-Dorf stellt in Form von Text und Planmaterial eine umfassende Rahmenplanung dar. Für die Bearbeitung sozialer Themenschwerpunkte hat das beauftragte Planungsbüro zusätzlich eine Diplomsoziologin per Werkvertrag in das Bearbeitungsteam für den Dorfentwicklungsplan eingebunden.

Im Dorfentwicklungsbericht schlagen sich die Erkenntnisse aus der Klärungsphase und die Mitarbeit der Soziologin in einem eigenständigen Kapitel "Soziales und kulturelles Leben" sowie in der Bearbeitung der städtebaulichen und architektonischen Aufgabenstellungen nieder.

In dem Kapitel "Verkehr" des Dorfentwicklungsberichtes wird der Problematik "Mobilität von Frauen" in einem Exkurs "Frauen unterwegs" besondere Beachtung zugemessen. In diesem Kapitel wird vor allem die Betroffenheit der Frauen vom unzureichenden ÖPNV-Angebot sowie dessen Standard kritisch thematisiert. Hierzu wird im Bericht konstatiert:
"Auch bei der Gestaltung der Haltestellen und der Wege dahin ist dem Aspekt des Sicherheitsbedürfnisses nicht nur von Frauen Rechnung zu tragen (Beleuchtung), denn schließlich bringt frauenfreundliche Planung Verbesserung für alle.
Dieser Exkurs soll nicht die Forderung 'jeder Frau ihr Auto', sondern vielmehr die Notwendigkeit des Ausbaus des Umweltverbundes darlegen. Hieraus ergibt sich eine gleichberechtigte Teilnahme aller Bevölkerungsgruppen am öffentlichen Leben, was nicht nur aus Frauensicht einen Fortschritt darstellt."

Mit dem Kapitel "Soziales und kulturelles Leben" wird im Dorfentwicklungsbericht noch einmal das Themenspektrum der gleichnamigen Arbeitsgruppe aus der

Vorklärungsphase aufgegriffen. Ausführlich wird auf die zahlreichen Einzelziele aus dem 0-Vermerk eingegangen. Die formulierten Einzelziele aus dem Bericht zur Vorklärungsphase und aus dem 0-Vermerk werden den spezifischen Bevölkerungsgruppen in A-Dorf nochmals zugeordnet und in bezug auf die möglichen Planungsziele geprüft:
Dazu aus dem Dorfentwicklungsbericht:
"Durch Vereine und soziale Einrichtungen werden Defizite im sozialen und kommunikativen Bereich kompensiert. Im folgenden wird der Versuch unternommen, die sozialen Bedürfnisse verschiedener Bewohnergruppen (Kinder, Jugendliche, Senioren und Frauen) darzustellen und deren Befriedigung zu hinterfragen."

Sehr ausführlich werden im folgenden die Belange der genannten Bewohnergruppen dargestellt und Planungszielen sowie Anforderungen an soziale Infrastruktureinrichtungen zugeordnet.

In diesem Kontext wird dem Wandel im Lebens- und Arbeitsalltag der Frauen in A-Dorf im Dorfentwicklungsbericht ein zweiseitiges Kapitel gewidmet. Das Planungsteam kommt zu der Schlußfolgerung:
"Im Überblick schwer zu fassen sind schließlich regionale und lokalspezifische Mentalitäten und Traditionen, die oft die Lebenssituation von Frauen in erheblichem Maße beeinflussen. Diese Ausführungen machen deutlich, wie inhomogen die Gruppe der Frauen ist, wie verschieden dementsprechend ihre Bedürfnisse und ihre Erwartungen in bezug auf die Dorfkultur sind.

Festzustellen ist aber, daß es überwiegend die Frauen sind, die das familiäre und das dörfliche Alltagsleben managen, wobei sie die Schwerpunkte individuell setzen (können). Da die Frauen unbestritten einen großen Teil dieser Organisationsarbeit leisten, wäre eine stärkere Einbindung in Planungsprozesse im Dorf wünschenswert.

**Im Rahmen der Dorferneuerung hat eine Gruppe von Bewohnerinnen aus A-Dorf eine Ton-Dia-Schau zusammengestellt, die ein eindrucksvolles Bild ihrer Situation im Dorf zeichnet. Dieser Beitrag zeigt aber auch, daß es konstruktive Vorschläge zur Verbesserung der alltäglichen Lebenssituation aus den Reihen der Frauen in A-Dorf gibt. Im Rahmen der Ton-Dia-Schau wurde ein Nutzungskonzept für das Projekt "Dorfzentrum" erstellt. In der Diskussion um das Anwesens "Ecke Born 15" wurden die formulierten Bedürfnisse aufgegriffen und weiter verfolgt.
Auch ist die aktive Mitarbeit engagierter Frauen im Arbeitskreis zur Dorfentwicklungsplanung mit Sicherheit ein Schritt in die richtige Richtung."**

Um dem formulierten Bedarf nach öffentlich nutzbaren Räumen in A-Dorf gerecht zu werden, richtet sich bereits sehr früh im Verfahren das Interesse der beteiligten Bürger/-innen und Experten auf ein altes, denkmalgeschütztes Anwesen - "Ecke Born 15". Dieses Gebäude steht zum Verkauf, liegt zentral in der Ortsmitte, rückwärtig zum örtlichen Kindergarten und in Nachbarschaft zum evangelischen Gemeindezentrum.

Der Dorfentwicklungsbericht konkretisiert die möglichen Funktionen des künftigen kommunalen Gebäudes:
"Das Anwesen 'Ecke Born 15' soll in Zukunft öffentlich genutzt werden. Es soll ein multifunktionales Dorfzentrum entstehen, das den Bürgern/-innen von A-Dorf Möglichkeiten zur Begegnung bietet. Im Arbeitskreis wurde mehrfach ausdrücklich der Bedarf nach einem Treffpunkt formuliert, an dem sich Bürger-/innen aller Altersgruppen treffen können und dort, unabhängig von Vereinen, verschiedenen Aktivitäten nachgehen können. Die Nutzungsvorstellung umfaßt dabei sowohl den spontanen Treffpunkt (Bürgercafé) als auch Veranstaltungsreihen (Volkshochschule) oder Einzelveranstaltungen (Vorträge). Die Ton-Dia-Schau 'A-Dorf aus Frauensicht' hat diesen Bedarf nach einem 'Dorfzentrum' bereits zu Beginn der Dorfentwicklungsplanung formuliert.

Der Nutzungsvorschlag für das Anwesen geht von folgendem Raumprogramm aus:
- 1 großer Veranstaltungsraum (ca. 180 qm)
- 2-4 kleinere fest vergebene Räume für Vereine (ca. 20 qm)
- Räume für den Seniorenkreis und das DRK
- Bürgercafé und Küche
- Sanitäre Einrichtungen
- Werkstatt und/oder Hobbyraum
- Musik-Übungskeller."

Folgende Nutzungsbedürfnisse sind vom "Arbeitskreis Dorfentwicklung" zusammengetragen worden und im Dorfentwicklungsbericht stichwortartig dokumentiert:

- **"Spontaner, vereinsungebundener Treffpunkt (Teestube) für alle Dorfbewohner als Alternative zu Verein und Gastwirtschaft**
- **Treffpunkt für Senioren, z.B. behindertengerechte Räume für Seniorenkreis und Betreuungsangebot DRK**
- **Gruppenräume, z.B. für 'Kerwemädchen und -borschen', Ballettgruppe**
- **Vereinsunabhängige Veranstaltungen, z.B. Kelterfest, Musikveranstaltungen, Laienspiel**
- **Vorträge, z.B. zu 'Arbeitslosigkeit', 'Allein im Alter'**
- **Kurse (Volkshochschule), z.B. Werken, Malen, Rhetorik**
- **Veranstaltungen im Hof, z.B. Bürgergarten, Café im Hof, Sommerfest."**

Der Ankauf und die Sanierungskosten werden in der überschlägigen Kostenschätzung im Maßnahmenkatalog für das Anwesen "Ecke
Born 15" mit 2,4 Millionen D-Mark beziffert.
Der Maßnahmenkatalog sieht für die Dorfentwicklung keine weiteren Projektentwicklungen nicht-baulicher Art vor. Die Dorfentwicklung in A-Dorf konzen-

triert sich nach Beendigung des Projektes "A-Dorf aus Frauensicht" auf städtebauliche, freiraumplanerische und architektonische Maßnahmen. Insgesamt sind im Bericht 16 Positionen (davon zwei kommunale Hochbaumaßnahmen) vorgesehen. Die Kostenschätzung für diesen Maßnahmenkatalog werden mit 8.035.500,-- DM veranschlagt.

4.1.3 Zusammenfassung erster Eindrücke und Auffälligkeiten zum Dorfentwicklungsverfahrens in A-Dorf - erste Problemdefinition

Zunächst kann festgestellt werden, daß es der Projektbeauftragten der Klärungsphase gelungen ist, im Ort reges Interesse für die Dorfentwicklung zu wecken; die Bürger/-innen beteiligen sich zahlreich an den angebotenen Veranstaltungen, darüber hinaus gibt die Projektbeauftragte durch "Sprechstunden" in A-Dorf, einen "Zettelkasten" für schriftliche Mitteilungen und Gespräche mit Schlüsselpersonen auch Gelegenheit zu informellem Austausch. Der Rücklauf an Ideen und Vorschlägen ist entsprechend hoch, eine breit gestreute Themenpalette ist zunächst das Ergebnis der Klärungsphase; es läßt sich in einer Leistungsbeschreibung mit 70 formulierten Einzelzielen durch den Vermerk der Fachverwaltung nochmal dokumentieren und führt zu einem geschätzten Investitionsvolumen von über 8.000.000,-- DM.
Dahinter steht, so die Vermutung der Verfasserin dieser Arbeit, die Erwartung der zahlreichen Interessengruppen des vergleichsweise einwohnerstarken Ortsteils an den "Mitnahmeeffekt": in der Bevölkerung wird mit dem Dorfentwicklungsverfahren vor allem die mögliche Schaffung oder Verbesserung baulichräumlicher Ressourcen im öffentlichen Bereich assoziiert. Die eigenen Bedürfnisse in den Prozeß einzubringen ist somit eine "klassische Beteiligungsmotivation" etablierter Gruppen und Vereine im Ort und demnach auch in A-Dorf spürbar.

Ebenso typisch ist der anvisierte Lösungsweg zur Behebung der angemeldeten Raumnöte, nämlich im Kauf und/oder Ausbau eines entsprechenden Gebäudes mit Dorferneuerungsmitteln. Es steht zu vermuten, daß auch im Fall A-Dorf bereits vor Beginn der Dorfentwicklung auf örtlicher und kommunalpolitischer Ebene über den möglichen Erwerb des Gebäudes "Ecke Born 15" verhandelt wurde, und insbesondere dieses Vorhaben auch der Grund war, einen Antrag auf Anerkennung des Ortsteils im Dorferneuerungsprogramm zu stellen.

Scheinbar lange Zeit, nämlich bis über die Klärungsphase hinaus, stehen diese Vielzahl von Ideen und Wünschen segmentiert im Raum, ohne daß sich eine gemeinsame Handlungslinie erkennen läßt. Eine Verbindung zwischen den einzelnen Interessengruppen wird offensichtlich nicht hergestellt; dieser Umstand schlägt sich darin nieder, daß ein 'Arbeitskreis Dorferneuerung' erst nach der Klärungsphase gebildet wird, zu einem Zeitpunkt also, zu dem die Arbeitsgruppen ihre Aktivitäten nahezu beendet haben und die verschiedenen Gruppen schwer wieder "an den Tisch zu bekommen sind".

Ebenfalls ein "Nebeneinander" statt Kooperation fällt in der Arbeit und Vorgehensweisen der Experten auf, vor allem der freiberuflich eingesetzten: Projektbeauftragte der Klärungsphase, Projektbeauftragte für die Produktion der Ton-Dia-Schau sowie Planungsbüro samt extra eingestellter Sozialwissenschaftlerin. Daß dieses parallele Arbeiten wesentliche Auswirkungen auf die Beteiligungsstrukturen des gesamten Verfahrens hat, wird vermutet.

Ihrem Schlußbericht zufolge ordnet die Projektbeauftragte der Klärungsphase ihr Arbeitsverständnis der Gemeinwesenarbeit zu; als gelernte Innenarchitektin, spezialisiert in Aufgabenbereichen der Wohnberatung, ist sie im sozialpädagogischen Sektor jedoch nicht ausgebildet. Ihre Arbeit weist auch mehr auf Tätigkeiten des Organisierens und Moderierens eines sehr breit angelegten Kommunikationsprozesses hin, der sich zunächst auf das Sammeln von Wünschen und Ideen der Bewohner/-innen aus A-Dorf und deren Dokumentation beschränkt. Der zeitlich begrenzte Rahmen des Auftrages läßt bei dem Umfang der Arbeit in diesem großen Ort eine nähere Auseinandersetzung mit einer oder mehreren Gruppen kaum zu. Ausnahme ist hier die Problematik des Themas "Beteiligung von Frauen an der Dorfentwicklung": In der Organisation zweier entsprechender Veranstaltungen zeigt sich ein frauenpolitisches Engagement der Projektbeauftragten; sie wird darin von einer Mitarbeiterin in der Fachverwaltung und von der Kreisfrauenbeauftragten unterstützt.

Sehr auffällig und bedeutsam im Hinblick auf die Partizipation in diesem Verfahren ist der Umstand, daß keine fachlichen Konsequenzen für die Verfahrenslenkung und für die Vorgehensweisen der freiberuflich involvierten Experten aus dem Ereignis gezogen werden und daß zwischen der ersten und zweiten Veranstaltung speziell für Frauen eine Reduzierung der Teilnehmerinnenzahl um 90% geradezu einen Einbruch in der Beteiligung der Frauen anzeigt. Zwar wird der Umstand, wie noch folgend am Interviewmaterial belegt, als möglicher Konfliktstoff im Ort erkannt, diese sich ankündigende Kontroverse bleibt jedoch ohne Konsequenz für Überlegungen bezüglich der weiteren Beteiligungsstrukturen im Verfahren.

Die Bürgerbeteiligung verläuft nach der Klärungsphase wie in der Vergangenheit der Programmpraxis üblich zwischen dem 'Arbeitskreis Dorfentwicklung' und dem Planungsbüro; das Projekt: die Produktion einer Ton-Dia-Schau zum Thema "A-Dorf aus Frauensicht" führt lange ein Schattendasein im Verfahren und wird erst spät integriert. Die Tragweite und Initiativwirkung des Bürgerinnenengagements in der - nicht zufällig - kleinen, aktiven Frauengruppe in A-Dorf bleibt somit begrenzt. Den Ursachen soll im weiteren nachgegangen werden, um zu Lösungsansätzen für eine verbesserte Integration soziokultureller Projektinitiativen in Dorfentwicklungsverfahren zu kommen.

4.1.4 Auswertung: Zur Akteurskonstellation im Dorfentwicklungsverfahren A-Dorf - Wahrnehmungen, Sichtweisen, Interpretationen sowie Interaktionen und Verflechtungen der Akteure

4.1.4.1 Örtliche Ebene: Interviewpartner/-innen: Bürger/-innen; Interviewebene A 1 in der Interviewsystematik[9]

Was verbinden die Bürger/-innen in A-Dorf, dessen Dorfentwicklungsverfahren von dieser Themenvielfalt besonders gekennzeichnet ist, mit dem Begriff Dorfentwicklung nach einjähriger Verfahrenslaufzeit: Dazu vorab eine ausführliche Interviewpassage mit einer Bürgerin:

"Also, die DE[10] heißt für mich jetzt, wenn diese Pläne realisiert werden, wie wir gesehen haben, das heißt, diese Fußgängerbereiche um das Dorf herum, so daß also dieser Grünraum, der

---

[9] vgl. hierzu: Kapitel 3.3.2, Abbildung 4.

[10] Anmerkung der Verfasserin: DE ist eine häufig verwendete alltagssprachliche Abkürzung für Dorfentwicklung und findet nachfolgend in den Interviews häufig Verwendung.

von außen da zu uns reinkommt, einfach wieder wahrgenommen wird und auch verteidigt wird, ne? (...) Also, das ökologische Bewußtsein ist, glaub' ich, über die DE wieder ein bißchen wichtig geworden, das finde ich ganz wichtig, und wir haben über die DE, werden sehr viel mehr Lebensqualität für die Leute entwickelt, die hier noch wohnen, und vor allem für Kinder. Das also Kinder sich hier mit dem Fahrrad sich gefahrlos irgendwie überall bewegen können. (...) Und wenn ein bißchen mehr ökologisches Bewußtsein hier herein kommt in diesen Ort, dann kommt mehr Lebensqualität, und wenn dann noch dazu außerhalb von diesen Kneipen, die ja ganz wichtig sind für gewisse Leute, und die sind auch wichtig als Begegnung für, aber, daß die anderen sich auch treffen können, andere Gruppen, die andere Interessen haben. Und daß man da vielleicht was Musisches, wir haben hier bestimmt ganz viele Kinder, die machen auch Musik, daß da, daß die auch mal was vorführen können, ne? Daß sich da was bilden kann in den Jugendgruppen. Es ist beispielsweise geplant, in dem Haus (Anmerkung der Verfasserin: gemeint ist das Haus Ecke Born 15) auch ne' Bühne, ne? daß jemand mal Theater spielt - hier in der Umgebung gibt es so ganz interessante Dorftheatergruppen, die machen die tollsten Sachen, die, das ist ja schön, wenn das dann mal hier passieren kann, auch hier im Ort, daß man nicht immer irgendwo hinfahren muß. Ich fahre ja gerne überall hin, ich fahre gerne mal nach Frankfurt, in die Alte Oper, ich finde es aber genauso schön, wenn wir jetzt hier ... ." (Gruppengespräch A 1.4, 1994).

Der entscheidende Begriff, der hier von der Informantin ausführlich umschrieben wird und für sie in engem Bezug zur Dorfentwicklung steht, ist 'Lebensqualität'. Diese wird umschrieben mit ökologischen, grünordnerischen Maßnahmen, mit verkehrsberuhigenden Aspekten, d.h. städtebaulichen Planungszielen und endet bei einer Verbesserung der soziokulturellen Vielfalt in Form kultureller Angebote im Dorf selbst und den dazu erforderlichen räumlichen Ressourcen, die zugleich in Kontext zu der in A-Dorf zur Debatte stehenden Hochbaumaßnahme 'Ecke Born 15' gesetzt werden. Die Informantin schließt mit einem Hinweis auf ihre eigenen Freizeitinteressen und der ihr zur Verfügung stehenden Mobilität; um diesen in den umliegenden Zentren des Rhein-Main-Gebietes auch nachgehen zu können, benennt sie die Bedeutung der Metropole Frankfurt und formuliert hieraus gleichfalls den Bedarf einer kulturellen Identität von A-Dorf selbst. Sie begründet diese mit den zahlreich vorhandenen Potentialen in der Region, sieht Möglichkeiten im Austausch mit anderen Gruppen und richtet ihre gesamten Ausführungen sehr stark auf die Qualitäten aus, die durch die Dorfentwicklung für Jugendliche und Kinder entstehen könnten. Damit sind die Argumente dieser Bürgerin sehr stark zukunftsgerichtet. Entscheidend ist hier die Reihenfolge der Begründungen und Aspekte, um Dorferneuerung als Begriff zu fassen: es werden hier vorrangig die ökologischen, freiraumplanerischen, städtebaulichen, architektonischen Maßnahmen zum Ausdruck gebracht, denen dann wichtige Sekundäreffekte zur Stärkung der soziokulturellen Identität der Bewohner/-innen mit ihrem Dorf zugeordnet werden. Der gesamte Dorfentwicklungsprozeß erfährt hier eine zustimmende Bewertung.

Diese ausgelöste, weit verbreitete und überwiegend positive Resonanz auf das Dorfentwicklungsverfahren wird in A-Dorf von den Bürgerinnen und Bürgern immer wieder in engeren Zusammenhang mit dem Auftreten und dem Engagement der Projektbeauftragten in der Klärungsphase gebracht; eine Bürgerin kommentiert ihre Arbeit:

"Die Frau ... (Anmerkung der Verfasserin: Name der Projektbeauftragten), die hat das also ganz toll den Leuten nahegebracht, was also wirklich fehlt und hat auch immer diese Abende geleitet", und weiter verstärkend: " Ja unbedingt, unbedingt, so jemand, der die A-Dörfler, sagen wir's ma' ruhig, aus der Reserve lockt." (Gruppengespräch A 1.10, 1994)

Eine andere Bürgerin spekuliert über das "weibliche Verhandlungsgeschick" der Projektbeauftragten, über die sie durch andere Informationen bekam, sie selbt also nicht kennt und damit eine kollektive Wahrnehmung im Ort über die Expertin wiedergibt:

"Also, ich hab' mir sagen lassen, daß sie sehr gut mit den Leuten umgehen konnte. Besonders auch auf Männer nen' ganz attraktiven Eindruck gemacht hat, und da die Männer im Endeffekt oftmals mehr zu sagen haben, war das psychologisch ganz nett". (Gruppengespräch A 1.7, 1994)

Damit spricht die Informantin gleichfalls die Bedeutung der Expertin als Vermittlerin zwischen männlichen und weiblichen Interessen im Dorf an und verbindet dies mit der Feststellung der sozialen und politischen Dominanz der Männer.

Eine Teilnehmerin aus der Ton-Dia-Gruppe formuliert den hohen Bekanntheitsgrad der Dorfentwicklung als Begriff in ihrem Ort allgemein, im Gegensatz zu dem verschwindend geringeren Öffentlichkeitsgrad des Frauenprojektes:

"Also, es ist zumindestens so, wenn wir mit unseren Photoapparaten unterwegs waren, also ich sprech' jetzt mal für mich, und ich bin dann irgendwo hingekommen, und da hab' ich gesagt: 'Ja, ich mach' für die Ton-Dia-Schau Bilder.' Kein Mensch hätt' was gewußt. 'Ich bin von der DE!', 'Ah, ja, alles klar. Das war's. Das issn' Begriff. Jeder kennt des. Also, das ist wirklich so rübergekommen."(Gruppengespräch A. 1.7, 1994)

Mit Beendigung der Klärungsphase verändern sich die zunächst breit angelegten Informations- und Kommunikationsstrukturen wieder in eine örtliche Gremienstruktur:

"Es hat am Anfang, wo die Frau ... (Anmerkung der Verfasserin: Name der Projektbeauftragten der Klärungsphase) da war, da ham' sich verschiedene Ausschüsse gebildet. Also vier Bereiche: 'Kultur und Soziales', 'Gebäude und Grundstücke' und noch zwei andere. Und nach einem Jahr ist die Frau ... gegangen, da gab's nur noch einen Ausschuß. Und jeder in dem Ausschuß - also die Stimmen - sind gleichberechtigt, ja, so daß keiner mehr oder weniger zu sagen hat. Es gibt auch keinen Vorsitzenden." (Gruppengespräch A 1.5, 1994)

Mit der letzteren Feststellung beschreibt die Bürgerin ihren Eindruck eines gleichberechtigten Umgangs innerhalb des Dorfentwicklungsarbeitskreises und vergleicht diesen mit den sonstigen kommunal- und vereinspolitischen Gremien im Dorf bzw. im Stadtgebiet. Sie verbindet dies mit einem Hinweis auf veränderte Hierarchiestrukturen im DE-Ausschuß.
Eine andere Informantin bestätigt mit ihrer Aussage den Eindruck einer hierarchischen Struktur zwischen 'Arbeitskreis Dorferneuerung' und Dorfbevölkerung, relativiert diesen jedoch, indem sie den Eigenanteil individueller Werte und Normen der Leute selbst mit 'Schwellenangst' umschreibt, denn sie betont sogleich die eigentliche Offenheit für jedermann/jedefrau dieses Gremiums:
"Jeder konnte dazukommen. Wobei es immer heißt: 'der Dorferneuerungsclan', der tagt. Weil die Leute auch so Schwellenängste haben." (Gruppengespräch A 1.9, 1994)

Feststellbar ist im Fall A-Dorf, daß sich die Bereitschaft der Bürger/-innen zur Mitwirkung nach der Klärungsphase deutlich reduziert hat und in der Planungs- und Umsetzungsphase vorwiegend von jenen Personen wahrgenommen wird, die entweder partei- und vereinspolitische Interessen im 'Arbeitskreis-Dorfentwicklung' vertreten wollen oder ihre persönlichen. Eine Bürgerin:
"Meiner Meinung nach hat die DE da eine Schwachstelle, weil diese Gruppierung hier (Anmerkung der Verfasserin: gemeint ist der Arbeitskreis Dorferneuerung) sind ja wenige Leute, die regelmäßig kommen, da geht keine Übertragung der Information und der Erkenntnisse, die man daraus hat, in das Dorf hinein."
Und weiter zur Zusammensetzung des Gremiums:
"Hier der Herr (...), das ist ein SPD-Mann. Wobei hier fehlt der Herr (...), der immer kommt, das ist der CDU-Mann entsprechend, und die bringen eigentlich immer nur ihre parteipolitischen Interessen mit ins Gespräch. Ja, also viele sind hier dabei ... also viele sind hier dabei, die auch umgebaut haben, aufgrund der DE, ihr Haus oder ihre Scheune umbauen konnten. Also ganz persönliche Interessen sind dahinter." (Gruppengespräch A 1.9, 1994)

Zur Dauer der Mitwirkungsbereitschaft erklärt eine andere Interviewpartnerin:
"Wenn's über so nen' langen Zeitraum geht, dann fallen so viele wieder ab. Dann ist das nur so ne' Handvoll oder 20 wenn's hochkommt, die über die Jahre oder Monate hinweg auch dabeibleiben."
Sie ergänzt weiter den Aspekt der Freiwilligkeit für die Mitwirkungsbereitschaft, der im Verhältnis zu sonstigen alltäglichen Verpflichtungen stehen muß:
"Arbeitsgruppe klingt so nach Arbeit. Leute wollen abends nicht auch noch arbeiten. Klingt wie: wenn ich da hingehe, muß ich viel schaffe." (Gruppengespräch A 1.7, 1994)
Diese Meinungsäußerungen weisen alle darauf hin, daß die Verantwortungen, die die Fachverwaltung dem 'Arbeitskreis Dorferneuerung' übertragen will, für weitere Initiativen - Informationsfluß im Ort, Veranstaltungen organisieren, das Ver-

fahren kontinuierlich begleiten etc. - auf der Bürgerebene nicht angenommen und ausgefüllt werden können.[11]

Der Verlauf des Projektes Ton-Dia-Schau: "A-Dorf aus Frauensicht" bestätigt diese Erkenntnis. Ohne Unterstützung der Projektbeauftragten und der Mitarbeiterin der Fachverwaltung hätte sich die Gruppe nicht selbständig zusammengefunden, wäre eine Projektbetreuung nicht von der Gruppe selbständig zu organisieren oder zu finanzieren gewesen; die Beteiligung der Frauen in Form dieses Projektes wäre gescheitert:

"Ja die Frau ... (Anmerkung der Verfasserin: Name der Projektbeauftragten der Klärungsphase) war ja nur ganz am Anfang da. Sie hat ja praktisch ermöglicht, daß die Frauen aus ... (Anmerkung der Verfasserin: gemeint ist die Sozialpädagogin und Medienspezialistin aus einer nahegelegenen Stadt, die das Projekt betreute) herkommen konnten." (Gruppengespräch A 1.8, 1994)

Von der männlichen Ortsbevölkerung wurde die Initiative der Frauen zumindest anfangs zum Teil ironisch kommentiert, sexistisch abgewertet oder einfach ignoriert:

"Als wir am Anfang erzählt haben: 'A-Dorf aus Frauensicht' hat man uns gesagt: 'Was wollt ihr schon fotografieren? Die dicken Ärsche von den Frauen!' Das kam. Die Einstellung von den Männern oder einer hat gesagt: 'Was wollt Ihr: Räumlichkeiten für Euch? Bleibt doch daheim bei Euren Kindern.' Also die Neubürger kümmern sich nicht drum und die Altbürger, die Frauen, denen interessierts nicht." (Gruppengespräch A 1.8, 1994)

Die Frauengruppe selbst war in sich sehr heterogen, der Einigungsprozeß auf Themenschwerpunkte, auf die sich die Gruppe letztlich festlegen mußte, entsprechend schwierig:

"Wir, also die sechs Frauen, haben aufgeschrieben, was wir für Themen hatten. Es waren eine Menge von Themen. Dann haben wir zwei, drei Sachen, z.B. die Frauengeschichte von ganz früher so bis jetzt. Dann das Geschäftsleben. Ja, speziell für kleine Kinder, wollten wir etwas tun und auch für ältere Leute. Und es war alles so umfangreich, daß wir uns auf 'Mobilität' beschränkt haben und so ein bißchen A-Dorf vorgestellt haben. Und es sind viele Sachen entgangen. Wir mußten uns auf eine Viertelstunde beschränken. Wir hatten eine Unmenge von Bildern - so viele Bilder." (Gruppengespräch A 1.8, 1994)

Zwei Informantinnen beschreiben die persönliche Bedeutung, die ihre Mitwirkung an dem Projekt für sie hatte. Die Äußerungen geben Anlaß zu der Vermutung, daß die Wirkung dieses Projektes zunächst weniger in der Interessenvertretung

---

[11] vgl. hierzu: Hessisches Ministerium für Wirtschaft, Verkehr und Landesentwicklung: Leitfaden Dorferneuerung. Wiesbaden 1995; S. 3.

der Frauen im Dorfentwicklungsprozeß lag als in einer biographiestabilisierenden und später erst als kollektiver Lernprozeß wahrgenommen wird. Die erste Informantin:

"Es ist seit vielen Jahren das erste, wo ich konsequent was durchgezogen hab' und wo mein Mann auch mitgespielt hat. Sind wir samstags und sonntags gekommen: Samstag bis um Fünf und sonntags auch von Elf bis um Sechs. Und das war ziemlich oft, also es war schon für die ganze Familie. Wenn ich sonntags weggegangen bin, hatte er den ganzen Tag die Kinder. Er ist mit ihnen Fahrrad gefahren, auf den Spielplatz gegangen und das jedesmal." (Gruppengespräch A 1.8, 1994)

Und eine andere Informantin:

"Ja, wir ham', wie müssen sagen, wir haben alle was mitgenommen. Ja, wenn wir hier fertig sind, (Anmerkung der Verfasserin: gemeint ist die Ton-Dia-Schau) wir sind diskussionsbereiter geworden. Na ja, also das hab' ich für mich auch hier rausgezogen, ich auch, ähm, ja, wie gesagt, das ich eben diskutieren kann und andere Meinungen mir zuhören und überhaupt anhören kann." (Gruppengespräch A 1.6, 1994)

Die letztliche Botschaft der Ton-Dia-Schau ist, abgeleitet aus den visualisierten Alltagsbildern der Frauen, die Forderung nach eigenen Räumen in einem Dorfgemeinschaftshaus. Sie schließen sich damit den bereits auf anderen Diskussions- und Kommunikationsebenen artikulierten Bedürfnissen nach einem verbesserten, öffentlich nutzbaren Raumangebot an:

"Unsere Forderung ist ein Dorfgemeinschaftshaus. Wir haben ein Gemeinschaftshaus im Odenwald fotografiert. Das haben wir als letztes Bild: Die Traumvorstellung." (Gruppengespräch A 1.8, 1994)

Durch die öffentliche Vorführung der Ton-Dia-Schau im Dorf erreichen die Frauen, daß ihre Aktivitäten Beachtung finden und letztlich auf Interesse stoßen, auch im Dorferneuerungsarbeitskreis. Nachdem über Monate von der Verfahrenslenkung und letztlich von den freiberuflich involvierten Experten, aus noch darzulegenden Gründen, versäumt worden ist zu kooperieren, ergreifen am Ende der Produktionszeit der Ton-Dia-Schau die Frauen von sich aus die Initiative und nehmen Kontakt zum 'Arbeitskreis Dorferneuerung' auf. Anlaß ist das Interesse an öffentlich nutzbaren Räumen:

"Und ich habe mich da drum gekümmert, hab' mit der einen gesprochen, weil ich nicht wußte, an wen ich mich wenden sollte. Und da hat sie gesagt: 'Ach, da gibt es ein Frauenprojekt! Das wußten wir ja gar nicht. Das ist ja toll.' und so. Und dann haben wir uns unterhalten am Telefon, und da sagt sie: 'Ja, aber bei unserem nächsten Ausschußtreffen, das ist am 22.7., dann kommt doch mal eine odere mehrere oder alle von Euch. Und stellt auch mal vor, was Ihr so macht, ja! Und dann habe ich gesagt: 'Ja was habt denn Ihr so für Ziele?' Weil wir ja auch Mobilität und Räume haben. Und da hat sie gesagt: 'Ja, es steht ... wie nennt man das nun? ... ein Zentrum für Kommunikation auch zur Debatte.' Und da wir dasselbe anstreben wie sie, also öffentliche Räume zu bekommen, mehrere, also kleinere Räume halt und auch da drüben das

Anwesen, genau wie wir das anstreben. Aber die wußten von uns nix. Ja, wir wußten zwar, daß es das Dorferneuerungsprogramm gibt und den Ausschuß auch. Aber gekannt haben wir die auch nicht, ja." (Gruppengespräch A 1.5, 1994)

Die Auseinandersetzung der Frauen in der Projektgruppe mit ihrer Alltagssituation im Dorf und das erstellte "Produkt", die Ton-Dia-Schau, haben die Voraussetzungen dafür geschaffen, daß sie sich zukünftig selbstbewußter in den Diskussionsprozeß um Räumlichkeiten einschalten, wenn diese durch eine kommunale Dorferneuerungs-Hochbaumaßnahme zur Debatte steht:

"Ja, das ist ja wiederum mein Einwand gewesen, also die Planungsgruppe, als die in unserem Arbeitskreis die Räume verteilt haben. Daß ich gesagt habe: 'Hört mal, Ihr seid schon wieder dabei, den anderen die Räume zuzuordnen, und wo sind die Frauen jetzt schon wieder? Das Rote Kreuz und wer weiß ich, ist wieder drin, die doch schon Räume haben überall. Jetzt läuft das schon wieder genauso. Für was haben wir dann die Ton-Dia-Schau gemacht? Doch um klar zu machen, welchen Bedarf es hier gibt.' Und da haben mich alle angeguckt." (Gruppengespräch A 1.9, 1994)

Die Frauengruppe in A-Dorf fand sich für ein konkretes gemeinsames Vorhaben zusammen: Die Herstellung einer Ton-Dia-Schau; sie nutzten dieses Angebot sowie das Medium, um ihre Interessen an der weiteren Entwicklung A-Dorfs zum Ausdruck zu bringen. Mit der Fertigstellung der Ton-Dia-Schau endete der Zusammenhalt der Gruppe abrupt. Die Gründe dafür lagen in den unterschiedlichen Wertorientierungen der Frauen, die aber nicht weiter aufgearbeitet werden konnten. Hierfür stand auch kein weiterführendes Betreuungsangebot im Ort zur Verfügung:

"Ich muß sagen, das hätte mich schon gereizt weiterzumachen. Da zu sehen, wie das jetzt weitergeht. Also man macht das net ein Jahr und legt das dann weg und sagt: 'Das war's.' Zumal ich selbst bin nach Umstadt gefahren und habe dieses, diese Bilder gemacht von diesem Dorfzentrum und war in Rheinhausen und hab' diese Glasbilder gemacht, wo ich also diese Räumlichkeiten von innen mitfotografiert hab'. Des macht mehr net, wenn ein des net interessiert, wenn man net will, daß etwas passiert im Ort. Aber wenn man dann so auf - weiß gar net genau - persönliche Angriffe - also, wenn man sich persönlich angegriffen fühlt, da muß man sehn', was es einem Wert ist." (Gruppengespräch A 1.7, 1994)

Die beauftragte, sozialpädagogisch qualifizierte Projektbeauftragte (und ihre einbezogenen Kolleginnen) sieht sich, den Aussagen der Teilnehmerinnen nach zu urteilen, in ihrem zeitlich und monetär begrenzten Werkvertrag offensichtlich nicht in der Lage, gruppeninterne Probleme zu bearbeiten. Sie verfolgt mehr 'das Produkt' als Werkvertragsergebnis und nicht eine gemeinwesenorientierte Begleitung eines Prozesses. Zwei Eindrücke aus der Frauengruppe dazu:

"Sie waren zuerst mit fünf Frauen und am Schluß kamen nur noch drei (Anmerkung der Verfasserin: die Projektbeauftragte arbeitete anfangs mit fünf, später mit drei Kolleginnen zusammen). Es ging dann um Stunden. - Wie lange das gedauert hätte!" (Gruppengespräch A 1.9, 1994)

"Es war am Anfang die Frau (...) (Anmerkung der Verfasserin: Name der Projektbeauftragten der Klärungsphase), die hat die ganze Gruppe zusammengebracht und hat eigentlich die Fäden gesponnen. Dann war die Frauengruppe aus (...) (Anmerkung der Verfasserin: Name der beauftragten Sozialpädagogin für die Ton-Dia-Schau), die haben einen Job gehabt. Die haben ja auch Geld damit verdient, sie haben das ja nicht umsonst gemacht, ne? Die machen das ja auch für Geld und dann ist das Thema für die zu Ende gewesen, und die Gruppe sank in sich zusammen. Die A-Dörfler Frauengruppe. Also, das, was hätte rübergehen können, in die DE-Arbeitsgruppe, war dann nicht mehr. Das war eben nur, die Motivation eben nur, den Ort schön zu fotografieren und darzustellen." (Gruppengespräch A 1.4, 1994)

Der Zeitdruck aus dem Team der hier eingesetzten Expertinnen überträgt sich offensichtlich zum Ende der Bearbeitungsphase auch auf die Teilnehmerinnen:

"Also, wenn die Leute innerhalb dieser Gruppe mehr Gemeinsamkeiten gehabt hätten, wär ich bestimmt die letzte gewesen, die das net unterstützt hätte. Aber, das war am Schluß so dermaßen nervenaufreibend für mich, daß ich das net einseh." (Gruppengespräch A 1.8, 1994)

Ein Folgeproblem der gewählten Methode und Technik des Mediums Ton-Dia-Schau ist die mangelnde Aneignung und Identifikation der Frauen mit diesem Werk, da es nach Fertigstellung im Besitz der Projektbeauftragten bleibt und ohne die Verfügung über aufwendige Apparate nicht von den Frauen selbständig vorgeführt werden kann. Das erarbeitete Produkt und Ergebnis gemeinsamer Arbeit verläßt so wieder den Ort. Eine Fortführung und Weiterentwicklung der begonnenen Projektarbeit bleibt ohne professionelle Unterstützung ausgeschlossen. Der hier begonnene Gruppenprozeß, durchaus mit Wirkung auf das örtliche Geschehen, bleibt vorerst ein isolierter und einmaliger. Dazu abschließend eine Teilnehmerin der Gruppe:

"Ja, ich würde gerne (weitermachen). Aber ich mein, allein kann ich nix machen und wahrscheinlich fehlen uns die Geräte. Ja, die Geräte gehören dem Projekt von ... (Anmerkung der Verfasserin: Name der Projektbeauftragten)." (Gruppengespräch A 1.6, 1994)

4.1.4.2 Expertenebene: Interviewpartner/-innen: Projektbeauftragte der Klärungsphase, des Projektes "Ton-Dia-Schau" und Planer/-innen; Interviewebenen A 2, A 2.1 und A 2.2 in der Interviewsystematik[12]

Die Projektbeauftragte der Klärungsphase sieht ihre Rolle zunächst in einer vermittelnden und informierenden Aufgabe als Interessenvertretung:

"Die Vermittlung zwischen den Beteiligten im DE-Prozeß, den sehe ich schon als meine Aufgabe und zwar hauptsächlich darin, daß ich versuche, Informationen überall hinzugeben."

Weiter präzisierend formuliert sie:

"Deshalb war dieses Mißverständnis mit diesem 'vermitteln' und 'vertreten'. Das ist auch ganz aussagekräftig. Ja! Ich verstehe mich insofern als Vertretung von Bürgerinteressen, also wirklich auch auf deren Seite, wo ich sage, die sind strukturell die Schwächeren. Insofern ist dieses Anwaltsplanungsmodell gilt das für mich auch. Aber das Umgehen damit ist ein anderes als diese klassische (...) nach dem Motto: 'wir mischen die mal auf', das hat sich auch als nicht sehr wirksam herausgestellt. Die Stärke der Formulierungsfähigkeit - das ist vielleicht so, ne, also Grundlage für meine Erwachsenenbildungsgeschichten ist immer 'erkennen, formulieren, vertreten'. Wenn nicht die Bürger in die Lage versetzt sind zu sehen, was mit ihnen ist, mache ich sie schon stärker. (...) Aber das ist etwas anderes als zu sagen: ich kämpfe es jetzt für Euch durch. Sie müssen es allein durchkämpfen. Und das ist auch, was ich immer sage. Wenn ihr es nicht tragt, dann wird es auch nichts." (Interview A 2, 1993)

Dies zuletzt artikulierte Arbeitsziel der Projektbeauftragten ist sicher auch vor dem Hintergrund ihrer nur temporären Tätigkeit in dem Verfahren zu sehen. Die Gewichtung von Handlungszielen sieht die Projektbeauftragte nicht als ihre Aufgabe an. Sie ordnet diese Aufgabe eher der Fachverwaltung und der Kommunalverwaltung bzw. dem Parlament zu:

"Ich vergleiche jetzt meine Rolle mit der des Amtes. Ich sage, was alles im Rahmen der DE gefördert werden kann, steht da und da und hört sich so und so an, und probieren Sie's in jedem Fall. (Anmerkung der Verfasserin: quasi an die Bürger/-innen gerichtet). Also ich schubse immer so und wahrscheinlich geht's, aber ich kann's nicht sagen. Und das Amt ist sozusagen die amtliche Stelle, die 'ja' oder 'nein' sagt. Also die haben eine sehr viel klarere Position." (Interview A 2, 1993)

Damit hinterläßt die Expertin eine große Unsicherheit auf der örtlichen Ebene bei den Bürger/-innen, inwieweit sich ihr Engagement im Entwicklungsprozeß lohnt, weil die Projektbeauftragte ihre Aufgabe nicht in der Zusammenführung gemeinsam getragener Entscheidungen zwischen der informell assoziierten Handlungsebene vor Ort und den formell legitimierten Handlungs- und Entscheidungsebenen

---

12 vgl. hierzu: Kapitel 3.3.2, Abbildung 4.

in der Kommunal- und Fachverwaltung sieht. Sie verlagert diesen Entscheidungsprozeß auf die Zeit nach Ablauf der Klärungsphase und damit auf die Zeit nach ihrem Auftrag. Sie versteht die Klärungsphase als eine Phase des Sammelns:

"Ich versuche gar nicht, die Diskussion innerhalb der IBM-Phase (Anmerkung der Verfasserin: Informations-, Beratungs-, Motivationsphase) zu einem Ergebnis zu bringen, sondern ich sage den Bürgern, was ihr mir sagt, das steht alles im Bericht. Deshalb, auch wieder wichtig, ich streiche gar nichts weg." (Interview A 2, 1993)

Die sogenannte Liste mit Projekt- und Planungsvorschlägen im Klärungsphasenbericht, in A-Dorf mit 70 Einzelzielen, sieht die Expertin als Diskussionsgrundlage für den Entscheidungsprozeß innerhalb der Bürgerschaft und gegenüber dem Stadtparlament und den Fachverwaltungen:

"Ich stelle mir das so vor, daß der Arbeitskreis Dorfentwicklung diese Liste sozusagen nimmt und sagt; was ist uns da nun wichtig? Parallel nimmt die Gemeindevertretung die Liste und sagt, wofür wollen wir Geld ausgeben? Und parallel dazu hat Herr ... (Anmerkung der Verfasserin: Name des Mitarbeiters aus der Fachverwaltung) die Liste und sagt: was wollen wir fördern? Wo setzen wir Prioritäten?" (Interview A 2, 1993)

Gleichfalls ahnt die Projektbeauftragte unmittelbar fortfahrend das Problem:

"Das ist das große Problem der Weiterführung der IBM-Phase. Im Prinzip muß den Interessenausgleich heute jede Gruppe für sich tun, und sie müssen einfach, weil Projekte nur mit allen gemeinsam förderreif gemacht werden können, am Ende zusammenkommen. Der Planer könnte eine sehr wichtige Funktion da haben mit dem Dorfentwicklungsplan, mit dieser ganzheitlichen Planung im Hintergrund. Dazu sind die aber normalerweise ... ." (Interview A 2, 1993)

Eventuell wollte die Informantin hier ergänzen (...) 'nicht in der Lage'. In der Tat zeigen die späteren Ausführungen des Planers, daß er einen vorgegebenen Umfang des Leistungsvermerks bearbeiten kann, aber einen längeren Aushandlungs- und Entscheidungsprozeß zwischen den Interessengruppen im Verfahren nicht - nach einer durchgeführten Klärungsphase - als seine Aufgabe sieht.

Mit dieser Auffassung agiert die Projektbeauftragte auch nicht im Sinne von Gemeinwesenarbeit wie in ihrem Bericht angekündigt, oder als Anwaltsplanerin oder Vermittlerin wie in den Interviews von ihr definiert; sie geht in ihrer Rolle nicht über die Moderation hinaus:

"Weil ich denke, ich habe mit dieser Aufgabenstellung in der IBM eine ganz bestimmt Aufgabe, nämlich dieses Aufreißen in Gruppen." (Interview A 2, 1993)

Die Projektbeauftragte erkennt quasi selbst die Lücken dieses Auftragsverständnisses:

"Ich muß da nochmal differenzieren. Ich habe immer relativ guten Kontakt zur Verwaltung (Anmerkung der Verfasserin: gemeint ist hier die Fachverwaltung). Zur Gemeindevertretung probiere ich es auch immer mal wieder. Das Problem ist, daß die Entscheidungen eigentlich im

Parlament zu fallen haben. Da muß ich auch in Zukunft noch einmal ein bißchen mehr drüber nachdenken, wie ich damit wirklich produktiv umgehe. Also ich versuche immer Kontakt zum Gemeindeparlament herzustellen. Biete an, daß ich mit den Fraktionen Termine mache und mit ihnen rede. Das passiert aber nur in den seltensten Fällen. Weil die Parlamente haben eigentlich immer diese Haltung ... 'A-Dorf' Beschlußvorlage und dann entscheiden die. Also die warten normalerweise erstmal ab. Also die setzen sich nicht in so einen kreativen Prozeß rein. Das ist das Grundproblem." (Interview A 2, 1993)

Exakt diese nicht miteinander verknüpften Handlungsebenen haben die Bürger/-innen in den Interviews als Bruch beschrieben. Sie stellen fest, daß zwischen dem Zeitabschnitt, in dem sie mit der Projektbeauftragten im Dialog standen und der Phase danach zunehmend die tradierten Entscheidungsstrukturen wieder überwiegen, auf die die Bürger nun besonders enttäuscht und resigniert reagieren. Die Ausgrenzung der Gemeindeparlamentarier und Funktionäre (...) "Das ist eine Vorgabe von mir. Ich will in den Arbeitsgruppen keine Funktionsträger haben." (Interview A 2, 1993) ist sicher ein berechtigter Hinweis für die gewünschte Offenheit in den neu gebildeten Arbeitsgruppen der Klärungsphase, bedarf aber der Überlegung, wo die Schnittflächen zwischen den basisdemokratisch und verfassungsdemokratisch gebildeten Gremien herzustellen sind.

Die Kommunikation zwischen A-Dorf und Kommunalverwaltung beschreibt die Projektbeauftragte als "unproblematisch":

"Haben wir in A-Dorf kein so'n großes Problem, weil der 'Sumpf' ein sehr dichter ist. Also der Filz ist ein dichter. Die Mehrheitsverhältnisse im Ort und in der Stadt sind die Gleichen. Und die informellen Netze funktionieren gut." ... "Ja, oder die, die nicht mit in diesem Netz drin sind, haben Pech. Also es ist wirklich - gerade was so Informiertheit angeht über Projekte, über Planung. Der SPD-Klüngel weiß Bescheid, und erst wenn das ausgekocht ist, wird es überhaupt in die öffentliche Diskussion gegeben." (Interview A 2, 1993)

Was die Projektbeauftragte zunächst als 'kein Problem' kommentiert, ist 'das Problem' partizipativer Verfahren schlechthin: Bürgerbeteiligung und Mitwirkung bedeutet, genau jene kommunalpolitisch eingefahrenen Bahnen in der Weise zu erreichen, daß Politiker aus ihrer Verantwortung gegenüber der Bürgerschaft ihre Entscheidungen auf der Grundlage einer Diskussion mit der Öffentlichkeit fällen und nicht auf der Diskussion in geschlossenen Gremien; dies erfordert einen Dialog zur Verbindung der Handlungsebenen. Dieser vernachlässigte Aspekt wirkt sich auch hemmend auf den Verlauf des Frauenprojektes in A-Dorf aus.

Die Projektbeauftragte nimmt Stellung zur Reaktion im Dorf nach der ersten, sehr gut besuchten Veranstaltung, speziell für Frauen:

"Aber die Begründung ist schon geliefert worden. Also es war eindeutig: die Männer haben die Frauen sozusagen zurückgepfiffen. Haben die Frauen selber gesagt. Habe ich in einer Arbeitsgruppensitzung, wo wieder hauptsächlich Männer vertreten waren, also diese Arbeitsgruppenbesprechung, wo die Arbeitsgruppen drin sind, da ging es nach dieser Frauenveranstaltung her wie im Karton. Da hat es nur so geprasselt. Und auf mich dann - also ich war dann sozusagen die Adressatin, und dann kam so langsam raus in der Diskussion, daß sie die Aufregung an dieser Frauenveranstaltung festmachten. Und da kamen so Sachen: 'Was die Frauen da beschlossen haben, das geht ja nicht. Das sind ja unsere Steuergelder.' Also, vollkommen irrwitzige Unterstellungen." (Interview A 2, 1993)

Das Projekt wird nach diesem Proteststurm im Dorf quasi 'im Verborgenen' von den Expertinnen entwickelt und mit der Frauengruppe umgesetzt, von der Dorföffentlichkeit lange nicht wahrgenommen, von den Experten und Expertinnen nicht mit dem Gesamtprozeß verknüpft und von den kommunalpolitischen Handlungsträgern, selbst von der Frauenbeauftragten der Kommune, bis zum Schluß ignoriert.

"Es hat überhaupt keinen Sinn gehabt, sich auf diese Diskussion einzulassen. Also dann war ich in A-Dorf unheimlich froh, daß dann aus diesem kleinen Kreis dieses Projekt entstanden ist, daß überhaupt etwas weitergeht. Weil genau dieses Problem sehe ich als ein sehr wesentliches, und das ist ein langfristiger Prozeß." ... "Wobei ich gerade in A-Dorf die Erfahrung gemacht habe, daß das insofern ein bißchen schief gelaufen ist, weil die Frauen aus ... (Anmerkung der Verfasserin: Wohnortsname der Projektbeauftragten der Ton-Dia-Schau) in der Ton-Dia-Gruppe nur sehr vage über den Dorferneuerungsprozeß informiert waren und eigentlich die Verkopplung, also die haben ihr Projekt gesehen und nicht so den Zusammenhang, daß das , was da in dem Projekt passiert, auch wieder eingebunden wird in den Dorferneuerungsprozeß. Da hatte ich mit denen noch einmal so einen kurzen Kontakt gehabt und habe sie darauf hingewiesen, da ein bißchen in dieser Richtung aktiv zu werden." (Interview A 2, 1993)

Entscheidend für den Projektverlauf ist auch das Zustandekommen der Projektidee: es handelt sich um einen Themeninput der involvierten Expertinnen und hat vermutlich Auswirkungen auf die nicht allzu dauerhaften Identifikationschancen der Frauen mit dieser Ton-Dia-Schau. Die Projektbeauftragte der Klärungsphase:

"Ich habe natürlich auch Vorstellungen. Ich komme ja als Person in den Ort, und wenn ich eine Frauenveranstaltung anbiete im Ort, ist es mein Ding. Da haben mich nicht zwanzig-dreißig Frauen aus dem Ort angesprochen, daß sie eine Frauenveranstaltung brauchen. Also insofern bringe ich Themen ein." ... Und: "Das ist so meine Schiene, wie ich IBM mache. Ich gucke immer, daß möglichst schnell ein konkretes Projekt formuliert wird und daß dann auch die Betreuung gesichert wird. Der Punkt war, ich habe mit der Frau ... (Anmerkung der Verfasserin: Mitarbeiterin aus der Fachverwaltung) so überlegt, als das so anlief mit den Frauen und daß wir eine Veranstaltung machen und da hat sie mir gesagt, sie kennt in (...) eine Gruppe, die so Ton-Dia-Projekte machen. Und aus dem Grund haben wir die dann auch eingeladen, um so eine konkrete Möglichkeit auch einmal aufzuzeigen, was man machen kann. Und das hat sich daraus ergeben." (Interview A 2, 1993)

Sehr deutlich wird hier das verständliche Engagement von Expertinnen, sich für spezifische Gruppen, in diesem Fall für "Frauen", einzusetzen. Gleichwohl muß kritisch angemerkt werden, daß die Projektbeauftragte der Klärungsphase mit dieser Aktivität entgegengesetzt ihrer zuvorigen Vorgehensbeschreibung: "Sammeln von Ideen, Dokumentieren, aber nicht gewichten" handelt. Noch entscheidender erscheint jedoch die Tatsache, daß Projekte, die auf die eine oder andere Weise initiiert werden und im Dorf zunächst unpopulär sind, einer professionellen Integration in das Gesamtverfahren bedürfen.

Die Projektbeauftragte der Ton-Dia-Schau hat zum Zeitpunkt ihres Auftrages keine Erfahrungen oder Kenntnisse im Arbeitsgebiet der Dorfentwicklung. Die Arbeitszusammenhänge in der Dorfentwicklung sind ihr demnach unbekannt. In einem hier inhaltlich wiedergegebenen Telefonat (Interviewebene A 2.1, 1994) mit der Verfasserin dieser Dissertation bestätigt sie, keine Kontakte zum Planungsbüro während ihrer Tätigkeit in A-Dorf gehabt zu haben. Sie nimmt nicht an Behördenterminen oder Arbeitskreissitzungen des Dorferneuerungsbeirates teil, weil sie hierfür auch keine Einladungen erhält. Die Vernetzung ihrer Tätigkeit mit dem Gesamtverfahren ist zeitlich und finanziell nicht in ihrem Angebot zur Projektbetreuung vorgesehen, vielmehr, so die Informantin, erweist es sich als schwierig, das sehr zeitaufwendige Projekt im kalkulierten Rahmen zu bearbeiten. Im Grunde habe sie diesen ohnehin gesprengt.

Als wesentliche Impulse für die Teilnehmerinnen der Projektgruppe wertete die eingesetzte Expertin:

- die Motivation der Frauen, sich letztlich doch noch in die örtliche Gremienarbeit einzuschalten
- die Identifikation der Frauen mit A-Dorf
- eine Annäherung von Alt- und Neubürgerinnen
- die Thematisierung von Mängeln im örtlichen Alltag, von denen Frauen besonders betroffen sind
- die Artikulierung von Raumansprüchen
- die erreichte Öffentlichkeit einer sonst eher 'stillen Bevölkerungsgruppe'.

Die interviewten Planer,[13] von der Ausbildung her Stadtplaner und Architekt, haben mit ihrem Büro zwei Jahrzehnte Berufserfahrung auf dem Gebiet Dorfentwicklungsverfahren. Sie beziehen in das Gespräch eine im Büro angestellte Stadtplanerin[14] mit ein, die die Planung in A-Dorf ebenfalls bearbeitet hat.

Die zugleich geäußerte Skepsis: "Ich muß da vielleicht vorsichtig sein mit meiner Äußerung, weil ich nie ein Freund von der IBM-Phase war (...) " (Gruppengespräch A 2.2 (a), 1994) ist mit einem stark städtebaulich orientierten Auftragsverständnis in Beziehung zu setzen, das im Vorwort des Dorfentwicklungsberichtes deutlich zum Ausdruck kommt:

"Folgende übergeordnete Planungsziele liegen dem Projekt zugrunde:
- Erhaltung und Entwicklung des typischen identitätsbildenden Ortsbildes von A-Dorf
- Behebung funktioneller, baulicher und städtebaulicher Mängel im Ortskern zur Verbesserung der Wohn- und Lebensqualität
- stärkere Verflechtung des Ortes mit dem umgebenden Landschaftsraum.

Zur Umsetzung dieser Ziele wurden in dem Arbeitskreis Dorfentwicklung folgende (...) Teilkonzepte erarbeitet:
- Bauliches Konzept
- Räumliches Konzept
- Verkehrskonzept
- Nutzungskonzept
- Grün- und Freiflächenkonzept
- Siedlungskonzept."

Die vom Planungsbüro speziell für diesen Auftrag engagierte Soziologin sollte in diesem Projekt die soziokulturellen Ansätze aus der Klärungsphase weiterverfolgen. Im Vorwort des DE-Berichtes findet dieser Ansatz keine Erwähnung; in anderen Kapiteln fließen gerade die frauenspezifischen Aspekte auffällig mit ein.[15] Rückblickend sieht das Planungsteam in diesem Integrationsversuch keine verbesserte Arbeitsperspektive für ihr Büro. Die Einarbeitungszeit sei zu aufwendig, der Effekt für die Arbeit des Planungsteams nach Aussage der Informanten gering:

---

[13] Anmerkung der Verfasserin: nachfolgend im Gruppengespräch mit 2.2 (a) oder 2.2 (b) gekennzeichnet.

[14] Anmerkung der Verfasserin: nachfolgend mit 2.2 (c) gekennzeichnet.

[15] vgl. hierzu: Kap. 4.1.2 .

"Ja, wir haben dann auch halt gegenüber der Soziologin, sag' ich eben, mit dem was ich heute weiß, Erwartungen gestellt, die sie eigentlich gar nicht so erfüllen konnte. Ja, (...) sie hatte Berufserfahrung, aber nicht mit dem Dorf und das haben wir, glaube ich, alle unterschätzt, wieviel das wert ist. Oder wieviel das einfach schon wert gewesen wäre, wenn sie uns im Planungsprozeß bis dahin wenigstens begleitet hätte. Aber nein, sie ist dann in der zweiten Hälfte mit eingestiegen und hat auch erstmal alles vermittelt bekommen müssen, so was da vorher lief, und das war einfach unglücklich." (Gruppengespräch A 2.2 (c), 1994)

Die Soziologin wird auf der Ortsteilebene auch nicht als Person, die in dem Verfahren eine Rolle für die Mitwirkung der Bürger/-innen oder für das Aufgreifen von Projekten gespielt hat, erwähnt. In ihrer Arbeitsweise überwiegt offensichtlich mehr eine theoretische Vorgehensweise, in Form von Verarbeitung des Datenmaterials, denn eine handlungsorientierte.

Es stellt sich die Frage, warum das Planungsteam statt quasi 'doppelte Arbeit im eigenen Haus' zu leisten nicht an die Arbeit der Projektbeauftragten der Klärungsphase anknüpft und u.a. mit der Projektbeauftragten der Ton-Dia-Schau kooperiert. Auf diese Frage antwortet die Planerin:

"Ich weiß auch nicht, warum wir auf die Idee nicht gekommen sind." (Gruppengespräch A 2.2 (c), 1994)

Der Kollege ergänzt die finanziellen Überlegungen, die dies für sie als Auftragnehmerseite bedeutet hätte:

"Ich weiß auch nicht, warum wir das nicht gemacht haben. Da hättest Du natürlich dann sagen müssen, Leute das kostet zusätzlich Geld, ebenso von Auftraggeberseite mit der Amtsseite." (Gruppengespräch A 2.2 (a), 1994)

Den Versuch, eine Soziologin in ihr Planungsteam zu integrieren, betrachtet das Planungsbüro rückblickend eher als gescheitert und will diesen Ansatz nicht weiter verfolgen:

"Jetzt, beim nächsten Projekt haben wir eigentlich gesagt, daß die sozialen, kulturellen Aspekte, daß wir die nicht mehr als extra Baustein behandeln werden. Einfach, da sind wir eigentlich nicht die richtigen Leute dazu. Wir können die physischen Ergebnisse planen." (Gruppengespräch A 2.2 (a), 1994)

Auf die Frage, warum das Planungsbüro im Auftragsangebot nicht Positionen kalkuliert für weitere Projektbetreuung, die über die baulich-räumliche Planung hinaus geht, verweisen die Informanten auf die ungeregelte Honorarordnung für derartige Aufträge und auf die notwendigerweise gesetzten Grenzen ihres Engagement über ihren Planungsauftrag hinaus. Die Gewährleistung der Bürgermitwirkung definiert sich dabei eindeutig auf das Diskutieren der Planung mit dem Arbeitskreis Dorferneuerung:

"Das Problem ist ja, es gibt ja so eine, bisher gab's eine Gebührenordnung und (...) jeder hat's gern hingenommen, mach mal schön, aber Geld wollen wir eigentlich nicht ausgeben, weil das ist für sie ja sicher bezahlt, ja. Und wir haben es erst mal so gemacht (Anmerkung der Verfasserin: gemeint ist hier die Einstellung einer Soziologin per Werkvertrag für die Mitarbeit in A-Dorf) und haben aber festgestellt, wir kommen dann automatisch in die roten Zahlen, ja und weil wir schon genug mit dem anderen beschäftigt sind, ja. Also, wir haben ja auch so einen Anspruch, daß die einzelnen Themen auch im Arbeitskreis intensiv behandelt werden. Wir machen ja, was weiß ich, mindestens 10 Sitzungen, wo wir immer so ein Thema allein was die Grün- und Freiflächen, also Ökologie, das ist ein Abendthema. Damit ist eigentlich das Honorarvolumen ausgeschöpft. Wir können das nicht. Es kann nicht so sein, daß immer die Erwartung so ein bißchen, sag' ich mal, von Amtsseite, so unterschwellig, ihr seid doch ganz engagiert." (Gruppengespräch A 2.2 (b), 1994)

Und der Kollege ergänzend:

"(...) Wir sind, also wir müßten, wenn man das kompetent bearbeiten wollte, müßten wir erst mal viel mehr Geld haben und uns noch so zwei, weiß ich was aus welcher Ecke die kämen, Sozialarbeiter oder Antrophologen, die dann da mitarbeiten, um jetzt da in dem Sinne eine Sache daraus zu machen." (Gruppengespräch A 2.2 (a), 1994)

Die Ergebnisse für soziokulturelle und sozioökonomische Aufgabenstellungen erwartet dieser Planer somit aus der IBM-Phase, seine Aufgabe sieht er in notwendigen räumlichen Umsetzungen.

"Im Grunde kommen wir jetzt zum Ergebnis, daß diese IBM-Phase: Die muß im Grunde das Ergebnis liefern. Ja, die dürfte also nicht sagen: 'Da müßte noch drüber nachgedacht werden', sondern die muß sagen: 'Aus dem sozialen Bereich, das und das sind im Grunde die Ziele, für die ihr nachher räumliche, konkrete Umsetzungen finden müßt.' Also, wir können nicht noch mal hergehen und sagen: 'Ja, wie ist denn wirklich die Rolle der Frau auf dem Land?' Das war unser Ansatz erst, und der war falsch." (Gruppengespräch A 2.2 (b), 1994)

Entgegengestellt werden muß hier, quasi spiegelbildlich, die zuvor geäußerte Erwartung der Projektbeauftragten, die davon ausgeht, daß das Planungsbüro "ganzheitlich" weiterarbeitet und Projekte weiterführt. Zwischen dem Planungsbüro und der Projektbeauftragten sind die Zuständigkeiten für die professionelle Weiterführung der Bürgermitwirkung und die Zuständigkeit von Projekten über den städtebaulichen Programmkanon hinaus ungeklärt und hinsichtlich der Honorarregelung für die beiden Berufsgruppen mit Unsicherheiten und finanziellen Risiken verbunden; Projekte sind deshalb in der weiteren Aquisition weniger attraktiv zu verfolgen.

Der Planer sieht in den Ergebnissen aus der Klärungsphase für die Verwendung seines Auftrages nur eine begrenzte Arbeitsgrundlage. Indirekt liegt hier auch eine Abwertung der Arbeit jener Expertin vor, die diese Klärungsphase bearbeitet hat; sie bezieht sich weniger auf die Person, als auf die Arbeitsmethoden und Inhalte. Hier tritt eine typische Konkurrenz zwischen Freiberuflern benachbarter Sparten auf, verbunden mit geringerer Wertschätzung zwischen den Professionen:

"Ich kann einfach so als groben Erfahrungsbericht sagen, daß die Vorlaufphase eine sehr punktuelle Erhebung darstellt. Also wer das gerade so mitmacht und welche Interessen diese Leute vertreten, das kommt dann in den Bericht rein, und der Bruch passiert dann, wenn die Umbesetzung der Gremien passiert. Also oft ist es ja, daß so kleinere Arbeitsgruppen von fünf - zehn Leuten in der Vorlaufphase arbeiten zu unterschiedlichen Themenschwerpunkten. Aus diesen Arbeitsgruppen bildet sich der Arbeitskreis, d.h., aus jeder Gruppe bleiben so zwei-drei Leute übrig und das mischt sich wieder neu, und dann hängt das daran: Welche Leute gehen da weiter. Was hatten die vorher schon für eine Idee und nehmen sie die mit. Beziehungsweise: Die Leute, die andere Ideen haben und nicht weitergegangen sind, fallen raus." (Gruppengespräch A 2. 2 (a), 1994)

Die Projektinitiative aus der Vorklärungsphase, Frauen stärker in den Planungsprozeß einzubinden, wird von jenen Bürgern und Bürgerinnen, die später im 'Arbeitskreis Dorfentwicklung' mitarbeiten quasi geleugnet, so die Interpretation des Planers:

"(...) wurde dann von den Frauen (Anmerkung der Verfasserin: im Arbeitskreis) gesagt: 'Wer hat denn das gesagt'. Dies wurde leider nicht ein Thema für uns. Also so irgendwie mal die Frage der Frau auf dem Dorf." (Gruppengespräch A 2.2 (a), 1994)

Im Hinblick auf die formulierten Anforderungen an die Beteiligung von Frauen im Bericht der Projektbeauftragten setzt die Planerin gegenläufige Argumentationen von Frauen aus dem Arbeitskreis dagegen:

"Dann kam so ein Teil von den Leuten aus dem Arbeitskreis. Na ja, da steht irgendwas drin, das können wir jetzt auch nicht so nachvollziehen. (...) Ich will jetzt der Frau ... (Name der Projektbeauftragten) überhaupt nichts unterstellen. Aber die konnten sich damit natürlich überhaupt nicht identifizieren." (Gruppengespräch A 2.2 (c), 1994)

Die Ton-Dia-Schau "A-Dorf aus Frauensicht" wird im Gespräch mit dem Planungsbüro nicht weiter thematisiert, weil es zwischen der eingesetzten Medienexpertin und dem Büro, wie bereits dargestellt, keine Arbeitskontakte gab. Die Ton-Dia-Schau selbst hat sich das Büro anläßlich der öffentlichen Veranstaltung im Oktober 1993 in A-Dorf angesehen. Zu diesem Anlaß hat der Planer nochmal explizit jeden Bürger/jede Bürgerin aufgefordert, sich an dem Dorferneuerungsprozeß zu beteiligen.

Die Planer warnen gegen Ende des Interviews vor einer möglichen Überfrachtung der Ansprüche und Erwartungen an das Programm und vor den Enttäuschungen angesichts des Realisierbaren: eine Gefahr hoher Frustrationen auf der Bürgerebene im Kontrast zu der anfänglich initiierten Motivation durch umfassende Bürgerbeteiligung:

"Das ist ja unser gemeinsames Unbehagen an dieser IBM-Phase. Daß da unheimlich hohe Erwartungen gestellt werden, so wie die DE eine Vorstufe zum Paradies. In dem Sinne, es kann alles besser werden und was können wir real bewirken? Ich sag' mal, wir können eine Platzgestaltung machen und hoffen, daß die Leute irgendwie da kommunikativ sich zusammenrotten, oder wir können vielleicht so ein Gemeindezentrum initiieren und dann können wir es aber auch nicht weiter, dann ist so der Wunsch da, daß dann was weiß ich, daß gesellschaftliche Abläufe initiiert werden, daß sie sich täglich treffen oder das können wir alles nicht leisten. Das muß aus den Leuten dann auch selber kommen." (Gruppengespräch 2.2 (b), 1994).

Der Planer setzt diese tendenziell zu hoch gesteckten Erwartungen noch weiter in Bezug zu den begrenzten Fördermitteln:
"Und das ist dann ganz frustrierend im Moment. Weil vorher immer von Ministeriumsseite, ja ganzheitlicher Ansatz und wir können so viel machen, DE, und hinterher ist es wirklich sehr wenig." (Gruppengespräch A 2.2 (a), 1994)

Seine Ausführungen stellt der Planer zusammenfassend in einen gesellschaftspolitischen Rahmen und relativiert die Wirkungschancen der Dorferneuerung als umfassendes Strukturprogramm:
" Es ist vielleicht, also man kommt oft, wenn man mal einen frustrierenden Abend hinter sich hat oder Termin, dann kommt man zu der Meinung oder man denkt darüber nach, wird die DE nicht ein bißchen, wird da nicht zuviel drauf gepackt. Wir können mit so ein paar Schwerpunktorten in Hessen nicht die ganze ..., das ist Arbeit gegen Windmühlenflügel. Die gesamtwirtschaftlichen Prozesse können wir nicht aufhalten, in dem wir irgendwo so einen Handwerksbetrieb, das ist punktuell mal was und das kann man vielleicht mal schön in einer Broschüre bringen, aber strukturell haben wir die Möglichkeit einfach nicht. Und da können wir noch so viele Experten da ran setzen, das sind andere Prozesse, die greifen, europaweit teilweise, wenn man sich die Landwirtschaft zum Beispiel anguckt." (Gruppengespräch A 2.2 (a), 1994)

4.1.4.3 Kommunale Ebene: Interviewpartner: Bürgermeister; Interviewebene A 3 in der Interviewsystematik

Als Vertreter der Kommune zeigt sich der zuständige Bürgermeister von A-Dorf konform mit den fortgeschriebenen Inhalten des Hessischen Dorferneuerungsprogramms. Er äußert sich positiv zu dem veränderten Verfahrensablauf mit einer intensivierten Phase der Bürgermitwirkung und akzeptiert in diesem Zusammenhang die Forderung nach geringerer Einflußnahme auf das Verfahren durch seine Verwaltung:
"Es ist natürlich ein Problem im Ablauf eines solchen Dorferneuerungsprogramms. Man hat dort Arbeitsgruppen gebildet, einen Arbeitskreis mit verschiedenen Untergruppen, und ich habe am Anfang, da bin ich eins-zweimal hin. Und dann hat man mir gesagt, sie wollten die Politiker lieber nicht dabei haben. Ich habe gesagt: 'Ich verstehe das, da halt' ich mich raus. Macht das mal alleine'. Aber ich habe darum gebeten, daß ich die Protokolle bekam von allen Arbeitskrei-

sen. Und da stellte ich folgendes fest, daß in dem Gesamtarbeitskreis der DE die Bauleute dominierten, d.h. diejenigen, die städtebaulich etwas gestalten wollten ... Und das waren die Sprachgewaltigen." (Interview A 3, 1994)

Der Bürgermeister kritisiert hier aus seiner Wahrnehmung die hohen Erwartungen und Forderungen von einem überwiegenden Teil der Arbeitskreismitglieder hinsichtlich städtebaulicher Maßnahmen in A-Dorf. Betrachtet man die Auflistung der gewünschten Maßnahmen und die damit verbundenen Kosten, ist es unschwer nachvollziehbar, daß der Vertreter der Kommune blockt und im Magistrat dagegen votiert, zudem die ohnehin reduzierten Fördermittel durch erforderliche Sparmaßnahmen in den Landeshaushalten hier auch noch zuerst in eine kostenaufwendige Tiefbaumaßnahme fließen sollen:

"(...) und die Dominanz lag bei den Bauleuten. Und als sie jetzt kürzlich ihre Prioritätenliste aufgestellt haben, da hat man deutlich gesehen, wo das hingeht. Und ich habe auch persönlich im Magistrat dagegen gestimmt und bringe das vielleicht auch noch zu Fall, daß man als ersten Ansatz in diesem Jahr eine Kreuzung, die auch noch etwas abgelegen ist von dem normalen Geschehen, für ca. 100.000,-- DM ausbauen will mit Grünanlagen, Bänken und Pflaster. Das kann wohl nicht mehr Ziel der Dorferneuerung sein, daß da Mittel investiert werden." (Interview A 3, 1994)

Durch die entstehenden Widersprüchlichkeiten auf den verfahrensimmanent getrennten Kommunikationsebenen kündigt sich Dissens im Entscheidungsprozeß an: im Magistrat stimmen die Berufspolitiker und Stadtverordneten gegen Entscheidungen, die auf örtlicher Ebene gefällt wurden. Argumente, die auf örtlicher Ebene den Handlungsrahmen der Kommune hätten klarstellen können, wie Grenzen durch die Haushaltssituation, sind nicht ausgetauscht worden, Prioritäten wurden getrennt entwickelt.

"Ich bin dann, bevor ich in diese Sitzung der Stadtverordnetenversammlung ging, die sich damit befaßte, noch mal an diesen Platz hingefahren mit einem Baumenschen und habe gesagt: 'Das ist mir völlig unklar, wie diese Bürger so etwas fordern können.' Man ist dann aber in der Zwangslage, das hat dann auch der Projektleiter des ARLL's gesagt, daß sich ja in 13 Sitzungen diese Bürger mit sehr großer Mühe zu einer solchen Prioritätenliste durchgerungen haben und doch sehr - muß ich es mal so sagen - frustriert wären, würden jetzt die politisch Verantwortlichen deren Programm umstoßen." (Interview A 3, 1994)

Explizit lobt der hier befragte Bürgermeister das Bürgerengagement im Dorferneuerungsverfahren; gleichzeitig benennt er - seine Person diplomatisch ausgeschlossen - die Probleme der Parlamentarierkollegen mit der partizipativ geprägten Verfahrensstruktur:

"Aber wenn diese Dorferneuerung in der Tat über das Renovieren von Fachwerkhäusern etwas bringt, auch in den kommenden sechs-sieben Jahren noch, dann sind dies diese Arbeitskreise der Bürger. Die Kommunalpolitiker ansonsten sehen dies ein bißchen mit Skepsis. Und zwar höre ich dann immer wieder - auch im Rahmen dieser letzten Sitzung - daß man selbst sagt: 'Die Kommunalpolitiker tragen ja die Verantwortung und müssen das umsetzen, und die in dem Arbeitskreis, die müssen sich ja nirgends rechtfertigen.' Das sind die Kritikpunkte, die da von anderen kamen. Ich sehe das eher positiv. Die kommen auch in die Verantwortung rein, wenn man mit denen über ihre Forderungen und ihre Planungen spricht und sagt: 'Wir haben so und so viel städtische Haushaltsmittel zur Verfügung, und wir wollen jetzt einmal zusammen einen Plan aufstellen, wie wir das umsetzen können.' Dann kommen die in die Verantwortung rein. Also ich arbeite hier auch gerne mit Kommissionen." (Interview A 3, 1994)

Mit diesen Aussagen verbindet der Vertreter der Kommune drei Aspekte, die er offenkundig im Kontext intensivierter Bürgermitwirkung verbunden wissen will;

- vermehrte Verantwortung auf örtlicher Ebene im Entscheidungsprozeß
- Chancen für seine Verwaltung, die Positionen seines Hauses zur Meinungsbildung miteinzubringen (hier mit Verweis auf die Finanzen)
- und die grundsätzliche Bereitschaft zur Kooperation mit Gremien/Kommissionen.

Zur spezifischen Beteiligung der Frauen an der Dorfentwicklung in A-Dorf ist von seiten des Bürgermeisters kein dezidiertes Meinungsbild zu erhalten. Nach seiner Kenntnis haben sich einige Kommunalpolitiker anläßlich der öffentlichen Vorführung der Ton-Dia-Schau das Projektergebnis angesehen, er selber nicht. Die Bewertung, die er aus Reihen seiner Kollegen vernommen hat und zu einem Meinungsbild zusammenfaßt, zeigt ein geringes Ernstnehmen der formulierten Bedürfnisse der Frauen:

"Und das andere wurde - gerade die Programme, die sie ansprechen (Anmerkung der Verfasserin: angesprochen ist die Ton-Dia-Produktion) - eher als Beiwerk oder Spielwiese derer angesehen, die dann doch nichts bewegen konnten. Auch zum Beispiel die Arbeit der Frauengruppe. Ich will jetzt nicht sagen, daß man das belächelt hat, aber fast." (Interview A 3, 1994)

Dies hinterläßt aus dem Gespräch einen Widerspruch zu den zunächst positiven Verlautbarungen des Bürgermeisters über die partizipativen Programmansätze in der Hessischen Dorferneuerung und der darauf folgend geäußerten Art und Weise kommunalpolitischer Alltagspraxis im Wahrnehmen von sogenannten 'stilleren Gruppen'.

4.1.4.4 Regionale Ebene: Interviewpartner: Mitarbeiter der Fachverwaltung; Interviewebene A 4 in der Interviewsystematik

In dem für die Dorfentwicklung in A-Dorf zuständigen Amt hat in der Abteilung Dorf- und Regionalentwicklung in Folge der Verwaltungsstrukturreform ein nahezu vollständiger Personalwechsel stattgefunden.[16] Der zuständige Sachbearbeiter für A-Dorf ist in seiner Abteilung mit seinem vertrauten Aufgabengebiet geblieben und verfügt über zwei Jahrzehnte Berufserfahrung. Die Rolle seiner Tätigkeit als Vertreter des Amtes sieht der Informant in einer vermittelnden Position, insbesondere, wie sich herauskristallisiert, im Kontext städtebaulicher Aufgabenstellungen zwischen Kommune, Bürgerschaft und Planungsbüro. Hier liegen die fachlichen Sicherheiten des Verwaltungsmitarbeiters:

"Wir müssen also sehen im Laufe der DE, das heißt also praktisch von Anbeginn an, daß wir vermitteln zwischen all denjenigen und das ist auch die wichtigste Aufgabe, die sie als Dorferneuerer haben." (Interview A 4, 1994)

Er erweitert die Definition seiner Berufsrolle in einem Nachsatz quasi auch auf die freiberuflich involvierte Berufsgruppe der "Dorferneuerer".

Die Auswirkungen einer intensivierten Bürgerbeteiligung mit Einführung der Klärungsphase wird vorab als positiv angegeben:

"Also die Vorlaufphase bewirkt auf jeden Fall eins, daß also erstmal die Akzeptanz der DE gegenüber wesentlich größer ist, daß, um es mal so plakativ zu sagen, frischer Wind ins Dorf kommt. Daß da plötzlich Dinge ganz anders gesehen werden, und das finde ich also echt gut. ... Die Beteiligung der Bürger ist in jedem Fall stärker geworden." (Interview A 4, 1994)

Trotz dieser ersten positiven Einschätzung zur Klärungsphase ist im weiteren Gesprächsverlauf jedoch festzustellen, daß dieser Mitarbeiter seine Kompetenz analog zu seiner Berufserfahrung in den städtebaulichen Aufgabenstellungen sieht und diese in seinem Berufsalltag präferiert.

Eine Stellungnahme zu den sozialen, ökonomischen und kulturellen Handlungsansätzen des DE-Programms im Kontext von Bürgermitwirkung gesehen, vermeidet dieser Mitarbeiter; d.h. er weicht Fragestellungen, die in diese Richtung zielen aus, beziehungsweise verknüpft sie in der Beantwortung mit städtebaulichen oder baufachlichen Kenntnissen. Seine Wahrnehmungen, Sichtweisen und Interpretationen sind zudem von jahrelanger kommunalpolitischer Mitarbeit in einem Stadtparlament geprägt. Die Vermittlung im Verfahrensablauf immer wieder zum Bürgermeister bzw. zum Stadtparlament hin, liegt ihm sprichwörtlich "im Blut". Die Forderung der Projektbeauftragten, in der Klärungsphase keine Politiker in die Arbeitskreise aufzunehmen, will der Vertreter der Fachverwaltung zukünftig nicht als Prämisse seines Arbeitsstils weiter fortsetzen.

"Wo wir ein bißchen Schwierigkeiten haben in A-Dorf, und da hab' ich damals, das gebe ich zu, nicht aufgepaßt: wir haben in diesem Arbeitskreis keine Politiker drin, und das habe ich früher

---

16 vgl. hierzu: Kap. 2.6.3 und 2.6.3.1 .

nie gemacht und werde es aufgrund dieser Tatsache auch in Zukunft nie mehr machen, daß ich also das vergesse. Denn wir haben also ein Problem dadurch, daß wir nicht von jeder Partei ein Mitglied in dem Arbeitskreis haben. So gibt es Irritationen und Schwierigkeiten mit der Stadt. Ich komme mir manchmal vor wie der Hase, der kommt und der Igel sagt: 'Das haben wir doch schon alles gemacht, ist doch schon beschlossen worden.' Und dann fangen wir an, Beschlüsse, die bereits im Parlament getroffen worden sind, wieder rückgängig zu machen." (Interview A 4, 1994)

Es fällt auf, daß sich der Informant die notwendige Kooperation mit der kommunalpolitischen Handlungsebene nur über die unmittelbare Mitwirkung "der Politiker" in den Arbeitskreisen vorstellen kann; er denkt dabei an die Verfahrenspraxis in der Vergangenheit mit einem Beiratsmodell, wobei sich der Beirat vor allem aus Partei- und Vereinsfunktionsträgern zusammensetzte. Eine Bürgermitwirkung, in der formell und nicht formell legitimierte Handlungsträger/-innen Entscheidungen im Diskurs aushandeln, zieht der Verwaltungsmitarbeiter, sozusagen als Kompromißlösung, nicht in Erwägung.

Auf die wiederholte Frage, inwieweit die Klärungsphase geeignet sei, gerade soziale, ökonomische oder kulturelle Handlungsfelder und Projektansätze verstärkt zu fördern, verweist der interviewte Verwaltungsmitarbeiter auf die Bauberatung, seit zwei Jahrzehnten anerkannter Verfahrensbestandteil der DE:

"Also, all die Maßnahmen, die wir in der Richtung durchgeführt haben, haben einen Nullbezug zur Vorlaufphase. Das sind einfach Dinge, die im Laufe des Verfahrens entstehen. Das sind ganz reine Bauberatungsdinge. Ich denke jetzt z.B., ich muß das jetzt berichten: Da ist in einem Ort eine alte Scheune, die wird umgebaut. Da geht ein junger, sehr begabter Kachelofenmeister rein, wird also vier-fünf Leute jetzt beschäftigen. Ich hab in der Stadt (...) einen jungen Meister, einen Handwerker. Was ist der? Der ist Schreiner, der also jetzt eine neue Erweiterung seines Betriebes vorhat und damit zwei - drei Gesellen einstellen kann." (Interview A 4, 1994)

Insgesamt bleibt der Eindruck von diesem Interview, daß der Informant mit seiner Arbeit ein hohes persönliches und berufliches Engagement verbindet, jedoch wenig professionelle Kenntnisse von einer partizipativen Verfahrensorganisation hat:

"Wichtig ist auch der Kontakt zu den Leuten. Ich pflege das grundsätzlich, obwohl das meiner Gesundheit nicht gerade so dienlich ist, also wenn es irgendwie geht, mich mit den Leuten noch mal hinzusetzen. Es gibt wahrscheinlich viele Dinge im persönlichen Gespräch beim Glas Bier, wo man dann erst so die Hintergründe ... und das ist wichtig im Dorf. Ich bin der Meinung, also als Dorferneuerer, ich muß so eine Querverbindung möglichst schnell überblicken. Und das ist ja nun das Wichtigste überhaupt in dem Rahmen der Vorlaufphase, daß wir sagen: 'Nicht die Gemeinde, sondern die Bürger sollen also mal jetzt sagen und diesen, nennen wir ruhig 'Wunschzettel' aufschreiben und sagen: 'das wär das, was wir der Meinung sind, was sich ändern könnte', ohne jetzt daß der Bürgermeister dabei ist." (Interview A 4, 1994)

Gleichzeitig weist der Verwaltungsmitarbeiter auf die Kehrseite dieser Vorgehensweise hin, nämlich auf Konflikte zwischen Bürgerschaft und Kommune. Er erkennt darin nicht die vorläufigen Brüche in den Partizipationsstrukturen der Dorfentwicklung, sondern personifiziert die Probleme mit den Projektbeauftragten der Klärungsphase:

"Und es ist klar, daß also jeder Bürgermeister also mit Argwohn auf die Person, die da die Vorlaufphase macht, schaut." (Interview A 4, 1994)

Diese Interviewpassage mit dem Verwaltungsmitarbeiter ist noch einmal gesondert zu deuten: es wird hier vermutet, daß der Informant die ihm gesprächsweise bekannte Kritik der Bürgermeister an dem erweiterten Partizipationsansatz in der Dorferneuerung schlicht von der Sache selbst löst und auf eine Person, nämlich die Projektbeauftragte, abwendet. Dieses Phänomen wird auch in den weiteren Fällen beobachtet werden können: Die Projektbeauftragten und/oder ihre Arbeitsergebnisse werden häufig von den Kollegen (Planer/-innen, Mitarbeiter/-innen in der Fach- und Kommunalverwaltung) kritisiert, teils offen, teils verdeckt und auf der Ortsteilebene hingegen von den Bürger/-innen überwiegend hoch gelobt; die Projektbeauftragten haben in der Akteurskonstellation von Planungsbüros und beteiligten Verwaltungen die monetär und ideel undankbarste Position für eine professionelle Tätigkeit. Dies kann am Beispiel der Ton-Dia-Schau in A-Dorf und den Einschätzungen des Verwaltungsmitarbeiters hierzu nochmal nachvollzogen werden:

"Das heißt, das Planungsbüro ... hat also eine Soziologin beauftragt, die also nun diesen Part aus dem Bericht von der Projektbeauftragten sich vorgenommen hat, aufbereitet hat und praktisch diesen Bereich dann vor Ort behandelt hat, in unseren monatlichen Sitzungen. Und da war so'n bißchen festzustellen, daß also wir uns hüten sollten in Zukunft - und das geht auch an die Adresse von ... (Anmerkung der Verfasserin: Name der Projektbeauftragten der Klärungsphase) - zu sehr plakative Dinge zu bringen, zu sehr Dinge zu bringen, die also Allgemeingut sind. Ich will's mal so nennen und die keinen reellen und realen Bezug haben zu dem, was im Dorf ist. Wir haben also diskutiert - nur als Beispiel - die Rolle der Frau im Dorf. Das war also - da hat also diese Sozialarbeiterin (Anmerkung der Verfasserin: gemeint ist hier die Sozialpädagogin, die das Frauenprojekt in A-Dorf betreut) dort oder diese Dame vom Büro auf dem völlig falschen Fuß 'Hurra' gebrüllt. Daß also die Frauen sich dort beschwert haben. Das wäre also eine Frauenrolle, die dort geschildert wird, das wäre vielleicht bei ihren Großmüttern mal so gewesen ... Die Soziologin hat also die Vorgaben von der Frau ... (Anmerkung der Verfasserin: Name der Projektbeauftragten der Vorklärungsphase) übernommen und jetzt also versucht, die aufzuarbeiten. Wie wir das in der Planung machen, wie wir das im Städtebaulichen machen, sollte das jetzt analog diese ganzen Forderungen, die jetzt in dem Vermerk drin sind über die Vorlaufphase, die sollten da jetzt abgearbeitet werden. Und dann hat sich also herausgestellt, daß also, solange wir uns allgemein unterhalten haben, solange also es allgemein lief, daß also da sehr wenig rüberkam. Das heißt also, man hatte richtig gemerkt, wie also auch das Interesse nachließ." (Interview A 4, 1994)

Die Aussagen weisen darauf hin, daß der Informant eher geneigt ist, die Interpretation der Ergebnisse der eingesetzten Soziologen aus dem Planungsbüro als 'wahr' anzuerkennen, mit dem ihn eine jahrlange, vertraute Zusammenarbeit verbindet. Indirekt teilt er mit, daß er die Rollenbewertung der Frauen in A-Dorf durch die Projektbeauftragte der Klärungsphase und der nachfolgend eingesetzten Medienexpertin als falsch bewertet sieht und bemerkt wenig später die positive Mitarbeit der Frauen im jetzigen Arbeitskreis. Einen Zusammenhang zur Thematisierung der Frage von Frauenbeteiligung am Dorfentwicklungsprozeß will der Informant daraus nicht herstellen:

"Ja, ich muß also eins sagen, auch wenn es diese Frauengruppe nicht (mehr) gibt, daß also in unserem Arbeitskreis in A-Dorf die Frauen also fast paritätisch vertreten sind und ihren Part hervorragend spielen. ... Und ich muß sagen, die Frauen, die dort vertreten sind, werden nicht nur 100%ig akzeptiert, sondern allein werden sie schon akzeptiert, weil sie also wirklich Beiträge bringen, die nicht nur immer geschlechtsspezifisch sind." (Interview A 4, 1994)

Womit die Bewertung der Frauenfrage durch den Informanten deutlich sein dürfte.

Die breite Themenpalette aus dem Klärungsbericht interpretiert er als 'Forderungen der Bürger/-innen' und führt sie einer ihm adäquat erscheinenden Lösung zu: Dem Ausbau der alten Hofreite in A-Dorf zu einem Dorfgemeinschaftshaus:

"Es waren dann also auch nur noch Frauen dort. Ja. Und die Diskussion hatte also keinen, keinen jetzt wirklichen Bezug zum Dorf. Und dann hab' ich also, als ich das dann festgestellt hatte in der zweiten Sitzung, hab' ich also dann, das mach' ich halt immer so in der Dorferneuerung. Ich bin grundsätzlich bei allen Abendterminen dabei, und ich bin also der Meinung, daß man so als Amt in der Dorferneuerung immer so'n Ziel im Auge haben muß und wenn man dann merkt, es driftet ab! Ich mach das ganz vorsichtig. Nicht mit der Hauruck-Methode, sondern wenn ich merke, es läuft falsch, dann versuche ich, das hereinzubringen, und dann habe ich gesagt: 'So jetzt laßt uns doch mal alle diese im sozialen Feld aufgenommenen Forderungen, Vorstellungen, die in dem Abschlußbericht sind, die laßt uns doch mal in Bezug zu diesem Grundstück setzen, das soll angekauft werden. Die Kaufverhandlungen sind so gut wie abgeschlossen mit der Stadt. Und jetzt laßt uns doch mal sehen: 'Was können wir mit dem Grundstück machen? Welche Forderungen, die in der Vorlaufphase gefallen sind, also z.B. das mit der Krabbelstube für Kleinkinder, wo die Frauen einen Raum bekommen, wo dann Vereine einen Raum bekommen, wo Jugendliche etwas bekommen, wo die alten Leute was bekommen. Und das war also für mich ganz signifikant, in dem Moment waren die Leute wieder da. Es war also, und da sollten wir uns meiner Meinung nach vor hüten, daß wir also hehre soziologische oder sonstige Begriffe diskutieren, die ja zumindest Volkshochschulcharakter haben oder vielleicht noch darüber angesiedelt sind. In dem Moment läßt das Interesse von Leuten nach." (Interview A 4, 1994)

Natürlich gibt diese Schilderung nicht nur ein Meinungsbild des Amtsvertreters wieder, sondern belegt auch die immer wieder in den Interviews aller Fallbeispiele genannten Umstände, daß das Interesse von Bürgern und Bürgerinnen im Dorf an der Dorferneuerung dann zunimmt, wenn es darum geht, Raumansprüche zu formulieren oder Räume für eine Nutzung gegenüber einer weiteren oder anderen Nutzung zu verteidigen.

Mit den Raumangeboten im neu geplanten Dorfgemeinschaftshaus können zwar die genannten Themen- und Aufgabenstellungen aus dem Klärungsbericht einem ausgesprochen segmentierten Lösungsansatz zugeführt werden, weitere Handlungsansätze oder Aufgabenstellungen werden mit Unterstützung des Instrumentariums "Dorferneuerung" jedoch nicht wahrgenommen. Vermutlich wären damit auch alle bisher eingesetzten Experten ohne eine Konzentration auf Themenschwerpunkte überfordert. Aus dieser Überforderung heraus findet in A-Dorf schließlich eine Konzentration auf die tradierten städtebaulichen Routineaufgaben des Dorferneuerungsprogramms statt.

Ebenso traditionell entwickelt sich die Beteiligungsstruktur, dem Beiratsmodell der Vergangenheit sehr ähnlich; Arbeitsgruppen oder Projektinitiativen werden nicht weitergeführt.

4.1.4.5 Landesebene: Interviewpartnerin: Mitarbeiterin der Fachverwaltung im Landesamt; Interviewebene D 5 in der Interviewsystematik

Die Interviewpartnerin aus der Mittelinstanz der Fachverwaltung nimmt in dem Gespräch sowohl Stellung zu dem Frauenprojekt in A-Dorf, das sie in seiner Entstehung sehr stark mit unterstützt hat, als auch zur Förderung der Bürgerbeteiligung in der Hessischen Dorferneuerung durch die Verfahrenslenkung und Verfahrensstruktur allgemein, die zum Zeitpunkt des Interviews in der Überarbeitungsphase ist und sich 1995 im eingeführten 'Leitfaden Dorferneuerung'[17] niederschlägt.

Die Schwerpunktsetzung im Verfahren hängt nach Einschätzung der Verwaltungsmitarbeiterin vom Engagement der beruflich involvierten Akteure ab:

---

[17] vgl. hierzu: Kap. 2.6.1 - 2.6.1.2 .

"Wenn wir das jetzt mal konkret zum Thema 'Frauen' ansehen, da hätte ich gesagt, ... im ersten Schritt hängt es davon ab, wie sich die jeweiligen Personen, seien es die Moderatorinnen oder die Kolleginnen am Amt dafür interessieren und da Sachen auf den Weg bringen." (Interview D 5, 1993)

Ausgehend von den differierenden personellen Voraussetzungen hessenweit, dem hieraus resultierenden breiten Spektrum methodischer Vorgehensweisen beteiligter Experten und in Anbetracht der möglichen Themenbreite im Hessischen Dorfentwicklungsverfahren, werden demnach auch zukünftig keine objektiven Problemanalysen, vor allem keine gleichmäßig paritätische Beteiligung bestimmter Gruppen im Dorf, wie in A-Dorf die Frauen, möglich sein.

Nach Beendigung der Produktion der Ton-Dia-Schau stellt sich im Gespräch mit der Informantin die Frage, wie es mit der Frauengruppe in A-Dorf bezüglich ihrer Einbindung in das Gesamtverfahen weitergeht:

"Gerade jetzt so in der Situation A-Dorf. Wie geht es da jetzt weiter, wo die (...) (Anmerkung der Verfasserin: Name der Projektbeauftragen der Vorklärungsphase) nicht mehr da ist, jetzt die Ton-Dia-Gruppe nicht mehr da ist. Jetzt muß eigentlich das Amt her und dieses kleine Pflänzchen am Leben erhalten oder die Stadt. Die Stadt, davon gehe ich erst mal aus, daß die sich auf der Ebene nicht besonders engagiert." (Interview D 5, 1993)

Die Mitarbeiterin des Landesamtes sieht es als Aufgabe der Fachverwaltung an, im Zuge der Verfahrenslenkung ortsindividuell gesetzte Schwerpunkte im Auge zu behalten und deren Integration im Verfahren weiter sicherzustellen.

Im Hinblick auf eine Unterstützung frauenspezifischer Interessen in der Dorfentwicklung erhofft sich die Informantin durch die neuen Abteilungsstrukturen in der eigenen Verwaltung neue Impulse:

"Jetzt, wo die Kolleginnen aus der Hauswirtschaft stärker in die Abteilung 2 (Anmerkung der Verfasserin: gemeint ist die Abteilung Dorf- und Regionalentwicklung) mit reinkommen und da auch in führende Positionen mit reinkommen, erhoffe ich mir da auch, daß da eine stärkere Initiative im Frauenbereich stattfindet." (Interview D 5, 1993)

Von ihren Kollegen erwartet die Verwaltungsmitarbeiterin zu dieser Thematik keine Unterstützung:

"Wenn ich mal die männlichen Kollegen vor mir ablaufen lasse, vor meinem geistigen Auge, da ist keiner dabei, der sich da vorrangig dafür einsetzen würde. Sehe ich ganz knallhart so." (Interview D 5, 1993)

Für den Fall A-Dorf bedeutet dies auch, daß der männliche Kollege, als Sachbearbeiter für den Ort zuständig, die Thematik der Mitwirkung von Frauen im Dorfentwicklungsprozeß nicht als einen Schwerpunkt seines Arbeitsansatzes weiterverfolgen wird.

Daß die Innovation neuer Themen nicht leicht umzusetzen ist, sondern zunächst einen Prozeß in der eigenen Verwaltung erfordert, begründet in deren Historie und im Verwaltungsselbstverständnis, erkennt die Informantin:

"Also, ich glaube so ein entscheidendes Kriterium ist, ist das so Teamarbeit einfach noch nicht gang und gäbe ist in dieser Verwaltung. Daß man sein Arbeitsgebiet sieht, seine Zuständigkeit und den bearbeitet man, egal ob gut oder schlecht, man bearbeitet ihn und Hauptsache kein anderer oder keine andere redet da rein. Das ist so dieses sektorale Denken. (...) So einen Prozeß der Teamarbeit auf den Weg bringen. Also das muß man auch erst lernen. (...) Das ist selbst über Jahre nicht gefördert worden." (Interview D 5, 1993)

Damit verbindet die Verfasserin dieser Arbeit die Einschätzung, daß die geforderte Interdisziplinarität, Ganzheitlichkeit und Vernetzung, wie im Hessischen Dorfentwicklungsverfahren angestrebt, auch in der Fachverwaltung intern erst nach und nach angestrebt und hergestellt werden kann.[18] Denn später im Gespräch resümiert die interviewte Mitarbeiterin die ehemalige städtebauliche Prägung des Programms im Zusammenhang mit dem Arbeitsverständnis in der Verwaltung:

"Wir kennen uns, oder die Verwaltung kennt sich halt noch besser - ist eine provokative These - die kennt sich besser aus in den Pflastersteinen als in sozialen Fragen." (Interview D 5, 1993)

Die Qualifikationen berücksichtigend, mit denen die Mitarbeiter/-innen in der Vergangenheit in den entsprechenden Abteilungen eingestellt wurden, ist ihnen dieser Umstand im Grunde auch nicht vorzuwerfen; vielmehr ist daraus abzuleiten, daß mit der Themenerweiterung der Dorfentwicklung der Weiterqualifizierungsbedarf in der Verwaltung sehr hoch ist, da das Personal quasi in jedem Verfahren zumindest für einige Sachgebiete nicht ausgebildet ist und fachfremd agiert. Dies betrifft auch Fragen der professionellen Begleitung und Umsetzung partizipativer Entwicklungsverfahren.

Für die Mitarbeiterin der Verwaltung liegen die positiven Effekte der Bürgermitwirkung zukünftig in der Möglichkeit der Arbeit " (...) mit kleineren Einheiten, die auch einen höheren Verbindlichkeitsgrad kriegen, was das Arbeiten anbelangt." (Interview D 5, 1993)

Die Sicherung des partizipativen Programmansatzes sieht die Informantin hierbei noch als verbesserungsbedürftig an:

"Also Grundbausteine, Grundvoraussetzungen, Grundbedingungen müssen sein, die Sicherstellung der Bürgermitwirkung in allen Verfahrensstufen. Dann noch viel stärker eine Transparenz des Verfahrens für alle Beteiligten, um so einer Desorientierung entgegenzuwirken. Viel mehr Information noch betreiben allen Beteiligten gegenüber." (Interview D 5, 1993)

---

18 vgl. hierzu: Kap. 2.6.3.1 und 2.6.3.2 .

Und
"Also wichtig ist doch vom Verfahren her, eigentlich, daß von Beginn an versucht wird, also sich nicht nur zu konzentrieren auf bestimmte Schwerpunkte, sondern erst mal offen zu sein für die Bandbreite, was DE alles will von A-Z. Und dann daraus Schwerpunkte zu setzen und die dann aber auch bis zur Realisierung durchzuhalten. Und das machen wir im Moment nicht durchgängig." (Interview D 5, 1993)

Dabei ist es nicht einfach, die Akteure, insbesondere auf der formell legitimierten Handlungs- und Entscheidungsebene, für die Offenheit von zunächst weniger populären Themen zu überzeugen, wie auch im Fall A-Dorf auffällig:
"Wobei ich für einen Großteil der Kolleginnen, die in dem Bereich arbeiten schon auch sagen würde, daß sie diese Offenheit haben. Es ist dann nur noch mal auch ein zweiter Schritt, das wieder umzusetzen. Weil man da oftmals schon auch die Gemeinden und die Hauptamtlichen in der Gemeinde, die Bürgermeister und die Parlamentarier da eben auch wieder von überzeugen muß." (Interview D 5, 1993)
Die Informantin verweist hier auf die notwendige Rolle der Fachverwaltung, die Dorfentwicklungsziele gegenüber den Kommunen zu vertreten und auch entsprechend zu interpretieren. Ihre Verwaltung hat da einen schweren Stand, denn die Kommunen haben ihre eigenen Wahrnehmungen von dem Programm und dem, was sie damit auf der örtlichen Ebene erreichen wollen:
"Die Kommunen hier im Ballungsraum, die haben andere Probleme als ihre DE und sehen uns vorwiegend als geldgebende Quelle. Gut, es tritt in den anderen Landesteilen auch auf, daß das immer ein ganz wichtiger Fakt ist, wieviel Geld gibt es denn. (...) Aber diesen ganzheitlichen Anspruch, wie es so schön heißt, der DE, der wird, ist auch so eine Erfahrung vom Amtsbezirk (...) her, wenig akzeptiert von den Kommunen. Sondern, gut, man akzeptiert uns für die Bereiche Bauen im Dorf, Wohnen im Dorf, aber daß wir darüberhinausgehende Ansprüche haben und auch noch bei allen möglichen anderen Sachen mitreden wollen, auch als Verwaltung da eingeschaltet werden wollen, nein, also das wird ganz wenig akzeptiert." (Interview D 5, 1993)
Diese abschließend zitierte Interviewpassage eröffnet nochmal die interessante Perspektive, wie die Landesentwicklungsverwaltung von den Kommunalverwaltungen wahrgenommen wird und welche Fachkompetenzen ihr zugeordnet werden.

4.1.5 Zusammenfassende Analyse der Akteurskonstellation im Fallbeispiel A-Dorf

Das Entstehen soziokultureller Projekte kann im Rahmen der Dorfentwicklung durch spezifische Beteiligungsangebote für Bevölkerungs- und Interessengruppen unterstützt werden.

Gleichzeitig muß jedoch zur Kenntnis genommen werden, daß diese so geweckten Aktivitäten im heterogen Interessengeflecht eines Dorfes häufig unter Legitimierungs- und Etablierungsschwierigkeiten stehen, insbesondere dann, wenn sie innerhalb des örtlichen, tradierten Gemeinschaftslebens über vorerst keine oder nur eine geringe Anerkennung verfügen.

Soziokulturelle Initiativen sind in aller Regel in ihrer Existenz auf eine langfristige Unterstützung der öffentlichen Hand angewiesen.

Neue Gruppierungen im Dorf stehen deshalb in bezug auf verfügbare Ressourcen, z.B. Räume, Ausstattung, monetäre Unterstützung häufig in Konkurrenz zu etablierten, traditionellen Gruppen der Ortsgemeinschaft, insbesondere in der Dorfentwicklung hinsichtlich disponibler, aber begrenzter Fördermittel für kommunale Maßnahmen.

Definiert man 'Zivilgesellschaft' als einen symbolischen Raum öffentlicher Kommunikation, den alle gleichermaßen beanspruchen können[19], eröffnet sich die Frage, inwieweit mit dem Ton-Dia-Projekt im Dorfentwicklungsverfahren A-Dorf ein Beitrag dazu geleistet werden konnte, die Beteiligungschancen von Frauen zu verbessern.
Als fördernde Aspekte fallen folgende Faktoren auf:

- das Engagement der Projektbeauftragten der Klärungsphase für frauenspezifische Themen in der Planung,
- die fachliche und organisatorische Unterstützung einer Mitarbeiterin der Fachverwaltung,
- die Befürwortung und Bewilligung einer 100%igen Förderung des Projektes aus Dorferneuerungsmitteln,
- die zügige Abwicklung des Projektauftrages direkt im Anschluß an die Klärungsphase,
- die Überschneidung von Klärungsphase und Dorfentwicklungsplanung durch frühzeitiges Einbeziehen des Planungsbüros,
- die zeitliche Überschneidung des Projektauftrages der Sozialpädagogin/Medienexpertin mit der Bearbeitungsphase des Dorfentwicklungsplanes durch das Planungsbüro,

---

19 vgl. hierzu: Alex Demirovic: Zivilgesellschaft, Öffentlichkeit, Demokratie. In: Das Argument - Zeitschrift für Philosophie und Sozialwissenschaft; Heft 1, 33. Jahrg. . Hamburg 1991; S. 50.

- die individuelle und kollektive Auseinandersetzung von Frauen mit ihrem Lebensalltag in A-Dorf und in deren Folge,
- das öffentlichkeitswirksame Artikulieren von Frauen und Familieninteressen an der Dorfentwicklung.

Als negative Faktoren werden festgestellt:

- Die Vernetzung der Aktivitäten der Ton-Dia-Gruppe mit der zeitlich parallel stattfindenden Bearbeitung des Dorfentwicklungsplans wurde in der Verfahrenslenkung versäumt. Ein Aufeinanderzugehen von der Ton-Dia-Gruppe auf den 'Arbeitskreis Dorferneuerung' geschah gegen Ende des Projektes zufällig und korrigierte erst an diesem Punkt die mangelnde Beachtung dieser Gruppe im Gesamtverfahren.
- Die freiberuflich eingesetzten Experten, die Projektbeauftragte der Klärungsphase, die Projektbeauftragte für die Ton-Dia-Schau-Produktion und das Planungsteam hatten keine Arbeitskontakte untereinander; die Experten arbeiteten isoliert voneinander.
- Für das Weiterführen und vor allem für die Vernetzung von Planungs- und Projektansätzen gibt es keine eindeutig geklärten Zuständigkeiten. Freiberufler, wie Verwaltungsmitarbeiter, erwarten jeweils "vom anderen" oder "von den anderen" dieses Aufgaben- und Arbeitsverständnis.
- Der Themenschwerpunkt der Beteiligung von Frauen wurde nicht professionell mit den Kommunikationsstrukturen der formell legitimierten Handlungs- und Entscheidungsebenen in der Kommune verknüpft. Kommunalpolitisch wurde deshalb den Aktivitäten wie den Ergebnissen der Ton-Dia-Gruppe ein geringes Interesse entgegengebracht.
- Das Projekt fand keine Weiterführung im Rahmen der Dorfentwicklung A-Dorf.
- Das erarbeitete Produkt - die Ton-Dia-Produktion - ist ungeeignet für eine langfristige Identifikation der Frauen mit dem Ergebnis ihrer Zusammenarbeit, weil es
  1. im Besitz der Projektbeauftragten bleibt und
  2. nicht selbständig von den Frauen weiterentwickelt werden kann, aufgrund der komplizierten und aufwendigen Medientechnik.

Das Austragen verschiedener Interessen, die in jeder Kommune und in jedem Ortsteil unterschiedlich gelagert sind, erfährt in der Dorfentwicklung neue Formen von Öffentlichkeit. Abgesehen davon, daß die Kommunen mit der Dorfentwicklung nach wie vor Ziele verfolgen, die dem Programm traditionell zugeordnet werden können, kollidiert vorläufig der intensivierte Partizipationsanspruch qua Dorferneuerungsprogramm, vor allem fachlich einzulösen von den beruflich involvierten Experten, mit dem Demokratieverständnis der kommunalen Interessenvertretungen. Dies führt auf der örtlichen Ebene besonders nach der Klärungsphase bei den Bürger/innen zu Enttäuschungen und Konflikten:

> "Der symbolische Raum ist also koexistent mit all denen, die kommunizieren oder den Anspruch erheben, zur Kommunikation zugelassen zu werden, die aber bereits in dem Augenblick, in dem sie dies tun, den symbolischen Raum erweitern. Der öffentliche Raum ist also konstruktiv konflikthaft, weil seine Grenzen ständig zur Disposition stehen."[20]

Im Fall A-Dorf werden die formell legitimierten Handlungsträger in der Kommune, wahrnehmbar als eine etablierte, männlich geprägte Öffentlichkeit mit einer neuen, zunächst informell gebildeten Gruppe von Akteurinnen, die über ein bestimmtes Medium zur Interessenartikulation von Frauen im Ort beitragen will, konfrontiert. In dieser Konfrontation liegt, so die Konflikte offensiv und progressiv in den Gesamtprozeß integriert werden können, eine neue Qualität von Kommunikation und Interaktion zwischen formell und informell legitimierten Gesellschaftsmitgliedern.
Demirovic stellt zur Diskussion:

> "Wenn der Raum der öffentlichen Kommunikation offen ist, dann muß er auch offen sein für Vorschläge zur Abschaffung bestimmter Konflikttypen (...). Gerade weil die Geschichte offen und eben nicht die Wiederholung des Ewiggleichen und Ewiggestrigen ist, sollte es auch möglich sein, einen bestimmten Typ von Gegensatz und Konflikt historisch zu überwinden. (...) So wären beispielsweise Frauen nicht gezwungen, das Recht auf Teilnahme in der Öffentlichkeit immer erst noch einklagen zu müssen."[21]

Die Überwindung dieses offensichtlichen Konfliktes scheint der Verfasserin dieser Dissertation, in Anbetracht der Akteurskonstellation im Fallbeispiel A, noch in der Zukunft zu liegen. Das soziokulturell wirksame Frauenprojekt "A-Dorf aus Frauensicht" scheint dazu einen Beitrag geleistet zu haben, trotz der zahllosen

---

20 Alex Demirovic: (a.a.O.); S. 51.
21 Alex Demirovic: (a.a.O.); S. 51-52.

Facetten von Widersprüchen zwischen den Deutungen und Interpretationen der beteiligten Akteure, die vorläufig noch auf eine Vielzahl von Verfahrens- und Handlungsunsicherheiten, vor allem in der professionellen Umsetzung der Partizipation im Dorfentwicklungsverfahren, schließen läßt.

4.1.6 Beteiligungsstandards im Kontext soziokultureller Projekte

Bezugnehmend auf die gebildeten Arbeitshypothesen[22] werden folgende Beteiligungsstandards für soziokulturelle Projekte im Dorfentwicklungsverfahren abgeleitet:

Integration soziokultureller Projekte in das Dorfentwicklungsverfahren

➔ Soziokulturelle Projekte müssen, wenn sie als Themenschwerpunkt für das Dorfentwicklungsverfahren festgestellt worden sind, inhaltlich, verfahrenstechnisch und methodisch in das Gesamtverfahren einbezogen werden. Dies bedeutet:

⇨ Koordination des Projektes mit den weiteren Aufgabenstellungen durch die Verfahrenslenkung der Fachverwaltung,

⇨ Kooperation der verschiedenen involvierten Expertinnen und Experten/Freiberufler und Fachwaltung und insbesondere

⇨ Abstimmung der partizipativen Vorgehensweisen und Methoden der Expertinnen und Experten untereinander und deren Verknüpfung.

Stufungen professionell begleiteten Integrationsbedarfs

➔ Soziokulturelle Projekte erfordern unterschiedliche Stufungen des professionell begleiteten Integrationsbearfs in das kulturelle, soziale und politische Umfeld der Kommune und des Dorfes:

⇨ Projekte mit erkennbaren Konfliktpotentialen, z. B. Vorbehalte oder Ablehnung der Initiative in den formell legitimierten Handlungs- und Entscheidungsebenen der Kommune und/oder in den informell und formell assoziierten Handlungsebenen im Dorf müssen im Zuge der Projektbetreuung durch Vermittlungstätigkeit der Experten (Mediation) gestützt werden, und zwar in der Projektumsetzungsphase bis zu einer feststellbaren Etablierung der Initiative in das soziokulturelle und politische Umfeld.

---

22 vgl. hierzu: Kap. 3.4.2 .

⇨ Projekte, die über Akzeptanz in der Kommune und im Dorf verfügen oder bereits etabliert sind, sollten ihre Interessen selbständig in die öffentlichen Kommunikationsstrukturen einbringen; im Rahmen einer erforderlichen Projektbetreuung kann eine Moderation den Prozeß temporär begleiten.

Von der professionellen Partizipationsbegleitung zur selbständigen Interessenwahrnehmung

➔ Professionelle Partizipationsbegleitung von soziokulturellen Projekten im Rahmen der Dorfentwicklung müssen zu einer zukünftigen eigenständigen Interessenwahrnehmung der Projektteilnehmerinnen in der Öffentlichkeit führen.

⇨ Für Gruppen und Initiativen, die eine längerfristige fachlich-organisatorische Unterstützung benötigen, sollte aufgrund der begrenzten zeitlichen, personellen und monetären Ressourcen im Rahmen der Dorferneuerung eine Kooperation mit Trägern der Erwachsenen- und/oder Jugendbildung oder zu Fachleuten der Kommunalverwaltung (z.B. Jugendpfleger, Frauenbeauftragte) hergestellt werden. Die Sicherstellung solcher längerfristigen Betreuungen durch entsprechende Vernetzung sollte Gegenstand der Projektaufträge sein.

Soziokulturelle Projekte als "Themeninput" in der Klärungsphase

➔ Soziokulturelle Projekte, die im Rahmen der Klärungsphase durch Information, Beratung und Motivation spezifischer Gruppen im Dorf von den Experten initiiert werden - sogenannter Themeninput - müssen von der Gruppe, zumindest nach einer Projektbetreuung, selbständig weitergeführt und weiterentwickelt werden. Die Identifikation der Teilnehmer/-innen mit dem Projekt muß stabil sein.

⇨ So initiierte Projekte, mit denen zumeist Bevölkerungsgruppen angesprochen werden, die an der Kommunikation im öffentlichen Raum bisher weniger oder gar nicht partizipieren, muß eine bis zu 100%ige Projektförderung von der Landesverwaltung vorgesehen werden können, um eine Verdrängung der Gruppe aus dem öffentlichen Kommunikationsprozeß auszuschließen. Das Projekt sollte den Dialog zwischen der sich neu formierenden Gruppe und den formellen und informellen Handlungsträgern in der Kommune und im Dorf als ein originäres Projektziel verfolgen.

Rolle der Expertinnen und Experten in der Fachverwaltung

➔ Die Fachverwaltung muß als Vertretung der Landesverwaltung den vorläufig weniger populären soziokulturellen Handlungsansatz der Hessischen Dorferneuerung gegenüber der Kommune und den Ortsteilbewohner/-innen interpretieren und vertreten, um den Prozeß der Teilnahme am öffentlichen Diskurs von bis dato weniger etablierten Gruppen im Dorf zu fördern.

Rolle der freiberuflich involvierten Expertinnen und Experten

➔ Die professionelle Begleitung von soziokulturellen Projekten sollte auf einem transparenten und inhaltlich sachlichen Arbeitsstil beruhen, um dem Aufbau emotionaler wie irrationaler Vorbehalte in der Ortsgemeinschaft und in der Kommune gegen Neugruppierungen von Interessen entgegenzuwirken.

4.2 Fallanalyse B-Dorf - Partizipationsstrukturen im Kontext eines sozioökonomischen Projekttyps

An diesem Verfahrensbeispiel sollen Beteiligungsstandards für sozioökonomische Projektansätze herausgearbeitet werden.

4.2.1 Kurzbeschreibung des Dorferneuerungsschwerpunktes B-Dorf nach Lage des Ortes im Raum, Daten/Fakten zur örtlichen Wirtschafts- und Sozialstruktur und städtebauliche Situation

B-Dorf liegt in Nordhessen, in einem strukturschwachen Raum; die Kerngemeinde übernimmt laut Regionalem Raumordnungsplan die Funktion eines Kleinzentrums; beide Orte sind als zentrale Fremdenverkehrs- und Luftkurorte innerhalb eines Fremdenverkehrsgebietes ausgewiesen.

B-Dorf, im 16. Jahrhundert erstmalig erwähnt, zählt rund 1000 Einwohner, die Einwohnerzahl gestaltet sich langsam wachsend.

Einrichtungen, die dem Ort zur Sicherung der sozialen Infrastruktur dienen, sind das Dorfgemeinschaftshaus mit integrierten Sporträumen (nicht für alle Hallensportarten geeignet), die Alte Schule mit Räumen, geeignet für Gruppenveranstaltungen, und das Feuerwehrgerätehaus mit Übungs- und Aufenthaltsraum. Der Ort hat ein Schwimmbad.

In B-Dorf werden 17 landwirtschaftliche Betriebe geführt, davon 5 als Vollerwerbsbetriebe, 12 im Nebenerwerb.

Siedlungsstrukturell dominiert bezüglich der Funktion des Ortes Wohnen und Fremdenverkehr.

Die Grundversorgung wird von einem kleinen Lebensmittelladen aufrecht erhalten; diese wird aufgrund unregelmäßiger Öffnungszeiten des Ladens im Ort als unbefriedigend bezeichnet. Es existieren zwei Gaststätten. Eine Poststelle und eine Sparkassenfiliale stellen die öffentlichen Dienstleistungsangebote dar. Im Ort haben 5 Handwerksbetriebe: 2 Schreinereien, 1 Schmied, 1 Elektriker und 1 Zimmereimaschinenhandel ihren Betriebsstandort. Der Ort hat ca. 100 Gästebetten, überwiegend in Form von Ferienwohnungen. Durchschnittlich werden pro Jahr ca. 10.000 Übernachtungen registriert; die Übernachtungszahlen gestalteten sich in den vergangenen Jahren leicht rückläufig.

Siedlungsstrukturell gliedert sich B-Dorf in einen alten Ortskern, geprägt von Fachwerk- und Bruchsteinhäusern und in zwei nordöstlich und südwestlich angrenzende Neubaugebiete (60er und 70er Jahre). Es gibt sehr wenig leerstehende oder ungenutzte Bausubstanz.

4.2.2 Zeitchronologische Verlaufsbeschreibung des Dorfentwicklungsverfahrens in B-Dorf

- Beginn der Klärungsphase

Die Klärungsphase in B-Dorf beginnt Anfang 1991. Auftragnehmerin der Klärungsphase ist eine Projektbeauftragte, ausgebildet als Gartenbautechnikerin; sie hat schon mehrere Klärungsphasen in der Region bearbeitet.

- Auftragsverständnis der Projektbeauftragten

Die Berichterstattungen und Protokolle der Projektbeauftragten weisen darauf hin, daß sie ihr Auftragsverständnis in der Rolle einer Interessenvertretung für die Bürger/-innen in B-Dorf definiert.

● Bildung des Arbeitskreises

Nachdem die Projektbeauftragte bereits im Vorfeld im Ort einen Vortrag zur Hessischen Dorfentwicklung gehalten hatte, gründeten sich noch vor Anerkennung des Ortes als Förderschwerpunkt Arbeitsgruppen. Aus diesen AG's wurden nach ca. 3 Monaten Laufzeit des Verfahrens jeweils Vertreter/-innen in den 'Arbeitskreis Dorferneuerung' delegiert.

● Vorgehensweise/Methode der Projektbeauftragten

Neben den AG-Treffen organisiert die Projektbeauftragte Informationsabende, Dorfbegehungen, Informationsfahrten in andere Förderschwerpunkte und bietet ca. 1x im Monat eine Bürger/-innen-Sprechstunde im Ort an. Insgesamt finden 24 Veranstaltungen statt.
Die AG's treffen sich während der Klärungsphase neben den eigenen AG-Treffen zu vier gemeinsamen Sitzungen, um die Ergebnisse zusammenzutragen. Die Ergebnisse werden der Öffentlichkeit zugänglich gemacht durch:

- 2 Bürgerversammlungen
  (zu Beginn Januar 1991 und zum Ende der Klärungsphase, Juni 1991)
- regelmäßige Mitteilungen in der örtlichen Bürgerzeitung
- Presseveröffentlichungen.

Methodisch stützt sich die Projektbeauftragte in ihrer Vorgehensweise auf die Mitarbeit von sechs Arbeitsgruppen, die sich in B-Dorf bereits nach ihrem Vortrag im Dezember 1990 vor der Klärungsphase gegründet haben.

Themenschwerpunkte der AG's sind:
AG 1: Natur und Umweltschutz
AG 2: Fremdenverkehr
AG 3: Soziale Strukturen und ihr Wandel
AG 4: Land- und Forstwirtschaft, Handel und Gewerbe
AG 5: Jugend, Kultur und Vereinsarbeit
AG 6: Ortsbildgestaltung und Verkehrswesen

● Entwicklung eines sozioökonomischen Projektansatzes

Nach der ersten Arbeitsphase der Projektbeauftragten zwischen Januar 1991 und März 1991 bildet sich im April 1991, zu Beginn der zweiten Arbeitsphase bis Juni 1991 aus der AG 2 "Fremdenverkehr" und der AG 4: "Land- und Forstwirtschaft, Handel und Gewerbe" die "Initiative Dienstleistungszentrum".

Das "Dienstleistungszentrum B-Dorf" wird zu einem zentralen Thema in der Diskussion um die zukünftige Entwicklung des Ortes. Hierzu der Bericht zur Klärungsphase:

"Dienstleistungszentrum mit Nachbarschaftsladen"
Eine erhebliche Verbesserung der Infrastruktur sieht die aus den AGen 2 und 4 gegründete Initiative in der Einrichtung eines neuen Lebensmittelladens.

Dies ist realistischerweise jedoch nur unter veränderten Voraussetzungen, d.h. einer neuen Einstellung der Dorfbewohner zu 'ihrem Laden' denkbar - nicht ohne Grund sind die 'Tante-Emma-Läden' auf dem Land nahezu verschwunden. Die Initiative strebt daher die Einrichtung eines selbstverwalteten Nachbarschaftsladens an, der auf der Grundlage einer Gesellschaft Bürgerlichen Rechts mit Teilzeitarbeitskräften arbeitet. Dazu haben sich die Mitglieder der AG's sowohl in Wolfhagen-Altenhasungen, einem Ort mit entsprechender Einrichtung, als auch durch einen Vortragsabend mit dem Wolfhagener Bürgermeister, eingehend informiert. Die Bewohner/-innen von B-Dorf wollen aber noch mehr:
Der Nachbarschaftsladen soll Bestandteil eines ganzen Dienstleistungszentrums werden. Darin sollen zusammengefaßt werden:
- Verkaufs- und Ausstellungsräume ortsansässiger, aber auch außerörtlicher Betriebe
- Poststelle
- Bankfiliale
- "alternativer" Imbiß
- Friseurstübchen u.a.m..
Der u.U. notwendige Auszug der Sparkassenfiliale aus der Alten Schule, falls dort der geplante Kindergarten eingerichtet werden sollte, eröffnet neue Perspektiven für eine mögliche Verbindung mit anderen Einrichtungen. Ungeklärt ist z.Z. noch die Standortfrage des ehrgeizigen Projektes, das nicht nur einige neue (Teilzeit-) Arbeitsplätze schaffen, sondern nach Vorstellung der Initiative einen ganz neuen, lebendigen Dorfmittelpunkt mit Begegnungs- und Kontaktmöglichkeiten bilden soll. Nach dem Vorbild einer entsprechenden Einrichtung in einer Nachbargemeinde regten die Exkursionsteilnehmer die Einrichtung einer 'Gemeinschaftspraxis' für Fachärzte in B-Dorf an, die dort ein- bis zweimal pro Woche 'feststehende' Sprechzeiten anbieten sollte."

● Handlungsansätze für Projekte aus der Klärungsphase

Im Ergebnisbericht zur Klärungsphase werden als zukünftig weiterzu-verfolgende Projekte neben dem "Erarbeiten eines Fremdenverkehrskonzeptes für B-Dorf" die

"planerische Unterstützung der Initiativgruppe Dienstleistungszentrum B-Dorf" vorgeschlagen.
Parallel und überschneidend zur Diskussion um ein "Dienstleistungszentrum in B-Dorf" ist im Verlauf der Vorklärungsphase die Diskussion entbrannt um:
1. einen eigenen Kindergarten im Ot
2. eine gewünschte Turn- bzw. Mehrzweckhalle
3. ein verbessertes Raumangebot für Gruppen und Vereine.

Die Diskussion verläuft kontrovers, begründet durch konkurrierende Interessen an den vorhandenen kommunalen Gebäuden: "Alte Schule" (mit Grupppenräumen), Dorfgemeinschaftshaus (mit einem größeren Raum für sportliche Aktivitäten) und dem Feuerwehrgerätehaus.

Am Ende der Klärungsphase wird schließlich die Entscheidung gefällt, in der "Alten Schule" einen örtlichen Kindergarten neu einzurichten. Dieses Vorhaben ist mit einer umfangreichen Baumaßnahme verbunden, die bis März 1993 realisiert wird. Der Kindergarten wird über das Programm "Förderung Sozialer Gemeinschaftseinrichtungen" des Hessischen Ministeriums für Familie, Jugend und Gesundheit mitfinanziert.
Die Klärungsphase endet im August 1991.

● Handlungsansätze für Planungen aus der Klärungsphase
An Aufgabenstellungen werden neben der obligatorischen städtebaulichen Rahmenplanung zusätzlich zwei Teilbereichsplanungen für zwei Plätze in B-Dorf und verkehrsberuhigende Maßnahmen in der Ortsdurchgangsstraße formuliert.

● Verfahrenslenkung durch die Fachverwaltung
Der Leistungsvermerk für die Dorfentwicklungsplanung wird vom zuständigen Amt Ende 1991 erstellt.
Unter den Gesichtspunkten:
1. Fremdenverkehr, Landwirtschaft, Gewerbe
2. Dienstleistungszentrum
3. Kultur, Infrastruktur, Jugend
werden die Ergebnisse der Vorklärungsphase bezgl. möglicher Projektansätze aufgegriffen.

Zu 1:
Aufgrund eines bereits vorhandenen Fremdenverkehrsgutachtens in der Region wird auf die Vertiefung des Themas speziell im Rahmen der Dorferneuerung B-Dorf verzichtet. Das Amt formuliert jedoch als Planungsauftrag, insbesondere bei Umnutzungen von landwirtschaftlicher Bausubstanz, Fremdenverkehrsaspekte zu berücksichtigen.
Zu 2:
Zum "Dienstleistungszentrum" hält der O-Vermerk fest:
"Als Kernzelle für ein Dienstleistungszentrum ist ein wahrscheinlich von der Dorfgemeinschaft getragener Laden gedacht. Desweiteren könnten hier Poststelle, Bankfiliale, alternativer Imbiß, Friseurstübchen und anderes mehr angesiedelt werden. Für dieses Zentrum ist in zentraler Standort im alten Ortskern zu suchen. Als Teilbereichsplanung ist ein bauliches Konzept im Maßstab ca. 1:200 zu erstellen. Dieses ist auch mit der Betreuerin der Dorfladengemeinschaft (gemeint ist hier die Verantwortliche der AG 'Initiative Dienstleistungszentrum', Anmerkung der Verfasserin) abzustimmen."
Die Komplexität der beabsichtigten Nutzungen im "Dienstleistungszentrum", die nebulösen Konzeptionsvorstellungen und die völlig ungeklärte Trägerschaftsfrage weisen zu diesem Zeitpunkt auf völlig ungeklärte Fragestellungen im Zusammenhang dieser Projektidee hin.
Die notwendige Konzeption für diesen Projektansatz wird im O-Vermerk nicht als Aufgabenstellung formuliert; vielmehr wird der zukünftige Planer beauftragt, im Rahmen der Dorfentwicklungsplanung ein **"bauliches Konzept im Maßstab 1:200 zu erstellen"**.
Zu 3:
"Kultur, Infrastruktur, Jugend" formuliert der Vermerk folgenden Leistungsumfang für die Planung: **"Der Raumbedarf für einen größeren Gemeinschaftsraum, (Anmerkung der Verfasserin: der vorhandene größere Raum wird durch den bereits beabsichtigten Bau des Kindergartens in der 'Alten Schule' verloren gehen), Jugendraum und die Bücherei ist zu ermitteln und planerisch zu lösen. Als Teilbereichsplanung ist dabei ein bauliches Konzept für einen Anbau an das bisherige Dorfgemeinschaftshaus zu entwicklen. Zu überprüfen ist, ob die bislang dort untergebrachte Bücherei evtl. im "Dienstleistungszentrum" angesiedelt werden kann. Im Keller der 'Alten Schule' war einmal ein Jugendraum untergebracht und könnte dort bei Bedarf wieder angesiedelt werden. Gemeinsam mit dem Teilbereich DGH-Anbau ist ein baureifes Umgestaltungskonzept für die DGH-Freifläche zu erstellen und zu überprüfen, wie dort der Spielplatz verbessert werden kann."**

An den hier zitierten zwei Gliederungspunkten des Vermerks wird deutlich, daß die Optimierung und vor allem Erweiterung des kommunalen Raumangebotes eine zentrale Frage im Ort ist. Dieses wird von den Bürger/-innen in B-Dorf, wie bereits die Klärungsphase und die Protokolle in dessen Anhang dokumentieren, massiv eingefordert. Die Interessen und Motivationen, die dabei von den einzelnen Gruppierungen im Ort kontrovers verfolgt werden, sind sehr stark von der historischen Ortsentwicklung (u.a. Gebietsreform) und der aktuellen Kommu-nal- und Parteipolitik geprägt.

● Beginn der Planungsphase
Die Dorfentwicklungsplanung wird im Juni 1992 an ein Planungsbüro mit langjähriger Erfahrung vergeben.

● Verfahrenslenkung durch die Fachverwaltung
Neun Monate nach Erstellung des oben zitierten Leistungsvermerks für die Planung findet in B-Dorf ein erster Bilanztermin der Fachverwaltung statt.
Die projektorientierten Entwicklungsansätze sind neben der Behandlung der spezifisch städtebaulichen Themen ebenfalls Gegenstand des Termins.

Das Projekt "Dienstleistungszentrum" ist bezgl. der zukünftigen Ansprüche an diese Einrichtung noch umfangreicher und komplizierter geworden. Es wird nach wie vor unter architektonischen und städtebaulichen Aspekten diskutiert.
Dazu als Behördenvermerk:
"Das gewünschte Dienstleistungszentrum soll neben Einrichtungen des öffentlichen Bedarfs (Post, Bank, Friseur usw.) auch eine Arztpraxis mit angrenzender Sozialstation und im OG Wohungen bzw. Appartements beinhalten. Da aufgrund der hierzu erforderlichen Größe eine Umnutzung bestehender Bausubstanz wahrscheinlich nicht in Frage kommt, sind vom Planungsbüro zwei Standortalternativen zu untersuchen (A: Hinter der Schmiede, B: in Verlängerung des Mittelweges in der Nähe vorhandener Gebäude). Für den geeigneten Standort wird ein Baumassenkonzept im Maßstab 1:500 erarbeitet. Falls über einen Neubau positiv entschieden wird, erfolgt eine Förderung der Maßnahme nur mit der Zustimmung des Landesamtes."

Der letzte, einschränkende Satz des Vermerks bezüglich der Förderung dieses Projektes aus Dorferneuerungsmitteln weist darauf hin, daß der mögliche Investitionsrahmen in B-Dorf inzwischen aufgrund der umfangreichen Maßnahmen im Ort zur Schaffung und Erweiterung öffentlich nutzbarer Räume bereits weitgehend ausgeschöpft ist. Denn zusätzlich wird inzwischen anvisiert, der Forderung der B-Dorf-Bürger/-innen nach einer Sport- bzw. Mehrzweckhalle mit einem Anbau an das alte DGH Rechnung zu tragen. Dazu der 1.2 Vermerk im Gliederungspunkt "Kultur, Infrastruktur, Jugend":
"Mit Hilfe eines DGH-Anbaus ist der Bedarf nach einem Saal zu lösen. Ein Konzept für den ebenfalls gewünschten Jugendraum wird vom Planungsbüro erstellt."

Inzwischen ist, wie das Interviewmaterial folgend zeigen wird, in B-Dorf zwischen der Bewohnerschaft und Ortsbeirat, Arbeitskreis Dorferneuerung und Kommunalverwaltung ein offener Streit über die zu setzenden Prioritäten in der Dorferneuerung ausgebrochen. Hintergrund ist der Verlust von ehemals öffentlich nutzbaren Räumlichkeiten im Dorfgemeinschaftshaus, das inzwischen zum Kindergarten umgebaut wird.

Im Mai 1992 erhält die Projektbeauftragte der IBM-Phase einen Folgeauftrag mit dem Ziel, so der Vermerk der Fachverwaltung:
"... auf der Grundlage der Ergebnisse der Vorklärungsphase, die Durchführbarkeit des angedachten Konzeptes (Anmerkung der Verfasserinnen: gemeint ist die Idee "Dienstleistungszentrum") zu prüfen und mögliche Trägerschaften zu klären."
Auftraggeberin ist die Gemeinde.

Zu ihren jetzigen Arbeitsbedingungen, aber auch bezüglich ihres Arbeitsverständnisses formuliert die Projektbeauftragte bereits in der Einleitung ihres Berichtes zu dem Projektauftrag:
"Im Interesse einer kontinuierlichen Zusammenarbeit im Planungsablauf hat es sich als ungünstig herausgestellt, wenn zwischen der IBM-Phase und der weiterführenden Planung eine größere Pause bzw. ein inhaltlicher und verfahrensmäßiger 'Bruch' entsteht. Dem trägt die mittlerweile praktizierte 'Überlappungsphase' Rechnung, als Bindeglied zwischen der eher pädagogisch-didaktisch aufgebauten Vorklärungsphase und der bislang überwiegend baulich-gestalterisch orientierten weiterführenden Planung."[23]

Die Projektbeauftragte dokumentiert mit ihrem Projektbericht, daß bereits in der Vorklärungsphase konkrete konzeptionelle Vorstellungen in Sachen Dienstleistungszentrum B-Dorf bestanden:
"In B-Dorf war aus den Ergebnissen der Arbeitskreise 'Landwirtschaft', 'Handwerk, Handel und Gewerbe' und 'Fremdenverkehr' die Initiative 'Dienstleistungszentrum B-Dorf' entstanden. Sie hatte eine umfassende Verbesserung der Versorgungslage und die Schaffung von Arbeitsplätzen im Ort sowie Ausstellungsmöglichkeiten für örtliche Betriebe zum Ziel. Kernpunkt der Einrichtung sollte ein gemeinschaftlich organisierter 'Nachbarschaftsladen' als lebendiger Dorfmittelpunkt werden, nach dem Vorbild des Dorfladens in Wolfhagen-Altenhasungen."

---

23 Anmerkung der Verfasserin: Die Projektbeauftragte nimmt hier Bezug auf die zu dieser Zeit stattfindende Überarbeitung des alten Leistungsbildes und Ablaufschema Dorferneuerung; die neue Verfahrensstruktur (Leitfaden Dorferneuerung) zieht Überschneidungen zwischen Klärungs- und Planungsphase vor, bzw. eine dichtere Zeitfolge der beiden Phasen.

Die Projektbeauftragte steht mit ihrem jetzigen Folgeauftrag vor neuen Tatsachen in B-Dorf, denn die Kommune hat inzwischen ein weiteres Gebäude gekauft. Mit dem Umbau und der Sanierung dieses Gebäudes soll der Streit um öffentlich nutzbare Räume geschlichtet werden, der im Dorf durch den Kindergartenbau im ehemaligen Dorfgemeinschaftshaus entfacht ist. Die Maßnahme wird aus DE-Mitteln gefördert. In diesem Haus ist ein größerer Saal vorgesehen, der auch Sportaktivitäten zuläßt. Insgesamt verfolgt die Gemeinde mit der Sanierung und dem Umbau des ehemaligen Dorfgemeinschaftshauses sowie dem neu erworbenen Haus das Ziel, nicht noch eine Mehrzweckhalle/Sporthalle in B-Dorf bauen zu müssen - eine zentrale Forderung der Bürger/-innen im Ort seit Jahren.

Mit diesen beiden Bauvorhaben ist der kommunale Investitionsrahmen für die Dorferneuerung in B-Dorf ausgeschöpft; Grund für die Kommune, in Sachen "Dienstleistungszentrum" möglichst keine investiven Verpflichtungen mehr zu übernehmen, sondern das Projekt über private Investoren zu sichern.

Die Projektbeauftragte dokumentiert diese Situation im Bericht:
"Schon die Vorgespräche mit dem Bürgermeister machten von seiten des Gemeindevorstandes eine neue, erheblich erweiterte Zielsetzung für eine multifunktionale Einrichtung deutlich. Dazu gehören die Schaffung eines privatwirtschaftlich betriebenen Supermarktes, die Angliederung der Sozialstation für die Gemeinde und der Bau von Altenwohnungen. Dies sprengt den ursprünglichen, auf die örtlichen Bedürfnisse ausgelegten konzeptionellen Rahmen des Projektes bei weitem."
Der Bericht der Projektbeauftragten faßt die aktuellen Konfliktfelder im Ort zusammen und bescheibt nochmals die Idee des Dienstleistungszentrums als eine Bündelung von:
"Lebensmittelladen: Ob auf privatwirtschaftlicher Basis oder als gemeinschaftlich betriebener 'Dorfladen', Dreh- und Angelpunkt für eine verbesserte Lebensqualität für die Dorfbewohner und Feriengäste.
Direktvermarktung: Verkauf nicht nur landwirtschaftlicher, sondern auch handwerklicher Produkte sowie Kunsthandwerk und Handarbeiten aus dem Dorf und die Schaffung von Ausstellungsmöglichkeiten.
Filialen Post/Bank: Möglichst zu integrieren, als kalkulierbare Einnahmequelle (Miete, Pacht) für die notwendigen Investitionen.
'Alternativer Imbiß/Cafe': Hier realisieren Frauen ein Essensangebot für Senioren, Urlauber, gestreßte Mütter und andere Interessierte als relativ frei gestaltete Verdienstmöglichkeit. Beispiel: Frauen aus dem Dorf, die derzeit 'Hausmacher' Kuchen und Brot im Auftrag von Bäckereien herstellen. Organisation in Form einer GbR.
Friseur: Dieses und ähnliche Angebote zur Erschließung von Tätigkeitsfeldern für Frauen und andere Interessierte entsprechend ihrer Ausbildung und Berufe.

Sozialraum: Sprechzimmer für Allgemein- und Fachärzte sowie die Gemeindeschwester ... ."

● Ergebnisse zu dem Projekt im Bericht der Expertin

Zu den Organisationsstrukturen und möglichen Trägerschaften des Projektes kommt die Projektbeauftragte in ihrem Bericht zu dem Ergebnis:

"Als Organisationsform waren alternativ mehrere miteinander vernetzte Einrichtungen durch Umnutzung vorhandener Altgebäude oder eine gebündelte Einrichtung, eventuell als Neubau, erwogen worden. Es entstand der Begriff vom 'Dienstleistungszentrum', wobei rückblickend das Wort 'Zentrum' möglicherweise irreführend war. Denn von dem Grundgedanken des angestrebten, lebendigen 'inhaltlichen' Dorfmittelpunktes ist im Laufe des vergangenen Jahres nicht mehr viel übriggeblieben. Es sind vielmehr Funktionen und Inhalte von außen übergestülpt worden, die ihre Berechtigung haben mögen, die aber die gemeinschaftlich angelegte Eigeninitiative fast zum Erliegen gebracht haben."

Die Projektbeauftragte organisiert eine Fragebogenaktion im Ort mit Unterstützung des Dorfentwicklungs-Arbeitskreises. 86% der Fragebögen konnten durch eine "von Haus zu Haus"-Einsammelaktion ausgewertet werden. Die Auswertung dieser Fragebögen ergibt tendenziell zwar eine hohe Zustimmung der befragten Bürger/-innen für einen Nachbarschaftsladen, das Resümee der Projektbeauftragten bezüglich Initiative und Perspektive für die Idee "Dienstleistungszentrum" fällt jedoch im Bericht negativ aus:

"Die Initiativ-Gruppe 'Dienstleistungszentrum' besteht, einigermaßen desillusioniert, immer noch. Denn dort, wo es bei ihrer Entstehung um Inhalte und die 'Erneuerung in den Köpfen' ging, bestimmen jetzt mehr Bau- und Finanzvolumen dieselben."

Der Rückhalt für ihre Ziele, in der Vergangenheit auch von einer Mehrheit in den Arbeitsgruppen (Vorphase) getragen, ist u.a. durch die Zusammensetzung des Arbeitskreises und die Auswirkungen der kommunalen Politik verschwunden.

Die emotionale Betroffenheit der Projektbeauftragten von diesem Projektverlauf wird, in dem sie behauptet, „objektiv“ gewesen zu sein, am Ende des Projektberichtes offengelegt:

"Der Arbeitskreis Dorferneuerung hat keinen leichten Stand. Seine Arbeit ist weniger durch inhaltliche Diskussionen als durch kommunalpolitischen Schlagabtausch gekennzeichnet. Die Gründe hierfür sind vielfältig: Einige, die mir als Außenstehende aufgefallen sind, habe ich in meinem vorliegenden Bericht dargestellt, wobei ich mich, u. .a. unterstützt durch viele, viele Gespräche im Dorf, um ein Höchstmaß an Objektivität bemüht habe."

Der Projektauftrag wird von der Projektbeauftragten im Juli 1993 abgeschlossen.

● Verfahrenslenkung durch die Fachverwaltung

Anfang 1994 findet ein 3. Bilanztermin unter Leitung des Landesamtes statt. In dem Termin wird vor allem das förderfähige Gesamtinvestitionsvolumen für B-Dorf anhand einer Prioritätenfolge für die kommunal anvisierten Maßnahmen festgelegt.

Als förderfähige Dorferneuerungsmaßnahmen werden festgelegt:

1. Der Einbau eines 70-90 qm großen Saales in das von der Kommune neu erworbene Gebäude mit einem Kostenrahmen von ca. 700.000,-- DM.

2. Das sogenannte "Dienstleistungszentrum", das in diesem Vermerk auf drei Funktionen: Sozialstation, betreutes Wohnen für ältere Menschen sowie die Einrichtung eines Ladens eingegrenzt wird.
   Deutlich wird auch in diesem Vermerk die nach wie vor ungeklärte Konzeption für dieses Zentrum. Der Bürgermeister verweist in diesem Bilanztermin darauf, daß ein interessierter Träger, die Kirche, für die Sozialstation vorhanden ist, so die Einrichtung des Gebäudes durch die Gemeinde erfolgt. Gleiches gilt für die Anpachtung eines Ladens, so die Gemeinde hier als Bauträgerin und Verpächterin auftritt. **"Für die Schaffung altenbetreuter Wohnungen gibt es außer der grundsätzlichen Bedarfsmeldung bislang kein weitergehendes Konzept"** wird im Vermerk festgestellt.
   Nach grober Kostenschätzung wird das "Dienstleistungszentrum" auf 2 Millionen DM kalkuliert; für Einrichtung/Bau des Ladens wären davon ca. 600.000,- DM zu veranschlagen. Der Vermerk stellt für die Realisierung des "Dienstleistungszentrums" eine Erhöhung des Gesamtinvestitionsrahmens in Aussicht, **"soweit sich im Zuge des Dorferneuerungsverfahrens B-Dorf eine Konkretisierung ergibt und ein Planungsfortschritt erreicht wird."**

3. Für das ursprüngliche Dorfgemeinschaftshaus im Umbau zum Kindergarten fallen für die Sanierungskosten nach ersten Schätzungen ca. 1,4 Millionen DM an. Aus dem Gesamtinvestitionsvolumen von 1,6 Millionen DM für das Dorferneuerungsverfahren B-Dorf sind für diese Maßnahmen 200.000,- DM vorgesehen.

● Verlauf der Projektumsetzung

Ein Auszug aus dem Beschlußprotokoll über die gemeinsame Sitzung des Haupt- und Finanzausschusses sowie des Bau- und Wirtschaftsausschusses vom April

1994 der Gemeindeverwaltung gibt Aufschluß darüber, daß der Gemeindevorstand für die kommenden drei Jahre folgende zeitliche und finanztechnische Schritte zur Realisierung der Dorferneuerungsmaßnahmen in B-Dorf plant:

"1. Im Haushaltsjahr 1994 wird das 'Haus (Anmerkung der Verfasserin: Name des Hauses') mit einem Gesamtinvestitionsvolumen von 700.000,- DM umgebaut.

2. Für 1995 ist der I. Bauabschnitt des Dienstleistungszentrums - Lebensmittelmarkt - mit einer Gesamtfläche bis zu 250 qm zu realisieren.

3. Im Jahre 1996 ist der II. Bauabschnitt des Dienstleistungszentrums mit der 'Gemeindepflegestation' und entsprechenden Wohnungen für altenbetreutes Wohnen vorgesehen.

4. Im Jahre 1997 erfolgt eine grundlegende Sanierung des jetzigen Dorfgemeinschaftshauses. Die Kosten hierfür betragen ca. 600.000,- DM und sind im Investitionsprogramm bzw. Haushaltsplan für 1997 aufzunehmen. Die Sanierung wird auf das Jahr 1996 vorgezogen, wenn der II. Bauabschnitt für den Bau des Dienstleistungszentrums nicht realisiert werden kann."

Im Oktober 1994 wird der Stand des Projektes "Dienstleistungszentrum B-Dorf" telefonisch nochmals beim zuständigen Bürgermeister der Gemeinde durch die Verfasserin dieser Arbeit abgefragt: Zu diesem Zeitpunkt kündigt sich eine völlig neue Perspektive an. Geplant und auf einer Bürgerversammlung den Ortsteilbewohnern bereits vorgestellt, wird in B-Dorf ein sogenanntes Gesundheitszentrum, basierend auf alternativen Heilungsmethoden, mit einer Bettenkapazität für 120 Patienten und einem Personalstamm von ca. 50 Mitarbeitern/-innen. Der Investitionsrahmen wird auf 20 Millionen DM geschätzt. Initiator ist ein Förderverein; eine Betreibergesellschaft will das Zentrum übernehmen. Die Gesellschaft betreibt bereits ein derartiges Zentrum. Laut Pressemitteilungen zu diesem Projekt erwarten Kommune und Ortsteilbewohner/-innen ortsteilbezogen, ebenso wie auf gemeindlicher Ebene, von diesem Projekt positive Effekte für den Fremdenverkehr und für den regionalen Arbeitsplatzmarkt.

Aufgrund dieses Projektes stellt die Gemeinde die Beschlüsse und Planungen für ein "Dienstleistungszentrum" in B-Dorf zunächst zurück, allerdings mit der Option, nach Klärung der offenen Fragen hinsichtlich der Auswirkungen des geplanten Gesundheitszentrums diese Projektidee erneut aufzugreifen. Es wird dann jedoch unter dem Aspekt möglicher Vernetzungen mit dem Projekt des Gesundheitszentrums gesehen.

Zum Zeitpunkt der Erstellung der Fallanalysen liegt der DE-Planungsbericht noch nicht vor. Er kann deshalb in der Auswertung der Fallanalyse nicht berücksichtigt werden.

4.2.3 Zusammenfassung erster Eindrücke und Auffälligkeiten zum Dorfentwicklungsverfahren in B-Dorf - erste Problemdefinition

In dieser Verfahrensbeschreibung findet eine Fokussierung auf das Projekt "Dienstleistungszentrum in B-Dorf" statt, eingestuft als sozioökonomischer Projektansatz. Das Projekt gelangt im Zeitrahmen der Fallanalysen nicht in die Nähe einer möglichen Realisierung.

Die Projektidee "Dienstleistungszentrum" entsteht zu Anfang des Verfahrens aufgrund von Informationen der Projektbeauftragten über ein Ladenprojekt in der Region, das in der Trägerschafts- und Organisationsstruktur eines Nachbarschaftsladenmodells[24] in der Selbstverwaltung und damit Selbstverantwortung der Bewohner/-innen im Ort liegt. Im Fall Nachbarschaftsladen Altenhasungen wurde das Projekt sehr stark von der Kommune durch das Engagement des Bürgermeisters unterstützt; er organisierte das Projekt mit, war Gründungsmitglied der gebildeten "Gesellschaft bürgerlichen Rechts" und befürwortete die Förderung eines Neubaus im Ortskern für den Laden aus Mitteln der Hessischen Dorferneuerung.

In B-Dorf gründet sich in der Bürgerschaft sehr schnell eine Initiativgruppe Dienstleistungszentrum, jedoch mit einer, vergleichsweise zu Altenhasungen sehr viel umfassenderen Konzeptionsidee. Dieses Projekt steht in der Reihe drei weiterer aufwendiger kommunaler Maßnahmen: Kindergartenbau (und zwar in das existente Dorfgemeinschaftshaus), öffentlich nutzbare Räume (um den jetzt nicht mehr verfügbaren Raum im DGH zu ersetzen) und eine Mehrzweckhalle zur sportlichen Nutzung. Mit den drei zuletzt genannten Projekten ist das förder-

24 vgl. hierzu: Helga Jäger: Der Nachbarschaftsladen - alles unter einem Dach. Hessisches Ministerium für Wirtschaft, Verkehr, Technologie und Europaangelegenheiten (Hg.); Wiesbaden 1994.

fähige Investitionsvolumen im Rahmen der Dorferneuerung in B-Dorf ausgeschöpft.

Wie aus dem Bericht der Projektbeauftragten, den Beschlüssen der Kommunen hervorgeht und wie das Interviewmaterial später bestätigt, bevorzugt der Bürgermeister als Vertreter der Kommunalverwaltung ein privatwirtschaftliches Betreibermodell für den Laden im Ort. Dies kollidiert mit den konzeptionellen Gedanken der Initiative "Dienstleistungszentrum" in B-Dorf, von der Projektbeauftragten sehr stark idealisierend und politisierend als typisches "Eigeninitiative-Projekt" der Bürger/-innen im Dorf favorisiert. Im Rahmen ihres Projektauftrages zur Erarbeitung einer Konzeption klärt sie nicht die dringenden Fragen der Trägerschaft und Wirtschaftlichkeit eines solch komplexen Vorhabens. Der Verdacht einer fachlichen Überforderung drängt sich auf.

Sehr auffällig ist bereits am textlichen Auswertungsmaterial zu erkennen, daß auf den formell legitimierten Handlungs- und Entscheidungsebenen der Kommune andere Vorstellungen und Sachzwänge, nämlich die Investitionskosten in bezug auf das Ladenprojekt bestehen. Auf den informell und formell assoziierten Handlungsebenen im Dorf wird dieser Aspekt nicht debattiert. Beide Handlungsebenen treten nicht in Verhandlung und kommunizieren nicht, obwohl es sich um eine Projektidee handelt, die nur durch konsensuale Entscheidung zwischen Kommunen und Dorf 1. realisiert und 2. fortbestehen könnte. Die Ursachen für die sich am Projektthema aufbauende kontroverse und destruktive Debatte zwischen den Akteuren des Verfahrens, die Irreführungen durch den vermutlich mißverständlichen, überfrachteten Begriff "Dienstleistungszentrum" und die Fehleinschätzungen auf der Ortsteilebene, vor allem aber auf der Expertenebene hinsichtlich der Realisierung des Projektes, sollen folgend näher ergründet werden.

4.2.4 Auswertung: Zur Akteurskonstellation im Dorfentwicklungsverfahren B-Dorf: Wahrnehmungen, Sichtweisen, Interpretationen sowie Interaktionen und Verflechtungen der Akteure

4.2.4.1 Örtliche Ebene: Interview- bzw. Handlungsebene (B 1) in der Interviewsystematik

Bei Erstellung der Fallanalysen wurde von den Bearbeiterinnen der zuvor genannten Studie, auf deren Datenmaterial hier zurückgegriffen wird, darauf verzichtet, den gerade sich gelegten Konflikt in B-Dorf (eine Expertin sprach von einem "Dorfkrieg") durch Interviews auf Ortsteilebene erneut zu provozieren oder neue Mißverständnisse vor Ort auszulösen. Statt dessen wird hier auf das textliche Datenmaterial zurückgegriffen. Aus den Berichten, Protokollen und Pressenotizen ergibt sich, daß die Motivation zur Mitwirkung am Dorfentwicklungsverfahren zu Beginn des Verfahrens sehr hoch gewesen ist. Dennoch ist die Ausgangssituation für das gesamte Dorferneuerungsverfahren durch bereits bestehende heterogene Interessenlagen der involvierten Akteure gekennzeichnet. Folglich ist vor allem auch das breite Forum organisierter Bürgermitwirkung, wie in der Klärungsphase üblicherweise angeboten, ein geeigneter Nährboden, Kontroversen innerhalb des Ortes und gegenüber der Kommune auszutragen.

Mit der frühen Gründung von Arbeitsgruppen[25], nämlich noch vor Beginn der Klärungsphase, ist verbunden, daß sich der später gegründete 'Arbeitskreis Dorferneuerung' vor allem aus Ortsbeiratsmitgliedern zusammensetzt. Vom zuständigen Amt für Regionalentwicklung, Landschaftspflege und Landwirtschaft wird in einem Gespräch darauf verwiesen, daß von den 16 Arbeitskreismitgliedern 9 Personen den Beruf "Lehrer" ausüben. Dieser Umstand zeugt von einer dominanten Einflußnahme auf das örtliche Geschehen durch einzelne Gruppierungen im Dorf.

In einer haushaltsdeckenden Befragungsaktion zum Thema "Dienst-leistungszentrum" der Projektbeauftragten, gestützt durch den Ortsbeirat und den 'Arbeitskreis Dorferneuerung', werden 86% aller Haushalte in der Auswertung erfaßt.

Ergebnis des Fragebogens auf örtlicher Ebene ist vorwiegend eine Prioritätenliste, welche Einrichtungen bzw. Funktionen den Bewohnern von B-Dorf in einem

[25] vgl. hierzu: Kap. 4.2.2 .

"Dienstleistungszentrum" "wichtig" - alternative Antwort - "weniger wichtig" wären.
Vorrang in der Priorität mit 94% erhält ein Lebensmittelladen, gefolgt mit 91% für eine Sozialstation; 86% halten einen Bäcker/Metzger für wichtig, 70% eine Post/Bank, 57% Direktvermarktung, 43% ein Cafe, 29% einen Friseur, 16% einen Imbiß.
Sollte sich keine Handelskette finden, die den Laden betreiben will, würden 95% einen "Nachbarschaftsladen" nutzen, 50% das Modell Nachbarschaftsladen unterstützen, 19% wären an einer Teilzeit-/ Mitarbeit interessiert.
Das Befragungsergebnis dokumentiert die überaus hohe Zustimmung im Ort für einen Laden. Gleichzeitig zeigt das Ergebnis, daß es den Bürgern/-innen vorwiegend wichtig ist, daß überhaupt ein Laden im Dorf existiert, das Betreibermodell erscheint dabei sekundär, denn nur 50% würden das Modell Nachbarschaftsladen explizit unterstützen.

4.2.4.2 Expertenebene: Interviewpartner/-in: Projektbeauftragte der Klärungsphase, Projektbeauftragte des Folgeprojektes und Planer; Interviewebene B 2 und B 2.1 in der Interviewsystematik

Der Projektbeauftragten der Klärungsphase ist zu Beginn ihrer Tätigkeit in B-Dorf die Dominanz der formellen Ortsvertreter in den Arbeitsgruppen und im Arbeitskreis Dorferneuerung nicht als Problem für den weiteren Verlauf des Kommunikationsprozesses im Verfahren bewußt; im Gegenteil: Sie baut ihre weitere Arbeit auf diese Strukturen auf und wertet diese Form des Bürgerengagements zunächst als Erfolg:

"Und das Interessante in diesem Ort war, ich hab' also erst im nachhinein in anderen Orten gemerkt, wie ungewöhnlich das war. Das war, als ich zum nächsten Termin in diesen Ort kam, hatten die die Arbeitskreisthemen schon stehen, hatte der Ortsbeirat schon seine ganzen Funktionen verteilt, und ein Ortsbeiratsmitglied war Arbeitsgruppenleiter von einer Arbeitsgruppe. Damals war ich noch relativ neu im Geschäft. Ich hab' das zwar bestaunt, aber heute wüßte ich, worauf sich das gründet und wäre etwas mehr gewappnet gewesen. So war das, daß ich mich riesig gefreut hab' und gedacht, das muß ja toll gewesen sein, meine Einführung, daß die gleich so darauf reagieren. Und dann ham wir also losgelegt." (Interview B2, 1994)

Erst rückblickend erkennt die Informantin die Hintergründe des für sie beeindruckenden Engagements als sehr hohe Erwartung der formellen Ortsvertreter an das Dorferneuerungsprogramm; sie ordnet dieses Phänomen nunmehr ein als das seit Generationen gewachsene politische und soziale Konkurrenzverhältnis zwischen B-Dorf und der Kerngemeinde; der Bürgermeister will dies im Zuge der Dorferneuerung nach ihrer Einschätzung ausgleichen:

"1990 bin ich zum ersten Mal dort gewesen und interessanterweise zu einer öffentlichen Ortsbeiratssitzung, wo ein wesentlicher Punkt auf der Tagesordnung die Festsetzung des Haushalts für 1991 für die Großgemeinde war. Und ein Tagesordnungspunkt war, was die B-Dörfler natürlich sehr bewegt und interessiert hat. 'Was bringt uns die Dorferneuerung und was kann sie leisten?' Und der zweite Punkt war, die B-Dörfler natürlich sehr bewegt und interessiert hat, 'Was bringt uns die Dorferneuerung und was kann sie leisten?" Und der zweite Punkt war, daß es also eine zentrale Äußerung des Bürgermeisters gab: 'Auf die Fragen, ham wir ja nun mehrere Jahre lang Vertröstungen gehört, für wichtige kommunale Maßnahmen mit dem Hinweis, ihr kommt in die Dorferneuerung, wir ham die jetzt für euch beantragt. Dann wird in B-Dorf nicht gekleckert, sondern geklotzt.' Das waren jetzt meine Worte, aber sehr viel anders hat er es nicht gesagt. Und ich habe einige Dinge dort vorgetragen, der Raum war proppenvoll. Es war also nicht nur der Dorfbeirat da, sondern auch jede Menge interessierte Bürger." (Interview B2, 1994)

Und zur Situation bei Beginn der Klärungsphase:

"Das war überhaupt nicht zu bremsen. Diese Leute waren wie die Wilden. Ich kann's nicht anders sagen. Die haben Termine gemacht, teils haben die das alleine gemacht. Und ich muß sagen, daß die das damals gemacht haben, weil sie erstens ein absolut starkes Defizitbewußtsein im Dorf hatten und zum anderen, so wage ich heute einfach mal in den Raum zu stellen, eine hohe Altkonkurrenz bestand zwischen einem sehr starken Ortsteil B-Dorf und der Kerngemeinde." (Interview B2, 1994)

Ihr Arbeitsverständnis und ihre Rolle im Verfahren sieht die Projektbeauftragte in diesem für sie schwierigen Dorf im Konfliktmanagement zwischen den ständig kontrovers diskutierenden Gruppen:

"Ja, ich habe zunächst meine Aufgabe darin gesehen, Konfliktmanagement zu betreiben. Das war eigentlich meine Haupttätigkeit." (Interview B2, 1994)

Im Gespräch beschreibt sie die aufgetretenen Arbeitsschwierigkeiten in B-Dorf als eigenes Distanzproblem zu den Interessenlagen im Dorf, ein Umstand, der dem Arbeitsverständnis von professionellem Konfliktmanagement in sich widerspricht und vermutlich zur Eskalierung der Probleme beigetragen hat:

"Ich habe mich eben nicht rausgehalten, (...) Ich steckte mitten drin und versuchte ein Forum, nachher auch im Folgeauftrag, ein Forum bzw. eine Ebene zu liefern, wo die sich austragen konnten, diese Konflikte. Denn die wurden nicht (...) Ich mein', wenn du alte Artikel liest, kannst das alles in der Zeitung nachlesen, aber es gab nie die Möglichkeit, daß die sich mal wirklich miteinander besprochen haben." (Interview B 2 1994)

Die Projektbeauftragte spricht nochmal die Protestwelle an, die in B-Dorf ausgebrochen ist, weil der Sportraum in der 'Alten Schule' durch den Kindergarteneinzug verlorengegangen ist. Die hier entstandenen emotionalen Brüche innerhalb der Bürgerschaft wurden offensichtlich ab dato auf sämtliche Themen, die im Rahmen der Dorferneuerung zu diskutieren waren, übertragen und beeinflußten nachhaltig kontroverse Auseinandersetzungen auf Ortsteilebene und zwischen Ortsteilebene und Kommune:

"Also, dieser Kindergartenbau stand fest. Da war also die IBM-Phase zu Ende. Ich denke, daß ich in meinem Endbericht sogar erwähnt habe, daß es diese Kindergarteninitiative geschafft hat, daß der Kindergarten nach B-Dorf kommt. Aber der Begriff des "Dorfkrieges" fiel. Da ist also nichts wegzudeuteln. Und der brach aus. Wenngleich, und ich muß sagen, ich kann die Senioren verstehen. Ich kann die verstehen, die gesagt haben: 'Es ist richtig, erst komm die Kinder und dann wir.' Aber wie man mit ihnen umgesprungen (...) Sie ham das so formuliert. Aber wie man mit ihnen umgesprungen war, das hat tief verletzt." (Interview B 2, 1994)

Die Informantin zieht hieraus für ihre künftige Arbeit Rückschlüsse:

"Ich habe mittlerweile gelernt und mache das jetzt so, wenn ich in einen Ort reingehe, gucke ich mir erst mal die Historie an. Was ist eigentlich vorher gewesen? Damit kann man viel, viel erfahren. Der Vorbrenner, Dauerbrenner war, daß die Großsporthalle der Kerngemeinde gegen erbitterten Widerstand der B-Dörfler nach (...) (Anmerkung der Verfasserin: Name des Nachbarortes) gesetzt wurde. Und diese Entscheidung war natürlich nachzuvollziehen, weil ja auch die Schule, die Gesamtschule, in (...) (Anmerkung der Verfasserin: Name des Nachbarortes) war. Und man dann gesagt hat: 'Das ist natürlich sinnvoller als da oben in der B-Dorf-Gemeinde. Da ist keine Schule und nichts. Und da ist nur immerhin ein Sportverein mit 400 Mitgliedern bei einem 900-Seelen-Dorf mit 16 aktiven Übungsgruppen. Also, Jugend- und Kinderarbeit par excellence. Die ist einfach da. Aber mittlerweile halt tot. Oder zu zwei Drittel tot. In B-Dorf, ja." (Interview B 2, 1994)

Aus dieser Situation heraus stößt die Projektbeauftragte bei ihrem Folgeauftrag für eine Projektkonzeption "Dienstleistungszentrum" sowohl in der Interaktion mit der Kommune und Fachverwaltung als auch im Dorf auf geringe Unterstützung; sie verfolgt ein anderes Ziel als die weiteren involvierten Akteure einerseits, andererseits ist die Situation vor Ort nach wie vor gespannt:

"Nach hier, muß ich sagen, hab ich Erfahrungen, mit der (...), so daß ich sagen würde, ich würde so'n Auftrag gar nicht mehr annehmen, weil der Bürgermeister ihn nicht mitgetragen hat. Er hat gesagt, ich gebe ihnen den Auftrag, weil ich sie während der Planungsphase im Ort haben möchte, aber im Grunde halte ich von der Idee Nachbarschaftsladen herzlich wenig. Ich glaube nicht, daß sie funktioniert. Ich bin eher der Auffassung, wir brauchen einen Großinvestor, der da wirklich einen Supermarkt macht, ähnlich wie in der Kerngemeinde. Und ich denke, den kriegen wir auch da rein. Und dann hab ich gesagt okay, hab' aber trotzdem die Möglichkeit zu recherchieren, daß, falls dieser Großinvestor nicht kommt, wir doch anders verfahren können. Hatte er also nichts dagegen. Und dann hab ich losgelegt. Und habe dann erst einmal versucht, die Konflikte, die im Zusammenhang mit der DE, mit der IBM-Phase dort entstanden waren, aufzudröseln, also darüber auch mit den Leuten zu sprechen. Das war unglaublich emotionsgeladen, wie ich dann zurück kam, aufgrund der Tatssache, daß in dem Ort in der alten Schule ein Kindergarten etabliert wurde und dadurch der letzte selbstverwaltete Raum im Dorf in der alten Schule weggefallen ist." (Interview B 2, 1994)

Eine gemeinsame Handlungslinie in dem Projekt ist weder im Dorf noch zwischen den Experten herzustellen. Die Informantin schildert ein Gespräch zu Anfang ihres Auftrages mit Kommunal- und Fachverwaltung:

"Diese Richtung war für mich nicht zu bestimmen. Und ich habe nur eine definitive Aussage, wir saßen in einem kleineren Kreis in dem neugeschaffenen, zauberhaften Kindergarten, zugegebenermaßen, und hatten ein Gespräch, wo's auch um die Definition meines Auftrages ging. Und es war ein bißchen widersprüchlich, denn der Bürgermeister sagte: "Einem Nachbarschaftsladen gebe ich keine Zukunft." Und der (...) (Anmerkung der Verfasserin: Name eines Mitarbeiters aus der Fachverwaltung) nickte und sagte: "Ein Nachbarschaftsladen hat in B-Dorf keine Zukunft." Und das war's für mich dann schon (...) Ich sagte: 'Du entziehst mir hier die gesamte Arbeitsgrundlage.' Nein, und er hob dann eben ab auf dieses "Dienstleistungszentrum". Und das ist natürlich jetzt dieser Punkt. Weil ich, ich hab' das auch in meiner Arbeit geschrieben. Vielleicht hatte jeder von uns in dem Begriff "Dienstleistungszentrum" was völlig anderes im Kopf. Und das Problem ist, ich sag's mal völlig platt, keiner liest das, was wir schreiben. Also, was ich schreibe liest kein Mensch in der Verwaltung. Und deswegen hab' ich meine gesamte Arbeit (...) Also las er es damals nicht (...) (Anmerkung der Verfasserin: Name des Mitarbeiters aus der Fachverwaltung). Er kam damals im Zusammenhang mit Kindergartenterminen ins Dorf und fragte, nicht daß er fragte, wo B-Dorf liegt, aber viel weit weg davon war's nicht. Woraus die Bürger und ich entnehmen mußten, daß er weder Protokolle gelesen, noch Berichte gelesen, noch irgendwas. Also war "Dienstleistungszentrum" im Kopf (...) Er hat sich was dabei gedacht, der Bürgermeister hat sich was dabei gedacht, ich hab mir was dabei gedacht, der Ortsvorsteher hat sich was dabei gedacht, und wir haben es nie richtig diskutiert, was es sei." (Interview B 2, 1994)

Mit dem Begriff "Dienstleistungszentrum" verbinden offensichtlich die unterschiedlichen Handlungsebenen unterschiedliche Vorstellungen:

"... hinterher hab' ich gedacht, man hätte das anders nennen sollen. Weil mit Zentrum, Du weißt, es gibt da Assoziationen, mit denen sollte man besser erst gar nicht werben. Da war wirklich gedacht an einen Nachbarschaftsladen, und die Frauen wollten ein Friseurlädchen, einige wollten so ein kleines Handwerkerausstellungsräumchen..." (Interview B 2, 1994)

Die geringe Bereitschaft der Projektbeauftragten mit den formell legitimierten Handlungs- und Entscheidungsbenen zu kooperieren und Kommunikationswege zwischen Kommune, Fachverwaltung und Dorf aufzubauen, um konsensual getragene Entscheidungen aufzubauen, lassen den Projektauftrag im Ergebnis scheitern; die folgende Interviewpassage zeigt, daß inzwischen Planer und Bürgermeister versuchen, das Projekt über baulich-räumlich diskutierte Lösungsvarianten in der Realisierung voranzubringen.

"Nein, in diesem Sinne hat es nicht stattgefunden. Das wurde nachher in der Planung so gemacht, daß es zwar besprochen wurde, aber es wurden dann einfach Zeichnungen gemacht. Es wurde "Dienstleistungszentrum" gebäudemäßig mehr aufgerollt. Und dann kam dazu, daß der Bürgermeister in diesem "Dienstleistungszentrum", sind ja alles spannende und wirklich gute Ansätze, die Sozialstation für die Großgemeinde unterbringen wollte. Kam 'ne neue Komponente hinzu. Das gesamte Seniorenthema wieder endlich da, aber funktionalisiert und institutionalisiert. Und er hatte gute Ansätze. Nur, und daher hab' ich damals in meinem Artikel auch geschrieben, ein bißchen die Könige auch im Hinterkopf. Die guten Könige, die wissen, was für's Volk gut ist, die also ihre guten Ideen von oben oder von außen bringen, aber nicht darauf warten, wie ist das Echo und dann zutiefst verletzt sind, richtig menschlich verletzt sind, wenn man nicht Hurra schreit, sondern erbitterten Widerstände, obwohl die Gedanken eigentlich gut sind." (Interview B 2, 1994)

Und weiter:

"Und ich habe als Fazit von meinem Auftrag, den ich, wie ich sage, nur ansatzweise habe ausführen können, weil einfach die Grundlage weg war: Der Bürgermeister hat's nicht mitgetragen, und, was viel, viel wichtiger ist, das Amt hat's nicht mitgetragen." (Interview B 2, 1994)

Die anfänglich hohen Erwartungen an die Dorferneuerung und der Dissens hinsichtlich des Erreichbaren beschreibt die Informantin für den Ortsteil wie für sich selber als enttäuschend:

"Aber ich würde nicht mehr so arbeiten. Daß man auf Ortsteilebene arbeitet, Wünsche, Erwartungen und dann der gnadenlose Erwachungsmoment kommt, wenn dann im Magistrat gesagt wird: 'Sag' mal, spinnen die oder was? (...) Wir sind am Anfangspunkt. Guck doch mal bitte, was von ihrer Arbeit (Anmerkung der Verfasserin: gemeint ist die Arbeit der Bürger/-innen in der Klärungsphase) von einem halben, dreiviertel Jahr letztendlich übrigbleibt. Null Komma-irgendwas? Schlicht und ergreifend würde es mich interessieren, gerade so bei meinen letzten Erfahrungen, ob irgend jemand mal hingeht und mal Abschlußbericht-Zusammenfassungen gegen den sogenannten Leistungesvermerk gegenüberstellt. Da liegt die Absurdität. Und ich habe Termine erlebt, wo ich insgesamt sagen muß: 'Leute, da war ich nicht zu nötig." (Interview B 2, 1994)

Damit kritisiert die Projektbeauftragte auch letztlich die Übernahme der Ergebnisse aus der Klärungsphase über die Leistungsvermerke bzw. Bilanztermine in die Planungsphase.

Der Planer, ausgebildeter Architekt, der in B-Dorf die Dorfentwicklungsplanung bearbeitet, ist seit 10 Jahren in der Region mit Dorferneuerungsverfahren betraut. Er zieht einen Vergleich zu den Dorferneuerungsverfahren in der Vergangenheit und dem neuen Verfahren. Der Planer sieht Vorteile in den Klärungsphasen, was seine Arbeit vor Ort in den Dorferneuerungsschwerpunkten angeht. Er fühlt sich insbesondere durch die Arbeit der Projektbeauftragten entlastet, weil er hofft, zukünftig seine Arbeit mit mehr Distanz und damit mit weniger Reibungsverlusten zum örtlichen Geschehen leisten zu können:

"Ganz wichtig ist mir, daß ich einen Vorzug darin sah, in B-Dorf glaube ich ganz zuerst, aber auch in anderen Gemeinden, daß dieses totale Eingebundensein für 'nen Planer nicht so gut ist.

Also, ich will eigentlich nicht mehr jede Polarität und jedes Ränkespiel und also die Mehrarbeiten vorgetragen bekommen und 'per Du' sein mit allen Leuten, will ich eigentlich nicht." (Interview B 2.1, 1994)

Widersprüche und Differenzen im Verfahren entstehen aus der Wahrnehmung des Informanten durch die hohen Erwartungen, die durch aktivierende Bürgerentwicklung geschürt werden und später nicht realisiert werden können:
"Bei einigen Vorlaufphasen sind vielleicht zu hohe Erwartungsansprüche trainiert worden. Aber wie soll man das auch anders machen. Eine Zukunftswerkstatt oder jetzt darüber nachdenken: 'Was kann ein Leitbild für den Ort sein?" muß darauf hinauslaufen: 'Jetzt spinnen wir mal. Jetzt malen wir das mal aus, was sein könnte.' Und wenn Projektansätze geboren werden sollen, entwickelt werden sollen, ja, mit der Zielrichtung, daß sie sich entwickeln, dann muß man sie auch sehr intensiv vertreten, dann muß man sie wie ein Showmaster anpreisen, muß von ihnen begeistert sein. Das wird halt mißverstanden, oder das wird halt so gewertet, als wäre alles erreichbar. Vielleicht werden teilweise zu große Erwartungen geschürt." (Interview B 2.1, 1994)

Die Schwierigkeiten, im Verfahren B-Dorf angesprochen, bewertet der Planer als einen parteipolitischen Schauplatz:
"Das hängt dann wieder damit zusammen, daß die ja nicht nur das Kampffeld, den Kriegsschauplatz "Dienstleistungszentrum" haben, sondern auch das DGH (Anmerkung der Verfasserin: Dorfgemeinschaftshaus), wo sich die Fraktionen bekriegen ..." (Interview B 2.1, 1994)

Und die taktischen Züge im kommunalpolitischen Interessengeflecht der Gemeinde präzisierend:
"Der Arbeitskreis hat gesagt: Ja, ja, das Konzept ist gut. Wenn der Raum schön klein ist, können die sich da oben dafür einsetzen, daß DGH DGH bleibt und daß die Sporthalle gebaut wird." (Interview B 2.1, 1994)

Diese Haltung in den Verhandlungen unterscheidet sich von dem Arbeitsverständnis der Experten, so der Planer:
"Der eine will das, was Politiker immer weniger wollen (...) Innerhalb von 4 Jahren muß was Schönes, Weißes, Hohes stehen. Dann hat man die Gewähr, daß man einigermaßen wiedergewählt wird, und Moderatoren/Moderatorinnen und Planer, die denken ein bißchen visionär oder auch mal an den Hintergrund und die Inhalte. Das zählt für die nicht. Das wird auch in Zukunft schwer sein zu vermitteln. (Interview B 2.1, 1994)

Der Informant bewertet die entstandenen Schwierigkeiten im Projektverlauf "Dienstleistungszentrum" als Kommunikationsprobleme:
"Die hat, die (...) (Anmerkung der Verfasserin: Name der Projektbeauftragten) keinen Versuch unternommen, hat nicht von vornherein gesagt, Herr Bürgermeister, ich meine nicht ein Geschäft von 400 qm, sondern ich meine das Modell Bergfreiheit oder das Modell Alten-

hasungen. Damit hat man sie so'n bißchen machen lassen. (...) Die Parteien sind von unterschiedlichen Positionen ausgegangen." (Interview B 2.1, 1994)

Das notwendige Bürgerengagement, welches das von der Projekt-beauftragten favorisierte Konzept 'Nachbarschaftsladen' von der Organisationsstruktur her erfordert, sieht der Informant ambivalent:
"Also, vom Herzen her würde ich gern in zwei Nachbarschaftsläden mitarbeiten, aber so in der Ratio, wenn ich so bedenke, was läuft denn eigentlich so? Ist doch alles Käse. Also, das könnte auch, also diese Ratio könnte auch von (...) (Anmerkung der Verfasserin: Name des Bürgermeisters von B-Dorf) sein. Aber, es gibt ja auch immer Leute, die sagen, Bergfreiheit läuft ja nur, weil 2 - 3 sich da aufopfern oder sich selbst ausbeuten." (Interview B 2.1, 1994)

Auf die Frage nach seiner Bewertung der Bürgermitwirkung in der Hessischen Dorfentwicklung führt der Informant einerseits seinen persönlichen Anspruch an einen partizipativen Arbeitsstil aus, den Schwierigkeiten damit und andererseits das Erfordernis, Entscheidungen zu fällen und Verantwortung zu übernehmen für diese Entscheidungen; seine Ausführungen belegen deutlich seine Ambivalenzen mit der Thematik:
"Es muß Grenzen haben. Mein Traum, alle zu beteiligen, ist enorm. Ich rechtfertige damit viele Unzulänglichkeiten und laß'mich aber immer wieder darauf ein. Das heißt, lasse mich deshalb auch immer wieder darauf ein, mach' deshalb auch alle Fehler, das heißt, ich bin (Anmerkung der Verfasserin: mit den Projekten) immer noch nicht fertig und so. Auf der anderen Seite will ich aber, und das ist zunehmend meine Erfahrung, ich will Verantwortung und dann will ich die Argumente hören, und das haben wir dann halt entschieden. (...) Da waren die ersten Planer, die sich einen Dreck geschert haben um, weiß ich jetzt, Bürgerbeteiligung oder so, sondern die geplant haben. Die haben zwar wenig beteiligt und häufig mal die Baukosten überzogen, aber die haben saubere Lösungen produziert. Wir, die wir alles immer verstehen und für alles Verständnis haben und immer die anderen Leute sich verwirklichen lassen wollen, wir produzieren Mittelmäßigkeit. Das war jetzt hier - Wahnsinn - war das jetzt. Das war inhaltlich, wo ich schon lange darüber nachgedacht habe und was mir auch sehr bewußt ist, eigentlich." (Interview B 2.1, 1994)
In dieser Pro-und-Contra-Argumentation werden die Grenzen beschrieben, die der Planer im Hinblick auf praktizierte Bürgermitwirkung für seinen Arbeitskontext sieht, um selber noch gute inhaltliche Arbeit leisten zu können. Seine Ausführungen im Gesamtinterview bezogen sich überwiegend auf die städtebaulichen, architektonischen Aufgabenstellungen in der Dorferneuerung.

4.2.4.3 Kommunale Ebene: Interviewpartner: Bürgermeister; Interviewebene B 3 in der Interviewsystematik

Der Bürgermeister sieht als zentrales Problem die von der Projektbeauftragten ausgelösten Erwartungen an das Dorferneuerungsprogramm. Wenngleich er ihren Arbeitseinsatz anerkennt, kritisiert er, wie sehr sie sich in die innerörtlichen, parteipolitisch geprägten Auseinandersetzungen hat mithereinziehen lassen und betont seine Rolle als Verantwortlicher für die zu treffenden Entscheidungen in der Gemeinde. Offenkundig fühlte er sich in die Entscheidungsprozesse in B-Dorf nicht einbezogen und reagiert darauf mit seinen Kompetenzmöglichkeiten qua Amt:

"Da sage ich Ihnen jetzt meine ganz ehrliche Meinung und auch die Wahrheit und die ist nicht so schön. Nämlich die (...) (Anmerkung der Verfasserin: Name der Moderatorin) ist eine sehr gute Mitarbeiterin, hat hier nur einen ganz großen Fehler begangen. Sie hat eine unwahrscheinliche Euphorie da oben verbreitet in den einzelnen Arbeitsgruppen; sie ist also mit einer Akribie, einer Genauigkeit vorgegangen, einer Präzision und hat auch motivieren könnnen und hat natürlich durch diesen Motivationsschub die Euphorie im Endeffekt freigesetzt. Und nach dieser Euphorie hätten wir in B-Dorf etwa 5-6 Mio. DM zu verbauen, und wenn wir das alles umsetzen, was hier von den einzelnen Arbeitsgruppen gefordert worden ist. Und da ist es natürlich ganz, ganz schwer für mich gewesen, einen Keil reinzutreiben, und den mußte ich da reintreiben, um nämlich wieder auf das Maß, das tatsächliche Maß der Dinge zurückzukommen. Und das hat für mich bedeutet einen Rückschritt, denn ich habe gar keinen Kontakt zu B-Dorf bekommen. Ich bin außen vorgelassen worden. Man hat mich ignoriert, weil man mich dahin gestellt hat in die Richtung, als ob ich ein Verhinderer der Dorferneuerung wäre. Dem ist ja nicht so, im Gegegenteil. Und Frau (...) (Anmerkung der Verfasserin: Name der Moderatorin) hat schnell erkannt, daß sie in die Zwickmühlen verschiedener politischer Interessengruppen kam, die nämlich durchsetzt waren oder sind in diesen Arbeitskreisen. Also, das ist einmal die CDU und zum anderen die freien Wähler, die hier entsprechend - freie Wählergemeinschaft, der der Ortsvorsteher angehört - und eine starke Lobby der CDU, die dort oben sich gegenseitig auch das Leben schwer gemacht haben, weil sie eben sich selbst beweihräuchern wollten über das, was sie im Endeffekt geschaffen haben. Und jetzt sage ich es Ihnen mal, wie es tatsächlich war in der Praxis: Ob es der Kindergarten war oder diese Sachen hier (Anmerkung der Verfasserin: gemeint ist "Dienstleistungszentrum" und Altenwohnungen), ist im Endeffekt alles über meinen Schreibtisch gelaufen." (Interview B 3, 1994)

Auf die Frage an den Informanten, wie er die Bürgermitwirkung im Hessischen Dorferneuerungsprogramm beurteilt, bleibt der Bürgermeister in seiner Einschätzung und Wahrnehmung von B-Dorf; dort wurde die versuchte Demokratisierung des Verfahrens parteipolitisch ausgenutzt:

"Ja, das konnte ich gerade in B-Dorf, das war ja die Euphorie, die da eingesetzt wurde, wieder sehen. Da hatten natürlich einige ganz starkes Privatinteresse in erster Linie mit dabei. Das will ich jetzt nicht im einzelnen sagen, aber ich könnte es schon belegen (...) Und (Anmerkung der Verfasserin: die Demokratisierung des Verfahrens) wurde eben ausgenutzt. Und da komme ich wieder darauf zurück - parteipolitisch -leider Gottes - ausgenutzt. Das war ganz, ganz schlimm, was da vor der letzten Kommunalwahl zwei Nächte in B-Dorf gelaufen ist. Mit Flugblattaktionen, wo man sich gegenseitig beschimpft hat, sich gegenseitig vorgeworfen hat oder gegenseitig beweihräuchert hat, was man gemacht hat. Also, wenn man so weit erst ist, daß die Parteipolitik auf dem Dorf so greift, um die einzelnen Interessen zu wahren, dann sind wir leider nicht mehr in der Demokratie." (Interview B 3, 1994)

Aus der Erfahrung in B-Dorf bewertet der Informant die Demokratisierungsbemühungen im Dorfentwicklungsverfahren in diesem spezifischen Fall überwiegend als kontraproduktiv für den Verlauf.

4.2.4.4 Regionale Ebene: Interviewpartnerin: Mitarbeiterin der Fachverwaltung; Interviewebene B 4 in der Interviewsystematik

Im zuständigen Amt für Regionalentwicklung, Landschaftspflege und Landwirtschaft hat die Zuständigkeit für die Verfahrenslenkung in B-Dorf von einem Mitarbeiter zu einer Mitarbeiterin gewechselt. Durch personelle Veränderungen, ausgelöst durch die Auflösung von Abteilungen im Zuge der Verwaltungsstrukturreform[26], stehen die beiden Kollegen in einer Konkurrenzsituation; der Informationsaustausch nach Projektübergabe ist schwierig. Die Informantin muß sich erst einarbeiten. Der Kollege hat zuvor noch die Bilanztermine geleitet; in den Vermerken findet das "Dienstleistungszentrum B-Dorf" jeweils Erwähnung; der Handlungsbedarf für das Projekt wird anfangs nur in bezug auf die städtebaulichen und hochbaulichen Anforderungen gesehen. Der Auftrag für eine Projektkonzeption mit Trägerschaftsklärung an die Projektbeauftragte erfolgt erst nach einem Termin mit dem zuständigen Landesamt, deren Mitarbeiterin diesen Mangel erkennt.

Die Informantin der Fachverwaltung, hier gefragt nach einem sozioökonomischen Projekt im Zuständigkeitsbereich ihres Amtes mit Aussicht auf Erfolg, nennt B-Dorf:

"Wer sich von meinem Dafürhalten noch mehr anbietet, (Anmerkung der Verfasserin: als erfolgreiches Projekt), ist B-Dorf. Vorklärungsphase ist abgeschlossen, seit einigen Monaten, Planung hat begonnen. Gehört zur Großgemeinde (...) (Anmerkung der Verfasserin: Name der Kerngemeinde). Enorm rühriger, um nicht zu sagen ehrgeiziger Bürgermeister. Wichtig. Ein sehr ehrgeiziges Projekt im Ort ist angedacht, und zwar 'Betreutes Wohnen'. Es sollen einige Wohneinheiten für zwei, drei ältere Leute eingerichtet werden, über oder neben einem

---

26 vgl. hierzu: Kap. 2.6.3 - 2.6.3.2 .

kleinen Nachbarschaftsladen, der auch angedacht ist... Es wird schon nach einem Grundstück gesucht... Und der Komplex, in dem diese Wohnungen mit drin sein sollen, ist entweder, wie gesagt, als Nachbarschaftsladen oder als kleiner Laden gedacht, von einer Kette, die finanzkräftig ist. Edeka könnte da reingehend. Dann wird angedacht, ob die Post, die Sparkasse mit reinkommt, Dienstleistungszentrum und wie groß, wie weit. Das sind Verhandlungen, im Moment jetzt hin und her, wie finanzstark die Gemeinde ist und zustimmt, weil B-Dorf selber nur ein ganz kleiner Ortsteil ist... Und was noch interessant ist, ein Arbeitskreis von Frauen, die das ein bißchen mitverfolgt haben am Rande. Aber hauptsächlich eine Gruppe, die kreativ ist, im weitesten Sinne. Eine Frau töpfert, eine macht Emaillearbeiten, Handarbeiten, so auf verschiedenster Basis. Fast 20 Frauen zusammen, und die versuchen, in diesen Nachbarschaftsladen, wenn es denn so einer werden sollte, mit reinzukommen mit ihren Angeboten." (Interview B 4, 1993)

Dieses Interview wird einen Monat vor Abgabe des Abschlußberichtes zum Folgeprojekt "Dienstleistungszentrum B-Dorf" geführt.
Das erfolgte Interview bestätigt, daß nach wie vor keine konkrete Projektkonzeption existiert. Dies wird von der Verwaltung bis dato auch nicht als Mangel erkannt.
Dem Projekt wird zu dieser Zeit eine hohe Erfolgschance, d. h. Realisationschance von seiten der Fachverwaltung beigemessen. Das Defizit: mangelnde Konzeption und das Hemmnis "Dorfkrieg" und "Parteienstreit" kann von der zuständigen Sachbearbeiterin offensichtlich nicht benannt werden.
Auf die Frage, welcher Klärungsphasenverlauf positiv bzw. negativ beurteilt wird, nennt die Informatin vor allem die Fähigkeiten der Bürger/-innen zur selbständigen Weiterführung von Initiativen nach der Klärungsphase:
"Eine gute Bürgerbeteiligung würde ich auf jeden Fall als ganz wesentlich erachten, und was ich auch wichtig finde, daß die nach dem Abschluß der Klärungsphase selbständig weiterarbeiten. Dann scheint mir, ist die Übertragung gelungen, wenn sie von der Bevölkerung weitergetragen wird." (Interview B 4, 1993)

Indirekt auf den Fall B-Dorf beziehend, sieht die Verwaltungsmitarbeiterin eine wesentliche Aufgabe der Moderatoren der Klärungsphasen darin, eine sachliche und distanzierte Position im Verfahren zu wahren:
"Trotzdem würde ich denken, daß der Moderator/die Moderatorin sich nicht zu sehr mit den Einzeldingen, mit dem Einzelproblem identifizieren sollte. Ich glaube, eine Moderatorin müßte schon mehr über den Dingen stehen und darf sich nicht so sehr mit den Einzelproblemen... sich da so reinengagieren, daß sie da ihre Kraft verliert, sondern eher versuchen den allgemeinen Überblick zu behalten und das Dorf zu sehen, das ganze." (Interview B 4, 1993)

Die Informantin nennt die Rolle der Moderatoren als Interessenvertreter/-in der Bürger/-innen, betont aber gleichzeitig ihre Vermittlerrolle zwischen den verschiedenen Handlungsebenen:

"Also, an aller erster Stelle muß er wirklich die Bedürfnisse der Bevölkerung vertreten. Aber es sind ihm natürlich Grenzen und Fesseln angelegt, und er kann nur durch ein ganz gewisses Vorgehen bei den Behörden Dinge erreichen, auch nur unter dem Gesetz und den Richtlinien, die gegeben sind, Dinge erreichen. Und von daher muß er im Grunde... auch bei der Behörde, hervorragend agieren und mit denen zusammenarbeiten." (Interview B 4, 1993)

4.2.5 Zusammenfassende Analyse der Akteurskonstellation im Fallbeispiel B-Dorf

Der progressive Verlauf eines sozioökonomischen Projektes ist, wie im Fall B-Dorf an einem Negativverlauf nachgewiesen werden kann, primär davon abhängig, ob Akteure im Verfahren auf der formell legitimierten Handlungs- und Entscheidungsebene und auf der informell und formell assoziierten Handlungsebene in einem Prozeß des Kommunizierens, Aushandelns und Entscheidens zu einer gemeinsamen Handlungslinie finden. Dies führt zu einer gemeinsamen Organisationsstruktur und Kooperation, von der beide Handlungsebenen profitieren. Dabei können wirtschaftliche wie sozialstrukturelle Überlegungen für beide Handlungsebenen oder auch nur für eine Handlungsebene die Motivation zur Kooperation sein.

> "Der Markt ist als Ordnungsprinzip nicht weniger wichtig. Das Bewußtsein des einzelnen von den Vorteilen eines Austauschs für beide Tauschpartner sowie seiner Abhängigkeit von der Befriedigung der Bedürfnisse anderer für die Befriedigung der eigenen Bedürfnisse - d.h. sein Bewußtsein von der 'Interessenkonstellation' sorgt für Regelmäßigkeit und Geordnetheit in der Gesellschaft."[27]

Voraussetzung für die Erarbeitung einer gemeinsamen Handlungslinie ist die "Offenheit und Legitimität von Partikularinteressen"[28]; Shils dazu weiter ausführend:

> "Wichtige Elemente der civil society sind auch Selbstbeherrschung und die Anerkennung, daß der Rivale oder Konkurrent doch auch Angehöriger der eigenen civil society ist."[29]

---

27 Edward Shils: Was ist eine Civil Society? In: Krzysztof Michalski: Europa und die Civil Society. Stuttgart 1991; S. 18.

28 Edward Shils: (a.a.O.); S. 19.

29 Edward Shils: (a.a.O.); S. 19.

Shils Formulierung nicht als moralisches Postulat, sondern als Metapher für eine Form gesellschaftlichen Zusammenwirkens verstanden, beinhaltet eine Handlungsperspektive, heterogene oder auch partikulare Interessen anzuerkennen, solange sich die Akteure über Argumente verständigen und an einer das Gemeinwohl fördernden Problemlösung interessiert sind.[30]

Dieser Prozeß konnte in B-Dorf nicht hergestellt werden. Die Hemmnisse zur Umsetzung einer Projektidee zu einem sozioökonomisch wirksamen Projekt lagen in verschiedenen Ursachen, die sich teilweise gegenseitig negativ verstärkt haben:

- Am Prozeß beteiligte Personen und Personengruppen auf Orts-, Gemeinde- und Expertenebene entwickelten unterschiedliche, gegenläufige Vorstellungen, was unter dem Begriff "Dienstleistungszentrum" zu verstehen ist.
- Die eingesetzte Projektbeauftragte war bereits in der Klärungsphase nach eigenen Aussagen, durch Zweite und Dritte bestätigt, in den Parteienstreit auf Ortsteilebene sowie zwischen Ort und Kommune involviert. Sie konnte auch im Folgeprojekt keine sachbezogene Expertenposition einnehmen; von einer inhaltlichen wie methodischen Überforderung muß ausgegangen werden. Der Projektabschlußbericht enthält keine Aussagen zu möglichen Konzeptionen der verschiedenen vakanten Nutzungen im Dienstleistungszentrum und behandelt folglich auch nicht mögliche Trägerschaftsformen.
- Die regional zuständige Fachverwaltung konnte offensichtlich nicht fachlich in den von Lobbyismus geprägten Meinungsstreit zwischen Kommune und Ortsteilbevölkerung und eingesetzter Projektbeauftragten klärend eingreifen. Vermutlich wurden die Probleme sowie ihre Vernetzungen fachlich nicht erkannt.
- Obwohl die Idee "Dienstleistungszentrum" bereits in der Klärungsphase durch Bürgerinnen und Bürger in B-Dorf entsteht, wird der Auftrag zur Klärung dieses Vorhabens erst zweieinhalb Jahre nach Beendigung der Klärungsphase vergeben. Der bereitgestellte kommunale Investitionsrahmen für die Dorfer-

---

30 vgl. hierzu: Edward Shils: (a.a.O.); S. 15: Shils führt aus: "Zum Kollektivbewußtsein der civil society gehört ein Interesse am Gemeinwohl. 'Zivilität', Bürgersinn ist die charakteristische Denk- und Verhaltensweise in einer civil society, die der Teilhabe des einzelnen am Kollektivbewußtsein der civil society entspringt. Bürgersinn bedeutet unter anderem eine Bindung an die Gesamtgesellschaft, er fließt in alle Entscheidungen und Handlungen ein, die darauf gerichtet sind, das Wohl der ganzen Gesellschaft zu wahren und zu fördern. (...) Ein allgemein verbreitetes ziviles Denken sorgt für einen Ausgleich zwischen den verschiedenen rivalisierenden und ihre Sonderinteressen vertretenden Teile der Gesellschaft."

neuerung in B-Dorf ist zu dieser Zeit mit inzwischen zwei kommunalen Hochbaumaßnahmen ausgeschöpft. Durch die Verfahrenslenkung der Fachverwaltung ist versäumt worden, das Ladenprojekt alternativ für die Prioritätenfolge der Maßnahmen vorzusehen. Andernfalls hätte ein Auftrag zur Klärung des Projektes nicht mehr vergeben werden dürfen, wenn es sich ohnehin als Dorferneuerungsmaßnahme ausschließt.

- Die geschlossenen Positionen der Akteure, mit denen Argumente vertreten, aber nicht ausgetauscht wurden, führten zu einer kontraproduktiven Akteurskonstellation im Hinblick auf einen positiven Projektverlauf.

In die Verhandlungen für dieses Projekt ist auf allen involvierten Handlungsebenen uneffizienter Zeit- und Kostenaufwand geflossen.

4.2.6 Beteiligungsstandards im Kontext sozioökonomischer Projekte in der Hessischen Dorferneuerung

Die Arbeitshypothesen[31] überprüfend, werden nachfolgende Beteiligungsstandards für sozioökonomische Projekte entwickelt:

Verhandlungs- und Kooperationsbereitschaft der Akteure

➔ Der zeitlich, personell und finanziell begrenzte Verfahrens- und Handlungsrahmen der Hessischen Dorferneuerung kann nur ein begrenztes Maß professioneller Projektbetreuung in Aussicht stellen. Voraussetzung zur Umsetzung sozioökonomischer Projekte sind deshalb verhandlungsinteressierte Akteure auf den beteiligten formell legitimierten, informell und formell assoziierten Handlungsebenen. Erkennbare gegenläufige Verhandlungspositionen in der Konstellation der Akteure müssen verhandelt werden und zu einem Konsens hingeführt werden. Ist dies nicht möglich, muß auch die Aufgabe eines Projektziels einkalkuliert werden.

Der Bedarf an Verhandlungsspielraum

➔ Für die Entwicklung sozioökonomischer Projekte muß durch die Projektbearbeitung ein Verhandlungsspielraum für die beteiligten Akteure geschaffen werden, in dem Sachargumente ausgetauscht und Verhandlungspositionen

---

[31] vgl. hierzu: Kap. 4.1.7 .

dargelegt werden, um im Eigeninteresse der Akteure wie im Interesse der Gemeinschaft eine gemeinsame Problemlösung zu erarbeiten.

Projektmanagement durch die freiberuflich involvierten Expertinnen und Experten

➔ Die Aufgaben der/des Projektbeauftragten liegen in der Organisation und Moderation der Kommunikation, in der Konfliktbewältigung zwischen den Beteiligten und im Einbringen sachlicher Informationen zum Themeninhalt des Projektes. Die Analsye aus den Erkenntnissen der Verhandlungen entwickelt der/die Projektbeauftragte unter Mitwirkung der Akteure, die Entscheidung im Hinblick auf die Problemlösung treffen die Akteure selbst; sie werden von dem/der Projektbeauftragten dokumentiert.

Eigenverantwortlichkeit / Identifikation / Tragfähigkeit

➔ Die Eigenverantwortlichkeit der verhandelnden Akteure für die Entscheidung zu einer bestimmten Problemlösung ist sowohl für die Identifikation als auch für die wirtschaftliche Tragfähigkeit sozioökonomischer Projekte entscheidend; diese beiden Faktoren sind interdependent.

Sozioökonomische Projekte in der Verfahrenslenkung der Fachverwaltung

➔ Die Effizienz der Hessischen Dorferneuerung als Strukturprogramm im ländlichen Raum hängt wesentlich davon ab, inwieweit die Fachverwaltung finanz- und fördertechnisch sowie verfahrensstrukturell der Umsetzung sozioökonomischer Projekte in der Verfahrenslenkung Priorität einräumt.

⇨ Die Informationspolitik der Verwaltung, insbesondere zu öffentlichen Anlässen wie Bürgerversammlungen, Arbeitsgruppensitzungen, muß die Möglichkeiten und Vorteile sozioökonomischer Projekte am Beispiel aufzeigen und als Programmziel thematisieren.[32]

---

[32] vgl. hierzu auch: Kap. 4.3.6 folgend.

4.3 Fallanalyse C-Dorf - Partizipationsstrukturen im Kontext ökonomisch wirksamer Projekte

Aus diesem Fall werden Beteiligungsstandards für ökonomisch wirksame Projekte abgeleitet. In der Klärungsphase in C-Dorf werden durch den Arbeitsschwerpunkt des Projektbeauftragten mehrere ökonomisch wirksame Projektansätze beschrieben; erste Beratungsgespräche finden statt; in dieser Arbeit werden zwei Ansätze näher betrachtet.

4.3.1 Kurzbeschreibung des Dorferneuerungsschwerpunktes C-Dorf nach Lage des Ortes im Raum, Daten/Fakten zur örtlichen Wirtschafts- und Sozialstruktur und städtebauliche Situation

4.3.2 Zeitchronologische Verlaufsbeschreibung des Dorfentwicklungsverfahrens in C-Dorf

- Beginn der Klärungsphase

Für den Ortsteil C-Dorf wird im Februar 1991 vom Amt für Landwirtschaft und Landentwicklung eine Klärungsphase an ein Planungsbüro in Auftrag gegeben. Das Büro weist langjährige Erfahrungen in den Arbeitsbereichen Dorf- und Regionalentwicklung vor; es weist eine sozialwissenschaftliche Orientierung aus.

- Auftragsverständnis der Projektbeauftragten

Der Planer, ausgebildeter Stadt- und Regionalplaner, (Anmerkung der Verfasserin: nachfolgend Projektbeauftragter genannt) definiert seinen Auftrag im Abschlußbericht wie folgt:

"Durch die Informations-, Beratungs- und Motivationsphase sollen auf vielfältigen Ebenen - kulturell, wirtschaftlich, sozial - bestehende Probleme und Ideen aufgegriffen und insbesondere strukturverbessernde Maßnahmen initiiert werden. Das Ziel ist es, die Bedürfnisse verschiedener Bevölkerungsgruppen im Ort zu erfassen und sie zu motivieren, lokal angepaßte Lösungsmöglichkeiten zu entwickeln. Der Projektbeauftragte soll hierbei beratend und strukturierend wirken, jedoch nicht die Aktivitäten selber bestimmen."

● Vorgehensweise/Methode des Projektbeauftragten
Gewählt wird für diese Aufgabenstellung ein methodisches Vorgehen in zwei Arbeitsetappen:

1. Gesprächsphase (vor der Sommerpause):
Allgemeine Sammlung von Ideen und Problembereichen durch Einzelgespräche mit Schlüsselpersonen, die gleichzeitig auf die Erfassung wirtschaftlicher Aktivitäten ausgerichtet sind.

2. Arbeitsgruppenphase:
Bearbeitung und Weiterentwicklung der in der Gesprächsphase aufgeworfenen Ideen von verschiedenen Gruppen; Vorstellungen von Themenschwerpunkten in einer Bürgerversammlung.

Neben der Durchführung von zwei Bürgerversammlungen finden ca. 10 Arbeitsgruppengespräche und u.a. 2 Ortsbegehungen statt.

● Entwicklung ökonomischer Projektansätze
Einen Schwerpunkt seiner Arbeit legt der Projektbeauftragte auf eine Bestandsaufnahme wirtschaftlicher Aktivitäten im Ort und führt Einzelgespräche mit den Betriebsinhabern/-innen: einer Porzellanmalerin, zwei Schneiderinnen, einem Elektromeister, den Betreibern eines Reithofes, einem Koch, der die Absicht verfolgt, in C-Dorf ein Restaurant zu eröffnen, einem Landwirt mit Ab-Hof-Vermarktung und einem EDV-Anwender, der erwägt, eine Firma mit Firmensitz in C-Dorf zu gründen.

In dieser Fallanalyse werden von mehreren möglichen ökonomischen Projektansätzen in C-Dorf zwei ausgewählt und in ihrem weiteren Verlauf dokumentiert und untersucht: ein Direktvermarkter und zwei Frauen, die selbständig Näharbeiten ausführen.

● Handlungsansätze für Projekte aus der Klärungsphase
Zunächst die Ausführungen aus dem Klärungsbericht zum direktvermarktenden Landwirt:

"Der landwirtschaftliche Betrieb Stein (Anmerkung der Verfasserin: Name wurde verändert) betreibt bereits in der dritten Generation Hausschlachterei; Stein ist sogar gelernter Metzger. Zum Absatz von Teilen der eigenen Schweineproduktion wurden in den vergangenen Jahren neue Schlacht-, Reife- und Kühlräume im Keller des Aussiedlerho-

fes hergestellt. Mit Unterstützung des Amtes für Regionalentwicklung, Landschaftspflege und Landwirtschaft wurde der Absatz der Wurst zunächst über den Wochenmarkt in Vellmar organisiert, anschließend ein Verkaufsraum auf dem Hof (allerdings ohne die möglichen Zuschüsse) eingebaut. Der Umsatz aus diesem Bereich ist zur Zeit nicht ausreichend; insbesondere die Absatzwege für größere Mengen fehlen. Herr Stein ist daher zur Zeit in einer naheliegenden Kleinstadt beschäftigt; Wurst- und Fleischproduktion laufen im Nebenerwerb. Mit der Übernahme des elterlichen Hofes 1992 rechnet er jedoch mit einem ausreichenden Einkommen, um sich der Kette Landwirtschaften/Hausschlachten/Direktvermarkten ganz widmen zu können.
Vorgeschlagene Maßnahmen: Umfassende Absatz- und Qualitätsberatung, genaue Beratung bezüglich des landwirtschaftlichen Innovationsprogrammes des Hessischen Ministeriums für Landesentwicklung, Wohnen, Landwirtschaft, Forsten und Naturschutz."

Zum zweiten ökonomischen Projektansatz hält der Klärungsphasenbericht fest:

"Ein relativ junger Betrieb ist eine Schneiderei von zwei Frauen. Frau Schmidt und Frau Seib (Anmerkung der Verfasserin: Namen wurden verändert), die Kinderbekleidung mit individueller Beschriftung herstellen. Für den gegenwärtigen Auftragsbestand sind sie jedoch in ihren Wohnhäusern nicht ausreichend ausgestattet, wesentliche Lager- und Verkaufsflächen sind nicht erforderlich."

● Handlungsansätze für Projekte aus der Klärungsphase

Die Vielzahl ökonomischer Projekte in C-Dorf betont der Projektbeauftragte in seinem Bericht:

"Verglichen mit anderen Orten dieser Größenordnung, bestehen in C-Dorf zahlreiche gewerbliche Initiativen. Die Nutzung dieses Potentials ist unbedingt zu empfehlen. Wünschenswert ist hierbei zweifellos eine fundierte Absicherung der Betriebe durch entsprechende Beratung. Als besondere Chance ist das Büro des EDV-Anwenders (...) (Anmerkung der Verfasserin: Name des Informatikspezialisten) zu sehen, dessen Arbeits- und Kommunikationsstrukturen als Musterbeispiel eines ländlichen Gewerbebetriebes der 'neuen Generation' dienen könnte. Die meisten anderen Ansätze können auch als Brücken in den Tourismusbereich fungieren."

● Handlungsansätze für Planungen aus der Klärungsphase

Die städtebaulichen Themenkomplexe werden von dem Projektbeauftragten in drei Arbeitsgruppen: 'Ortsgestaltung', 'Zukunft' und 'Frei-zeit' diskutiert. Die Ergebnisse werden für den Untersuchungsgegenstand dieses Falles vernachlässigt, weil sie mit den ökologisch wirksamen Projekten nicht in Bezug stehen. Die städtebaulich relevanten Themen fließen in der Leistungsbeschreibung der Fachverwaltung in eine obligatorische städtebauliche Aufgabenbeschreibung mit ein; sie werden in dem Zusammenhang in dieser Arbeit erwähnt.

Die Klärungsphase endet im November 1991.

● Bildung des Arbeitskreises

Der 15köpfige Arbeitskreis Dorferneuerung wird zum Ende der Phase gegründet, repräsentiert die Mitglieder der Arbeitsgruppen und setzt sich aus 7 Frauen und 8 Männern zusammen. Anders als im Fall A und B sind in diesem Arbeitskreis keine Ortsbeiratsmitglieder.

An dieser Stelle sei angemerkt, daß das Dorferneuerungsverfahren in C-Dorf noch nach dem alten Leistungsbild und Ablaufschema duchgeführt und für ca. ein Jahr unterbrochen wird, bis im Oktober 1992 die Planungsphase beginnt. Dennoch soll hier verfolgt werden, inwieweit die recht umfassende Bestandsaufnahme möglicher ökonomisch wirksamer Projekte durch die Verfahrenslenkung der Fachverwaltung und Arbeit des Planungsbüros in der Umsetzung weitergeführt wird.

● Verfahrenslenkung durch die Fachverwaltung

Im Juli 1992 wird vom zuständigen Amt für Regionalentwicklung, Landschaftspflege und Landwirtschaft der Leistungsvermerk erstellt. Unter dem Gesichtspunkt 'Gesamtentwicklung' und 'Infrastruktur' formuliert der Vermerk Aufgabenstellungen zur Weiterentwicklung ökonomischer Projektansätze:

"Neben der Möglichkeit der Nutzung leerstehender oder untergenutzter Bausubstanzen zu Wohnräumen soll das starke Interesse der Bewohner in C-Dorf an einer Aufwertung der Wohnqualität in Form von Entwicklungsszenarien mit den Bürgern/Bürgerinnen diskutiert werden. Die Stärkung der Wirtschafts- und Sozialstruktur und der Erhalt und mögliche Ausbau von Arbeitsplätzen ist besonders zu berücksichtigen. Das Ergebnis soll ein mit Bürgern/Bürgerinnen abgestimmtes Ortsentwicklungskonzept sein."

Und weiter:

"Mit allen privaten Einrichtungen (Anmerkung der Verfasserin: der Verfasser meint hiermit Handwerks-, Gewerbe- und Dienstleistungsbetriebe) sind Gespräche über die betriebliche Situation und den möglichen Erweiterungsbedarf zu führen. Umnutzungsmöglichkeiten sind unter dem Aspekt der gewerblichen Nutzung auch hinsichtlich des Interesses ortsfremder Betriebe am Standort zu prüfen."

Damit spricht der Vermerk indirekt die Raumsuche des EDV-Anwenders an, der in Erwägung zieht, sich mit seinem Betrieb in C-Dorf niederzulassen.

Der Vermerk der Fachverwaltung hält abschließend verallgemeinernd fest:

"Zusammen mit dem Abschlußbericht der Informations-, Beratungs- und Motivationsphase und dem Leistungsbild und Ablaufschema einer Dorfentwicklungsplanung dient dieser Vermerk als Grundlage für die Honorarangebote und die weiteren vertraglichen Vereinbarungen über die Erstellung einer Dorfentwicklungsplanung. Die eingelei-

tete Bürgerbeteiligung ist fortzuführen und zu vertiefen. Die in der Vorklärungsphase entwickelten Handlungsansätze sind vom Planungsbüro weiter zu verfolgen."

● Beginn der Planungsphase
Im Oktober 1992 erhält ein Planungsbüro den Auftrag zur Bearbeitung der Dorfentwicklungsplanung. Die Büroinhaber sind drei Architekten.

● Verfahrenslenkung durch die Fachverwaltung
Im April 1993 findet ein erster Bilanztermin statt; das Planungsbüro arbeitet ein halbes Jahr. Festzustellen an dem Vermerk ist, daß nun nach Beendigung der Klärungsphase den tradierten städtebaulichen Aufgabenstellungen, darunter ein An- und Umbau des Dorfgemeinschaftshauses, die Aufmerksamkeit gilt. Nur mit einer nachfolgend zitierten Textpassage geht der Vermerk pauschal auf die umfangreichen sozioökonomischen Projekte der Klärungsphase ein und mahnt indirekt die vom Planungsbüro fortzuführenden Beratungsgespräche an:
"Mit Handwerks-, Dienstleistungs- und Gewerbebetrieben werden Gespräche geführt werden, insbesondere auch mit dem Betreiber eines wachsenden Computerunternehmens. Fragen des sozialen Bereiches sollen mit der Gemeinde im Zusammenhang mit der Nutzung des Gebäudes im Ortskern erörtert werden. Die Nachfrage und das Interesse an Institutionen des soziokulturellen Bereiches ist groß."

Hinter dem letzten Satz, sei hier am Rande erwähnt, steht das Interesse einer Frauengruppe, die vom Projektbeauftragten in der Klärungsphase mitinitiiert wurde. Diese Gruppe möchte über einen eigenen Raum im Dorfgemeinschaftshaus für eine Kleinkinder-Krabbelgruppe verfügen.

● Vorgehensweise des Planungsbüros
Die Planer arbeiten das obligatorische Leistungsbild und Ablaufschema Dorferneuerung ab.
□
● Verlauf der Projektbearbeitung/Projektumsetzung

Im August finden seitens des Planungsbüros sechs Beratungstermine in C-Dorf statt, die ökonomische Projektansätze betreffen, darunter auch der direktvermarktende Landwirt Stein und die beiden selbständig tätigen Näherinnen im Ort. Das Beratungsprotkoll hierzu:
"Der landwirtschaftliche Betrieb betreibt bereits in der dritten Generation eine Hausschlachterei. Der Landwirt ist gelernter Metzger. Der Bereich der Selbstvermarktung läuft z. Zt. im Nebenerwerb. Neben der Verkaufsstelle und der gleichnamigen Selbstvermarktungsorganisation 'Bauernmarkt' versucht diese Organisation (deren Mitglied der Landwirt ist), auf dem neu einzurichtenden Markt auf einem Platz in (...) (Anmer-

kung der Verfasserin: Name der Kleinstadt) eine Verkaufsgenehmigung zu erlangen. Wenn dies möglich wäre, ist ein Einkommen für den Unterhalt der Familie gesichert und der nicht sichere Arbeitsplatz bei der Firma im Nachbarort könnte aufgegeben werden. Für die zu erwartende Zunahme außerörtlicher Verkaufsaktivitäten wurde beim ARLL eine Bezuschussung für einen neuen Anhänger gestellt. Z. Zt. werden keine Investitionen geplant. Der Direktvermarkter ist sich allerdings sicher, daß bis zum Ende des Dorferneuerungsprogramms im Jahre 2000 der Erweiterungsbau der Schlachterei sowie der Bau eines Gefrierraumes für Wurstwaren realisiert werden müssen."

Die Aussage, 'z. Zt. werden keine Investitionen geplant', bezieht der Architekt auf bauliche Investitionen, die erst in ca. 5 Jahren erfolgen sollen; gegenwärtig will der Landwirt zunächst in einen Verkaufswagen investieren. Das bauliche Vorhaben wird in der Landwirtsfamilie vorerst zurückgestellt. Damit stellt sich von seiten des Planungsbüros kein weiterer Handlungsbedarf.

Der Planer führt auch ein Beratungsgespräch mit Frau Schmidt, die zusammen mit ihrer Freundin Frau Seib zunächst eine Änderungsschneiderei betreibt, sich aber seit drei, vier Jahren auf das Applizieren von T-Shirts nach eigenen Entwürfen spezialisiert hat. Beide Frauen erreichen damit einen guten Zuverdienst zum Familieneinkommen, beide arbeiten getrennt in ihren Wohnungen. Frau Schmidt ist in ihren räumlichen Bedingungen für die Ausführung ihrer Arbeit beengt. Das Beratungsprotokoll:

"Die von Frau Seib seit ca. 3 Jahren betriebene Änderungsschneiderei könnte bei Ausweitung der Arbeitsfläche und der Einstellung einer Fachkraft die bestehende Nachfrage nach Anfertigung individueller Damenoberbekleidung erfüllen. Frau Seib arbeitet seit ca. drei Jahren in diesem Bereich und konnte sich einen festen Kundenstamm aufbauen. Einer Vergrößerung des Betriebes steht bisher das begrenzte Raumangebot in der Privatwohnung (ein Zimmer) sowie die fehlende Ausbildung als Schneiderin entgegen. Durch die feste Einstellung einer ausgebildeten Schneiderin und den Ausbau eines separat erschließbaren Dachgeschosses wären ca. zwei Arbeitsplätze zu schaffen."

Das Protokoll läßt erkennen, daß Frau Seib daran denkt, die Produktion zu professionalisieren. Wie das Interviewmaterial mit dem Planer weiterfolgend zeigen wird, wird er im Rahmen seines Bauberatervertrages Frau Seib einen Ausbau- und Umnutzungsvorschlag für Arbeits- und Verkaufsräume erarbeiten.

● Verfahrenslenkung durch die Fachverwaltung

Im September 1993 findet unter Leitung des Hessischen Landesamtes ein die Dorfentwicklungsplanung abschließender Bilanztermin C-Dorf statt.

Der Vermerk behandelt überwiegend die Prioritätenliste und den Förderrahmen der kommunalen Hochbau- und Grünordnungsmaßnahmen. Zur Stärkung der sozialen Infrastruktur werden im Finanzierungskonzept insgesamt fünf hochbauliche Maßnahmen festgelegt, deren Kosten auf insgesamt 385.000,- DM veranschlagt werden:

1. Einrichtung eines Spielplatzes
2. Umbau Bushaltestelle zum Jugendraum
3. Sanierung "Alte Schule" und Funktionsverbesserungen
4. Zusätzlicher Ausgang für "Alte Schule"
5. Anbau an den "Hessenkrug" (Gebäude für Kegelanlage)

Zu den ökonomischen Projektansätzen hält der Vermerk keinen Zwischenstand fest; allgemein wird unter dem Punkt "Maßnahmen" festgehalten:

"Als Orientierung für die Priorität der Förderschwerpunkte sind seitens des Landesamtes in erster Linie strukturstärkende Maßnahmen für den Ort in den Bereichen:
- Arbeitsplätze
- Soziokultur
- Fremdenverkehr
- Beratungs- und Planungsleistung
- Grünordnung
zugrunde zu legen."

Der Dorferneuerungsbericht stellt eine städtebauliche Rahmenplanung dar. Sehr ähnlich wie im Fall A und B finden soziokulturelle Aufgabenstellungen, die im Vorklärungsbericht formuliert werden, ihre Lösung in der Aufstockung des DGH's, in einer Umbaumaßnahme an diesem Gebäude und in einer neuen Innenausstattung (flexible Wandtrennelemente), die differenzierten Nutzungsansprüchen gerecht werden soll (Landfrauen, Jugend, Krabbelgruppe etc.). Ökonomisch relevante Projektansätze, die in der Arbeit des Projektbeauftragten einen hohen Stellenwert eingenommen und zu konkreten Ergebnissen oder Zwischenergebnissen geführt haben, sind nur begrenzt in der Planungsphase weiterentwickelt worden.

Von den beiden, hier ausgewählten ökonomisch wirksamen Projekten, die in der Förderkategorie des Dorferneuerungsprogramms zu den sogenannten arbeitsplatzschaffenden bzw. arbeitsplatzsichernden Maßnahmen nach Förderziffer 2.1.14 gehören, gelangt im April 1994 das Vorhaben des Landwirtes in die Realisierung.

Der Landwirt Stein ist Mitglied in einem Arbeitskreis 'Direktvermarktung', der von einer Mitarbeiterin des zuständigen Am-tes für Regionalentwicklung, Landschaftspflege und Landwirtschaft organisatorisch und fachlich betreut wird. Die

Mitarbeiterin empfiehlt Herrn Stein, den Antrag über das Dorferneuerungsprogramm laufen zu lassen, weil sein Betrieb in einem Förderschwerpunkt liegt.[33]
In seiner Antragstellung wird Herr Stein von der Expertin beraten und somit fachlich kompetent betreut.
Die Gesamtinvestition von ca. 32.000,-- DM für den Verkaufsanhänger wird mit 11.000,-- DM bezuschußt.

Im Verfahrensverlauf zwischen 1991 und 1995 ist diese Maßnahme die erste sogenannte arbeitsplatzsichernde, die gefördert wird. Alle anderen ökonomisch relevanten Projekte haben sich bis dato in der Realisierung nicht weiterentwickelt.

Die Näherin hat ihre Professionalisierungsabsichten inzwischen zumin-dest zurückgestellt. Das Interviewmaterial versucht folgend, die Grün-de in Teilaspekten darzulegen.

4.3.3 Zusammenfassung erster Eindrücke und Auffälligkeiten zum Dorfentwicklungsverfahren in C-Dorf - erste Problemdefinition

In C-Dorf konzentrieren sich die inhaltlichen Schwerpunkte des Verfahrens, wie in den anderen Fällen auch, auf kommunale Planungsvorhaben zur Verbesserung der sozialen Infrastruktur: Aus- und Umbau der Bushaltestelle zu einem Jugendraum und Aus- und Umbaumaßnahmen am Dorfgemeinschaftshaus.

Bereits das Dokumentationsmaterial der Berichte aus Klärungs- und Planungsphase ebenso die Behördenvermerke zu den Bilanzterminen zeigen, daß die Kommunikationsstrukturen zwischen Kommune und Ortsteil zu einer Konsensfindung geführt haben, was die Vorstellungen und Bedürfnisse der Ortsteilbewohner/-innen einerseits und die Interessen und Möglichkeiten der Kommune andererseits angeht. Das anvisierte Kostenvolumen bleibt in realistischen Bahnen, das Dorfentwicklungsverfahren wirkt wenig politisiert. Die Zusammensetzung des Arbeitskreises Dorferneuerung aus Vertreter/-innen der Arbeitsgruppen der Klärungsphase, ohne ein "Übergewicht" von Ortsbeiratsmitgliedern und die pari-

---

33 Anmerkung der Verfasserin: Wäre dies nicht der Fall, hätte die Maßnahme auch über das Landwirtschaftliche Innovationspgrogramm des Landes Hessen gefördert werden können.

tätische Mitwirkung von Frauen und Männern im Arbeitskreis, untermauern diesen Eindruck.

Am Zwischenstand des Verfahrens nach der Klärungsphase kann festgestellt werden, daß der Diskussionsprozeß im Ort den städtebaulichen Themenkanon behandelt, jedoch ebenso soziokulturelle - hier in der Fallanalyse nicht weiterverfolgt -, vor allem aber ökonomisch wirksame Handlungsansätze von dem Projektbeauftragten in seiner Arbeits- und Vorgehensweise Berücksichtigung finden. Diese lösen auch, wie Bericht, Protokoll und Vermerkmaterialien zeigen, Interesse und Engagement bei einzelnen Bürgern im Hinblick auf wirtschaftliche Aktivitäten aus.

Dennoch kommt es im Bearbeitungszeitraum der Fallanalysen bis Ende 1994 in C-Dorf nur zu einer arbeitsplatzsichernden Fördermaßnahme nach Förderziffer 2.1.14 des Hessischen Dorferneuerungsprogramms. Der direktvermarktende Landwirt nimmt die Förderungsmöglichkeiten zur Optimierung seiner Vermarktungsaktivitäten wahr; er befindet sich durch seine Mitgliedschaft in einem vom zuständigen Amt geleiteten Arbeitskreis für Direktvermarkter in einem kontinuierlichen Beratungs- und Informationsnetz. Er profitiert vom vorhandenen Beratungsangebot für sein Arbeitsgebiet unabhängig von den angebotenen Beratungsstrukturen im Dorfentwicklungsverfahren C-Dorf, die durch das dort tätige Planungsbüro inhaltlich ausschließlich auf Bauberatung konzentriert sind.

So erklärt sich auch die Entwicklung des zweiten Beispiels im Fall C: Die Betreiberin der Nähwerkstatt ist von ihrem Vorhaben, ihren Betrieb zu professionalisieren, wie im Beratungsprotokoll des Planungsbüros beschrieben, abgerückt. Die Vorstellung anläßlich der erforderlichen Antragsabwicklung über die Fachverwaltung, eine betriebliche Grundlagenabfrage durchführen zu müssen, führt dazu, daß der Ehemann seiner Frau dringend von ihrem Vorhaben abrät.[34]

Festzustellen ist, daß vorläufig wenig Bürger/-innen die wirtschaftsfördernden Investitionshilfen für privatwirtschaftliche Maßnahmen nutzen. Den Ursachen soll anhand der Akteurskonstellation im Fall C nachgegangen werden.

---

34 Anmerkung der Verfasserin: Diese Information erhielt die Verfasserin dieser Arbeit von der oben genannten Informantin anläßlich eines zuletzt geführten Telefonats im Dezember 1994 zum Projektstand.

4.3.4 Auswertung: Zur Akteurskonstellation im Dorfentwicklungsverfahren C-Dorf - Wahrnehmungen, Sichtweisen, Interpretationen sowie Interaktionen und Verflechtungen der Akteure

4.3.4.1 Örtliche Ebene: Interviewpartnerinnen: Bürgerinnen; Interviewebene C 1 in der Interviewsystematik

In einem Praetest[35] 1992 zu dieser Dissertation wurde in C-Dorf eine teilstandardisierte Befragung durchgeführt, deren Ergebnis hier zusammenfassend der Auswertung des qualitativen Interviewmaterials vorangestellt wird:
In der Befragung der Bürger/-innen 1992 geben auf die Frage:
"Was haben Sie sich persönlich unter dem Begriff Dorfentwicklung vorgestellt, bevor in Ihrem Dorf davon die Rede war?"
64% der Befragten an, sie haben sich darunter baulich-räumliche und grünordnerische Ortsbildverbesserungen vorgestellt. 9% können sich sozial-kulturelle Verbesserungen vorstellen, 9% ökonomische Auswirkungen für das Dorf, 18% verbinden mit dem Begriff keine Vorstellung.

Auf die Frage:
"Haben Sie hier im Dorf nach der Klärungsphase die Vorstellung, daß sich mit einer Dorfentwicklung mehr bauliche Themenstellungen verbinden, oder gibt es auch die Vorstellung, daß in diesem Rahmen soziale, kulturelle und wirtschaftliche Fragen im Dorf aufgeworfen werden können?"
legen 50% den Themenschwerpunkt auf bauliche Themenstellungen, 28% auf sozial-kulturelle und 22% auf ökonomische.

Das Befragungsergebnis belegt, daß alle interviewten Personen nach der Klärungsphase in C-Dorf mit dem Begriff "Dorferneuerung" eine Vorstellung verbinden und diese nicht nur mit der obligatorischen baulich-architektonischen Prägung des Programms in Zusammenhang gesetzt wird, sondern auch mit sozioökonomischen bzw. soziokulturellen.

---

35 Annegret Boos-Krüger: Praetest zum Dissertationsvorhaben Bürgerbeteiligung in der Hessischen Dorferneuerung. Verfahrensmodelle zur Sicherung des partizipativen Programmansatzes. Unveröffentlicht, 1992.

Das Interesse an der Dorfentwicklung ist in der Bürgerschaft von C-Dorf von Anfang an hoch: laut der Befragung 90%. 10% sind weniger interessiert, gar nicht interessiert zu sein gibt keine interviewte Person an.

Nach Beendigung der Klärungsphase beurteilen 70% der Befragten diese Phase als sinnvoll für den Ort, 10% verneinen den Sinn, 20% wollen hierzu keine Einschätzung äußern.

Auf die Frage:
"Haben sich im Ort in der Klärungsphase Selbsthilfeorganisationen gebildet?"
nennen 60% eine Kleinkinder-Krabbelgruppe, ebenfalls 60% sind der Ansicht, daß diese Gruppe auch ohne Mitwirkung/Unterstützung des Projektbeauftragten weiterhin bestehen wird.

Die teilstandardisierte Interviewreihe zeigt in der Tendenz, daß in C-Dorf die Klärungsphase eine hohe Resonanz hervorrief, die positive Bewertung dieser Phase in der Wahrnehmung der Bürger/-innen überwiegt und die Möglichkeiten des Dorferneuerungsprogramms in bezug auf sozial- und ökonomisch relevante Förderziele vom Projektbeauftragten der Klärungsphase thematisiert werden konnte.

Dieser Eindruck soll anhand des qualitativen Interviewmaterials durch ***zwei einzeln geführte Gespräche mit zwei Informantinnen, einmal mit Frau Stein, Mitbetreiberin des landwirtschaftlichen Direktvermarktungshofes, und einmal mit Frau Schmidt, eine der beiden selbständig arbeitenden Näherinnen,*** ausdifferenziert werden.[36] Die im Gespräch behandelten Aspekte: Wahrnehmung des Dorferneuerungsverfahrens in C-Dorf durch die Interviewpartnerinnen und Überlegungen zur eigenen beruflichen Lebenswelt in disem Kontext werden, soweit es vom Material möglich ist, in Gegenüberstellung von Gesprächssequenzen näher ausgeführt.

Beide Frauen haben zwei kleinere Kinder, gerade im Kindergarten- und Grundschulalter. An den Arbeitsgruppen haben sie selten teilnehmen können.
Die Landwirtin dazu:

---

[36] Anmerkung der Verfasserin: Namen der Informantinnen wurden geändert.

"Viel hab' ich da nicht besucht, weil das die Zeit war als (...) (Anmerkung der Verfasserin: Name der Tochter der Informantin) ganz klein war. Da konnte ich sie auch schlecht wegbringen. So die ersten Monate, da hab' ich gestillt, das ging halt damals net. So konnte ich das am Anfang nicht so intensiv verfolgen. Mein Mann war mal da, aber so ganz intensiv vielleicht nicht." (Interview C 1 (a), 1993)

Frau Stein bewertet die Entwicklungen in C-Dorf positiv:
"Ja, ich denke schon, ja, das wirkt sich hier schon positiv aus. Würd' ich schon sagen. Also, dieser Spielplatz soll ja nun schon nächstes Jahr im Mai eingeweiht werden. Dann die Gestaltung im Ortsmittelpunkt, das hätte gerade in einem kleinen Ort wie C-Dorf vielleicht Jahre gebraucht, bis so was zustande gekommen wäre." (Interview C 1(b), 1993)

Frau Schmidt kann aufgrund ihrer familiären und beruflichen Auslastung ebenfalls an wenigen angebotenen Terminen in der Klärungsphase teilnehmen. An einem Informationsabend für Handwerks- und Gewerbebetriebe nimmt sie teil. Sie schildert davon ihren Eindruck der geringen Anerkennung ihrer beruflichen Tätigkeit von den an diesem Abend Anwesenden:
"Ich hatt' das schon mal auf so 'ner DE-Sitzung gesagt. Ja, da wurde dann gefragt, was ist überhaupt im Dorf? Metzger, Elektro, Direktvermarktung. Und dann hab' ich gesagt Schneiderei, dann wurde ich so leise belächelt. Also, als ob das nix wär. Bin also nit so anerkannt von den meisten, die da keine Ahnung von haben. Also, denen würde ich gerne eins auswischen, denen mal zeigen, was hier überhaupt ist.
Die Frauen kriegten dann lange Gesichter, wenn sie ihre Hosen dann nicht mehr hierher bringen könnten." (Interview C 1 (b), 1993)

Frau Stein hingegen verbindet ihre beruflichen Leistungen mit einer hohen persönlichen Wertschätzung:
"Was mir gut gefällt, daß man halt hinter seinen eigenen Produkten steht, daß man halt den Leuten sagen kann, das ist selbst hergestellt, das ist vom Bauernhof, und ich weiß, was da drin ist, ich weiß, wie das alles selbst hergestellt ist, und ich weiß, wo die Schweine herkommen und dann kann man irgendwie so ein bißchen auch selbst dahinterstehen, als wenn man irgendwas verkauft." (Interview C 1 (a), 1993)

Während sich die Frage der Qualifikation im Arbeitszusammenhang der Landwirtin in einem traditionellen bäuerlichen Familienbetrieb nicht stellt, hat Frau Schmidt diesbezüglich Unsicherheiten; sie hat sich ihr Können autodidaktisch angeeignet. Der Status zwischen ehemaliger Änderungsschneiderei und jetzt, dem Gestalten von Oberbekleidung mit verschiedenen Techniken, ist schwer einer Profession zuzuordnen, behördlich und damit auch öffentlich nicht leicht zu legitimieren. Der Betrieb ist beim Gewerbeordnungsamt und somit auch steuerlich gemeldet. Frau Schmidt:

"Wir haben uns als Flickschneiderei und Stopfschneiderei bezeichnet. Und ich habe ihm das so erklärt (Anmerkung der Verfasserin: gemeint ist ein Sachbearbeiter des Gewerbeordnungsamtes); er sagte, das wäre aber so gerade an der Grenze. Ich hatte das dann so ein bißchen heruntergespielt, das wären so ganz einfache Sweat Shirts. Weil neue Sachen, da muß man das dann schon eigentlich gelernt haben." (Interview 1(b), 1993)

Für Frau Stein steht der beabsichtigte Weiteraufbau der Direktvermarktung außer Frage. In naheliegender Zukunft soll aus dieser beruflichen Spezialisierung der Landwirtsfamilie das Familieneinkommen gesichert sein:

"Mein Mann hat immer gesagt, wir haben zu Hause einen Bauernhof, wir haben Landwirtschaft, wir haben die eigenen Kühe, und mein Ziel ist mal halt, diese Landwirtschaft zu übernehmen und weiterzuführen mit Direktvermarktung, also daß ich meine eigenen Produkte vom Bauernhof anbieten kann. Und das machen wir jetzt, im Mai waren das 5 Jahre, daß wir angefangen haben und daß wir auf die Märkte gefahren sind. Es ist noch nicht so, daß wir davon leben könnten als Familie hier mit zwei Kindern, aber das ist unser Ziel, daß wir das vielleicht in zwei oder drei Jahren so erreichen können." (Interview C1(a), 1993)

Während in der Landwirtsfamilie ein klares Konzept über die weitere betriebliche Entwicklung besteht und Herr Stein auch durch seine Mitwirkung im Arbeitskreis der Direktvermarkter in der Fachverwaltung über mögliche staatliche Fördermittel informiert ist und sie in Anspruch nehmen wird, ist dieser Weg für Frau Schmidt mit Unsicherheiten verbunden, ihren Betrieb zu erweitern und zu einer Existenz auszubauen:

"Ja, ich habe da noch viel darüber nachgedacht. Ich bin mir jetzt auch noch nicht so im klaren, ob das wirklich so geeignet dafür ist. Ist halt so über der Scheune drüber so ein Raum, so ein Spitzdach. Ich weiß nicht, ob das wirklich so geeignet ist." (Interview 1(b), 1993)

Doch es sind nicht nur Unsicherheiten hinsichtlich der baulichen Lösung; konzeptionell und persönlich, da Frau Schmidt selber keine gelernte Schneiderin ist, aber auch organisatorisch und betriebswirtschaftlich sind für sie wesentliche Fragen ungeklärt:

"Es ist manchmal so, dann denke ich, mit der Schneiderei hörste vielleicht doch auf und so. Manchmal hab' ich keine Lust mehr, weil's mir zuviel wird. Dann denke ich, dann nimmste die Mittel (Anmerkung der Verfasserin: gemeint sind Dorferneuerungsmittel) in Anspruch und dann hörste irgendwann wieder auf und dann ist das vielleicht Unrecht, daß du die Mittel da gekriegt hast. Von daher bin ich mir nicht so im klaren. Ich hab' halt schon einen Arbeitsraum, ich mein' das ist natürlich nichts auf Dauer. Die Leute kommen dann immer und laufen dann dazwischen rum. Das ist blöd. Das wär in der Scheune mit eigenem Eingang, schön wär das schon." (Interview 1(b), 1993)

Ihre Wettbewerbssituation bewertet Frau Schmidt positiv:

"Ich hab' schon mal daran gedacht, jemanden einzustellen. Aber im Moment mach' ich ja keine Werbung, ich bin so immer ausgebucht. Obwohl ich jetzt keine Werbung mache. Wenn man jetzt mal so Werbung machen würde, so richtig hier im Umkreis, dann käm schon 'ne Menge zusammen." (Interview 1(b), 1993)

Dennoch gibt sie ihr Ausbauvorhaben nach dem geführten Bauberatungsgespräch mit dem Architekten auf. Die Ideen für die räumliche Lösung ihres Platzproblems aus dem Gespräch gefallen ihr zwar, aber für sie ist die Frage der Investitionen, der Verschuldung, der weiteren Betriebsperspektive und "ob ihr dann Mittel überhaupt zustehen" ungewiß. Aus dieser Situation heraus und ergänzt durch das Abraten ihres Mannes entscheidet sich Frau Schmidt negativ.

4.3.4.2 Expertenebene: Interviewpartner: Projektbeauftragter der Klärungsphase und Planer; Interviewebene C 2 und C 2.1 in der Interviewsystematik

Der Projektbeauftragte der Klärungsphase hat in C-Dorf sehr zielgerichtet vor Ort auf sozioökonomische Projektentwicklungen hingearbeitet.
Diese Erwartung an die Zielausrichtung der Klärungsphase ist auch vorab vom zuständigen Amt an das Büro herangetragen worden:
"Das heißt, das war sozusagen schon die Vorgabe des Amtes. Ich denke, der Herr (...) (Anmerkung der Verfasserin: Name eines Mitarbeiters der Fachverwaltung) steckte da auch letztlich hinter: 'Macht da mal was, wo ihr auch die ganz neuen Felder aus diesen Programmrichtlinien Soziales/Wirtschaftliches so umsetzen könnt': Diesen Erwartungsbereich habe ich auch abgesteckt in diesen Arbeitsgruppen." (Interview C 2, 1993)

Wesentlich in seiner Vorgehensweise ist dem Informanten der Realitätsbezug:
"Ich führe nichts auf, was nachher nicht in der DE auch machbar ist."

In der Kommune waren mit der Dorferneuerung die üblicherweise städtebaulichen Programmziele verbunden; das Interesse an der Arbeit des Projektbeauftragten war aus seiner Sicht gering, aber sie wurde auch nicht behindert.
"Ja, ich glaube, daß der Bürgermeister diese Klärungsphase als notwendiges Übel angesehen hat, eher von der Tendenz. Also, er war nicht völlig uninteressiert, aber er hat sich mit einem Vorgespräch, mit dem Zwischenbericht und dem Endbericht zufriedengegeben. Hat dazwischen nicht reingefunkt. Wenn ich mit ihm was besprechen wollte, also irgendwie Sachen, dann hat er Zeit gehabt, das schon." (Interview C 2, 1993)

Aber die sozialen und ökonomischen Arbeitsschwerpunkte, die per se auch mit einer intensivierten Bürgermitwirkung verbunden sein müssen für die Umsetzung, sind nicht das eigentliche Anliegen des Bürgermeisters, so die Einschätzung des Informanten:

"Aber seine Absicht als Bürgermeister war wirklich die, daß die C-Dörfler, (...) daß ich so lange arbeite, bis wir sozusagen vorzeigbar sind. Ich denke, letztlich von der DE selber hat er wieder andere Vorstellungen gehabt." (Interview C 2, 1993)

So erhält das Büro des Informanten auch nicht den Folgeauftrag für die Planung, obwohl dies von der Qualifikation her möglich wäre. Dazu weiter der Projektbeauftragte:

"Weil er nachher auch mal irgendwie gesagt hat, das Büro, was nachher die Planung machen soll, da hat er dann uns abgeklopft, ob wir das auch machen können. Ist so, daß das schon wichtig ist, wie so ein Ort aussieht oder wie er dann optisch wirkt." (Interview C 2, 1993)

Der Informant formuliert als deutliches Defizit, daß die von ihm angeregten ökonomisch wirksamen Projektansätze hätten weiterberaten und betreut werden müssen. Da sein Büro für C-Dorf nicht den Planungsauftrag bekommt, hätte zumindest durch einen parallel vergebenen Projektauftrag die Kontinutität seiner ersten Ergebnisse fortgeführt werden können.

"Aso wir haben das in (...) (Anmerkung der Verfasserin: Name eines Projektortes des Planungsbüros) gemacht, d.h., da ist der Auftrag erteilt worden, da ist dann die normale städtebauliche Geschichte gelaufen und das andere dann mehr so projektorientierte Sachen. Parallel laufend, das find' ich gut, und das wäre in C-Dorf auch unbedingt nötig gewesen. Weil diese ganzen ökonomischen Geschichten, die hätte ich oder wer auch immer... aber ich meine, daß ich das schon hätte machen wollen. Sofort weiter verfolgen können, ohne daß man sagen kann: das hängt jetzt ganz extrem ab von dem, was im DE-Plan nachher steht. Also, wenn man einen Beratervertrag dann abgeschlossen hätte mit Obergrenzen üblich, der also jetzt parallel wie der städtebauliche Beratungsvertrag dotiert und abgewickelt worden wäre, schon das allein hätte geholfen." (Interview C 2, 1993)

Daß dieser Arbeitsansatz vom beauftragten Büro für die Dorfentwicklungsplanung nicht fortgeführt wird, dort ein anderes Arbeitsverständnis in bezug auf den Dialog mit den Bürger/-innen besteht und die Konzentration auf architektonische Problemlösungen vorrangig ist, belegt ***das Gespräch mit dem zuständigen Planer, ausgebildeter Architekt***. Er wird auf sein Beratungsgespräch mit Frau Schmidt befragt:

"Da gibt es die Schmidt, das ist eine Schneiderin bzw. keine ausgebildete Schneiderin, aber sie hat sich damit durchgewuselt, daß sie Änderungen macht, Flicken aufbügelt oder andere Reparaturen. Man hat ihr wohl von der Handwerkskammer oder irgendeinem offiziellen Verein gesagt, sie dürfe keine neuen Klamotten anbieten, weil sie eben keine gelernte Schneiderin sei. Dies ist eben ein Handicap was, sagen wir mal, die Expansionsgelüste behindert." (Interview C 2.1, 1993)

Tendenziell schwingt in dieser Aussage ebenfalls, wie auch schon auf örtlicher Ebene für Frau Schmidt zu erfahren war, eine Abwertung dieser Tätigkeit mit. Der Architekt schildert das Beratungsgespräch im einzelnen:

"Also diese Frau Schmidt - das geht sich gut an. Wir haben das jetzt so aufgebröselt, daß ich ihr gesagt habe, sie solle sich um ihren Teil kümmern, d.h. also die Einrichtung des gesamten Objektes. Was das Investitionsvolumen für zwei Arbeitsräume, wie Nähmaschinen usw. kosten würden. Diese Aufstellung kann sie anhand von vorhandenen Unterlagen allein bewältigen bzw. will sich selbst informieren.

Dann haben wir vor allem die Raumfrage besprochen. Zur Zeit macht sie in einem Raum der Wohnung die Nähgeschichten, was auch bedeutet, daß oft der private Flur voll steht mit irgendwelchen Leuten, womit keiner so richtig zufrieden ist, und der Raum wäre auch für zwei Leute zu klein, und wenn man richtig neue Klamotten anbieten würde und somit die Frequentierung noch erhöhen könnte, dann besteht neuer Raumbedarf. Frau S. will einen richtig gewerblich genutzten Laden aufmachen. Sie ist jetzt schon bekannt und hat jede Menge Zulauf, und es zeigt sich, daß dort ein Markt ist. Sie wird jetzt schon häufig gefragt, vor allem Übergrößen seien gefragt." (Interview C 2.1, 1993)

Deutlich wird an dieser Interviewpassage, daß der Planer für die Raumfrage eine Beratungskompetenz anbietet, die Klärung betriebswirtschaftlicher und organisatorischer Fragen jedoch, die vor einer Antragstellung auf Fördermittel aus der Dorferneuerung ebenfalls erforderlich wären, nicht angeboten wird.

Im Fall C bestätigt sich nochmal, wie im Fall A und B, daß die Handlungsansätze und Ergebnisse der Klärungsphase von nacheinander eingesetzten Experten nicht miteinander verknüpft werden, also einen Bruch im Verfahren allein durch den Personen- bzw. Bürowechsel entsteht. Im Fall A und C ist dies jeweils zusätzlich mit einer indirekten Abwertung der zuvor tätigen Projektbeauftragten der Klärungsphase bzw. der Ergebnisse durch den nachfolgenden Planer verbunden: Der Planer im Fall C-Dorf zur "Projektübergabe" und den Ergebnissen:

"Ist mir nach zwei Monaten aufgefallen. Ich hatte schon am Anfang vor, Kontakt aufzunehmen, weil ich wußte, daß ich einen schweren Stand hatte, weil der ... (Anmerkung der Verfasserin: Name des Projektbeauftragten) doch schon im Ort weit eingearbeitet war, aufgenommen, anerkannt und sehr beliebt war und es die Bewohner schade fanden, daß der... (Anmerkung der Verfasserin: Name des Projektbeauftragten) aus formalen Gründen nun nicht selbst die Planung übernehmen konnte. Das war dann, als ich im Ort war, nicht mehr so schlimm. Ich habe das dann aus dem Grunde ein bißchen verdrängt, mich mit dem... (Anmerkung der Verfasserin: Name des Projektbeauftragten) in Verbindung zu setzen und wollte auch was dagegen setzen, was der... (Anmerkung der Verfasserin: Name des Projektbeauftragten) gemacht hat; ein bißchen was anders machen. Ich will mich jetzt nicht soweit angleichen. Ich hatte ja den Vorklärungsbericht, und eine Übergabe hat eigentlich gar nicht stattgefunden, was ich eigentlich auch schon bedauere, obwohl ich nicht merke, daß es mir fehlt in der Bearbeitung. Ich habe es auch schlichtweg vergessen. Ich war so zugeknallt mit Vorschlägen und Informationen; teilweise gab es schon Skizzen. Ich denke aber, das muß ich schon sagen, daß es keine vernünftige Grundlage war." (Interview C 2.1, 1993)

Gerade der letzte Satz impliziert eine deutliche Abwertung der Ergebnisse aus der Klärungsphase.

4.3.4.3 Kommunale Ebene: Bürgermeister; Interviewebene C 3 in der Interviewsystmatik

Die Verfahrenspraxis und die Bewertung derselben sind bei der Kommunalverwaltung von C-Dorf, vertreten durch den langjährig amtierenden Bürgermeister, von ca. 15 Jahren Erfahrung mit dem Hessischen Dorferneuerungsprogramm in anderen Ortsteilen der Kommune geprägt.

Anders als die Wahrnehmung des Projektbeauftragten, der die Klärungsphase als ein "notwendiges Übel" durch den Bürgermeister bewertet sah, äußert sich dieser selbst sehr positiv zur Bürgermitwirkung. Er verbindet dies mit einem Lob zur Vorgehensweise des Projektbeauftragten und ergänzt dies mit Vorstellungen an die erforderliche Qualifikation:

"Ja, ich halte diese Klärungsphase als eine ganz wichtige. Muß ich zugeben. Das hängt sicher auch an der Person, die diese durchführt. Aber ich muß zugestehen, wir hatten hier einen Partner, der das sehr intensiv und gut gemacht hat, und ich stehe eigentlich dazu. Es sind neue Erkenntnisse aufgetaucht, insbesondere, was sich auch in C-Dorf zeigt. Dadurch wird die Bevölkerung in der Tat motiviert, ihren Ort zu gestalten für die Zukunft. Ich denke, das ist ganz wichtig, denn es sollen die eigentlich dort aktiv sein, die dort auch leben und nicht irgendwer von außerhalb. (...) ich habe allerdings nicht den Großstadtplaner gewählt. Ich sage das ganz bewußt. Ich habe den gewählt, der aufgrund seiner Bewerbung mir nachgewiesen hat, daß er sehr viel auf dem Lande gearbeitet hat." (Interview C 3, 1993)

Die Frage, ob die Kommune es begrüßt, verglichen mit den konventionellen Dorferneuerungsverfahren, die Verantwortung für die organisatorische und inhaltliche Arbeit vor Ort mit den Bürgern an eine extern beauftragte Person abzugeben, wird von dem Informant bejaht. Allerdings eingeschränkt mit dem Hinweis auf das notwendige Vertrauen in die Arbeitsweise des Projektbeauftragten, das wiederum abhängig ist davon, inwieweit sich der Projektbeauftragte mit seinen Aktivitäten vor Ort im Konsens zu den Vorstellungen und Absichten der Kommune verhält. Der Bürgermeister:

"Ich habe mich in C-Dorf etwas mehr rausziehen wollen. Aber in erster Linie, weil ich davon überzeugt war, daß Herr (...) (Anmerkung der Verfasserin: Name des Projektbeauftragten) das eigentlich gut angeht, und als ich bei den ersten Gesprächen dabei war, da muß ich sagen, lief das auch so, wie man sich das angehmerweise vorstellen kann." (Interview C 3, 1993)

Die Schilderung, wie sich die thematischen Arbeitskreise für die Klärungsphase anläßlich der ersten, sehr gut besuchten Bürgerversammlung bilden, zeigt das Bedürfnis nach Kontrolle und Einflußnahme auf das örtliche Geschehen von seiten der kommunalen Handlungsebene.

"Ich habe zunächst einmal die Einführungsveranstaltung gemacht. Generell die Frage zunächst mal: 'Wollen wir oder wollen wir nicht. Wir entscheiden jetzt darüber.' Zunächst in Form einer allgemeinen Informationsveranstaltung mit allen Bürgern. Der Saal war voll. Für C-Dorf war das enorm viel. Und das muß ich sagen: Das war schon eine phantastische Sache. Und dann ist Herr (...) (Anmerkung der Ver-fasserin: Name des Projektbeauftragten) vorgestellt worden. Wir hatten allerdings im Vorfeld abgestimmt, daß er einmal Problempunkte, wie er sie schon sieht, allen mitteilt. Und dann ging's eigentlich sehr schnell. Gut, da hat jeder seine Eigenart. Ich habe dann gesagt: 'Dann laßt uns bitte gleich mal in Arbeitskreise einsteigen. Ich könnte mir vorstellen - weil man ja nun seine Mitbürger kennt oder seine Mitbürgerinnen - oder wer hätte noch Lust'. Und siehe da, das fand ich ganz toll, man hat sich nicht zurückgezogen, sondern hat gesagt: 'Jawohl, ich bin auch gern bereit mitzumachen.' Nun hatten wir die Arbeitsgruppen da. Haben wir gesagt: 'Dies bitte nicht als endgültige Festlegung sehen, sondern wenn Sie Lust haben oder wissen den oder jenen.' Und so hat sich dies aus sich heraus entwickelt, und ich muß sagen, es ist gute Arbeit." (Interview C 3, 1993)

Zustimmung vom Bürgermeister findet ebenfalls die Bildung von Interessengruppen außerhalb der etablierten kommunalpolitischen Strukturen; betont wird in diesem Kontext insbesondere die Eigeninitiative der Bürgerinnen:

"Hier hat sich eine Arbeitsgruppe mit Kinderfragen beschäftigt. Da waren die jungen Mütter drin. Das sind nicht die, die im Ortsbeirat sind oder sonstwo. Aber das ist das Problem, um das es geht. Und die haben gesagt: 'Wir meinen es so, und so ist das richtig.' Ganz engagiert. Ich finde das richtig toll." (Interview C 3, 1993)

Und im Gespräch wiederholend und ergänzend:

"Eine interessierte Gruppe engagierte sich für die Krabbelstube. Die hatten das selber organisiert. Was ich ganz toll fand. Nicht immer warten, da soll mal irgend jemand..., sondern wir machen das. Und das haben die bis heute so organisiert und behalten das auch so bei." (Interview C 3, 1993)

Die Anerkennung dieser Eigeninitiative ist jedoch mit den Erwartungen des Informanten verbunden, daß diese Gruppe sich selbständig organisiert und weitestgehend keine räumlichen, materiellen oder personellen Forderungen an die Kommune heranträgt.

Die erweiterte Förderkulisse nach Förderziffer 2.1.14 des Hessischen Dorferneuerungsprogramms, die gezielte finanzielle Anreize zur Schaffung wohnstättennaher Arbeitsplätze beinhaltet, wird von dem kommunalen Vertreter in Kombination mit einer intensivierten Bürgerbeteiligung als ein wichtiger Faktor im fortgeschriebenen Programm definiert:

"Die jungen Menschen sind in der Tat daran interessiert, auch in solch einem Ort zu wohnen und dort auch praktisch tätig zu sein. Und wenn ich überlege, daß diese Arbeitsgruppen, die damals gegründet waren: über Mutter-Kind, über Jugend, über Dorfgestaltung heute mit in dem Dorferneuerungsbeirat vertreten sind, dann sehen Sie daran allein die Folgerichtigkeit solch einer Überlegung. Und ich denke schon, daß auch dort die Bewohner interessiert sind, Arbeitsplatzmöglichkeiten im kleinen schon zu erhalten und auch wieder neu anzusiedeln." (Interview C 3, 1993)

Die fortgeschriebenen Verfahrensinhalte, der neue Verfahrensweg mit einer für den Kommunalvertreter offensichtlich wahrnehmbaren Auswirkung im sozialen und ökonomischen Bereich und die veränderten Kommunikationsstrukturen scheinen bei ihm auf eine positive Resonanz zu stoßen. Er kommt zu der Erkenntnis:

"Dorferneuerung kann ja nicht nur sein, daß wir neues Pflaster machen und eine neue Lampe aufstellen, und die Leute tun ihr Häuschen ein bißchen renovieren oder sanieren im eigentlichen Sinne, sondern es muß heute mehr passieren." (Interview C 3, 1993)

4.3.4.4 Regionale Ebene: Fachverwaltung; Interview- bzw. Handlungsebene (C 4) in der Interviewsystematik

Im zuständigen Amt für Regionalentwicklung, Landschaftspflege und Landwirtschaft findet zeitlich parallel zum Dorfentwicklungsverfahren in C-Dorf seit Anfang 1991 bis einschließlich 1994 ein vollständiger, d.h. 100%iger personeller Austausch in der Abteilung "Dorf- und Regionalentwicklung" statt. Bedingt ist dieser durch Pensionierung, Wechsel von Mitarbeiterinnen und Mitarbeitern innerhalb der gleichen Verwaltung in andere Abteilungen, z.T. in andere Regionen und durch Neueinstellung bzw. Neubesetzung einiger Stellen. Maßgebliche Ursache für diese enorme Personalfluktuation ist die Verwaltungsreform innerhalb dieser Fachbehörde.[37]

Diese erfordert wiederholt Einarbeitungsphasen von neuen oder umgesetzten Mitarbeitern und Mitarbeiterinnen bzw. erfordert die Übernahme von laufenden Verfahren und Vorgängen, für die die vorherigen Kollegen/Kolleginnen verantwortlich gewesen sind.

Aus diesen Gründen können sich Mitarbeiter/-innen der Abteilung Dorf- und Regionalentwicklung nur auf den aktuellen Verfahrensstand in ihren Stellungnahmen

---

[37] vgl. hierzu: Kap. 2.6.3 und 2.6.3.1.

beziehen; die Bereitschaft zu einem tonbandaufgezeichneten Interview ist nicht gegeben. Diese Situation in der Verwaltung erklärt zwangsläufige Brüche in der Kontinuität der inhaltlichen Arbeit und in der Verfahrenslenkung, wie z. B. die nicht fortgeführte fachliche Betreuung der auffällig zahlreichen ökonomischen Projektansätze in C-Dorf, obwohl diese besonders von einem Mitarbeiter der Verwaltung, der inzwischen pensioniert ist, zu Beginn des Verfahrens gefordert worden sind.[38] Diese Probleme können als temporär bedingte Hemmnisse für die Verfahrensgestaltung von Dorfentwicklungsverfahren allgemein beschrieben werden.

Letzte telefonische Informationsgespräche im Herbst 1994 mit dem zuständigen Amt, in denen der Stand zu den ausgewählten Projektansätzen abgefragt wird, weisen darauf hin, daß inzwischen den ökonomisch wirksamen Projekten im Dorfentwicklungsverfahren C-Dorf eine höhere Bedeutung zugemessen wird.

4.3.5 Zusammenfassende Analyse zur Akteurskonstellation im Fallbeispiel C-Dorf

Die angebotene Dienstleistung der selbständig tätigen Näherin, die Änderungsschneiderei ebenso wie das von ihr hergestellte Produkt in Form von individuellen T-Shirts, haben ihren Absatzmarkt in der Region und leisten damit, vergleichbar mit dem Direktvermarkter landwirtschaftlicher Produkte, einen Beitrag zur regionalen Wirtschaftsentwicklung. Beide Projekte weisen damit klassische Dorferneuerungs-Fördermotive auf.
Die Gegenüberstellung eines realisierten und nicht realisierten Projektansatzes in ein- und demselben Verfahren lassen eine Reihe von fördernden wie hemmenden Faktoren erkennen, die über die wirtschaftsfördernde Effizienz der Hessischen Dorferneuerung als arbeitsplatzschaffendes und -sicherndes Programm mitentscheiden.

Basis einer erfolgreichen Umsetzung dieser Projekte ist eindeutig die qualitative Form der angebotenen Beratungsleistungen, zur Verfügung gestellt durch öffentliche Aufträge (vergeben in einer Gemeinschaftsfinanzierung durch Kommune

---

38 vgl. hierzu: Kap. 4.3.4.2.

und Landesverwaltung) an freiberuflich tätige Professionen und/oder zur Verfügung gestellt in der Fachverwaltung .

Diese heute erforderlichen Beratungsleistungen unterscheiden sich, wie bisher unzureichend in der Verfahrensgestaltung berücksichtigt, von der klassischen Dorferneuerungsbauberatung, über die in der Fachverwaltung eine 20jährige Erfahrung zugrunde liegt. Die Fragen, die sich im Vorfeld einer betriebswirtschaftlichen Investition stellen, auch wenn diese folgend in eine bauliche Maßnahme mündet, sind andere Fragen als jene, die beispielsweise die künftige Wohnfunktion, die Gestaltung und das Baukostenvolumen eines Gebäudes betreffen.

Im Zuge betriebswirtschaftlicher Investitionsabsichten ist der erste Schritt die Klärung betriebsorganisatorischer und betriebswirtschaftlicher Aspekte der Maßnahme, der zweite ist möglicherweise die Frage der baulich-räumlichen Umsetzung. Beide Beratungsstufen könnten vor dem Hintergrund der Förderkulisse des Dorferneuerungsprogramms gefördert werden, wenn sie nicht in der Fachverwaltung selbst zur Verfügung gestellt werden können. Üblich ist bis dato jedoch lediglich die weitgehende Auslegung der Beraterverträge auf bauliche und grünordnerische Aufgabenstellungen.

Somit ist die Gewährleistung einer betriebswirtschaftlich orientierten Beratung, vernetzt mit der baulichen Beratung aus der Kenntnis der Verfasserin dieser Arbeit hessenweit vorläufig in der Verfahrenslenkung Dorferneuerung nicht ausreichend professionalisiert vorgesehen. Im Fall C konnte dies exemplarisch als ein Defizit festgestellt werden.

Wie der Fall C weiter zeigt, sind investive Vorhaben immer interdependent mit der Auseinandersetzung der betroffenen Personen mit ihrer materiellen Existenzsicherung und/oder einer Existenzgründung. Die Einzelbeispiele belegen, daß sich Investitionen im privatwirtschaftlichen Bereich über längere Zeiträume entwickeln, ehe sie konkretisiert, realisiert oder auch verworfen werden; sie sind überdies von der persönlichen Lebensplanung abhängig.

Anders als soziokulturelle und sozioökonomische Projekte, die immer aus dem öffentlichen Raum heraus entstehen, dort debattiert und weiterentwickelt werden, erfordern ökonomische Projekte, neben allgemein öffentlich zugänglichen Informationen, eine Vertrauensbasis in einem, in diesem Sinn nicht öffentlichen Raum für den Beratungsdialog.

Die indirekte Abwertung der Nähtätigkeit, wahrgenommen durch die Informantin im Fall C anläßlich eines Gesprächsabends mit vermutlich überwiegend männlichen Handwerks- und Gewerbetreibenden und der Eindruck zum wiedergegebenen Bauberatungsgespräch mit dem männlichen Architekten zeigen, daß unter Aspekten verbesserter Chancengleichheit für Frauen vermutlich zusätzlich geschlechtsspezifisch adäquate Beratungsleistungen angeboten werden müßten.

Die Förderung der Wirtschaftsfunktion von Dörfern, u. a. durch die Stabilisierung und Verbesserung der Zahl wohnstättennaher Arbeitsplätze, ist ein originäres Ziel der Dorfentwicklung, um die gesellschaftspolitische Aufgabe des ländlichen Raumes als Lebens- und Wirtschaftsraum zu stützen und den Polaritäten zwischen Stadt und Land entgegenzuwirken. Damit verbunden ist das Interesse des Staates, daß Bürgerinnen und Bürger im ländlichen Raum an der ökonomischen Entwicklung der Region aktiv und initiativ mitwirken. Dies setzt differenzierte Beratungsangebote durch die öffentliche Hand u. a. im Kontext der Dorferneuerung voraus, um auf das Spektrum von ökonomischen Potentialen reagieren zu können. Die so unterstützte Autonomie und Selbstbestimmung der Bevölkerung im ländlichen Raum ermöglicht eine Identifikation dieser mit ihrer Lebenswelt; diese wiederum ermöglicht erst die Bereitschaft zu sozialem und kulturellem Engagement in der Region und im Dorf. Wirtschaftsförderung und Identifikationspotentiale in der Bevölkerung sind ein geschlossener Wirkungskreislauf; sie können unterstützt werden aus einem Zusammenwirken von privater und öffentlicher Hand.

4.3.6 Beteiligungsstandards im Kontext ökonomisch wirksamer Projekte

Die zuvor formulierten Arbeitshypothesen[39] reflektierend, werden für ökonomisch wirksame Projekte folgende Beteiligungsstandards gebildet:

---

39 vgl. hierzu: Kap. 3.4.4 .

Aufbau und Vernetzung von Beratungskompetenzen in der Region

➔ Zur Förderung ökonomisch wirksamer Projekte ist ein kontinuierliches, d.h. über die gesamte Verfahrensdauer verfügbares Beratungsangebot für die Bürger/-innen in Dorferneuerungsschwerpunkten erforderlich. Nicht für alle Sachgebiete und Berufssparten, die möglicherweise eine Beratung in Anspruch nehmen wollen, kann fortlaufend eine professionsspezifische Beratungskompetenz vorgehalten werden. Deshalb ist entscheidend, daß das Beratungsangebot für ökonomische (und sozioökonomische)[40] Projekte für erste Anfragen und Kontaktaufnahme mit einer Einrichtung, Expertenbüro oder Fachverwaltung, identifizierbar ist und dort möglichst mit einem/einer festen Ansprechpartner/-in. Spezielle Beratungskompetenzen für einzelne Fachgebiete, z.B. Fremdenverkehr, Direktvermarktung, Ladenkonzepte u.ä., können dann folgend, auch regional unterschiedlich sowohl durch die Fachverwaltung als auch durch freiberuflich hinzugezogene Expertenbüros sichergestellt werden.

⇨ Die Beratungsstelle sollte vier Beratungsstufungen umfassen:

⇨ 1. Öffentlichkeitsarbeit:
Durchführung öffentlicher Informationsveranstaltungen über die Entstehung, Umsetzung und Fördermöglichkeiten ökonomischer Projekte im ländlichen Raum;

⇨ 2. Beratung:
Beratungsgespräche zur Klärung eines investiven Vorhabens; Betreuung bei der Auftragsstellung für die Förderung;

⇨ 3. Vermittlung/Empfehlung von spezifischer Beratungskompetenz:
Feststellung, welche spezifizierten Beratungskompetenzen ggf. hinzugenommen werden müssen für eine Projektkonzeption, z.B.: betriebswirtschaftliche-, juristische-, Marketing-, Architekten/-innenleistungen o.ä.; Vermittlung/Empfehlung spezifischer Beratungskompetenzen;

⇨ 4. Vernetzung:
Vernetzung und Koordinierung ökonomisch und sozioökonomisch wirksa-

---

40 vgl. hierzu auch: Kap. 4.2.6 .

mer Projekte in der Region durch angebotene Themenarbeitskreise: z.B. Direktvermarktung, Fremdenverkehr, Alten- und Krankenpflege etc. .

Die Vernetzung dieser Beratungsangebote mit Regionalentwicklungsprojekten bietet sich an.

4.4 Zusammenfassende Analyse der Beteiligungsstrukturen in den Fallanalysen

In A-, B- und C-Dorf können bei der näheren Betrachtung der Beteiligungsstrukturen neben den projektspezifischen, allgemein typische Phänomene festgestellt werden.

4.4.1 Motivationsmuster in der Bürgermitwirkung

In allen Untersuchungsorten löst die Klärungsphase eingangs für das Dorfentwicklungsverfahren ein hohes Interesse in der Bürgerschaft aus: neben gut besuchten Bürgerversammlungen gelingt es zunächst in allen drei Fällen, den in der Bürgerschaft öffentlich debattierten Themenkanon über das städtebauliche Spektrum hinaus auf soziale, kulturelle und ökonomische Entwicklungsansätze auszudehnen. Das Interesse in der Bürgerschaft kann zu einer Bürgermitwirkung ausgedehnt werden im Zuge professionell gestützter Moderation durch neu gebildete Arbeitsgruppen und Projektinitiativen im Dorf.

Auffallendes Motivationsmuster der Bürgermitwirkung an der Diskussion um die Verwendung der Fördermittel für kommunale Maßnahmen ist übereinstimmend in A-, B- und C-Dorf das öffentlich artikulierte Interesse an einer optimierten sozialen Infrastruktur, die, in allen Fällen ähnlich, entweder durch Aus-, Um- oder Neubau des Dorfgemeinschaftshauses bzw. des Bürgerzentrums anvisiert wird. Danach stehen in den Prioritätenlisten der Klärungsphasenberichte an zweiten, dritten und folgenden Stellen Straßenraum- und Platzgestaltungen, häufig verbunden mit grünordnerischen und verkehrsberuhigenden Maßnahmen.

Dies wären vergleichsweise marginale Ergebnisse, gemessen an den Erwartungen der Landesverwaltung in die Informations-, Beratungs- und Motivationsarbeit, die von den Projektbeauftragten in der Klärungsphase qua Auftrag abgeleistet werden. Es schließt sich also die Frage an nach kontinuierlichen Motivationseffekten aus diesen professionellen Partizipationsangeboten der Klärungsphase für die Mitwirkungsbereitschaft der Bürgerschaft über die zuvor genannten, städtebaulichen Rahmenziele hinaus an der sozialen, kulturellen und ökonomischen Entwicklung des Ortsteiles.

4.4.2 Nachhaltigkeit der Bürgermitwirkung

In allen drei Fallbeispielen gleichermaßen erkennbar ist eine sehr schnell abfallende Effizienzkurve in der Mitwirkungsbereitschaft der Bürger/-innen, gemessen am zehnjährigen Verfahrenszeitraum der Dorfentwicklung.
Das zu Verfahrensanfang zur Verfügung gestellte professionelle und nach Interessen(-gruppen) differenzierte Beteiligungsangebot wirkt als eine Art "Einstiegseffekt" mit gleichzeitiger Auslösung hoher Beteiligungseffizienz, die mit Ende der Klärungsphase nach ca. sechs Monaten eine weitgehende Reduzierung der Bürgerbeteiligung auf die tradierte Form des Beiratsmodells erfährt. Einzelne herauskristallisierte Projektansätze, die in dieser Dissertation exemplarisch analysiert wurden, werden unterbrochen, wie im Fall B, nur teilweise weitergeführt, wie im Fall C oder sind in der nachhaltig positiven Wirkung für den Gesamtprozeß Dorfentwicklung begrenzt, weil die professionelle partizipative Begleitung des Projektes und ihre Integration in die Dorfentwicklungskonzeption gehemmt verläuft, wie in Fall A.

In einem Fall - Fall C-Dorf - gelingt es, die pluralistischen Interessen des Ortsteils in der Zusammensetzung des 'Arbeitskreises Dorferneuerung' zu berücksichtigen, in dem eine paritätische Besetzung von Frauen und Männern und eine offensichtliche Entpolitisierung des Gremiums möglich ist. In den Fällen A- und B-Dorf überwiegen in der Zusammensetzung des 'Arbeitskreises Dorferneuerung' die tradierten Funktionsträger aus Parteien und Vereinen.

In allen drei Fällen wird der Dorfentwicklungsplan nach Abschluß der Klärungsphase von Architekturbüros erstellt. Für die Kooperation und Vernetzung parallel vergebener Projektaufträge gibt es keinen Teamrahmen, für das Weiteraufgreifen oder Weiterführen von Projektinitiativen gibt es keine Zuständigkeit; Leistungen für die Sicherung der Partizipation sind nicht beschrieben und entsprechend in den Angeboten freiberuflich involvierter Experten nicht einkalkuliert. So äußern in allen Fallanalysen interviewte Akteure auf sämtlichen Handlungsebenen Enttäuschungen darüber, daß Handlungsansätze aus der Klärungsphase nicht oder unzureichend weiterverfolgt werden können.

4.4.3 Qualitätsziele für die Bürgermitwirkung und praxisimmanente, hemmende Faktoren

Der Standardwerkvertrag zur Durchführung der "Klärungsphase"[41] fordert als Ergebnis gemeinsam mit der Bevölkerung erarbeitete Projektentwicklungen zu den komplexen Gebieten Infra- und Sozialstruktur, Kultur, Wirtschaft, baulich-räumliche und ökologische Situation des Dorfes. Damit verbunden sind die Ziele,

> "(...) die örtlichen Probleme sowie die vorhandenen Potentiale möglichst mit allen örtlichen Gruppen und Initiativen gemeinsam zu erarbeiten, zu benennen und **Handlungsansätze als konkrete kommunale und öffentlich wirksame Projekte** vor Ort zu entwickeln. Es sollen Denk- und Willensbildungsprozesse angeregt, gefördert und der Dialog zwischen Bürgern, Gremien und ggf. auch Behörden eingeleitet werden. In einem öffentlichen Diskussionsprozeß sollen die einzelnen Lösungsansätze und Aufgaben miteinander abgewägt werden.
> Ein übereinstimmendes Meinungsbild im Ort und Gemeinde zu den weiteren Schwerpunktsetzungen der Dorferneuerung soll damit geschaffen und in einer gemeinsam getragenen Idee von der zukünftigen Entwicklung des Ortes ideel verankert werden."[42]

Der Vertrag beschreibt als Arbeitsziel eine sehr breit zu behandelnde Themenpalette. Sie ist mit zahlreichen, aber unspezifisch definierten Optionen an die partizipative Vorgehensweise der Experten und Expertinnen verbunden.

Die Auswertungen der Fallanalysen hingegen zeigen, daß Themen- bzw. Projektentwicklungen nur partiell angerissen werden können und nur vereinzelt nach Schwerpunktkenntnissen und Neigungen der Projektbeauftragten weiterverfolgt

---

41 vgl. hierzu: Klaus Schüttler: Dorferneuerung in Hessen. In: Praxis der Gemeindeverwaltung; Nr. 230; Wiesbaden 1996; S. 73.

42 Klaus Schüttler: (a.a.O.); S. 73. (Hervorhebung im Original).

werden, daß Dialogstrukturen zwischen der formell legitimierten Handlungs- und Entscheidungsebene und den informell und assoziierten Handlungsebenen nicht hinreichend ausgehandelt und vereinbart werden und Kooperationen und Koordinationen mit weiter involvierten Experten nur nachrangig oder gar nicht nachgegangen wird.[43] Diese teilweise unbefriedigenden Projektergebnisse kontrastieren mit dem erkennbaren hohen beruflichen Engagement der Informantinnen und Informanten in den geführten Interviews.
Die Gegenüberstellung der Ziele, die mit der Bürgermitwirkung von seiten der landespolitischen Programmplanung verbunden werden sowie dem "Erreichbaren" oder "Erreichten", dokumentiert in den Fallanalysen, läßt auf Überforderungen im Verfahrens-, Planungs- und Projektmanagement schließen; dies führt zu einem Definitionspluralismus der Expertinnen und Experten, schlägt sich in Verunsicherungen im professionellen Handeln nieder[44] und impliziert Unwägbarkeiten in der Qualität der Ergebnisse.

Zusammenfassend kann festgestellt werden: Bürgermitwirkung in der Hessischen Dorferneuerung wird zwar qua Programm für den gesamten Verfahrenszeitraum gefordert, in den Qualitätszielen jedoch lediglich im Werkvertrag mit den eingesetzten Projektbeauftragten der Klärungsphase näher definiert; die hier gesetzte quantitative Aufzählung von Einzelzielen ist jedoch im monetären, zeitlichen und personellen Rahmen der Klärungsphase nicht realisierbar, weil das geforderte Gesamtspektrum nicht behandelt werden kann; deshalb bleiben vor allem soziokulturelle, sozioökonomische und ökonomische Projektansätze unkonkret. Auch weiterfolgend im Verfahren werden in den Vermerken bzw. Leistungsbeschreibungen der Fachverwaltung für die Umsetzungsphase von Planungs- und Projektbearbeitungen keine spezifischen Bedingungen und Anforderungen an das Programmziel "Bürgermitwirkung" formuliert; sie finden, wie im Fall C-Dorf bereits exemplarisch zitiert, eine pauschale Erwähnung in den Vermerken der Verwaltung: "Die eingeleitete Bürgerbeteiligung ist fortzuführen und zu vertiefen. Die in der Vorklärungsphase entwickelten Handlungsansätze sind vom Planungsbüro weiter zu verfolgen."[45] Dieses praktiziert jedoch nur traditionelle Bauberatung und diskutiert den Planungsfortschritt mit dem 'Arbeitskreis Dorferneuerung'.

---

43 Anmerkung der Verfasserin: Die Situation wird sich unter den Wettbewerbsbedingungen in der Vergabe der Klärungsphase nach VOL weiter verschärfen; vgl. hierzu auch: Kap. 2.7.1.2 .

44 vgl. hierzu: Kap. 2.6.3 .

45 vgl. hierzu: Kap. 4.3.2 .

Diese Vorgehensweise entspricht dem seit 1981 üblichen Beiratsmodell und eröffnet, so umgesetzt, nur unzureichend neue Handlungsspielräume für eine landespolitisch anvisierte langfristige, aktivierende und innovativ in den Ergebnissen sich auswirkende Bürgermitwirkung durch Kompetenz- und Entscheidungsgewinn in der Bevölkerung.

4.5 Beteiligungsstandards zur Sicherung des partizipativen Programmansatzes im Gesamtverfahren

Die erste Hypothese[46] zu dieser Arbeit überprüfend und die Analysen zu den spezifischen Projekttypen im Fall A, B und C zusammenfassend reflektierend, kommt die Verfasserin dieser Arbeit zu der Erkenntnis, daß Qualitätssicherheit in der Bürgermitwirkung der Hessischen Dorferneuerung nur dann erreicht werden kann, wenn Partizipation nicht, wie bis dato durch die politische Programmplanung interpretiert, als eigenständiges Programmziel verfolgt wird und entsprechende isolierte und segmentierte Umsetzung findet, sondern wenn Partizipation als ein integrativer Verfahrensbestandteil aufgefaßt und praktiziert wird.

Mit Einführung des neuen 'Leitfadens Dorferneuerung'[47] entsteht zukünftig eine flexible und prozessuale Verfahrensstruktur, die ein problemspezifisches, am Erkenntnisstand orientiertes Vorgehen in der Verfahrenslenkung durch die Fachverwaltung und in dieser Konsequenz in der Umsetzung durch freiberuflich tätige Expertinnen und Experten in Aussicht stellt.
Eine Konzentration auf ortsspezifische Themen erscheint dringend geboten, um ein "Zerfließen im Unkonkreten" zu vermeiden und um die Koordination von Planung und Projekten im Rahmen des Programms leisten zu können.

Das nachfolgende Modell[48] orientiert sich an vier Konzeptstufen, übertragbar auf die zukünftige Verfahrensstruktur der Hessischen Dorfentwicklung und setzt die Verfahrensphasen in einen Bezug zu professionell gestützten Partizipationsangeboten im Kontext von Planungs- und Projektaufträgen, verbunden mit Handlungszielen zur Sicherung einer qualitativen Bürgermitwirkung.

---

46 vgl. hierzu: Kap. 3.4.1 .

47 vgl. hierzu: Kap. 1.1, 2.6.1 und 2.6.1.1.

48 vgl. hierzu: Abbildung 5 im Anhang.

Abgesehen von der ersten, einmalig zu durchlaufenden Stufe, dem Verfahrenseinstieg mit einer ersten Brainstormingphase des "Sammelns und Sichtens", stehen die zweite - "Aushandeln/Gewichten", die dritte - "Bearbeiten/Umsetzen" und die vierte Stufe "Beraten" in einem engen, wechselseitigen Bezug und sind von konstanter Bedeutung für die Verfahrenslenkung durch die Fachverwaltung und Verfahrensbearbeitung durch die Expertinnen und Experten.

Die Verfasserin konkretisiert das Modell durch nachfolgende Beteiligunsstandards, die sich, nunmehr die Arbeit abschließend, auf das Gesamtverfahren beziehen:

Kommunikationsstrukturen sind die Basis einer Bürgerbeteiligung zwischen "Pflicht" und "Kür"[49]

➔ Die Dorfentwicklungskonzeption als ein freiwilliges Planungsinstrument der Kommunen[50] eröffnet Möglichkeiten, Regeln und Formen der Kommunikation zwischen informell und formell assoziierten Gruppen im Dorf selbst, wie zwischen diesen und den formell legitimierten Handlungs- und Entschei-

---

49 vgl. hierzu: Klaus Schüttler: Dorferneuerung in Hessen. In: Praxis der Gemeindeverwaltung; Nr. 230; Wiesbaden 1996; S. 30 und 31: Der Autor differenziert das Spektrum zwischen "Pflicht und Kür" in der Bürgermitwirkung wie folgt: "Die in der Dorferneuerung angestrebte **Mitwirkung der Bürger** ist wesentlich mehr als das, was landläufig unter dem Begriff **"Bürgerbeteiligung"** verstanden wird. Bürgerbeteiligung, in ihrer modernen Ausprägung auch mit dem Begriff **"Partizipation"** definiert, meint Teilhabe, also Beteiligung der Bürger an der Willensbildung, Entscheidungsfindung und Durchführung von Planungen. Bei der Verwendung dieses Begriffs geht man allgemein aber davon aus, daß andere (Verwaltung, Experten) planen und Bürger durch ihre Meinungsäußerung zur Planung und ihrer Umsetzung beitragen. (...) Mitwirkung hingegen bedeutet in jedem Falle auch Partizipation, kann aber auch darüber hinausgehen. Dies kann z.B. in der Form geschehen, daß Bürger von der Idee bis zur Ausführung gemeinsam Projekte selbst betreiben und planen und dabei lediglich von Experten im notwendigen Maße unterstützt werden. Diese Form von Mitwirkung ist in der Dorferneuerung ausdrücklich gewollt. Es gibt auch Fördermittel für den Einsatz notwendiger Experten. Wenn die Mitwirkung gelingt, kommt es hinsichtlich der Zielvorstellung über den Ablauf der Verfahren der "Kür" gleich. Partizipation hingegen ist "Pflicht". Die Beteiligung der Bürger an Konzepten und Planungen zur Erneuerung ihres Ortes ist Voraussetzung für spätere Förderung aus dem Dorferneuerungsprogramm. Das Stärken der unteren Demokratieebene ist dabei ein wesentlicher, aber nicht der einzige Beweggrund. Ein Stück Selbstbestimmung und Eigenverantwortung für die Entwicklung des Ortes kann auf diese Weise wieder auf die Ebene des Dorfes zurückgebracht werden." (Hervorhebungen im Orginal).

50 vgl.: Kap. 2.6.1 .

dungsebenen der Kommune[51] über das parlamentarische Demokratieprinzip hinaus zu erweitern. Verkürzt gesagt eröffnet Dorfentwicklung einen Raum für die Entwicklungen einer Dialogkultur sowohl auf Ortsteilebene als auch zwischen Ortsteil und Kommune. Handlungsziele dieser Erweiterung der kommunalpolitischen Demokratiepraxis sind kompetente, konsensuale Entscheidungsfindungen und Problemlösungen.

⇨ In der Klärungsphase sollten im Zuge professionell angebotener Moderation auf der Ortsteilebene selbst wie zwischen Ort und Kommune die Basis der Regeln und Formen des Kommunizierens vereinbart werden.

⇨ Diese Vereinbarungen sollten zur Sicherung der Fairneß zwischen den beteiligten Akteuren Verbindlichkeit durch eine Beschlußlage des Kommunalparlaments erlangen. Denkbar ist der Beschluß einer Anhörung des Arbeitskreises Dorferneuerung und/oder der themengebundenen Arbeits- und Projektgruppen bevor im Gemeindeparlament über Maßnahmen im Dorfentwicklungsort entschieden wird. Ebenso ist die Teilnahme kommunaler und kommunalpolitischer Handlungsträger an Terminen/Sitzungen von Arbeitskreis und/oder Projektgruppen zu klären.

⇨ Wesentliche Anforderung an eine effiziente Partizipation ist die Einbindung der Ergebnisse in die politisch legitimierten Entscheidungsstrukturen der Kommune; für die Bürger/-innen muß erkennbar sein, in welcher Weise ihr Engagement und ihre Empfehlungen Berücksichtigung und Unterstützung bei den Entscheidungsträgern finden.

⇨ "Pflicht" der Bürgermitwirkung ist eine Beteiligung der Bürger/-innen durch Informationsaustausch zwischen kommunalpolitisch etablierten Handlungs- und Funktionsträgern im Dorf, zusammengeschlossen in einem 'Arbeitskreis Dorferneuerung' und der Kommune bzw. dem Kommunalparlament.

⇨ "Kür" der Bürgermitwirkung ist der Austausch von Argumenten in einer vereinbarten Dialogstruktur zwischen Entscheidungsgremien und Handlungsträgern der Kommune und Gruppen, Initiativen und Gremien auf der Ortsteilebene mit dem von beiden Seiten angestrebten Handlungsziel, die "beste Lösung", d.h. problemadäquate Planungs- und Projektergebnisse für den Ort in Kooperation zu erwirken.

---

51 vgl. hierzu: Abb. 3, Kap. 3.3.2 .

Bürgermitwirkungsbereitschaft ist eine endliche Ressource

➔ Die Mitwirkungsbereitschaft von Bewohnern und Bewohnerinnen an einem Dorfentwicklungsprozeß ist ziel- und zeitbedingt.

⇨ Neue Handlungsspielräume durch Partizipation: Informations-, Kompetenz-, Entscheidungs- und Gestaltungsgewinn müssen ebenso erkennbar sein wie Handlungsgrenzen durch den finanziellen, zeitlichen, personellen und verfahrenstechnischen Rahmen.

⇨ Konkrete Zeit- und Zielplanung der professionell gestützten Partizipationsangebote in den Verfahrensphasen und den konkreten Planungs- und Projektvorhaben ermöglichen den Bürger/-innen, sich positiv für eine Mitwirkung zu entscheiden; Bürgermitwirkung muß in diesem Sinne für die Bürger/-innen kalkulierbar sein.

⇨ Bürgerengagement kann nur bei Transparenz und Fairneß in der Informationspolitik entstehen.

⇨ Bürgermitwirkung setzt Kompetenz in der Sache voraus; Informationen und Beratungen müssen professionell zur Verfügung gestellt werden.

Partizipation als integrativer Verfahrensbestandteil der Dorfentwicklung in der Verfahrenslenkung durch die Fachverwaltung

➔ Die ausgehandelten Beteiligungsstrukturen eines Verfahrens müssen im Zuge der Verfahrenslenkung durch die Fachverwaltung ortsindividuell, themen- bzw. aufgabenspezifisch definiert werden und am Verfahrensstand orientiert ggf. fortgeschrieben oder bestätigt werden.

⇨ Die kontinuierliche Analyse der Akteurskonstellation: Erkennen von Verhandlungspositionen, Vernetzungen, Deutungen und Interpretationen involvierter Akteure der beteiligten Handlungsebenen ist Voraussetzung einer adäquaten Verfahrenslenkung und bestimmt maßgeblich die Vereinbarungen über Themenschwerpunkte und Vorgehensweisen, einschließlich der Beteiligungsstrukturen.

⇨ Partizipation muß explizit Verhandlungsstand der Bilanztermine sein und sich in einem eigenständigen Kapitel in Vermerken bzw. Leistungsbeschreibungen niederschlagen. Leistungsbeschreibungen/Vermerke für Planungen und Projekte sind mit einem verfahrensphasen- und aufgabenbedingt gestuften Anforderungsprofil:
- Informationsveranstaltungen und/oder
- Moderation und/oder

- Mediation (je nach Konflikt- oder Akzeptanzpotential) und/oder
- Beratung

im Kontext von zu vergebenden Projekt- und Planungsaufträgen zu verbinden. Diese Anforderungsprofile bedeuten keine Einschränkung für die Methodenwahl der Expertinnen und Experten.

⇨ Professionell gestützte Partizipationsleistungen müssen in den Leistungsbeschreibungen/Vermerken für die freiberuflich involvierten Experten von Planungs- und Projektaufträgen im Leistungsumfang und konkreten Handlungsziel definiert sein und entsprechend für ein Honorarangebot kalkulierbar und vergleichbar sein.

⇨ Professionelle Partizipationsbegleitung ist keine verfahrens-, themen- oder aufgabenlosgelöste Expertenleistung, sondern muß integrativer Bestandteil der Vorgehens- und Arbeitsweise der Experten bei der Bearbeitung von Planungen und Projekten sein.

⇨ Sind mehrere Experten/Expertinnen mit verschiedenen Projekt- bzw. Planungsaufträgen in einem Verfahren involviert, muß die Teambildung und, interdependent, die Koordinierung der professionell gestützten Partizipationsangebote im Rahmen der Verfahrenslenkung durch die Fachverwaltung sichergestellt werden.

⇨ Kooperationsanforderungen zwischen verschieden involvierten Experten/Expertinnen müssen ebenfalls in Vermerken, Leistungsbeschreibungen und entsprechenden Vertragswerken festgelegt werden.

Professionelle Partizipationsbegleitung als integrativer Bestandteil der Arbeitsleistung freiberuflich involvierter Planer/-innen und Projektbeauftragten im Arbeitsfeld Dorfentwicklung

➔ Professionelle Partizipationsbegleitung als Expertenleistung bedeutet, einen Prozeß themen- bzw. sachorientiert zu strukturieren, in dem die beteiligten Akteure im Diskurs kommunizierend Entscheidungen aushandeln. Diesen erweiterten, öffentlichen Raum herzustellen, um nach vereinbarten Regeln zu debattieren, ist professionelle Partizipationsbegleitung; diese Qualifikation in der Arbeitsweise ist eine professionsunabhängige.

⇨ Neben der fachlichen, inhaltlichen Bearbeitung von Planungen und Projekten erfordert das Arbeiten in partizipativ strukturierten Prozessen von freiberuflich involvierten Expertinnen und Experten Fähigkeiten der Strukturierung, Lenkung und Organisation eines Kommunikationsprozesses zumeist von unterschiedlicher Stufung und Intensität.

⇨ Professionell gestützte Partizipationsangebote beziehen alle Akteure in den Aus- und Verhandlungsprozeß ein; eine soziale und kommunikative Kompetenz im Umgang mit Gremien, Gruppen und Personen ist daher eine vorrangige Anforderung.

⇨ Professionelle Partizipationsangebote erfordern Sachkompetenz in den inhaltlichen Anforderungen wie in den gesetzlichen Rahmenbedingungen.

⇨ Die Arbeit der Expertinnen und Experten muß von Neutralität in der Sache geprägt sein, ebenso wie von einer Orientierung am Gemeinwohl.

4.6 Zusammenfassung

Die Untersuchungen der Fälle A-, B- und C-Dorf zeigen, daß durch die Verfahrenspraxis der Hessischen Dorfentwicklung zwar eine erhöhte Motivation zur Bürgermitwirkung in Gang gesetzt wird, u.a. verbunden mit der Entstehung soziokultureller, sozioökonomischer oder ökonomischer Projektansätze, der programmatische Anspruch an eine langfristige Kontinuität und Nachhaltigkeit in der Bürgermitwirkung jedoch weitgehend uneingelöst bleibt. Die Ursachen liegen primär im Defizit verfahrens-, problem- und aufgabenspezifisch definierter Handlungsziele von professionell gestützten Partizipationsangeboten, die für Projekt- und Planungsaufträge im Zuge der Verfahrenslenkung durch die Fachverwaltung darzulegen wären. Eine Stufung von unterschiedlich einzusetzenden Partizipationsangeboten, orientiert an Aufgabenstellung und Verfahrensphase sowie deren Fortschreibung anläßlich der obligatorischen Bilanztermine, wird bis dato nicht vorgenommen.

Dies führt in der Verfahrenspraxis auf der Seite der Expertinnen und Experten in Verwaltung und freien Büros zu einem Definitionspluralismus über das konkrete Aufgabenverständnis und die originären Handlungsziele im Dorferneuerungsverfahren zur Sicherung des partizipativen Programmansatzes. Ungewünschte Verfahrensmängel sind die Konsequenz: Verunsicherung professionellen Handelns, mangelnde Kooperationen zwischen eingesetzten Experten durch unzureichende Teambildung, dadurch teilweise unbefriedigende Projektergebnisse, Rückzug der Bürger-/innen aus dem Interesse einer Mitwirkung und Kritik sowie Vorbehalte von kommunalpolitischen Handlungsträgern an der Umsetzung der Partizipation in der Hessischen Dorfentwicklung.

Hemmend auf die Effizienz der Dorfentwicklung als Strukturförderprogramm wirken sich die nicht aufgebauten Kommunikationsstrukturen zwischen den formell legitimierten Handlungs- und Entscheidungsebenen in der Kommune und den formell und informell assoziierten Handlungsebenen im Dorf als Grundprinzip einer qualitativ gesicherten Partizipation aus.

Die wirtschafts-, sozial und kulturpolitisch relevanten Fördermöglichkeiten des Programms können für die Entwicklung des ländlichen Raumes bisher nur segmentiert genutzt werden, weil ein konstant verfügbares Beratungsangebot für die Bürger/-innen bisher in den Verfahren nicht professionalisiert angeboten wird. Das Beratungsangebot konzentriert sich nach wie vor auf die tradierten städtebaulichen, architektonischen und grünordnerischen Programminhalte.

Im Zuge der Bearbeitung der Fallanalysen A-, B- und C-Dorf entwickelt die Verfasserin dieser Arbeit Beteiligungsstandards zur Sicherung des partizipativen Programmansatzes in der Hessischen Dorfentwicklung für soziokulturelle, sozioökonomische und ökonomische Projekttypen sowie für das Verfahren insgesamt. Sie kommt hierbei zu der Erkenntnis, daß in der zukünftigen Verfahrenspraxis des Programms der neu eingeführte, konzeptuelle und reflexive Verfahrenscharakter die Chance eröffnet, Bürgermitwirkung als einen qualitativen, vor allem integrativen Verfahrensgegenstand zu sichern, statt wie bisher praktiziert als einen eher eigenständigen und isoliert umgesetzten.

Voraussetzung ist im Rahmen der Verfahrenslenkung durch die Fachverwaltung die Definition von Bedingungen und Anforderungen an den Interaktionsprozeß der beteiligten Akteure, dies explizit verfahrens-, problem- beziehungsweise projektspezifisch und ausgerichtet an der ortsindividuellen Situation im jeweiligen Dorferneuerungsschwerpunkt. Notwendig ist eine Analyse der Akteurskonstellation durch die beteiligten Experten/-innen im Verfahren; erforderlich ist es hierfür, die Sichtweisen, Deutungen, Interpretationen und Verhandlungspositionen der involvierten Akteure auf den unterschiedlichen Handlungsebenen zu erkennen, um entsprechende Handlungsziele zur Sicherung einer qualitativen Bürgermitwirkung vereinbaren und festschreiben zu können. Handlungsziele einer qualitativen Bürgermitwirkung und Formen der professionell gestützten Partizipationsangebote hierfür müssen deshalb originärer Verhandlungsgegenstand der Bilanztermine sein und in den Vermerken/Leistungsvermerken und Vertragswerken mit den freiberuflich involvierten Expertinnen und Experten dokumentiert sein.

Gerade die Dorfentwicklung als eine integrierte Entwicklungskonzeption mit einem empfehlendem und nicht rechtsverbindlichem Charakter eröffnet gesellschaftspolitisch relevante Handlungsspielräume und Chancen, erweiterte Regeln und Formen der Kommunikation zu entwickeln, die über das parlamentarische Demokratieprinzip hinaus gehen können. Ziel einer so entwickelten Dialogkultur zwischen parlamentarisch legitimierten Handlungsträgern der Kommune und Bürgerinnen und Bürgern im Dorf ist eine kompetente, konsensuale Entscheidungsfindung und Problemlösung auf der Grundlage fair ausgetragener Argumente.

Dieses entwickelte Leitbild ist die Basis der in dieser Dissertation entwickelten Beteiligungsstandards.

5 Schlußbemerkung

> "Ob ein Wert gerechtfertigt ist, hängt davon ab, inwieweit er Gegenstand einer öffentlichen Debatte war, ob er durch die Konfrontation mit der Öffentlichkeit und den durch ihre Politik bereits gerechtfertigten Normen verfeinert, verändert oder transformiert worden ist. Partizipatorische Politik wählt nicht zwischen Werten aus oder bestätigt allein Werte, deren Rechtfertigung bereits feststeht. Sie zwingt Vorlieben und Meinungen dazu, ihre Legitimation erst zu erwerben, indem sie sie durch die öffentliche Beratung und das öffentliche Urteil Spießruten laufen läßt. Am Ende gehen Vorlieben und Meinungen aus solchen Prozessen nicht einfach als gerechtfertigt, sondern als verwandelt hervor."[1]

Partizipative Verfahren haben als Lernfeld für alle Teilnehmenden eine besondere Funktion im politischen System. Der Beitrag der Hessischen Dorferneuerung zur Weiterentwicklung der politischen Kultur im allgemeinen und im ländlichen Raum im besonderen erscheint hier durchaus maßgeblich.

Gerade die Fallanalysen in dieser Dissertation liefern zahlreiche Hinweise dafür, welche Potentiale und Chancen in der Mitwirkung und im Engagement der Bevölkerung für die Entwicklung des ländlichen Raumes liegen. Sichtbar wird hierbei ebenfalls, welche Verantwortung der öffentlichen Hand daraus erwächst, diese Ressource 'Bürger-mitwirkung' durch zur Verfügung gestellte Professionalität zu unterstützen und zu sichern. Dies wird möglicherweise in der Notwendigkeit und Ernsthaftigkeit bei der programmpolitischen Verfahrenslenkung nicht erkannt oder unterschätzt.

Partizipation ist nicht zum Nulltarif zu haben und ungeeignet als kurzfristiges politisches Kalkül.

Die Förderung und Stützung von Partizipation sollte eine kontinuierlich zu leistende Investition des Staates sein, insbesondere in Zeiten zu bewältigender ökonomischer, soziokultureller, ökologischer und sozialstaatlicher Krisen.

---

[1] Benjamin Barber: Starke Demokratie. Hamburg 1994; S. 126-127.

Die nachweislichen Anstrengungen und Bemühungen, die bis dato von der Bürgerschaft, von Politikern und Politikerinnen, Experten und Expertinnen in die partizipative Programmentwicklung der Hessischen Dorfentwicklung geflossen sind, lassen sich nicht nur an erreichten materiellen und immateriellen Ergebnissen und Erfolgen belegen, sondern stellen einen wichtigen Schritt zur progressiven Weiterentwicklung des komplizierten Verhältnisses zwischen Staat, Gemeinde und Bürgerschaft dar.

Den festgestellten Defiziten in der Nachhaltigkeit und Qualitätssicherung der Bürgermitwirkung sollten perspektivisch der Ausbau professioneller Partizipationsangebote entgegengesetzt werden, durch Weiterbildung im Verfahrens-, Projekt-, Planungs- und Politikmanagements.

Partizipative Politik setzt voraus, daß im Alltag von Bürgerinnen und Bürgern, Expertinnen und Experten wie von (Berufs-)Politikerinnen und Politikern dialogische Strukturen immer wieder neu erarbeitet werden; diese bedeuten eine wechselseitige Anerkennung der Akteure, offene Informationspraxis, gemeinsame Beratung und Entscheidungsfindung und die Bereitschaft zum konsensualen Handeln.

Für die Verfasserin stellt sich am Ende dieser Arbeit die Frage, inwieweit es der Landesverwaltung, den Kommunen und den Bürgerinnen und Bürgern gelingen wird, den Handlungsrahmen der Hessischen Dorfentwicklung zu nutzen für den Ausbau einer zivilgesellschaftlich geprägten Handlungslinie zur Lösung der anstehenden sozialen, kulturellen, ökonomischen, baulich-räumlichen und ökologischen Aufgabenstellungen im ländlichen Raum.

Angesichts drastischer Einsparungsmaßnahmen im Hessischen Landeshaushalt 1996 und dem hieraus resultierenden Einbruch im Finanzbudget der Dorferneuerung gewinnt die Frage der Sicherung des partizipativen Programmansatzes nochmals an ungewollter Brisanz. An der Bürgermitwirkung darf der Rotstift nicht angesetzt werden; es wäre der Verzicht auf die eigentliche Innovation des Programms.

6 Literatur

Adam, Brigitte: Mehr als Interessenmanagement - Zur Rolle alternativer Entscheidungsverfahren in der räumlichen Planung. In: RaumPlanung. Heft 71; 1995.

Adorno, Theodor W.: Der Positivismusstreit in der deutschen Soziologie. Berlin, Neuwied 1969.

Agrarsoziale Gesellschaft e.V. (Hg.): Ökologie und Bürgerbeteiligung in der Dorferneuerung. Kleine Reihe Nr. 48; Göttingen 1991.

Albers, Gerd: Über den Wandel im Planungsverständnis. In: RaumPlanung. Heft 61; 1993.

Alheit, Peter: Zur Soziologie der 'Zivilgesellschaft'. In: Dialektik-Enzyklopädische Zeitschrift für Philosophie und Wissenschaft. Bremen 3/1995.

Alheit, Peter: Die Fragilität des Konzeptes "Zivilgesellschaft". In: Das Argument - Zeitschrift für Philosophie und Sozialwissenschaften. Heft 4/5, 36. Jahrg.; Hamburg 1994.

Arbeitsgruppe Bielefelder Soziologen (Hg.): Alltagswissen, Interaktion und gesellschaftliche Wirklichkeit; Bd. 1 und 2. Opladen 1980; (1. Auflage: Reinbek bei Hamburg 1973).

Architektenkammer-Hessen (Hg.): Honorarregelung für Dorfentwicklungsplanungen. Wiesbaden 1990.

Bahr, Hans-Eckehard: Politisierung des Alltags. Darmstadt/Neuwied 1972.

Barber, Benjamin: Starke Demokratie. Hamburg 1994.

Beck, Ulrich; Vossenkühl, Wilhelm; Erdmann-Ziegler, Ulf: Eigenes Leben - Ausflüge in die unbekannte Gesellschaft, in der wir leben. München 1995.

Beck, Ulrich: Risikogesellschaft - Auf dem Weg in eine andere Moderne. Frankfurt a.M. 1986.

Beck, Ulrich: Politik in der Risikogesellschaft. Frankfurt a.M. 1991.

Berger, Peter L.; Luckmann, Thomas: Die gesellschaftliche Konstruktion der Wirklichkeit. Frankfurt a.M. 1969.

Bischoff, Ariane; Selle, Klaus; Sinning, Heidi: Informieren, Beteiligen, Kooperieren - Kommunikation in Planungsprozessen. Eine Übersicht zu Formen, Verfahren, Methoden und Techniken. Dortmund 1995.

Bitzan, Maria; Klöck, Tilo: Jahrbuch Gemeinwesenarbeit 5. München 1994.

Blumer, Herbert: Der methodologische Standort des symbolischen Interaktionismus. In: Alltagswissen, Interaktion und gesellschaftliche Wirklichkeit; Bd. 1. Arbeitsgruppe Bielefelder Soziologen (Hg.); Reinbek bei Hamburg 1973.

Bock, Hartmut: Dorfentwicklung und dörfliche Strukturpolitik in Hessen. In: Forum für den ländlichen Raum e.V. (Hg.): Belebung der dörflichen Ökonomie. Beiträge zur Tagung am 30./31. Oktober 1995 in der Evangelischen Akademie Hofgeismar; Kassel 1996.

Boos-Krüger, Annegret; Haindl, Erika; Drosse, Ulrike: Verfahren und Verlauf von sozioökonomischen Projekten in der hessischen Dorf- und Regionalentwicklung. Chancen und Hemmnisse. Diese Studie wurde erstellt am Fachbereich Stadt- und Landschaftsplanung, Arbeitsgruppe Dialogische Planung, Gesamthochschule Kassel, im Auftrag des Hessischen Ministeriums für Landesentwicklung, Wohnen, Landwirtschaft, Forsten und Naturschutz; Kassel Februar 1995; (unveröffentlicht).

Boos-Krüger, Annegret; Kinstle, Theo: Tagungskommentar. In: Regional Impuls, Hessische Arbeitsgemeinschaft für Bildungs-, Kultur- und Gemeinwesenarbeit auf dem Land e.V.: Tagungsreader - Tagung zur Hessischen Dorfentwicklung 12./13. November 1992.

Boos-Krüger, Annegret: Versorgung älterer und hilfsbedürftiger Menschen im Dorf: Beispiel einer Projektentwicklung im Rahmen der Hessischen Dorferneuerung. In: Hessische Akademie der Forschung und Planung im ländlichen Raum (Hg.): Zeitgemäße Leitbilder für die Dorfentwicklung. Bad Karlshafen 1995.

Boos-Krüger, Annegret: Mitwirkung von Frauen an Dorfentwicklungsplanung. In: Transitfrauen durch Planung, Verwaltung, Forschung, Lehre. Gesamthochschule

Kassel: Fachbereich Stadt-/Landschaftsplanung (Hg.); Arbeitsberichte Heft 108; Kassel 1993.

Boos-Krüger, Annegret: Praetest zum Dissertationsvorhaben: Bürgerbeteiligung in der Hessischen Dorferneuerung. Verfahrensmodelle zur Sicherung des partizipativen Programmansatzes. Unveröffentlicht, 1991/92.

Borchard, Klaus; Kötter, Theo; Schäfer, Gabriele: Effizienz der Dorferneuerung - Anwendungsfälle. Die wissenschaftliche Untersuchung wurde erstellt im Institut für Städtebau, Bodenordnung und Kulturtechnik der Rheinischen Friedrich-Wilhelms-Universität Bonn im Auftrag des Bundesministers für Ernährung, Landwirtschaft und Forsten (Hg.); Münster-Hiltrup 1990.

Brandel, Rolf: Verwaltung und kooperative Planungsprozesse - Die Interessen der Verwaltung. In: RaumPlanung. Heft 71; 1995.

Brech, Joachim; Greiff, Rainer: Anwaltsplanung in der kommunalen Planungspraxis; Bd. 1 und 2. Frankfurt a.M. 1981.

Breckner, Ingrid; Schmals, Klaus M.: Wege in die Zivilgesellschaft - Neue Planungskonzepte im Experiment. Unveröffentlichtes Vortragsmanuskript anläßlich des Kolloquiums "Neue Planungstheorien - Neue Planungsmethoden" vom 27.-28.11.1992 an der Gesamthochschule Kassel; Dortmund 15.11.1992.

Brückmann, Walter; Oel, Hans Ulrich: Bürgerbeteiligung bei kommunalen Planungen. München 1981.

Buchenauer, Renate: Sozialraum Dorf - Forschungsstudie im Auftrag des Hessischen Ministeriums für Landwirtschaft, Forsten und Naturschutz; Arbeitskreise zur Landentwicklung in Hessen (Hg.); Wiesbaden 1988.

Buchenauer, Renate: Dorferneuerung in Hessen - Methoden, Auswirkungen und Konsequenzen eines konjunkturpolitischen Programms. Marburg 1983.

Buchenauer, Renate: Die Vorlaufphase in Hessen - Ein Modell dörflicher Informations-, Beratungs- und Aktivierungsarbeit. In: Pro Regio. Eigenständige Regionalentwicklung Baden-Württemberg e.V. (Hg.); Nr. 9; Boxberg-Wölchingen 1991.

Buchenauer, Renate: Der neue Verfahrensleitfaden Dorferneuerung. In: Hessische Akademie der Forschung und Planung im ländlichen Raum (Hg.): Zeitgemäße Leitbilder für die Dorfentwicklung. Bad Karlshafen 1995.

Cicourel, Aaron: Basisregeln und normative Regeln im Prozeß des Aushandelns von Status und Rolle. In: Arbeitsgruppe Bielefelder Soziologen (Hg.): Alltagswissen, Interaktion und gesellschaftliche Wirklichkeit. Bd. 1; Reinbek bei Hamburg 1973.

Cox, F.; Erlich, J.; Rothmann, J.; Tropmann, J.: Strategies of Community Organization. Itasca 1974.

Dähnhardt, Werner: Das gute Volksempfinden. In: Der Spiegel; Nr. 20/ 15.05.1995.

Davidoff, Paul: Anwaltsplanungsprinzip und Pluralismus in der Planung. In: Lauritz Lauritzen (Hg.): Mehr Demokratie im Städtebau. Hannover 1973.

Demirovic, Alex: Zivilgesellschaft, Öffentlichkeit, Demokratie. In: Das Argument - Zeitschrift für Philosophie und Sozialwissenschaft. Heft 1; 33. Jahrg.; Hamburg 1991.

Deutscher Bundestag (Hg.): Städtebaubericht der Deutschen Bundesregierung von 1970. Abschnitt IV: Stärkere Mitwirkung der Bürger und der Öffentlichkeit am Planungsprozeß. Drucksache des Deutschen Bundestages; IV/1497; 6. Wahlperiode; Bonn 1970.

Deutscher Verein für private und öffentliche Fürsorge: Handbuch der örtlichen Sozialplanung. Frankfurt 1986.

Deutsches Institut für Fernstudien an der Universität Tübingen (Hg.): Dorfentwicklung; Bd. 1-7. Tübingen 1989.

Dienel, Peter C.: Partizipation an Planungsprozessen als Aufgabe der Verwaltung. In: Die Verwaltung (Hg.); 1971.

Dienel, Peter C.: Die Planungszelle. Opladen 1992; (Erstauflage 1978).

Dirkan, Joachim: Politik - ein pädagogisches Thema auch in der sozialkulturellen Arbeit. In: Rundbrief; 8. Jg. 1972; Heft 3.

Dittrich, Gerhard G.: Demokratisierung in der Planung. Nürnberg 1975.

Dubiel, Helmut; Frankenberg, Helmut; Rödel, Ullrich: Die demokratische Frage. Frankfurt a.M. 1989.

Dülffer, Jost: NS-Herrschaftssystem und Stadtgestaltung. Das Gesetz zur Neugestaltung deutscher Städte vom 04. Oktober 1937. In: Christian Kopetzki, Vera Lasch, Folcker Lüken-Isberner, Jutta Schlier: Stadterneuerung in der Weimarer Republik und im Nationalsozialismus. Beiträge zur stadtbaugeschichtlichen Forschung. Arbeitsberichte des Fachbereichs Stadt- und Landschaftsplanung Gesamthochschule Kassel; Heft 73. Kassel 1987.

Dunckelmann, Henning: Lokale Öffentlichkeit - Eine gemeindesoziologische Untersuchung. In: Schriftenreihe des Deutschen Instituts für Urbanistik (Hg.); Band 51. Stuttgart, Berlin, Köln, Mainz 1975.

Erikson, Erik H.: Identität und Lebenszyklus. Frankfurt a.M. 1971.

Faßbinder, Helga: Bürgerinitiativen und Planungsbeteiligung im Kontext kapitalistischer Regionalpolitik. In: Kursbuch 27 (Hg.); 1972.

Feix, Nereu: Werturteil, Politik und Wirtschaft, Werturteilstreit und Wissenschaftstransfer bei Max Weber. Göttingen 1978.

Frahm, Eckart; Magel, Holger; Schüttler, Klaus: Kultur - ein Entwicklungsfaktor für den ländlichen Raum. München 1994.

Frahm, Eckart: Dorfentwicklung als Lernprozeß. In: Leben und Lernen in der Region. Volkshochschule des Landkreises Kassel (Hg.); Kassel 1992.

Frahm, Eckhart: Um eine Entwicklung von innen bittend. In: Holger Magel, Alfred Winter (Hg.): Was braucht das Dorf der Zukunft: Philosophie oder Geld oder beides ? Referate der Fachtagung der Deutschen Akademie der Forschung und Planung im ländlichen Raum, Landesgruppe Bayern in Zusammenarbeit mit der Leopold Kohr-Akademie in Neukirchen/Österreich; Salzburg 1989.

Führ, Eduard: Worin noch niemand war: Heimat - Eine Auseinandersetzung mit einem strapazierten Begriff. Historisch - philosophisch - architektonisch. Wiesbaden/Berlin 1985.

Garfinkel, Harold: Common Sense Knowledge of Social Structures: The Documentary Method of Interpretation in Lay und Professional Fact Findung. In: Theories of the mind. Jordan M. Scher (Hg.); New York 1962.

Ganser, Karl; Siebel, Walter; Sieverts, Thomas: Die Planungsstrategie der IBA Emscher Park - Eine Annäherung. In: RaumPlanung. Heft 61; 1991.
Glance, Natalie S.; Hubermann, Bernado A.: Das Schmarotzer-Dilemma. In: Spektrum der Wissenschaft. Mai 1994.

Göderitz, J.; Rainer, R.; Hoffmann, H.: Die gegliederte und aufgelockerte Stadt. Tübingen 1957.

Greverus, Ina-Maria: Auf der Suche nach Heimat. München 1979.

Greverus, Ina-Maria: Kulturökologische Aufgaben im Analyse- und Planungsbereich. In: Günther Wiegelmann (Hg.): Gemeinde im Wandel - Volkskundliche Gemeindestudien in Europa. Münster 1979; S. 92.

Greverus, Ina-Maria; Kiesow, Gottfried; Reuter, Gottfried: Das hessische Dorf. Forschungsbericht der interdisziplinären Untersuchungen in Wald-Amorbach und Selters. Frankfurt a.M. 1982.

Greverus, Ina-Maria: Gemeindeforschung als Alltagsweltanalyse. In: Kultur und Alltagswelt (Hg.). München 1978.

Guther, M.; Teschner, M.; Siebel, W.: Entwicklungstendenzen kommunaler Planung. Forschungsauftrag des Bundesministers für Raumordnung, Bauwesen und Städtebau (Hg.); Bonn 1974.

Habermas, Jürgen: Zur Logik der Sozialwissenschaften. Philosophische Rundschau, Beiheft 5. Tübingen 1967.

Habermas, Jürgen: Theorie des kommunikativen Handelns; Bd. 1 und 2. Frankfurt 1981.

Habermas, Jürgen: Faktizität und Geltung. Frankfurt a.M. 1992.

Haindl, Erika: Neustadt am Main - Biographie eines Dorfes. Würzburg 1994.

Haindl, Erika: Kultur und regionale Identität. In: Bundesminister für Raumordnung, Bauwesen und Städtebau (Hg.): Stand und Perspektiven der Forschung über den ländlichen Raum. Bd. Nr. 465 in der Schriftenreihe "Forschung"; Bonn 1987.

Hendler, Reinhard: Die bürgerschaftliche Mitwirkung an der städtebaulichen Planung. Göttingen 1977.

Herlyn, U.: Innenstadt und Beteiligung der Betroffenen: Ein Versuch in Göttingen. In: Lauritz Lauritzen (Hg.): Mehr Demokratie im Städtebau. Hannover 1972.

Hesse, Joachim Jens: Verhandlungslösungen und kooperativer Staat - Plädoyer für einen erweiterten Blick in die Praxis. In: Wolfgang Hoffmann-Riem, Eberhard Schmidt-Aßmann: Konfliktbewältigung durch Verhandlungen - Konfliktmittlung in Verwaltungsverfahren; Bd. I und II. Baden-Baden 1990.

Hessischer Minister für Landwirtschaft, Forsten und Naturschutz: Landesprogramm und Richtlinien zur Erneuerung der hessischen Dörfer - Dorferneuerungsprogramm. Staatsanzeiger für das Land Hessen, Nr. 30; 26. Juni 1984.

Hessisches Landesamt für Regionalentwicklung und Landwirtschaft: Leitfaden Dorferneuerung: Sammelverfügung Nr. 58/1994; Wiesbaden 1994.

Hessisches Ministerium für Landesentwicklung, Wohnen, Landwirtschaft, Forsten und Naturschutz: Programm zur ländlichen Regionalentwicklung in Hessen. In: Staatsanzeiger Nr. 23/1993.

Hessisches Ministerium für Landentwicklung, Wohnen, Landwirtschaft, Forsten und Naturschutz: Landesprogramm und Richtlinien zur Erneuerung der hessischen Dörfer - Dorferneuerungsprogramm. Staatsanzeiger für das Land Hessen, Nr. 30; 27 Juli 1992.

Hessisches Ministerium für Landesentwicklung, Wohnen, Landwirtschaft, Forsten und Naturschutz: Dorferneuerung in Hessen. Wiesbaden 1991.

Hessisches Ministerium für Wirtschaft, Verkehr und Landesentwicklung: Leitfaden Dorferneuerung. Wiesbaden 1995.

Hill, Hermann: Integratives Verwaltungshandeln - Neue Formen von Kommunikation und Bürgermitwirkung. In: Deutsches Verwaltungsblatt. 108 Jg. des Reichsverwaltungsblattes, Heft 18; 15. September 1993.

Hill, Hermann: Staatliches Handeln bei veränderten Bedingungen. In: Thomas Ellwein, Joachim Jens Hesse (Hg.): Staatswissenschaft - Vergessene Disziplin oder neue Herausforderung? Baden-Baden 1990.

Hill, Hermann: Das hoheitliche Moment im Verwaltungsrecht der Gegenwart. In: Deutsches Verwaltungsblatt (DVBl) 1989.

Hill, Burkhard; Hülbusch, Inge Meta; Lecke, Detlef: Abhauen oder bleiben -Jugendliche in der Dorfentwicklung. In: Deutsches Institut für Fernstudien an der Universität Tübingen (Hg.): Soziokultur; Bd. 2 Dorfentwicklung. Tübingen 1989.

Hoffmann-Riem, Wolfgang; Schmidt-Aßmann, Eberhard: Konfliktbewältigung durch Verhandeln; Bd. 1 und 2. Baden-Baden 1990.

Hollihn, Frank: Partizipation und Demokratie. Baden-Baden 1978.

Holtkamp, Lars; Stach, Birgit: Friede, Freude, Eierkuchen? Marsberg, Berlin, Schüren 1995.

Hopf, Christel; Weingarten, Elmar: Qualitative Sozialforschung. Stuttgart 1984.

Ipsen, Detlev: Räumliche Vergesellschaftung. In: PROKLA 68 (Hg.); 17. Jg.; September 1987.

Jäger, Helga: Ländliche Gemeinwesenarbeit in England. Wiesbaden 1990.

Jäger, Helga: Der Nachbarschaftsladen - alles unter einem Dach. Hessisches Ministerium für Wirtschaft, Verkehr, Technologie und Europaangelegenheiten (Hg.); Wiesbaden 1994.

Jeggle, Utz: Kiebingen - Eine Heimatgeschichte - Zum Prozeß der Zivilisation in einem schwäbischen Dorf. Untersuchungen des Ludwig Uhland-Instituts. Tübingen 1977.

Jordan, Jörg (Minister des Ministeriums für Landesentwicklung, Wohnen, Landwirtschaft, Forsten und Naturschutz): Unveröffentlichtes Redemanuskript zur

Agrarstrukturreform am 03.12.1993, gehalten in Rauischolzhausen vor den Amtsleitern der Ämter für Regionalentwicklung, Landschaftspflege und Landwirtschaft.

Jungk, Robert; Müllert, Norbert R.: Zukunftswerkstätten. München 1989.

Keller, Reiner; Poferl, Angelika: Habermas und Müll - Zur gegenwärtigen Konjunktur von Mediationsverfahren (nicht nur) in den Sozialwissenschaften. In: Wechselwirkungen Nr. 68; August 1994.

Kinstle, Theo: Dorfkultur - Neuentdeckte Kraft für die Dorferneuerung? In: Evangelische Landjugendakademie Altenkirchen; Evangelischer Informationsdienst für Jugend- und Erwachsenenbildung auf dem Lande (Hg.); Nr. 1; Altenkirchen 1992.

Kinstle, Theo: Vorlaufphasen in der Dorferneuerung bringen Bürger rein und Leerformeln raus. In: Pro Regio. Eigenständige Regionalentwicklung Baden-Württemberg e.V. (Hg.); Nr. 10; Boxberg-Wölchingen 1992.

Klemm, Lothar: Vorwort zum 'Leitfaden Dorferneuerung'. In: Hessisches Ministerium für Wirtschaft, Verkehr und Landesentwicklung: Leitfaden Dorferneuerung. Wiesbaden 1995.

Knieling, Jörg; Sinning, Heidi: Agrarstrukturelle Dorferneuerung - ein Instrument zur umwelt- und sozialverträglichen Strukturpolitik? In: Kritischer Agrarbericht. Kassel, Rheda-Wiedenbrück, Bonn; Februar 1994.

Konieczny, Günter: Organisationsmodell für die Zusammenarbeit mit dem Bürger-Modell "Arbeitskreis Dorfentwicklung". In: Workshop-Planung für Dörfer und Scheindörfer. Vereinigung der Stadt-, Regional- und Landesplaner e.V. (Hg.); Bochum 1985.

Krahulec, Peter: Psychotope, runde Kneipentische und Querschnittsaufgabe - Warum ich vom "Lernort Dorf" so begeistert bin. In: Maria Bitzan, Tilo Klöck (Hg.): Jahrbuch Gemeinwesenarbeit 5. München 1994.

Krappmann, Lothar: Soziologische Dimensionen der Identität. Stuttgart 1971 (3. Auflage).

Kühn, Manfred: Die Inszenierung des Ländlichen. In: Arbeitsbericht des Fachbereichs Stadtplanung und Landschaftsplanung; Gesamthochschule Kassel (Hg.); Heft Nr. 87; Kassel 1990.

Lamnek, Siegfried: Qualitative Sozialforschung; Bd. 2. München 1989.

Landwirtschaft 1993 - Der kritische Agrarbericht: Daten, Berichte, Hintergründe. Positionen zur Agrardebatte. Bonn 1993.

Lecke, Detlef: Lebensorte als Lernorte: Handbuch Spurensicherung. Frankfurt a.M 1983.

Lippenmeier, Dorothee: Supervision mit der Arbeitsgruppe Nordhessen/Verein Regionalimpuls e.V.: Auswertungsbericht. Hann-Münden/Oberode, Januar 1992; S. 5; (unveröffentlicht).

Loccumer Protokolle: Mediation als politischer und sozialer Prozeß. Evang. Akademie Loccum (Hg.); Rehburg-Loccum 1994.

Lowi, Theodore J.: At the Pleasure of the Mayor, Patronage an Power in New York City - 1898 - 1958. New York 1964.

Mathes, Joachim; Schütze, Fritz: Zur Einführung: Alltagswissen, Interaktion und gesellschaftliche Wirklichkeit - Zum Begriff des Alltagswissens. In: Arbeitsgruppe Bielefelder Soziologen (Hg.): Alltagswissen, Interaktion und gesellschaftliche Wirklichkeit; Bd. 1. Opladen 1980; (1.Auflage: Reinbek bei Hamburg 1973).

Meyer-Palmedo, Ingeborg: Das dörfliche Verwandtschaftssystem. Struktur und Bedeutung - Eine Figurations-Analyse. Frankfurt a.M./New York 1985.

Mitscherlich, Alexander: Die Unwirtlichkeit unserer Städte. Anstiftung zum Unfrieden. Frankfurt a.M. 1965.

Mead, Georges Herbert: Geist, Identität und Gesellschaft. Frankfurt a.M. 1968. (1. Auflage: Chicago 1934).

Mead, Georges Herbert: Geist, Identität und Gesellschaft aus der Sicht des Sozialbehaviorismus. Frankfurt a.M. 1968.

Mohrlock, Marion; Neubauer, Michaela; Neubauer, Rainer; Schönfelder, Walter: Let's organize! Gemeinwesenarbeit und Community Organization im Vergleich. München 1993.

Müller, Andreas: Konzeptbezogenes Verwaltungshandeln - Eine Untersuchung planerischer Handlungsformen der Exekutive im Bereich sich wandelnder Querschnittsaufgaben. Baden-Baden 1992.

Mussel, Christine: Durchsetzen oder Verhandeln? Diskursive Verfahren in der Umwelt und Stadtplanung. In: Arbeitsergebnisse. Schriftenreihe der Arbeitsgemeinschaft Ländliche Entwicklung am Fachbereich Stadt- und Landschaftsplanung der Gesamthochschule Kassel; Heft 31. Kassel September 1995.

Nimmermann, P.: Stadtplanung und Gemeinwesenarbeit. München 1971.

Oelschlägel, D.: Gemeinwesenarbeit als Prinzip sozialer Arbeit. In: Rundbrief 2/1978, Sektionsteil.

Offe, Claus: Spätkapitalismus - Versuche der Begriffsbestimmung. In: ders.: Sturkturprobleme des kapitalistischen Staates. Frankfurt a.M. 1973.

Oppermann, Bettina; Renn, Ortwin: "Buttom up" statt "Top down" - Die Forderung nach Bürgermitwirkung als (altes und neues) Mittel zur Lösung von Konflikten in der räumlichen Planung. In: Zeitschrift für angewandte Umweltforschung (ZAV). Sonderheft: Stadtökologie; 1995.

Peattie, Lisa R.: Reflections on Advocacy Planning. In: Journal of the America Institute of Planners (Hg.); Maryland 1968; Vol. 34; Heft 2.

Pfromm, Klaus: Advozierende Planung - Versuch zur Stadtplanungstheorie. In: Arch + 2; (Hg.); Heft 8; Kassel 1969.

Pörksen, Uwe: Plastikwörter - Die Sprache einer internationalen Diktatur. Stuttgart 1992.

Pohlmann, Hans Joseph: Kommunikationsplanung. In: RaumPlanung. Heft 61; 1993.

Psathas, Georges: Ethnotheorie, Ethnomethodologie und Phänomenologie. In: Alltagswissen, Interaktion und gesellschaftliche Wirklichkeit; Bd. 2. Arbeitsgruppe Bielefelder Soziologen (Hg.); Opladen 1980; (1. Auflage: Reinbek bei Hamburg 1973).

Regional-Impuls e.V., Arbeitsgemeinschaft für Bildungs-, Kultur- und Gemeinwesenarbeit auf dem Land (Hg.): Ausschreibung und Vergabe der Klärungsphasen in der Dorferneuerung nach VOL. In: Vorstandsinfo des Regional Impuls e.V.; Info Nr. 2; April 1995.

Renn, Ortwin; Webler, Thomas: Konfliktbewältigung durch Kooperation in der Umweltpolitik - Theoretische Grundlagen und Handlungsvorschläge. In: OiKOS - Umweltökonomische Studieninitiative an der Hochschule St. Gallen (Hg.): Kooperation für die Umwelt - Im Dialog zum Handeln. Zürich 1994.

Rettenbach, Helene; Schaab, Erik: Dörfliche Gemeinwesenarbeit. Inhalte - Verfahren - Organisation. Beiträge zur konzeptionellen Weiterentwicklung. Wiesbaden 1992; (unveröffentlicht).

Rolli, Engelbert: Bürgerbeteiligung als Kommunikations- und Lernprozeß. Deutsches Institut für Fernstudien an der Universität Tübingen (DiFF) (Hg.). In: Dorfentwicklung als Lernprozeß; Studieneinheit 7. Tübingen 1989.

Rüschendorf, Roswitha: Dorfentwicklung und Bürgermitwirkung. In: Ökologie und Bürgerbeteiligung in der Dorferneuerung; Agrarsoziale Gesellschaft e.V. (Hg.); Kleine Reihe 48; Göttingen 1991.

Rüschendorf, Roswitha: Dörfliche Gemeinwesenarbeit verläßt das Feld der Sozialarbeit. In: Maria Bitzan, Tilo Klöck (Hg.): Jahrbuch Gemeinwesenarbeit 5. München 1994.

Rüschendorf, Roswitha: Bürgermitwirkung im Rahmen des Hessischen Dorferneuerungsprogrammes. In: Der Bundesminister für Ernährung, Landwirtschaft und Forsten (Hg.): Dorferneuerung im vereinten Deutschland. Bonn 1992.

Schmals, Klaus: Hintergründe, Struktur und Probleme einer zivilgesellschaftlichen Planungstheorie. In: Dokumentation zur 5. Theoriewerkstatt des Informationskreis für Raumplanung e.V., Dortmund, Arbeitskreis zu "kooperativen Planungsprozessen/Vermittlungsverfahren in der Raumplanung". 8.- 10. September 1995.

Schmals, Klaus M.; Schubert, Herbert J.: Sozialverträglichkeit der Expo 2000. In: Jahrbuch Stadterneuerung 1995. Berlin 1995.

Schmidt-Aßmann, Eberhard: Die Lehre von den Rechtsformen des Verwaltungshandeln - Ihre Bedeutung im System des Verwaltungsrechts und für das verwaltungsrechtliche Denken der Gegenwart. In: DVBI 1989.

Schneider, Herbert: Kommunalpolitik auf dem Lande. München 1991.

Schnell, Klaus-Dieter; Walser, Manfred: Räumliche Leitbilder - Hilfestellung zur Kommunikation und Kooperation. In: RaumPlanung. Heft 71; 1995.

Schoeller, Dieter: Ortserneuerung mit der "Aktion Ortsidee". Deutsches Institut für Fernstudien an der Universität Tübingen (DiFF) (Hg.). In: Dorfentwicklung als Lernprozeß; Studieneinheit 7. Tübingen 1989.

Schoeller, Dieter: Dorferneuerung - Anregung zum Mitmachen. Innsbruck-Wien 1992.

Schubert, Dirk: Städte für Morgen. Kassel 1995.

Schubert, Dirk: Stadtentwicklungsplanung zwischen Sozialverträglichkeit und Nachhaltigkeit - Neue Planungskulturen und Herausforderungen für kommunale Planung: In: Dirk Schubert (Hg.): Städte für Morgen. Universität Gesamthochschule Kassel, Schriftenreihe des Fachbereichs Stadtplanung und Landschaftsplanung; Band 22. Kassel 1995.

Schüttler, Klaus: Region im Dorf - Über regionale Entwicklungspotentiale der Dörfer. In: Pro Regio. Eigenständige Regionalentwicklung Baden-Württemberg e.V. (Hg.); Nr. 5 + 6; Boxberg-Wölchingen 1990.

Schüttler, Klaus: Dorfentwicklung als innovatives Instrument. In: Hessische Akademie der Forschung und Planung im ländlichen Raum (Hg.): Zeitgemäße Leitbilder für die Dorfentwicklung. Bad Karlshafen 1995.

Schüttler, Klaus: Dorferneuerung in Hessen. In: Kommunal- und Schulverlag (Hg.): Praxis der Gemeindeverwaltung. Wiesbaden, Februar 1996.

Schütz, Alfred: Collected papers I. The problem of social reality. The Hague 1971.

Schütze, Fritz; Meinefeld, Werner u.a.: Grundlagentheoretische Voraussetzungen methodisch kontrollierten Fremdverstehens. In: Alltagswissen, Interaktion und gesellschaftliche Wirklichkeit; Bd. 2. Arbeitsgruppe Bielefelder Soziologen (Hg.); Opladen 1980; (1. Auflage: Reinbek bei Hamburg 1973).

Seeler, Walter; Spille, Rolf: Bürgerbeteiligung in der Stadtentwicklungsplanung und im Wohnbereich bei Vorhaben im Hamburger Raum. In: Bundesminister für Raumordnung, Bauwesen und Städtebau (Hg.); Band 03.056/1977 in der Schriftenreihe "Städtebauliche Forschung". Bonn 1977.

Selle, Klaus: Was ist bloß mit der Planung los? Institut für Raumplanung, Fachbereich Raumplanung, Universität Dortmund (Hg.); Band 69. Dortmunder Beiträge zur Raumplanung. Dortmund 1994.

Selle, Klaus: Stadterneuerung und Quartiersentwicklung in der Bundesrepublik Deutschland - Entwicklungslinien und heutiger Stand. In: Rolf Froessler, Klaus Selle u.a. (Hg.): Auf dem Weg zur sozial und ökologisch orientierten Erneuerung? Der Beitrag intermediärer Quartiere in der Bundesrepublik. Dortmund 1991.

Selle, Klaus: Planung im Wandel - Vermittlungsaufgaben und kooperative Problemlösungen. In: Wohnbund (Hg.): Wohnpolitische Innovation '91 - Wohnbund Jahrbuch. Darmstadt 1990.

Selle, Klaus: Der Beitrag intermediärer Organisationen zur Entwicklung städtischer Quartiere - Ergebnisse eines Forschungsprojektes. Wohnbund - Verlag für wissenschaftliche Publikationen (Hg.); Dortmund, Darmstadt 1991.

Selle, Klaus: Phasen oder Stufen? Fortgesetzte Anmerkung zum Wandel des Planungsverständnisses. In: RaumPlanung. Heft 71; 1995.

Shils, Edward: Was ist eine Civil Society. In: Krzysztof Michalski: Europa und die Civil Society. Stuttgart 1991.

Stein, Ursula: Prozeßgestaltung, Moderation, Beratung - Neue Formen der Zusammenarbeit zwischen privaten Planungsbüros, Verwaltung, Investoren und Nutzern. In: Dokumente und Informationen zur Schwei-zerischen Orts-, Regional- und Landesplanung; Institut für Orts-, Regional- und Landesplanung (Hg.); ETH Zürich, Nr. 116; Januar 1994.

Stierand, Rainer: Neuorientierung in der Planungstheorie? In: RaumPlanung. Heft 61; 1993.

Ströker, Elisabeth: Lebenswelt und Wissenschaft in der Philosophie Edmund Husserl. Frankfurt a.M. 1979.

Taylor, Charles: Die Beschwörung der Civil Society. In: Krzysztof Michalski (Hg.): Europa und die Civil Society. Stuttgart 1991.

Tschöke, Thomas: Bauern - eine neue Randgruppe im Dorf. In: Pro Regio. Eigenständige Regionalentwicklung Baden-Württemberg e.V. (Hg.); Nr. 7; Boxberg-Wölchingen 1990.

Ullrich, Hans; Probst, Gilbert J.B.: Anleitungen zum ganzheitlichen Denken und Handeln. Bonn, Stuttgart 1988.

Vilmar, Fritz: Strategien der Demokratisierung; 2 Bde. . Darmstadt und Neuwied 1973.

von Berlepsch, Astrid: "Die spinnen, die ... ". In: Sozial Extra (Hg.); Nr. 6/1993.

von Oertzen, Susanna: Planung im entzauberten Staat - Zur neueren Staatsdebatte in den Politikwissenschaften. In: RaumPlanung. Heft 61; 1993.

Wehland, Gerhard: Stadtplanung, Partizipation und kommunale Öffentlichkeit. Berlin 1984.

Wendt, W. R.: Gemeinwesenarbeit. In: K. Ebbe, P. Friese (Hg.): Milieuarbeit. Stuttgart 1989.

Werkstatt für Architektur und Stadtplanung: Dorferneuerungsbericht für den Ortsteil Mühlhausen. Im Auftrag der Gemeinde Twistetal; Kassel 1993.

Wiegelmann, Günther: Gemeinde im Wandel - Volkskundliche Gemeindestudien in Europa. Münster 1979.

Wilson, Thomas P.: Theorien der Interaktion und Modelle soziologischer Erklärung. In: Alltagswissen, Interaktion und gesellschaftliche Wirklichkeit; Bd. 1. Arbeitsgruppe Bielefelder Soziologen (Hg.); Reinbek bei Hamburg 1973.

Windhoff-Herriter, Adrienne: Partizipation und Politikinhalte - Voraussetzungen und Folgen direktdemokratischer Bürgerbeteiligung im kommunalen Entscheidungsprozeß. In: Oscar W. Gabriel (Hg.): Bürgerbeteiligung und kommunale Demokratie. München 1983.

Wiswede, Günter: Soziologie. Landsberg am Lech 1991.

Witthoeft, Maren: Welcher Zukunft zugewandt? Wolfgang Schäubles Weltbild und Politikkonzept im Lichte neokonservativer Modernisierungsversuche. In: Frankfurter Rundschau Nr. 178; 3. August 1995.

Witzel, A.: Verfahren der qualitativen Sozialforschung. Überblick und Alternativen. Frankfurt a.M. 1982.

Zepf, Elmar: Das Modell "Dorfwerkstatt". Deutsches Institut für Fernstudien an der Universität Tübingen (DiFF) (Hg.). In: Dorfentwicklung als Lernprozeß; Studieneinheit 7. Tübingen 1989.

Zilleßen, Horst; Dienel, Peter C.; Strubelt, Wendelin: Die Modernisierung der Demokratie. Opladen 1993.

Zilleßen, Horst: Alternative Dispute Resolution - Ein neuer Verfahrensansatz zur Optimierung politischer Entscheidungen. Lokale Konfliktregelung durch kooperative Verhandlung und Vermittlung (Mediation). In: Stiftung Mitarbeit (Hg.): Demokratie vor Ort - Modelle und Wege der lokalen Bürgerbeteiligung. Bonn 1991.

Zinkhahn, Willy; Söfker, Wilhelm: Einführung zum Baugesetzbuch. In: Baugesetzbuch; 22. Auflage. München 1992.

Zlonicky, Peter: Phasen der Stadterneuerung nach 1945. In: Klaus Selle u.a.: Stadt Erneuerung - Eine Ringvorlesung. Dortmunder Beiträge zur Raumplanung (Hg.); Band 47. Dortmund 1988.

Weitere Quellen:

Hessisches Landesamt für Regionalentwicklung und Landwirtschaft: Leitfaden Dorferneuerung. In: Sammelverfügung Nr. 58/94; Abteilung 3, Aktenzeichen LK 30.3.2; Wetzlar 1994.

Hessisches Landesamt für Regionalentwicklung und Landwirtschaft: Sammelverfügung Nr. 4/1995; Abteilung 3, Aktenzeichen 33 LK 30.3.2.

Hessischer Minister für Landesentwicklung, Umwelt, Landwirtschaft und Forsten: Landesprogramm und Richtlinien zur Erneuerung der hessischen Dörfer - Dorferneuerungsprogramm. In: Staatsanzeiger für das Land Hessen; Nr. 9, 5. Februar 1982.
(a.a.O.): Nr. 15, 14. März 1983.

Hessischer Minister für Landwirtschaft, Forsten und Naturschutz: Landesprogramm und Richtlinien zur Erneuerung der hessischen Dörfer - Dorferneuerungsprogramm. In: Staatsanzeiger für das Land Hessen; Nr. 30, 26. Juni 1984.
(a.a.O.): Nr. 21, 20. April 1989.
(a.a.O.): Nr. 32, 27. April 1990.

Hessisches Ministerium für Landesentwicklung, Wohnen, Landwirtschaft, Forsten und Naturschutz: Landesprogramm und Richtlinien zur Erneuerung der hessischen Dörfer - Dorferneuerungsprogramm. In: Staatsanzeiger für das Land Hessen; Nr. 30, 6. Juli 1992.

Anhang

Abbildungen[1]

Abb. 1: Übersicht zu Fördermöglichkeiten, Zuwendungsempfänger und Zuwendungsrahmen im Hessischen Dorferneuerungsprogramm.

Abb. 2: Zeitlicher Verlauf und Verfahrensschritte in der Hessischen Dorfentwicklung.

Abb. 3: Normierte Beteiligtenachse in einem Hessischen Dorfentwicklungsverfahren.

Abb. 4: Schlüssel der Interviewsystematik für die Fallanalysen in Kapitel 4

Abb. 5: Modell zur Sicherung einer qualitativen Bürgermitwirkung durch professionell gestützte Partizipationsangebote in einem integrierten Dorfentwicklungskonzept

---

[1] Graphische Darstellung Abb. 1, 2, 4 und 5: Plan-Werkstatt Kassel. Dipl. Geogr. Ulrike Drosse in Arbeitsgemeinschaft mit Dipl. Ing. A. Boos-Krüger;
Graphische Darstellung Abb. 3 durch Dipl. Geogr. Ulrike Drosse. In: Annegret Boos-Krüger, Erika Haindl, Ulrike Drosse: Verfahren und Verlauf von sozioökonomischen Projekten in der hessischen Dorf- und Regionalentwicklung. Chancen und Hemmnisse. Diese Studie wurde erstellt am Fachbereich Stadt- und Landschaftsplanung, Arbeitsgruppe Dialogische Planung, Gesamthochschule Kassel, im Auftrag des Hessischen Ministeriums für Landesentwicklung, Wohnen, Landwirtschaft, Forsten und Naturschutz; Kassel Februar 1995 (unveröffentlicht).

Abbildung 1

Übersicht zur Förderkulisse, zu den Fördermöglichkeiten, Zuwendungsempfängern und Zuwendungsrahmen im Hessischen Dorferneuerungsprogramm [1]

Grünordnung und Siedlungsökologie

Maßnahmen der Grünordnung und Siedlungsökologie zur Verbesserung der landschaftlichen Einbindung der Dörfer:

⇒ Förderziffer 2.1.3
z.B. Erhaltung und Neuanlage innerörtlicher Grünanlagen, Anlage von Freizeit- und Erholungseinrichtungen.

Förderziffer 2.1.11
⇒ z.B. naturnahe Umgestaltung und Neuanlage von Gewässern.

städtebauliche und architektonische Aufgabenstellungen

Erhaltung, Gestaltung oder Verbesserung der ortsbildprägenden Bausubstanz:

⇒ Förderziffer 2.1.4
z.B. Sicherung konstruktiver Bauteile, Maßnahmen des Innenausbaus.

Behebung von Funktionsschwächen in der Siedlungs- und Baustruktur für öffentliche Zwecke oder im öffentlichen Interesse einschließlich Verbesserung der Infrastrukturausstattung

⇒ Förderziffer 2.1.5
z.B. Erhaltung, Wiederherstellung von Bauwerken zur Gestaltung des Orts- oder Landschaftsbildes oder Stärkung der kulturellen Identität des Dorfes: Brunnen, Tore, Stützmauern, dorfgerechte Lampen etc..

⇒ Förderziffer 2.1.6
z.B. Umnutzung, Ausbau vorhandener Bausubstanz, Ersatzbauten zur Vervollständigung baulicher Ensembles, Neubauten mit herausgehobenem städtebaulichen Stellenwert.

Wohnraumförderung

Neuanlage von Wohnraum in den dörflichen Kernbereichen

⇒ Förderziffer 2.1.8
z.B. Umnutzung leerstehender oder untergenutzter Bausubstanz, die bisher nicht für Wohnnutzung bestimmt war;
Um- Aus- und Erweiterungsbauten in der regionaltypischen Bausubstanz;
Ersatz- und Neubauten zur Vervollständigung ausgewiesener baulicher Ensembles

⇒ Förderziffer 2.1.12
z.B. Vorhaben mit Modellcharakter: ländliches Bauen unter Berücksichtigung regionaltypischer Bauformen sowie energiesparender, ökologischer oder baubiologischer Grundsätze.

1) Quelle: Hessisches Ministerium für Landesentwicklung, Wohnen, Landwirtschaft, Forsten und Naturschutz: Landesprogramm und Richtlinien zur Erneuerung der hessischen Dörfer. in: Staatsanzeiger für das Land Hessen vom 27.07.1992, Nr. 30. Vollständige Fassung Anhang 1.

graphische Darstellung: Plan-Werkstatt Kassel - Dipl.-Geogr. Ul. Drosse in Arbeitsgemeinschaft mit Dipl.-Ing. A. Boos-Krüger - 01/96

Bildung, Kultur und Gemeinwesen

Dienstleistungen im Vorfeld von Planungs- und Durchführungsmaßnahmen

⇒ Förderziffer 2.1.13
z.B. Publikationen und Informationsveranstaltungen, ortsbezogene Gutachten, Informations-, Bildungs- und Beratungsarbeiten im Rahmen öffentlicher Gemeinwesenarbeit.

Sicherung der sozialen und sonstigen Infrastruktur; arbeitsplatzschaffende oder -sichernde Maßnahmen

Erhaltung und Verbesserung der dörflichen Nutzungsvielfalt, der Wohnqualität und der Zentralfunktion der Ortskerne durch

⇒ Förderziffer 2.1.14
z.B. Investitionen zur Sicherung und zum Ausbau einer bedarfsgerechten örtlichen Versorgung mit waren und Dienstleistungen (z.B. Lebensmittelläden, Gasthäuser, Sozialstationen, Erhaltung oder Neueinrichtung von wohnstättennahen Arbeitsplätzen in Kleinstunternehmen des Handwerks sowie des Dienstleistungs- und Kleingewerbes,Einrichtung sozialer Selbsthilfeorganisationen).

Zuwendungsmodalitäten

Zuwendungsempfänger

⇒ Öffentliche Träger: Gemeinden und Gemeindeverbände, juristische Personen und Körperschaften des öffentlichen Rechts für Vorhaben nach Förderziffer
2.1.1 - 2.1.3, 2.1.5 - 2.1.7, 2.1.9 - 2.1.14;

⇒ Private Träger: natürliche Personen, juristische Personen und Personengemeinschaften des privaten Rechts für Vorhaben nach Förderziffer
2.1.2 - 2.1.5, 2.1.7 - 2.1.10, 2.1.12 - 2.1.14.

Zuwendungsrahmen

⇒ Für Förderziffer 2.1.3 - 2.1.7 und 2.1.9 - 2.1.11:
Bauliche Einzelmaßnahmen, Maßnahmen der Grünordnung, Gestaltung des Orts- und Landschaftsbildes, 30% max. 40.000,- DM

⇒ Wohnraumschaffung:
Für Förderziffer 2.1.8:
1. Wohnung: 200,- DM/m² max. 20.000,- DM
2. - 4. Wohnung: 400,-DM/m² max. 40.000,- DM

⇒ Für Förderziffer 2.1.14:
bis 100.000,- DM förderfähige Kosten: 40%
mehr als 100.000,- DM förderfähige Kosten: 20% max. 100.000,- DM

⇒ Für Förderziffer 2.1.12 und 2.1.13:
Bei kommunalen Trägern richtet sich die Höhe der Förderquote nach der finanziellen Leistungsfähigkeit des Empfängers (nach FAG).
Die Förderquote kann 90 v.H. betragen.
In begründeten Ausnahmefällen, auch in nicht kommunaler Trägerschaft, ist eine Vollfinanzierung möglich.

Abbildung 2

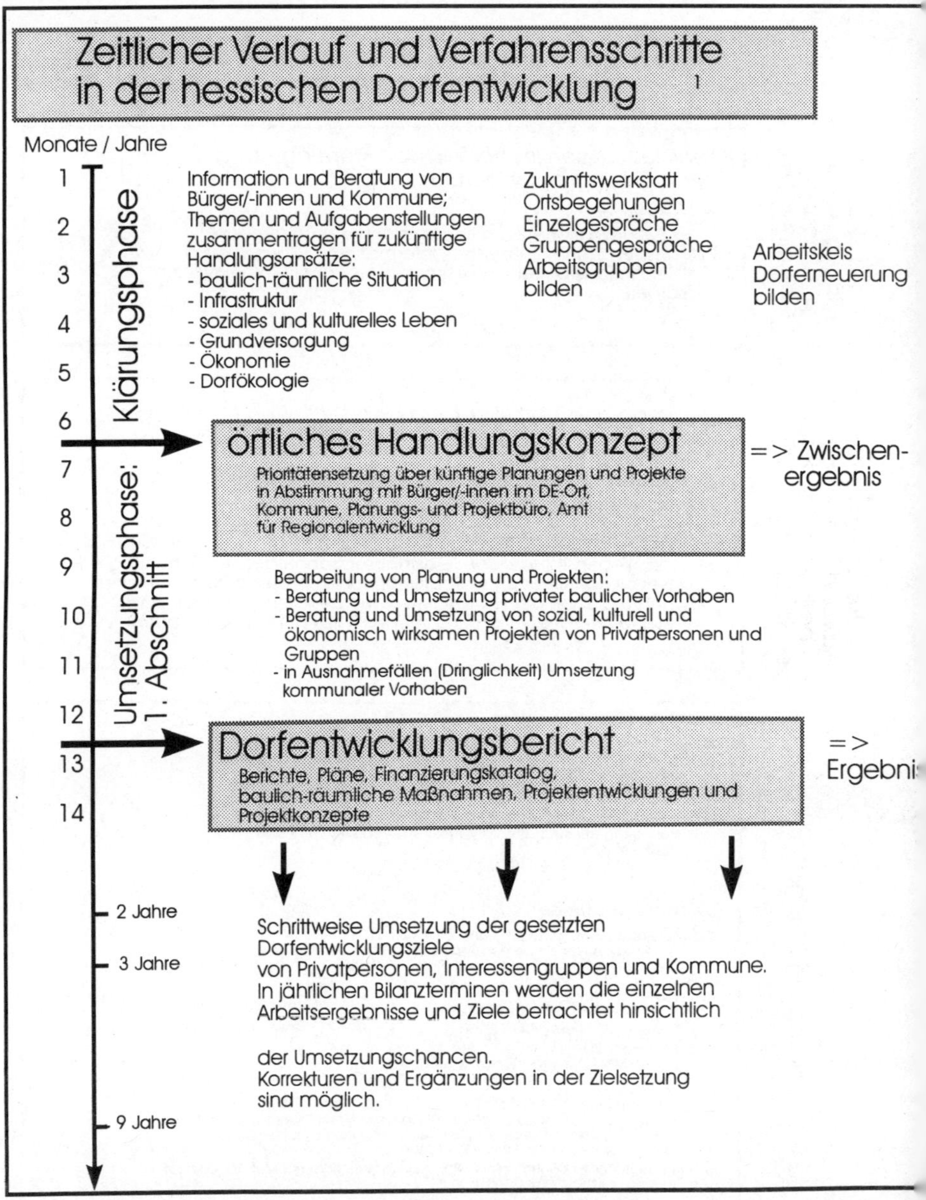

[1] Quelle: Hessisches Ministerium für Wirtschaft, Verkehr und Landesentwicklung: Leitfaden Dorferneuerung. Wiesbaden 1995

graphische Darstellung: Plan-Werkstatt Kassel - Dipl.-Geogr. U. Drosse in Arbeitsgemeinschaft mit Dipl.-Ing. A. Boos-Krüger - 10/95

Abbildung 3

Normierte Beteiligtenachse [1)]
in einem hessischen Dorfentwicklungsverfahren

Handlungs- und/oder Entscheidungsebene	Akteure: beteiligte Verwaltungen, Institutionen, Personen und Gruppen (Funktionen),	verteten durch:
Landesebene	- Hessisches Ministerium für Landesentwicklung, Wohnen, Landwirtschaft, Forsten und Naturschutz	- Fachreferent, zuständige Mitarbeiter/-innen
	- ggf. weitere Fachministerien bedingt durch entsprechende Projektansätze	- zuständige Mitarbeiter/-innen
	- Hessisches Landesamt für Regionalentwicklung und Landwirtschaft	- Dezernenten/-innen zuständige Mitarbeiter/-innen
Regional-ebene	- Amt für Regionalentwicklung, Landschaftspflege und Landwirtschaft	- Gruppenleiter/-in - Sachbearbeiter/-innen
	- Träger öffentlicher Belange entsprechend spezifischer Planungsaufgaben oder Projektansätze	- zuständige Mitarbeiter/-nnen
	- event. regionale Institutionen entsprechend spezifischer Projektansätze	- zuständige Mitarbeiter/-innen
Kommunale Ebene	- Kommunalverwaltung	- Bürgermeister - Vertreter/-innen der Stadtverwaltung, insbesondere des Bauamtes - Stadt-/Gemeindeparlament, Gremien
Experten-ebene	- Fachbüros: - Planungsbüro	- Team oder Einzelperson
	- Projektbüro	- Team oder Einzelperson
örtliche Ebene	- Bürger/-innen im Dorferneuerungsschwerpunkt:	
	- formelle Gruppen und Einzelpersonen	- Ortsbeirat: Ortsvorsteher - Vereine: Vereinsvorsitzende
	- informelle Gruppen	- Arbeitskreise - Interessengruppen - Arbeitskreis Dorferneuerung

1) Quelle:
Auswertungsgraphik Annegret Boos-Krüger / Erika Haindl ; GHK/WZ III ; Stand 01/95 ; graphische Umsetzung : Ulrike Drosse
Studie im Auftrag des Hess. Ministerium f. Landesentwicklung, Wohnen, Landwirtschaft, Forsten und Naturschutz:
Diese Graphik wurde für die Anwendung in der vorliegenden Dissertation entsprechend modifiziert.

graphische Darstellung: Plan-Werkstatt Kassel - Dipl.-Geogr. U. Drosse in Arbeitsgemeinschaft mit Dipl.-Ing. A. Boos-Krüger - 06/96

Abbildung 4

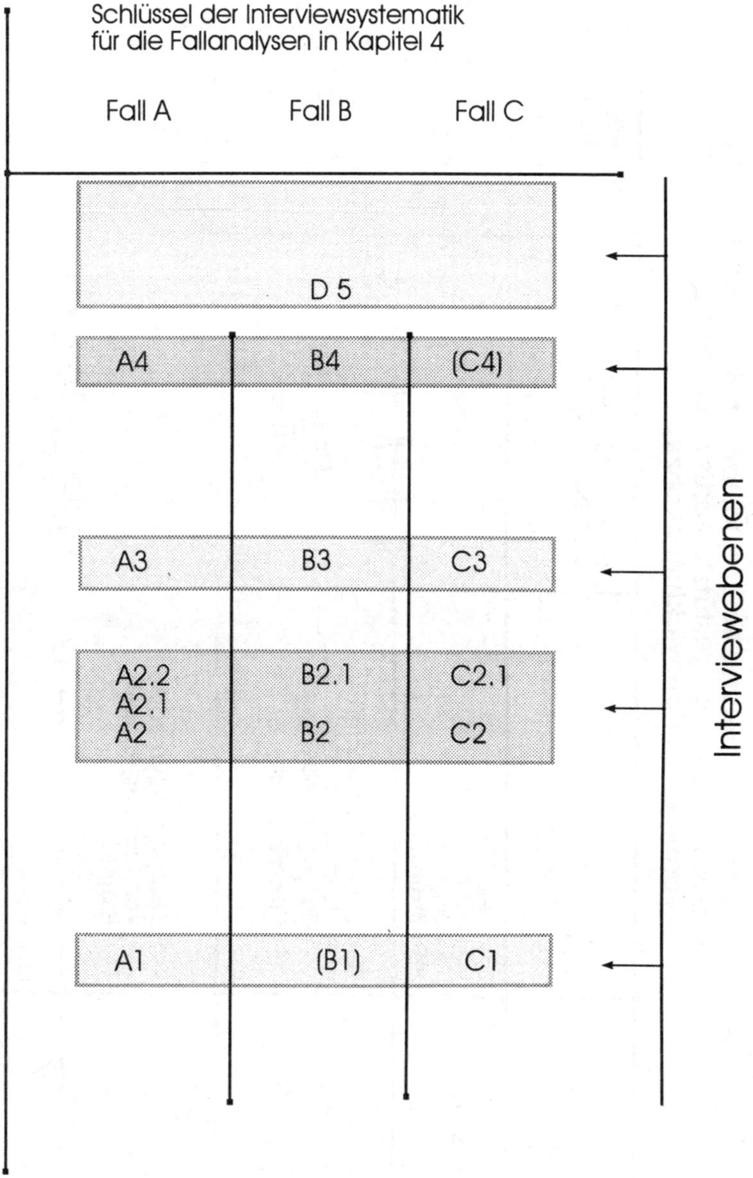

graphische Darstellung: Plan-Werkstatt Kassel - Dipl.-Geogr. U. Drosse in Arbeitsgemeinschaft mit Dipl.-Ing. A. Boos-Krüger - 06/96

Abbildung 5

Modell zur Sicherung einer qualitativen Bürgermitwirkung durch professionell gestützte Partizipationsangebote in einem integrativen Dorfentwicklungskonzept

Verfahrensstufen	inhaltliche Verfahrensschwerpunkte	professionell gestützte Partizipationsangebote im Kontext von Planungs- und Projektbearbeitungen	Handlungsziele zur Sicherung einer qualitativen Bürgermitwirkung
1 Beginn Klärungsphase	Sammeln / Sichten von Interessen, Initiativen, Planungen und Projekten ⇨ **Brainstorming**	Information	◆ Aufbau und Vereinbarung einer Kommunikationsstruktur im Ort und zwischen Ort und Kommune
2 Ende der Klärungsphase, - einmal jährlich bilanzierend	Aushandeln / Gewichten einer Beteiligungsstruktur und von Planungen und Projekten ⇨ **Kristallisation**	Moderation und / oder Mediation	◆ Mitwirkung der Bürger/-innen an der Konzeption und Umsetzung von kommunalen Planungen und Projekten
3 Umsetzungsphasen	⇨ **Bearbeiten/Umsetzen von Planungen und Projekten**		◆ Unterstützung von soziokulturell, sozioökonomisch und ökonomisch wirksamen Projekten von Gruppen und Einzelpersonen
4 Gesamter Verfahrenszeitraum	Beraten: a) Bauberatung b) Beratung sozialer, ökonomischer und kultureller Projekte und Initiativen	Beratung	

URBS ET REGIO

Verzeichnis lieferbarer Bände

"Importante collection d'études de géographie humaine centrées sur l'aménagement du territoire et l'urbanisme. Série de monographies portant soit sur des régions européennes, soit sur des Etats d`outre-mer. Très grande diversité des sujets et originalité des approches: une collection à suivre à la fois pour les informations qu`elle apporte et pour ses initiatives épistémologiques"

Annales de Géographie

Band 1

Gert Eichler, Algiers Sozialökologie 1955-1970, Vom Kolonialismus zur nationalen Unabhängigkeit
Kassel 1976, 254 Seiten, 47 Abb. English summary, ISBN 3-88122-004-6, Preis 16,- DM

Band 3

Heinz Hahn, Peter Jüngst, Jürgen Radloff, Hans Jörg Schulze-Göbel, Wohnen und Arbeiten in Marburg - Computeratlas einer deutschen Mittelstadt
Kassel 1976, 149 Seiten, 114 Karten, DIN A4 Format, ISBN 3-88122-010-0, Preis 18,- DM

Band 8

Harald Jung, Eingliederungsprobleme spanischer Arbeitsimmigraten agrarischer Herkunft beim Übergang in eine freie Lohnarbeiterexistenz in der Bundesrepublik
Kassel 1978, 570 Seiten, English summary, ISBN 3-88122-030-5, Preis 29,- DM

Band 9

Jochen Oppenheimer, Genesis und Entwicklung der "Unterentwicklung". Das Beispiel des französischen Kolonialismus im Senegal
Kassel 1978, 517 Seiten, 15 Abb., ISBN 3-88122-033-X Preis 28,- DM

Band 10

Dieter Kienast, Die spontane Vegetation der Stadt Kassel in Abhängigkeit von bau- und stadtstrukturellen Quartierstypen
Kassel 1978, 426 Seiten, zahlreiche Abb. und Karten sowie 3 farbige Faltkarten, ISBN 3-88122-037-2, Preis 20,- DM

Band 11

Karl Heinrich Hülbusch, Heidbert Bäuerle, Frank Hesse, Dieter Kienast, Freiraum und landschaftsplanerische Analyse des Stadtgebietes von Schleswig
Kassel 1979, 234 Seiten, mehrere große Faltkarten, ISBN 3-88122-038-0, Preis 20,- DM

Band 12

Jorge Gaspar, Zentrum und Peripherie im Ballungsraum Lissabon
Kassel 1979, 139 Seiten, 64 Abb., ISBN 3-88122-039-9, Preis 12,- DM

Band 13

Peter Jüngst, Hans-Jörg Schulze-Göbel, Hans-Joachim Wenzel (Hrsg.) Stadt und Gesellschaft - Sozioökonomische Aspekte von Stadtentwicklung. Mit Beiträgen von: Wolfram Döpp, Gert Eichler, Hartmut Häusemann, Volker Jülich, Peter Jüngst, Volker Kreibich, Karl Hermann Tjaden, Helmut Westphal
Kassel 1979, 465 Seiten, 40 Karten, Sonderband, ISBN 3-88122-041-0, Preis 25,- DM

Band 14

Eduardo Klein, Bolivien: Rohstoffexport und politisch-ökonomische Binnenentwicklung (1545-1952)
Kassel 1979, 402 Seiten, ISBN 3-88122-043-7, Preis 25,- DM

Band 15

Peter Jüngst, Hans-Jörg Schulze-Göbel, Hans-Joachim Wenzel (Hrsg): Verspielt die Geographie ihre Chance zur sozialwissenschaftlichen Neubesinnung? Stellungnahmen und Beiträge zu den Hessischen Rahmenrichtlinien Gesellschaftslehre. Mit Beiträgen von: Eugen Ernst, Karl E. Fick, Karl-Heinz Filipp, Heinz W. Friese, Gerhard Hard, Lothar Jander, Fritz Jonas, Peter Jüngst, Tilman Rhode-Jüchtern, Walter Schrader, Wolfgang Schramke, Hans-Jörg Schulze-Göbel, Hans-Joachim Wenzel
Kassel 1979, 169 Seiten, DIN A4 Format, Sonderband,
ISBN 3-88122-046-1, Preis 25,- DM

Band 16

Peter Jüngst, Johannes Küchler, Christoph Peisert, Hans-Jörg Schulze-Göbel (Hrsg.), Brüche im Chinabild, Aufarbeitung von Erfahrungen einer Exkursion
Kassel 1979, 382 Seiten, 10 Abb., 34 Fotos, ISBN 3-88122-049-6, Preis 24,- DM

Band 17

Ulrich Eisel, Die Entwicklung der Anthropogeographie von einer "Raumwissenschaft" zur Gesellschaftswissenschaft
Kassel 1980, 695 Seiten, ISBN 3-88122-055-0, Preis 34,- DM

Band 18

Angelika Schwabe-Braun, Eine pflanzensoziologische Modelluntersuchung als Grundlage für Naturschutz und Planung - Weidefeld-Vegetation im Schwarzwald
Kassel 1980, 225 Seiten, 15 separate pflanzensoziologische Tabellen,
ISBN 3-88122-056-9, Preis 25,- DM

Band 19

H.D. von Frieling, Räumlich soziale Segregation in Göttingen, Zur Kritik der Sozialökologie, Textband
Kassel 1980, 401 Seiten, zahlreiche Abb., ISBN 3-88122-057-7, Preis 26,- DM

Band 20

H.D. von Frieling, Räumlich soziale Segregation in Göttingen, Zur Kritik der Sozialökologie, Kartenband
Kassel 1980, 73 Seiten, DIN A4 Format, ISBN 3-88122-058-5, Preis 12,- DM

Band 21

Günther Beck, Betriebs- und Marktorganisation in der Salzindustrie - dargestellt am Beispiel der Salinen in Wimpfen am Neckar. Eine wirtschaftsgeographische Untersuchung zur politischen Ökonomie der kapitalistischen Produktions- und Zirkulationssphäre
Kassel 1981, 613 Seiten, 28 Abb., ISBN 3-88122-070-4, Preis 30,- DM

Band 22

Ingeborg Tömmel, Der Gegensatz von Stadt und Land im realen Sozialismus - Reproduktion kapitalistisch geprägter Industriestrukturen durch Planwirtschaft in der DDR
Kassel 1981, 502 Seiten und Karteneinlage, English summary, ISBN 3-88122.066-6, Preis 28,- DM

Band 23

Peter Jüngst (Hrsg.): Portugal nach 1974: Regionale Strukturen und Prozesse, Band I: Strukturelle Voraussetzungen - Entwicklungsperspektiven. Mit Beiträgen von: Klaus Esser, Manfred M. Fischer, Peter Weber
Kassel 1981, 142 Seiten, 6 Abb., 10 Karten, ISBN 3-88122-087-X, Preis 12,- DM

Band 24

Wulf D. Schmidt-Wulffen, Entwicklung Europas - Unterentwicklung Afrikas, Band I:
Historische und geographische Grundlegung sozialer und räumlicher Disparitäten
Kassel 1981, 267 Seiten, 9 Abb., Sonderband, ISBN 3-88122-079-8, (Sonderpreis für Lehrer 14,- DM)
Preis 20,- DM

Band 25

Wulf D. Schmidt-Wulffen, Entwicklung Europas - Unterentwicklung Afrikas, Band II: Soziale und räumliche Disparitäten - Die Unterentwicklung Afrikas in 15 Unterrichtsbeispielen, incl. 42 Fotographien und div. kopierbaren Arbeitsblättern
Kassel 1981, 193 Seiten, DIN A4 Format, Sonderband, ISBN 3-88122-080-1, (Sonderpreis für Lehrer 16,- DM) Preis 23,- DM

Band 26

Volker Heise, Jürgen Rosemann, Bedingungen und Formen der Stadterneuerung - Versuch einer Bestandsaufnahme
Kassel 1982, 166 Seiten, 25 Abb., ISBN 3-.88122-092-5, Preis 13,- DM

Band 27

Peter Jüngst (Hrsg): Portugal nach 1974: Regionale Strukturen und Prozesse, Band II, Beiträge zur Argrarreform in Portugal - Verlauf, regionale und ökonomisch-soziale Strukturen, Rahmenbedingungen. Mit Beiträgen von: Jochen M. Bustorff, Volker Jülich, Peter Jüngst, Günter Wallraff
Kassel 1982, 266 Seiten, 26 Abb. und Karten, 21 Fotos, ISBN 3-88122-081-X, Preis 24,- DM

Band 28

Alois Kneisle, Es muß nicht immer Wissenschaft sein..., Methodologische Versuche zur Theoretischen und Sozialgeographie in wissenschaftlicher Sicht
Kassel 1983, 311 Seiten, zahlreiche Karikaturen, ISBN 3-88122-109-3, Preis 19,- DM

Band 29

Klaus-Peter Müller, Unterentwicklung durch "Rentenkapitalismus"? Geschichte, Analyse und Kritik eines sozialgeographischen Begriffes und seiner Rezeption
Kassel 1983, 416 Seiten, ISBN 3-88122-127-1, Preis 27,- DM

Band 30

Jan G. Smit, Neubildung deutschen Bauerntums - Innere Kolonisation im Dritten Reich
Kassel 1983, 280 Seiten, zahlreiche Karten, Abb. und Fotos, ISBN 3-88122-128-X, Preis 26,- DM

Band 31

Clarita Müller-Plantenberg, Rolf Rempel (Hrsg): Soziale Bewegungen und räumliche Strukturen in Lateinamerika.). Mit Beiträgen von: Clarita Müller-Plantenberg, Emilio Pradilla, Anibal Quijano, William Robinson, Roberto Segre, Paul Singer

Kassel 1983, 3549 Seiten, Sonderband, ISBN 3-88122-177-8,
Preis 25,- DM

Band 32

Peter Jüngst (Hrsg.): "Alternative" Kommunikationsformen - zu ihren Möglichkeiten und Grenzen - Fallbeispiele: Alternativzeitungen, Flohmärkte und Graffiti. Mit Beiträgen von D. Ebenhahn, W. Gerdes, G. Hard, P.Jüngst, Y. Porath, T. Rabenmüller, M. Schmitz, R. Schwendter, P. Sonnenberg, R. Weber

Kassel 1984, 330 Seiten, ISBN 3-88122-271-5, Preis 21,- DM

Band 33

Peter Strutynski (Hrsg.): Arbeitnehmerinteressen - Regionalentwicklung - Strukturpolitik, Möglichkeiten und Ergebnisse regionalpolitischer Kooperation von Gewerkschaftern und Wissenschaftlern mit Beiträgen von: R. Aehnelt, K. Dinnebier, D. Eckhardt, W. Eicke, Forschungsgruppe Produktivkraftentwicklung Nordhessen, H. Hochgreve, K. Irle, I. Könenschulz, M. Lacher, G. Lobodda, E. Meißner, A. Oppolzer, H. Pfäfflin, A. Romey, K. Sausmiak, F. Skischus, P. Strutynski, K. H. Tjaden, P. Wedemeier

Kassel 1984, 322 Seiten, ISBN 3-88122-2234-0, Preis 20,- DM

Band 34

Peter Jüngst (Hrsg.): Innere und äußere Landschaften, Zur Symbolbelegung und emotionalen Besetzung von räumlicher Umwelt. Mit Beiträgen von: Rosemarie Bohle, Peter Jüngst, Martha Kuhl-Greif, Oskar Meder, Hans-Jörg Schulze-Göbel

Kassel 1984, 207 Seiten, zahlreiche Abb., ISBN 3-88122-213-8, Preis 12,- DM

Band 35

Peter Jüngst, Christoph Peisert, Hans-Jörg Schulze-Göbel (Hrsg.): Stadtplanung in der Volksrepublik China - Entwicklungstrends im Spiegel von Aufsätzen und Gesprächen (1949-1979)

Kassel 1984, 420 Seiten, zahlreiche Abb., Sonderband,
ISBN 3-88122-255-3, Preis 34,- DM

Band 36

Oskar Meder, Die Geographen - Forschungsreisende in eigener Sache. Eine biographieanalytische Untersuchung über Berufsmotivation und Berufsverlauf auf der Basis geschriebener Autobiographien und narrativer Interviews

Kassel 1985, 343 Seiten, ISBN 3-88122-261-8, Preis 27,- DM

Band 37

Wulf D. Schmidt-Wulffen, Dürre- und Hungerkatastrophen im Sahel: Gesellschaft und Natur - Wissenschaftliche Diskussion - Didaktische Reflektion - Unterrichtseinheiten und Lehrmaterialien

Kassel 1985, 272 Seiten, mit Abb., und Fotos, ISBN 3-88122-251-0,
(Sonderpreis für Lehrer 16,- DM), Preis 24,- DM

Band 38

Wu Liangyong, A Brief History of Ancient Chinese City Planning

Kassel 1986, DIN A4 Format, 142 Pages, 77 maps and illustrations, Chinese glossary, ISBN 3-88122-286-3, Preis 36,- DM

Band 39

Wolfgang Nerreter, Dorferneuerung als raumordnungspolitische Entwicklungsaufgabe, dargestellt am Beispiel von vier nordhessischen Dörfern. Eine geographische Untersuchung zur Implementationsproblematik der Regionalpolitik, unter Berücksichtigung des Zukunftsinvestitionsprogramms der Bundesregierung (ZIP)

Kassel 1986, 364 Seiten, 17 Abb., zahlreiche Tab., ISBN 3-88122-260-X, Preis 25,- DM

Band 40

Karl H. Hülbusch (Hrsg): Naturschutz durch Landnutzung. Die Pflanzengesellschaften in der Wümme-Niederung im Leher Feld am nördlichen Stadtrand Bremens. Mit Beiträgen von G. Heinemann, K.H. Hülbusch und P. Küttelwascher

Kassel 1986. 130 Seiten, 13 Vegetationstabellen, 2 Karten DIN A3,
ISBN 3-88122-323-1, Preis 15,- DM

Band 41

Michael Lacher, Regionalentwicklung und Kapitalbewegung, Zur Herausbildung von großräumigen Verdichtungsgebieten in Deutschland zwischen 1800 und 1914

Kassel 1986, 380 Seiten, ISBN 3-88122-302-9, Preis 30,- DM

Band 42
Peter Jüngst, Oskar Meder, Zur Grammatik der Landschaft - Über das Verhältnis von Szene und Raum
Kassel 1986, 214 Seiten, zahlreiche Abb., ISBN 3-88122-324-X, Preis 26,- DM

Band 43
Johannes Küchler u.a., Wuding und Manas: Soziale und ökologische Aspekte agrarischer Entwicklung in Chinas Trockengebieten
Kassel 1986, 130 Seiten, DIN A4 Format, Abb., Preis 22,- DM

Band 44
Christoph Peisert (Hrsg.): Beiträge zur Reform der Stadtplanung in der VR China (1981-1984), mit Beiträgen von Zheng Xiaoie, Hou Renzhi, Jin Oubu u.a.
Kassel 1986, 257 Seiten, zahlreiche Abb., Preis 22,- DM

Band 45
Wolfgang Aschauer, - Regionalbewegungen - Aspekte eines westeuropäischen Phänomens und ihre Diskussion am Beispiel Südtirol
Kassel 1987, 220 Seiten, Abb., ISBN 3-88122-387-8, Preis 22,- DM

Band 46
Peter Jüngst, "Macht" und "symbolische Raumbezogenheit" als Bezugsgrößen innerstädtischer Differenzierungsprozesse in der industriellen Revolution
Kassel 1987, 124 Seiten, Abbildungen, ISBN 3-88122-402-5, Preis 15,- DM

Band 47
Nitichan Pleumarom, Soziale, ökologische und ästhetische Aspekte der Freiraumplanung in Bangkok
Kassel 1988, 357 Seiten, zahlreiche Abb., ISBN 3-88122-399-1, Preis 25,- DM

Band 48
Peter Jüngst, Oskar Meder (Hrsg.): Raum und Realität - zu seinem latenten und manifesten Sinn im sozialen und ökonomischen Handeln. Mit Beiträgen von Gerhard Hard, Peter Jüngst, Oskar Meder, Rita Porsch, Jürgen Strassel, Ulf Strohmayer
Kassel 1988, 274 Seiten, Sonderband, Abbildungen, ISBN 3-88122-433-5, Preis 28,- DM

Band 49
Heinz Arnold, Soziologische Theorien und ihre Anwendung in der Sozialgeographie
Kassel 1988, 480 Seiten, Sonderband, zahlreiche Abb., ISBN 3-88122-411-4, Preis 38,- DM

Band 50
Uta Drews, "Das Land den Bauern!" - Zur Kontinuität der Agrarfrage in Italien unter besonderer Berücksichtigung des Widerstandskampfes 1943-1945
Kassel 1988, 560 Seiten, ISBN 3-88122-434-3, Preis 39,- DM

Band 51
Michael Fahlbusch, Mechthild Rössler, Dominik Siegrist, Geographie und Nationalsozialismus - 3 Fallstudien zur Institution Geographie im Deutschen Reich und der Schweiz eingeleitet durch Hans-Dietrich Schulz, mit einem Anhang von Peter Jüngst und Oskar Meder
Kassel 1989, 470 Seiten, ISBN 3-.88122-456-2, (Sonderpreis für Lehrer 24,- DM) Preis 35,- DM

Band 52
Stephanie Bock, Ute Hünlein, Heike Klamp, Monika Treske, "Frauen(t)räume in der Geographie" - Beiträge zur Feministischen Geographie
Kassel 1989, 124 Seiten, ISBN 3-88122-468-8, Preis 12,- DM

Band 53
Wulf D. Schmidt-Wulffen, "Begegnung mit Afrika" - Naturwirtschaft - Soziale Welt im Spiegel afrikanischer und europäischer Stimmen, Ein Lernprogramm für Schule, Hochschule und Erwachsenenbildung
Kassel 1989, 141 Seiten, Abb., ISBN 3.88122-485-8,
(Sonderpreis für Lehrer 16,- DM) Preis 24,- DM

Band 54
Peter Jüngst, Oskar Meder, Psychodynamik und Territorium - Zur gesellschaftlichen Konstitution von Unbewußtheit im Verhältnis zum Raum. Band I: Experimente zur szenisch-räumlichen Dynamik von Gruppenprozessen: Territorialität und präsentative Symbolik von Lebens und Arbeitswelten
Kassel 1990, 537 Seiten, zahlreiche Abbildungen, ISBN 3-88122-534-X,
(Sonderpreis für Lehrer 26,- DM) Preis 38,- DM

Band 55
Wolfram Jäckel, Tauschhandel und Gesellschaftsform: Die Entwicklung des Markthandels bei den Toraja (Indonesien)
Kassel 1990, 318 Seiten, Abb., ISBN 3-88122-571-4, Preis 27,- DM

Band 56
Oskar Meder, "Ein Unglück kommt selten allein!", Ausgewählte Beispiele zum Verhältnis von Umweltzerstörung und gesellschaftlichen Krisen in der Geschichte - wissenschaftliche Diskussion und didaktische Reflexion
Kassel 1992, 272 Seiten, zahlreiche Abbildungen, ISBN 3-88122-661-3,
(Sonderpreis für Lehrer 19,- DM) Preis 29,- DM

Band 57
Peter Jüngst, Lothar Ebbers, Kurt Theobald, Kassel zu Beginn der Industriellen Revolution, Atlas zu den Kasseler Adressbüchern 1834 und 1865
Kassel 1994, 246 Seiten DIN A4, zahlreiche Abbildungen, ISBN 3-88122-662-1 Preis 36,- DM

Band 58
Peter Jüngst, Oskar Meder, Psychodynamik und Territorium, Zur gesellschaftlichen Konstitution von Unbewußtheit im Verhältnis zum Raum. Band III Territorialität und präsentative Symbolik der römischen Welten und die psychosoziale Kompromißfähigkeit ihrer Eliten
Kassel 1993, 277 Seiten, zahlreiche Abbildungen,
ISBN 3-88122-676-1, Preis 29,- DM

Band 59
Christian Ganzert, Der Einfluß der Agrarstruktur auf die Umweltentwicklung in Feuchtgebieten - Konflikte, agrarpolitische Ursachen und Lösungsansätze
Kassel 1993, 163 Seiten, zahlreiche Abbildungen,
ISBN 3-88122-708-3, Preis 21,- DM

Band 60
Levke Schlütter, Globaler technologischer Wandel und regional-sektorale Produktionskonzepte in Schwellenländern - Theoretischer Zusammenhang und empirische Darlegung am Beispiel der südkoreanischen Bekleidungsindustrie
Kassel 1993, 280 Seiten, ISBN 3-88122-710-5, Preis 27,- DM

Band 61
Peter Jüngst, Oskar Meder, (Hrsg.): Zur psychosozialen Konstitution des Territoriums - Verzerrte Wirklichkeit oder Wirklichkeit als Zerrbild. Mit Beiträgen von Niels Beckenbach, Gerhard Hard, Detlef Ipsen, Peter Jüngst, Oskar Meder, Jürgen Strassel
Kassel 1993, 220 Seiten, ISBN 3-88122-735-0, Preis 24,- DM

Neueste Veröffentlichungen

Band 62
Peter Jüngst, Oskar Meder, (Hrsg.): Aggressivität und Verführung, Monumentalität und Territorium. Zähmung des Unbewußten durch planerisches Handeln und ästhetische Formen? Mit Beiträgen von Niels Beckenbach, Martina Fuchs, Gerhard Hard, Detlev Ipsen, Peter Jüngst, Oskar Meder, Astrid Otto, Astrid Wehrle, Jutta Wermke
Kassel 1995, 368 Seiten, ISBN 3-88122-830-6, Preis 38,- DM

Band 63
Peter Jüngst: "Macht" und "Raumsymbolik" in der Residenzstadt Cassel als Bezugsgrößen innerstädtischer Differenzierungsprozesse vor und zu Beginn der industriellen Revolution. Innerstädtische Differenzierungen in Kassel - Strukturen und Prozesse - Band II
Kassel 1996, 270 Seiten, mit zahlreichen Abb. und mehreren Faltkarten, ISBN 3-88122-867-5, Preis 39,- DM

Band 64
Hans-Joachim Bürkner: Dynamik des sozioökonomischen Umbruchs in Ostmitteleuropa. Das Beispiel Nordwestböhmen
ISBN 3-88122-890-X, Preis 35,- DM
Kassel 1996, 248 Seiten, mit zahlreichen Abb.

Band 65
Ulrich Eisel und Hans-Dietrich Schultz. (Hrsg.): Geographisches Denken
ISBN 3-88122-891-8, Preis 46,- DM
Kassel 1997, ca. 500 Seiten, mit zahlreichen Abb.

Band 66
Herbert Wagner (Hrsg.): Traumreisen im Kopf, Über geographische Schauplätze bei imaginären reisen in der Abenteuerliteratur Karl Mays
ISBN 3-88122-906-X, Preis 24,- DM
Kassel 1997, ca. 190 Seiten, mit Abb.

Band 67

Peter Jüngst (Hrsg.): Identität, Aggressivität, Territorialität, Zur Psychogeographie - und Psychohistorie - des Verhältnisses von 'Sub'jekt, Kollektiv und räumlicher Umwelt
ISBN 3-88122-914-0, Preis 23,- DM
Kassel 1997, ca. 140 Seiten, mit Abb.

Band 68

Oskar Meder: „Geld oder Liebe?" - Umweltzerstörung aus beziehungsanalytischer Sicht
ISBN 3-88122-912-4, Preis 23,- DM
Kassel 1998, ca. 137 Seiten, mit Abb.

Band 69

Annegret Boos-Krüger: Bürgerbeteiligung in der hessischen Dorferneuerung - Beteiligungsstandards zur Sicherung des partizipativen Programmansatzes in einer zivilgesellschaftlich begründeten Planungs- und Handlungsperspektive
ISBN 3-88122-913-2, Preis 39,- DM
Kassel 1998, ca. 285 Seiten, mit Abb.

BEZUGSBEDINGUNGEN:
Lehrer erhalten bei Direktbestellungen den angegebenen Sonderpreis für die Bände 24, 25, 37, 51, 53, 54 und 56. Für Einzelbestellungen gelten die angegebenen Preise jeweils zuzüglich Versandkosten. Für den Buchhandel, bei Abonnement der Schriftenreihe, sowie bei Abnahme von mindestens 10 Exemplaren 30% Nachlaß.

BESTELLUNGEN:
An URBS ET REGIO Gesamthochschule Kassel
Diagonale 10, 34109 Kassel
Telefon: (0561) 804-1
Fax: (0561) 804-3158
e-mail: juengst@hrz.uni-kassel.de